广播影视新视角丛书

电视节目形态解析

王　玉　乔武涛　编著

国防工业出版社

·北京·

内容简介

《电视节目形态解析》是帮助读者掌握各种电视节目形态特征，对电视节目发展的规律和趋势、对电视节目新形态产生和演变产生更多思考的实用书籍。视野开阔、观点新颖、内容详实，理论与实践相结合是本书的特点。全书共分九章，主要内容包含：电视节目形态概述；电视新闻节目形态解析；电视科教节目形态解析；电视综艺节目形态解析；生活服务类电视节目形态解析；少数民族电视节目形态解析；谈话类电视节目形态解析；法制类电视节目形态解析；电视纪录片形态解析等。本书既分析了每种形态电视节目的基本特征与最新发展，又结合大量优秀的节目实例进行了分析，有较强的实用性和学术价值。

本书可为电视工作者和广大电视节目制作爱好者提供借鉴和参考，也可作为高等院校中广播电视编导、电视节目制作、新闻传播、导演创作等相关专业的教材。

图书在版编目(CIP)数据

电视节目形态解析/王玉，乔武涛编著. —北京：国防工业出版社，2015.6
ISBN 978-7-118-10170-6

Ⅰ.①电... Ⅱ.①王... ②乔... Ⅲ.①电视节目-研究-中国 Ⅳ.①G229.2

中国版本图书馆 CIP 数据核字(2015)第 136577 号

电视节目形态解析

出版发行 国防工业出版社
责任编辑 丁福志
地址邮编 北京市海淀区紫竹院南路 23 号 100048
经　　售 新华书店
印　　刷 北京嘉恒彩色印刷有限责任公司
开　　本 710×1000 1/16
印　　张 12¼
字　　数 377 千字
版 印 次 2015 年 6 月第 1 版第 1 次印刷
印　　数 1-3000 册
定　　价 40.00 元

(本书如有印装错误，我社负责调换)

国防书店：(010)88540777　　投稿电话：(010)88540632
发行邮购：(010)88540776　　发行业务：(010)88540717

前　言

中国电视业已经进入一个高度竞争的时代,电视节目形态的发展日新月异。能否创制出有生命力的节目形态,对电视媒体的生死存亡至关重要。

应该说现有关于节目形态研究的论述都较为全面,但似乎存在两大缺陷:一是基本上是电视节目类型研究,二是以经验性描述为主。类型研究是电影的研究方法。电影是根据生产方式和欣赏习惯,逐步形成较为稳定的若干类型影片。然而,形态的特质决定了电视节目具有的流动性与变化性,也决定了电视节目形态的重组性。形态的创新需要各类内容元素、形式结构元素的整合式创新。面对不断更新变化的电视节目形态,我们既需要从宏观上去考察它,也需要从微观上去探讨组成它的各个元素。

处于分众时代的电视承载着更多的传播功能,同时要兼顾日益多元化的受众需求。随着时代的发展,电视人不断推陈出新,创造出丰富多彩的节目样式,开发出各种具有知识产权的电视节目模式,以满足更加多元化的电视观众和更具差异性的市场需求。然而,目前学术界关于节目形态的研究与电视市场层出不穷的节目形态相比非常滞后。市场上有关电视节目形态方面的理论与实践出版书籍极为匮乏,符合教学使用的同类学习教材更是亟需。节目形态不断更新,而节目同质化现象仍然严重。如何能从本质上提出创新的策略,形成优秀的节目形态模板,维护节目品牌建设?希望本书能给读者一些启发。

本书对电视节目发展的规律和趋势进行了具体分析,阐释了节目形态的产生和演变,对电视节目创新具有很强的指导性。全书共分九章,主要内容包括:电视节目形态概述;电视新闻节目形态解析;电视科教节目形态解析;电视综艺节目形态解析;生活服务类电视电视节目形态解析;少数民族电视节目形态解析;谈话类电视节目形态解析;法制类电视节目形态解析;电视纪录片形态解析等。每章既分析了每种形态电视节目的基本特征与最新发展,又结合了大量优秀的节目实例进行分析,有较强的实用性和学术价值。

本书的创新之处体现在以下几个方面:一是系统、全面地对目前各种电视节目形态都做了细致的梳理。如“少数民族电视节目”“少数民族题材记录片”等内容在以往的教材中较少提到。二是理论与实践并重,融学术性与实用性为一体，对于每一种节目形态，都结合了当前最新的、最具代表性的电视节目进行剖析，并与理论部分内容很好地呼应，更具时代性。三是实践指导性更强，在案例分析中用到了教学实践环节中一些成功经验的总结，具有参考价值和借鉴意义，对学生的指导性更强，贴近教学。

本书密切结合电视节目制作、广播电视编导、新闻学、导演编创等专业相关课程的教学需要和电视工作人员研究的需求。书中既有理论的研究，又有许多实践经验的总结，能为相关专业的研究和创作提供一定的参考。同时本书也可作为电视制作领域或专业人员、广大电视节目制作爱好者的参考用书，具有较强的应用价值。

本书第一、三、五、六、九章由王玉撰写；第二、四章由乔武涛撰写；第七章由任安撰写；第八章由陈睿姣撰写。

由于作者水平有限，加之时间紧迫，本书难免存在疏漏和不妥之处，希望读者不吝赐教。在撰写过程中援引了部分学者的最新研究成果，在文后均注明了参考文献，在此向原作者致以深深的谢意。

编著者

2015 年 2 月

目录 Contents

第一章 电视节目形态概述

第一节 电视节目形态特征与构成

一、关于形态

形态是指事物在一定条件下的表现方式。不同的元素排列组合或编排方式构成不同的形态。“形态”一词，源于英文 format，被译为模式、模本、模版、样版、范本、范型、版式等。一个电视节目的各个形式要素依照不同的组合方式、不同的功能指向，而最终形成的节目存在样态，具有相对稳定的外部形式和内部构造。

二、电视节目形态的概念界定

20 世纪 90 年代以来，由于传媒环境与观众需求的变化，形态作为电视节目的“程序软件”的性质，越来越被人们所认识，因为“研究节目实际上主要就是研究节目形态”。而我们究竟应该如何给电视节目形态下定义呢?

电视自发明至今，无论从制作技术上看还是从理念上看，都经历了飞跃式的发展与进步。电视给人类社会和生活带来了巨大的影响和变化。经济全球化、文化多元化、社会和谐化的趋势一方面使电视迅速发展，另一方面又直接影响了观众收看电视的行为方式和节目内容的价值取向，而这种行为方式和价值取向也必然会引导电视节目生产机构将其诉诸电视节目内容和形式的载体——电视节目形态。

关于电视节目形态的界定，国内学者对电视节目形态的界定尚无定论。综合来看基本可分为以下几种观点：

第一种观点认为,“电视节目形态指的就是与电视节目内容相对应的电视节目表现形式,它是电视节目制作方式的核心,提供着适用于不同内容的电视处理方法。在各种电视节目充斥着观众眼球的今天,无论面对何种收视需求,无论以何种方式参与收视的竞争,都必须转化成相应的电视节目形态才能为观众所接受。”

第二种观点认为,“电视节目形态是电视节目形式的自然延伸和个性化拓展,亦即由电视节目的形式、内容、气质和神韵构成的电视节目设计模板。电视节目形态是一种最能体现电视节目生产和创作规律的可复制的模板,进而把某些电视节目元素固化到里面,使得任何其他电视媒体都可以据此生产出相同形态的不同的电视节目。电视节目形态受电视节目容量大小、内容取向、接受者需求等条件影响和制约。不同的电视节目形态,反映不同的节目本质属性,以及不同的内涵和外延。”

第三种观点认为,“电视节目形态就是电视节目的存在样式和运动状态。从传统意义上讲,节目形态是指广播电视媒体组织传播活动的基本形式和播出方式。具体到电视节目的完整形态包括节目名称、内容、主题、形式和一定的时间长度。但电视节目形态在当代还被赋予了新的意涵。所谓电视节目形态,就是电视节目设计的基本模式,或者说节目形态是电视栏目的程序软件,提供着不同内容的电视处理方法。”

还有观点认为,电视节目形态是指“节目的主要安排形式”。其定义可以界定为:电视节目形态和节目类型、节目模式有相同之处,它是二者随时代发展的产物。节目类型更多强调的是固定化和限定性;而模式是指“某种事件的标准形式或使人可以照着做的标准样式”,因此节目模式更多强调的是可复制性。而电视节目形态和它们相比,重在自身的流动性和变化性。它既具备稳定的内在规定性与外在指向性的标准、特定的规则和套路,拥有可以遵循和复制的整套运作程序和规范,其节目内外在的元素又可进行重新的组合和配置,进而形成新的节目形态。

不同电视节目形态的元素相互交叉,互为文本,这又成为当代电视节目形态发展和演变的一个重要特征和潮流。

三、电视节目形态特征

(一)与节目内容和结构密切相关

电视节目形态还是属于形式的范畴,它强调对电视节目内容的承载和传达,因此它与内容之间既有独立性又有关联度。

结构是一个电视节目形态的重要决定元素之一，也是节目形态稳定性的重要保证。形态是一个介乎于抽象的形式和具体的样式之间的中间状态，它与具体的节目样式和结构方式关系密切，可以说它是电视节目模式的基本构成。

（二）限定性与开放性的相辅相成

限定性是电视节目形态的基本要义，没有限定性就谈不上节目形态，有什么样的限定，才会形成什么样的形态。电视节目形态的限定是通过题材的限定、内容的具体化、人物的限定以及结构的组织安排、主持人的功能化等手段来具体实现的。它在节目创意阶段即开始形成，在节目制作过程中为所有工作人员明确知晓，并且在制作过程中予以贯彻。电视节目形态的限定性作用有两个：一是节目工业化生产的需要，有利于节目的标准化和大规模生产。因此，为了满足栏目的常态播出和流水线生产方式，对于节目模块都有某种规范性要求，如节目时长、节目样式以及包装标识等。二是在电视栏目化的今天，节目模块都是在特定的电视栏目内构成的，因此都有时长的限定，制播的限定。这样有利于观众的辨识和记忆，也有利于节目品牌的塑造和积累。

但这种限定性又是相对的，在保证大的节目形态稳定化发展的同时，还需要注重形态的开放性。这种稳定一旦被观众所熟识与认可之后，就容易培养受众的忠实度，进而形成节目的品牌。而一个好的节目品牌建立之后如果需要持续与维护，进行节目的创新是必不可少的，否则很快观众就会因为缺少新鲜而产生疲倦感。在节目创新的过程中，原有节目元素会进行重组，会有新的元素不断加入，这都会对原有的节目形态进行调整，也就是说这些稳定的节目形态需要处于更新、发展、流动之中。

（三）个性化与标准化的辩证统一

生产的规模化在商品生产中，往往会遇到个性化与标准化如何取舍的问题。一个产品如果过多地强调个性化生存，虽然可能会获得较大的利益，但是也会相应地增加成本，风险性比较大；若是追求标准化，虽然可以降低风险，但在激烈的市场竞争中又缺乏足够的吸引力。个性化与标准化之间似乎难以调和。一个好的节目在受到观众认可之后，这种节目形态很快会被他人所模仿、复制。因此，为了避免标准式批量生产出同质化严重的电视产品，寻求节目模式的个性化也是发展中所必需的。目前受众可接受到的资源众多，各种节目形态趋于饱和，如何能生产出既符合受众收视习惯与审美心理，又不落入俗套的节目，标准化与个性化的结合是一个很好的选择。

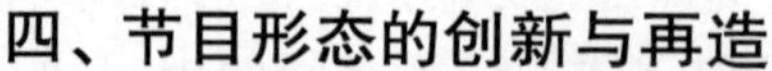

四、节目形态的创新与再造

很多物质产品在市场上都会经历一个生命周期，会经历生长、成熟、衰退等不同阶段。与此类似，电视节目形态从最初的策划酝酿，到正式出台，最终成为名牌节目，也要经历这样几个不同的阶段。这也正是电视节目形态的生命周期。

在电视节目形态发展的每一个阶段，需要根据它的阶段特征与不同阶段观众的期待心理特征来进行策划。在节目进入到衰退期乃至生命周期结束之后，需要融入新的节目元素，以刺激、促进节目形态进行新一轮生长发育。对于已经培育成品牌的电视节目，仍然需要面临品牌的维护与延续、发展等问题。大体上可以从以下两种方式促进节目形态的创新与再造。

（一）模式引进

节目模式的定义既包含固有的、统一不变的元素，又包含每期节目中的特定元素，是一个可以在异地、多次“再实现”的配方。而“模式节目”则是在这种配方基础上制作播出的节目。

回顾我国引进国外电视节目模式版权的历程，从抄袭模仿到低调引进，再到轰轰烈烈购买模式版权，国外电视节目模式版权的引进在这几年越来越成熟了。从江苏卫视的《非诚勿扰》；湖南卫视的《我是歌手》《爸爸去哪儿》；浙江卫视的《中国好声音》《奔跑吧兄弟》到《开门大吉》《梦想新搭档》……国内越来越多的电视制作机构放眼海外，海外优秀的电视节目形态对中国电视的影响越来越大。2014 年，国内各大电视台及视频网站已播出和将要播出的节目之中，与国外版权合作的节目共计 63 档，在全国的综艺节目中占比达 90%，其中 32 档为 2014 年新引进的节目，31 档为延续播出的模式节目。湖南卫视《我是歌手》制片人洪涛说：“之所以引进节目模式，主要是因为成熟的节目模式都是已经被市场验证过的，直接引进这些模式比电视台自己研发一个新节目的风险低得多。”

引进国外成熟的电视综艺节目模式，迅速提升了卫视频道影响力和竞争力，推动了我国电视节目制播理念、制作方式和推广营销的重大变革。当各电视台引进国外电视节目模式版权后，原版权方会提供节目制作“宝典”。从节目的创意、宗旨、流程、人员安排，到舞台搭建、灯光设置、视觉设计、电脑特效等都做了详细的说明，同时还会派专人来进行指导。如 2014 年 10 月，浙江卫视明星户外竞技真人秀节目《奔跑吧兄弟》开播，反响火爆。该节目脱胎于韩国超高人气节目《Running Man》，由浙江卫视与韩国 SBS 原版制作团队联合制作。《奔跑吧兄弟》前五期由韩国团队主导，之后由中方独立制作。前五期的总导演都由韩方担任,中方设立两位副导演协助,中韩共同出创意,由韩方主导执行。据该节目制片人透露,韩国团队占制作团队人员的三分之一,有 50 人,包括总导演、总编剧、王牌 VJ 等各个工种。因此,模式引进有效地推动了电视节目制作水平的提高。

对国外电视节目形态的学习主要在于其先进的形态设计,但一档节目能否成功,要看中国团队能否进行良好的本土化改造。因此在模式引进的同时,各卫视频道也注重了节目本土化的发展,从而激发了电视节目的创新活力,这也成为了近几年电视节目形态创新最重要的方式之一。在本土化的过程中,需要从我们的传统文化、观众的接受心理、审美习惯等等多方面进行考虑。如虽是源自经典韩综模式,但《奔跑吧兄弟》从游戏设计、道具制作,甚至情节设置等各个环节都能看到很多本土化的烙印。节目中采用了大量如白蛇传说、大上海穿越、西域通商等经典情节,这些都是中国观众耳熟能详的故事。《奔跑吧兄弟》的原创比例达 60% 以上。节目负责编剧的总导演岑俊义说:"情节、游戏等做了深度改造,就连人物设置也没有完全按照原版的构架。"此外,本土化改造的诸多创意点也被原版节目采纳,例如大漠公主争夺战那一期节目中设置了超能力骑士,后来韩国原版《Running Man》便播了一期黑白骑士,灵感就是来自中国版。再如《中国好声音》源于荷兰节目《The Voice of Holland》,节目组学习借鉴了原来节目的一些好做法,如两个选手之间必须间隔五分钟,让听众有一个缓和的过程。但是节目也有部分改动,如在节目的节奏上,考虑到国人还是比较喜欢相对平缓的节奏,因此在节目中特别增设了播放选手故事的环节。《中国梦之声》在引进《美国偶像》的基础上,成功进行了本土化改造,一度获得《美国偶像》原版模式方的赞誉。在"青春中国梦——东方卫视《中国梦之声》高端论坛"上,专家提出节目中应该"注入更多的中国文化基因,如现在《中国梦之声》提出了梦想,这对原版《美国偶像》来说是一种创新,而且梦想更有变化。""《梦之声》应该体现自己民族的形式,中国有 56 个民族,文化的多样性也是其他国家无法相比的,如今社会转型时期价值观也呈现了多元化,这些特点应该体现在节目之中。"

(二)不同节目形态的借鉴与嫁接

目前我们看到的很多电视节目往往是融合了不同节目形态中的各种元素,进行重组后出现的。例如真人秀节目中加入竞技、游戏类元素诞生的《智勇大冲关》《星跳水立方》;求职类节目和真人秀融合出现的《职来职往》《非你莫属》;益智互动元素融入到法治类节目中形成的《拍案说法》;综艺游戏节目中加入新闻元素出现的《泡沫》(又名《新闻猜猜猜》英国 BBC 电视台 2010 年发行);健康类节目和脱口秀的结合出现的《奥兹医生秀》(美国 Syndicated Television 频道 2009 年发行);以真人秀的模式展示,以青少年社会实践为核心产生的社教类节目《临时爸妈》(美国 NBC 电视台 2008 年发行);科教类节目和户外求生元素融合诞生的《日常生存自救手册》(美国探索频道 2010 年发行);融合法制类节目元素、科普类节目元素嫁接而成的《骗术真相》(英国 BBC 频道 2006 年发行)等。这些新的节目都是将原有的节目形态元素进行了重组,不同节目形态内容与形式进行了嫁接,最终衍生建构出了新的节目形态。如果仔细分析,我们会发现在这些新的节目中可以找到不同节目形态元素的影子,组合在一起又是那么自然而不露痕迹。

第二节　我国电视节目形态的演进与变迁

我国电视节目半个多世纪的发展,经历了诸多的变迁,电视频道发展、节目形态设置都发生了很大的变化。

一、中国电视发展中的几个重要节点:社会思想变迁的折射

(一)《新闻联播》:传播主流意识

有着长达三十多年播出史的《新闻联播》至今仍然占据全国电视节目收视率的首位,其影响力、辐射力和强盛的生命力是其他电视节目所无法比拟的。作为中国电视节目萌芽阶段典型代表的《新闻联播》栏目,其长盛不衰和极大的社会影响力背后,有着一系列明显的自身特点,并形成一套固定的符号体系。

1996 年 1 月 1 日起,《新闻联播》由录播改为直播,时效性进入争分夺秒的新时期。2007 年底,《新闻联播》连续推出海霞、李梓萌、康辉、郭志坚四名新播音员,引起广泛关注,这是栏目开播近 30 年来第一次集中推出新面孔。2008 年 2 月,《新闻联播》成立编辑部,这是中央电视台第一次为一个栏目成立专门的编辑部。它的成立提高了《新闻联播》整合国内外重大新闻资源的能力。2013 年,《新闻联播》创新超越,收视稳步提升,由节目引发的社会热点、焦点话题持续不断,特别是每次“大事件”的直播报道,更是形成了收视最高点。《新闻联播》是全国乃至全球收视人群最多的新闻类节目,它的一举一动都具有“风向标”意义。此档新闻在逐渐改版,改版后的节目“更接地气”、更有亲和力和活力。2013 年 3 月,《新闻联播》中播出了《媳妇的美好时代》斯瓦西里语版片段。2014 年 1 月 1 日的《新闻联播》在结尾又有了新的突破,主持人康辉在最后总结道:“人们说 2013 就是爱你一生,2014 是爱你一世,新闻联播和你一起,传承一生一世的爱和正能量!”

这样的新闻之所以能引发社会各界热烈讨论，除了本身的超大影响力之外，说明老百姓对新闻联播以及国家发展变化还有更大期待。曾经“国富民强”“万众一心”之类的“大词”充满了新闻联播的主流话语体系，而严肃严谨也成了新闻联播给观众留下的印象。当下一些卖萌和幽默更能拉近与观众的距离感，这种变化，反映的是国家的发展进步和由内而外散发出来的民族自信。

（二）《东方时空》：讲述老百姓自己的故事

1993 年初，在分析论证了国内外电视发展总趋势的基础上，中央电视台制定了新的发展战略“建设世界一流大台”的奋斗目标。CNN 24 小时播出，美国 ABC、CBS 的早间直播节目都是从早上 6:00 开始。而当时的中央电视台没有早间节目，第一套节目每天的开播时间是早 8:00，这与一个国家电视台的形象和地位很不相称。经过几个月筹备，全新节目样态的《东方时空》于 1993 年 5 月 1 日正式开播。《东方时空》的创办，给中国电视新闻领域带来了一股清新的气息。该栏目以其精致的片头、新颖的结构、生动的纪实采访、深刻的热门话题，以及主持人亲切的话语和鲜活的传播方式，迅速赢得了观众的喜爱，“让中国的电视观众每天早晨一起来，就想打开电视机”。从此，中国电视从内容到形式都开始发生重大变化。

节目把社会热点问题转化成为关注重点，通过一些普通的工人、农民、学者等群体来发表对热点问题的看法和意见，以此引导社会舆论。后来许多学者把《东方时空》的创立视为一次电视新闻的伟大改革，也是电视媒体确立自身传播优势的重要标志。从 1993 年开始，电视台从相对弱势的媒体开始超越平面媒体和电台，一路跃升为强势媒体。

《东方时空》标志着普通百姓开始进入电视节目，观众透过电视可以看到自己的生活，可以看到代表普通百姓自己群体的言论，节目通过电视评论的方式参与社会、引导舆论。它不仅改变着中国电视自身，还改变着急剧变革中的中国社会以及人们的现实生活和精神世界。在《东方时空》之后，各地方台民生新闻开始兴起。节目以百姓视角反映百姓生活，体现了电视节目在传播形态上开始接近平民性。

（三）《焦点访谈》：舆论监督化解矛盾

1994 年 4 月 1 日，一个以深度报道为主、以新闻舆论监督见长的评论性栏目《焦点访谈》正式播出。“时事追踪报道、新闻背景分析、社会热点透视、大众话题评说”，是《焦点访谈》早期的栏目定位。很快成为中国新闻舆论监督旗舰的《焦点访谈》，引起了美国《新闻周刊》和 CNN 记者的关注。他们在采访后感

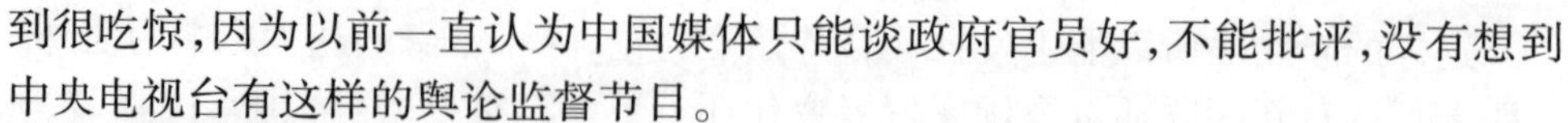

到很吃惊，因为以前一直认为中国媒体只能谈政府官员好，不能批评，没有想到中央电视台有这样的舆论监督节目。

这一时期的电视新闻对于自身定位的把握日趋准确：不仅是政党的宣传工具，也是服务百姓、记录生活的工具。以《焦点访谈》为代表，评论性栏目迅速在全国遍地开花。这类以批评、揭露、曝光为主的节目，印证了这一时期人们思想的解放和广泛参与社会生活的渴求，新旧体制交替中存在的矛盾和磨擦也亟需通过舆论来监督和化解，因而受到观众的普遍好评。

（四）《实话实说》：百姓交流的公共平台

访谈节目的开创，标志着电视节目亲民性的蓬勃发展，无论节目内容上还是节目形态上都开启了以老百姓为中心的节目交流形态，也引领着一种以人际传播来实现大众传播的新模式。

创办于1996年的《实话实说》是我国第一档大型谈话节目，节目明确把自身定位为草根性，把普通百姓作为自己的主要观众群。节目通过主持人与嘉宾面对面的交流方式，讲述在急剧变化的社会背景下的相关事件，以实话实说的方式向广大观众传递信息和关怀。访谈节目可分为两大类：第一种是以人为主的访谈，如很多明星访谈类节目。第二种是以事为主的访谈，嘉宾可以是事件当事人或普通百姓。《实话实说》之后掀起了一场“谈话热”。之后出现的《艺术人生》《对话》《鲁豫有约》《杨澜访谈录》《超级访问》都给观众带来了巨大的影响。无论是明星访谈还是普通百姓的访谈，他们都具有访谈节目共同的特质，即通过把人们日常生活中私人谈话模式搬到电视上，借助人际传播来实现大众传播，从而提供大众交流的公共平台，围绕某些话题或个案来讲述故事。

电视谈话节目参与群体从社会精英拓展到普通百姓，普通百姓更加关注自身群体的状态。同时，节目也赋予了平民的话语权，节目嘉宾可以诉说自己的故事，电视观众可以关注和聆听自己的故事。因此，电视谈话节目缔造了给公众一个交流的话语空间。

（五）《超级女声》：实现自我价值的途径

近年来娱乐类节目的出现和兴起则赋予大众展示自我的主动性空间，从过去的大众看明星，到现在的大众看大众。

《超级女声》是湖南卫视在2004—2006年间举办的针对女性的大众歌手选秀赛，每年一届。此项赛事接受任何喜欢唱歌的女性个人或组合的报名。其颠覆传统的一些规则，使之受到了许多观众的喜爱，是当时中国大陆颇受欢迎的娱乐节目。《超级女声》的出现，改变了大陆音乐市场被港台歌手占据主要地位的局面。《超级女声》及后来湖南卫视举办的《快乐女声》《快乐男声》为大陆音乐圈输送了大量实力与人气兼具的音乐人才。

《超级女声》开创的收视和收益奇观引发了全国各级媒体的效仿热潮，使得电视选秀几乎一夜之间成为了各个电视台的新宠，在全国掀起一股前所未有的娱乐风暴。与其他新兴节目形态不同的是，其广泛兴起已经变成一种媒介现象。在这一波及全国的收视热潮现象背后，是受众接收和选择心理的强烈表达。从大的社会背景来看，随着现代化、网络化、信息化的发展，新兴的民主形式日渐增加，也让民主文化增添了时尚的色彩，也使得民主愈加大众化。《超级女声》开启综艺选秀类节目，正是具有了平民化和娱乐化的属性。这类电视节目突出的是普通人的自我表达，普通人成为节目的灵魂因素。在节目里，普通受众不再仅仅是一个单纯的观众，而是把自己的喜好表达到节目中的每一个环节，他们可以通过网络、手机短信、电话热线等方式发表自己的看法、表达自己的立场。节目的广泛动员性和普适性，让节目与普通人靠得更近，也让节目受到大批量受众的热捧。

娱乐风暴的到来，打破了以往观众与电视之间存在的神秘感和隔膜感，门槛的开放性赋予了普通人参与电视节目的机会，并让普通人能够成为舞台上的中心和灵魂。这种节目形态，体现了普通观众介入媒体的自主性，创造了可供老百姓表现个性的自主空间。在《超级女声》之后，出现了浙江卫视的《中国好声音》，中央电视台的《中国好歌曲》《梦想新搭档》，湖南卫视《中国最强音》《我是歌手》，东方卫视的《中国梦之声》，江西卫视的《中国红歌会》，安徽卫视的《我为歌狂》，北京卫视的《最美和声》等一系列歌唱选秀类节目。从这当中我们需要思考：第一，同类型的节目扎堆出现导致的同质化现象该如何避免。之后陆续出现的舞蹈类选秀类节目如《舞动奇迹》《舞出我人生》，演讲类选秀节目《我是演说家》《超级演说家》，喜剧类选秀节目《笑傲江湖》《中国喜剧星》《我为喜剧狂》，影视表演类选秀节目《奇迹梦工厂》等似乎给了我们答案。第二，从中体现出的观众心理变化。从《超级女声》到《最美和声》再到《我是歌手》，我们会发现其中的参与者从普通百姓过渡到普通百姓与明星合作，最后完全是明星成为了选秀、竞赛的主角。这其中观众接受心理是从希望满足普通人自我表达的诉求，到以一种旁观者的姿态欣赏本身已是明星的他们如何激烈对决，排出名次。这其中是更多的对情节性、戏剧性的需求。

二、电视节目形态的发展与变迁：多元化发展路径

（一）节目与受众关系的变化：单向传达到双向互动

从我国电视节目总体发展脉络来看，早期的电视节目中观众角色被定位为

信息接收者。这一时期电视节目基本以一种上传下达的姿态进行单向的传播，受众处于一个被动的地位。随着电视节目新形态的出现，观众角色也开始发生了变化。从开始关注普通大众的民生类节目，到观众参与互动的谈话类节目，再到可以实现自我价值的娱乐选秀类节目，观众在节目中的参与性与互动性都得到加强。电视与观众进行相互交流的发展机制逐渐成熟，这种反馈机制也使得电视节目的发展得到了良性循环。

（二）节目内容的变化：宣教为主到贴近生活

我国电视节目的发展从内容单一、结构松散、宣教功能突出，慢慢向形式灵活、内容丰富、风格轻松发生了转变。

这种变化符合现代人在高压生活状态下，渴求放松的审美心理与休闲娱乐方式的多元化趋势相符合。从内容上看，有了更多贴近百姓生活的节目出现，大众身边的事情逐渐受到关注；从题材上看，包括的领域也更加广泛。在《娱乐至死》里，波兹曼指出，一切公众的话语日渐以娱乐的方式出现，并成为一种文化的精神。在近些年的电视节目中，娱乐元素被不断强化和利用，电视成为大众文化的重要组成部分。如何将娱乐元素运用得恰到好处，不滥用、不过度，这是电视人需要思考的。

（三）电视节目形态的变迁：根源于观众的多元化需求

纵观我国电视节目形态的变迁，究其根源是受众主体角色作用的不断增强。

随着电视普及到寻常百姓家庭，老百姓逐渐成为了电视节目消费的市场主体，电视媒体越来越重视作为收视主体的百姓需求。电视节目开始探索多元化发展路径，一方面拓展节目内容的丰富性，另一方面发展节目形式的多样性。在内容与形式的不同变化与排列组合中，不同形态的电视节目随着社会大众的需求应运而生，受众多元化需求带来了电视节目市场百家争鸣的局面。

参考文献

[1] 孙宝国.关于电视节目形态的创新[J].现代传播双月刊,2007,(2).

[2] 陆峰.电视节目形态的发展与变迁[J].新闻战线,2011,(4).

[3] 谭天.论电视节目形态构成———一种用于节目开发的理论模型[J].现代传播双月刊,2009,(4).

[4] 张小琴,王彩萍.论电视节目形态的限定性[J].现代传播双月刊,2006,(6).

[5] 李翔.电视体验化传播——从节目形态到社会文化表征的研究[A].中国传媒大学第三届全国新闻学与传播学博士生学术研讨会论文集[C].北京:中国传媒大学,2009.

[6] 王黑特,王希子.中国电视节目类型体系探析[J].理论前沿,2011,(6).

[7] 赵巍.我国电视业在新媒体环境下的发展[J].当代电视,2012,(8).

[8] 张绍刚.全球金牌电视节目解析[M].北京:北京大学出版社,2011.

[9] 孙宝国.中国电视节目形态研究[M].北京:新华出版社,2007.

[10] 孙宝国.中国电视节目形态通论[M].北京:中国传媒大学出版社,2011.

第二章 电视新闻节目形态

第一节 电视新闻节目形态分类与基本元素

一、电视新闻节目层次的划分

根据电视的不同层次划分,我们可以把电视新闻节目分成三个层次,分别是微观、中观和宏观。

(一) 微观层次

微观层次指某个新闻栏目播出的具体某一期电视新闻节目,它是电视新闻传播内容、形式相结合的最基本的视听单位。如在 2014 年 3 月 20 日的《新闻联播》中,有美国第一夫人米歇尔·奥巴马正式开始对华访问的新闻报道等内容。

(二) 中观层次

中观层次指电视新闻节目的栏目,它将微观层面的电视新闻节目分成多个专栏的编排方式和播出方式。电视新闻栏目化形成的原因:一方面是由于社会在变动,人们需要的信息量在不断增大;另一方面,新闻栏目的管理更加方便,新闻制作管理的专业化也推动了电视新闻传播规范化和栏目化。电视新闻栏目化具有很多优势:首先可以体现一个频道的方针与特色;其次,由于每个栏目的不同形态和定位,可以满足不同层次受众的需要;再次,栏目化的核心做法是将微观层面的电视新闻节目编排在一起,定期、定时、定量播出。这样可极大地方便受众接收,容易培养受众的忠诚度;最后,可以形成栏目的品牌化,树立品牌意识、产生品牌效应,保持竞争优势和地位,有助于新闻整体水平的提高,便于栏目主持人的成长,有利于社会影响力的提高。

(三) 宏观层次

宏观层次指专门播出新闻节目和其他具有新闻属性节目的专业频道。它以中观层面的电视新闻栏目为基本构成单位,但不是简单的堆砌。专业的新闻频道需要根据频道的总体定位,将不同形态的新闻栏目按照一定的思路组织编排在一起。2003 年中央电视台新闻频道开播以来,我们已经进入"新闻频道时代",电视新闻节目不仅是内容产品,而且是播出产品,节目与栏目、频道之间的联系越来越紧密。因此应更加注重栏目资源的优化配置、栏目设置与频道定位的匹配度。频道内所有制作和设置的栏目都要服从频道的整体定位,每个栏目的定位都要与频道的定位保持较高的契合度,从而使频道特色更鲜明。中央电视台新闻频道进行改版的同时,也会把一些新闻性不强的栏目撤出新闻频道,目的是令其新闻更纯粹、定位优势更突出,最终达到打造一个强势新闻频道的目的。

二、电视新闻节目形态的特性

电视新闻节目形态是电视新闻节目内容、形式、品质的自然延伸和个性化拓展,也即由题材、叙事、新闻、视听等元素构成的电视新闻节目设计模版。

(一) 可移植性特征

对一些已经取得成功的电视新闻节目,其它频道可以进行模仿与复制。掌握了节目中的核心形态元素,对成功电视新闻节目形态的购买和移植,已经成为普遍的市场操作行为。

江西卫视《传奇故事》

《传奇故事》栏目是江西卫视 2005 年 1 月份开播的一个日播节

目,也是江西卫视自办的最有特色的一档新闻专题节目。《传奇故事》选取当前中国具有社会转型期特征的典型故事,是一档具有社会正面意义和广泛社会学、传播学综合价值的大众性新闻节目。它的节目形态是一种实用的、以功能传播为主导的节目形态。

《传奇故事》

《传奇故事》以讲故事为主,它的素材主要来自全国各地传媒所采编的优秀节目。通过对这些节目的再度挖掘整理,并对其加工,使之形成一种独特的个性魅力呈现在荧屏上。别人热播的节目成为自己讲故事的素材,然后通过重新解构故事形成新的栏目。这是整合营销的具体体现,也是模式化竞争的独特做法。

《传奇故事》的创办带动了故事类电视节目的发展。如河北卫视《天下故事会》、辽宁卫视《王刚讲故事》等。这些栏目都按照《传奇故事》的形态模式进行复制和移植,同时加入了属于自身地方性的特色。

每一种电视新闻节目形态都有自己各自的优势和特点,在实际的电视节目传播过程中,通常要对多种电视新闻节目形态融会贯通、优势互补、综合使用。如在很多电视新闻节目中,既有新闻现场直播,也有深度调查、人物专访、评论员评述等不同的形态。它们共同支撑起了对新闻事件的立体报道,让观众有了对事件更加全面、完整的认识,有了更加多元的思考。

(二) 固定化特征

电视新闻节目形态的固定化是指制作者通过自觉的设置,对节目内容、形式、品质做出的比较明确的固定。每一种形态都需要有符合自身的限定特征,有符合各自形态的固定规律。这是形成电视新闻节目形态的重要前提,也是电视新闻节目工业化生产的客观需要。

首先,固定化的节目形态,有利于电视新闻节目的差异化生存与创新,有利于标准化生产。如今电视节目市场竞争激烈,每一领域都有很多同题材的节目相互竞争。因此需要每个节目都具有自己的差异化优势,做到"人无我有,人有我优,人优我特",而这种差异化明确下来之后就形成了节目形态的固定化。有了固定的标准化元素,对内容、形式、制作等有较强的限定性,电视新闻节目的生产就更容易统筹与协调。

其次,固定化的节目形态,有利于节目品牌的形成。电视品牌是媒介产品的品牌,是能为受众提供其认为值得购买或观看收听的功能利益及附加价值的产品或节目。一个电视频道品牌的构建主要有六大因素,即明确的标识、优秀的节目、公众的知名度、良好的公共信誉、营造的文化理念和品牌的内在源动力。一个电视新闻节目的形态如果相对固定,就会更容易具有核心竞争力,容易被观众辨认与记忆,容易获得市场的认可。

中央电视台《焦点访谈》的开办,改变了电视新闻没有深度报道的格局,提升了电视在媒介中的地位,也促进了新闻改革的步伐,使人们充分认识到电视新闻本体的内涵与媒介所承担的舆论监督功能。具有开创性的栏目定位为这一栏目打下了领导者的地位,而栏目一贯坚持的个性特色成就了它的品质。该栏目1994年创办后不久成为“舆论监督”的代名词,提到“舆论监督”,很自然就会让人想起这个栏目。1996年《东方时空》进行了第一次栏目包装并取得了一定的成功,电视品牌这个概念也悄然兴起。回顾中央电视台《东方时空》栏目的发展历程可以看到,它是从一个弱限定性的起点出发,经过了很长的可以识别的过程之后,逐渐形成较为清晰的面目。这其中内容、形式和品质元素共同起了决定性的作用。1996年5月17日《新闻调查》开播,栏目创办之初就明确提出:要做中国的《60分钟》,并确立了用调查的方式来做深度新闻节目的设想。《新闻调查》对节目制作形态做出了初步界定:双机拍摄、记者现场采访、现场评述,对事件多角度分析、递进式探究。这种节目形态一直沿用至今。栏目以记者的调查行为为表现手段,以探寻事实真相为基本内容,以制作真正的调查性报道为追求目标,产生了持续的社会影响力和良好的传播效果。在新的改革背景下,面对媒体环境的不断变化,它一如既往地关注并研究中国社会的重大问题,探索影视表达的新形式,以客观、理性、平衡、深入的记者调查,探寻事实真相。

三、电视新闻节目形态的分类

从大的形态着眼,可以把电视新闻节目分成三类:消息类、专题类、评论类。

消息类新闻是电视新闻中最常见的节目形态,是电视新闻实现国内外要闻总汇的主要渠道,是观众了解国内外大事的“信息窗”,被称为电视新闻报道的“尖兵”。

新闻专题是就某一新闻题材所作的深度报道,这种报道比较详尽且有深度,是对新近发生的重大事件的充分报道。在时效上,它和消息最为接近,是报道刚刚发生或正在发生的事;内容上它是消息类新闻简要报道的延伸、扩充,是较为全面的报道。

新闻专题主要节目类型包括专题报道(如“两会”专题报道 3·15 专题报道等)、专题新闻调查(如《新闻调查》《60 分钟》)、专题访谈(如《面对面》《新闻会客厅》)。

电视新闻评论节目主要是指电视台对一些具有新闻价值的新闻事件或者新闻问题等加以评论和分析,或者是表明自己的观点和意见,并进行述评。在新闻报道事实的基础上有针对性地发表看法、阐述意见,具有一定的立场观点和倾向性。

四、电视新闻节目形态的基本元素

(一) 题材元素

题材元素是指电视新闻节目报道的具体题目范围,又是指表现主题思想的材料。它可进一步细分为经济、政治、文化、社会、生态等题材。选材标准包括:

1. 抓住新鲜详实的信息

新闻要求迅速地传播事实信息,信息的新鲜程度以及信息量的大小是观众对新闻报道的首要需求与期望。因此,对于电视新闻记者要做到:“扩大事实信息来源、增加事实信息容量、畅通事实信息渠道、解读事实信息内涵”。

2. 注重真实的情感

优秀的电视新闻节目不只是单纯叙述事实,其魅力也在于以报道中的浓郁的情感来激发观众的情感,从而增强节目的感染力和可视性。如中央电视台《看见——专访药家鑫父母》一期节目中,我们看到了很多人的泪水,这当中包含了很多情感因素。而主持人从中总结出了“人格缺失”“责任担当”“教育缺失”等原因,突出了新闻的主题。这也使观众从节目的情感因素中得到了更多思考。

报道题材本身既有事实信息,也有情感信息。需要注意的是,真实性是电视新闻的生命,电视新闻只有及时准确地反映事实信息,才具有传播事实本身蕴含的情感信息基础。

3. 尊重新闻中的人

人文精神是一种以人为本的精神,一种普遍的人类自我关怀,它表现为对人的尊严、价值、命运的维护和关切。它既活跃于精英文化之中,也共存于大众文化之中。人是整个新闻传播过程中最活跃的因素。因此需要在新闻中特别关注人的存在、感受,以及视觉记忆。路透社记者职业手册开头就是:在报道新闻事件时必须做到独立自主、无偏见以及绝对的诚信。三条的核心是尊重新闻中的人,不仅是新闻事件中的人,而且也包括传播新闻的人以及接受新闻传播的人。

无论是CBS的《60分钟》还是中央电视台的《新闻调查》,新闻中的人永远都是节目中最为关注的对象。

当镜头对准人时,还要以人格化采访展示采访对象和电视记者的独特个性和人格魅力,从而激发观众的思想参与。观众可以通过记者的采访报道语言、动作表情、神态等来感受新闻事件,进而评判电视记者的人格力量。例如《新闻调查》的主持人柴静,《面对面》的主持人王志,都是在面对采访对象时有着自己采访个性的记者。他们在揭露很多新闻事件内幕的时候,运用着独特的采访技巧"撬"开对方的嘴。表面上看上去平静的采访,其实往往是一场没有硝烟的战争,对记者的智慧和勇气有着巨大的考验。而电视机前的观众,也从这种个性化的采访中有了自己的思考,达到了对新闻事实本质的挖掘。

(二) 叙事元素

柏拉图早在几千年前就说过:"谁说故事,谁就控制社会。"清华大学李希光教授说:"新闻学的核心就是采集和讲述故事,这个故事必须满足公众的利益、兴趣和需求。"叙事与人类历史共同产生,而且从一开始就是新闻与传播意义上的,即通过事件的叙述传递信息,求得生存和发展。"就新闻传播来说,'叙事'是报道新闻传播信息的主要方法和各种体裁新闻的共同元素。"电视新闻节目的叙事具体表现在主题事件化、事件故事化、故事人物化、人物个性化。

1. 主题事件化

主题事件化指精心选择最典型、最具代表性的事件作为所报道的载体,来勾勒、突出和深化新闻主题。在新闻实践中,我们时常遇到一些枯燥或是艰涩难懂的主题,而电视又是以画面语言见长的传播媒介,要化难为易并且能够用画面来承载主题的话,寻找典型事件来叙述是一个恰当的选择。

从受众心理感知层面而言,将宏大的新闻主题融入在具体的事件中作为叙述切入点更加符合普通观众的接受习惯。

例如保护水资源是一个大的主题。我们来看一个将这个主题事件化的例子。2013年浙江卫视新闻中心推出大型新闻行动《寻找可游泳的河》,已播出杭州、绍兴、温州、宁波、台州、丽水、金华、嘉兴八地共100多篇报道。节目以"清清河水,共同呵护"为主题,突出寻找概念,记录调查过程。节目中注重百姓感受和权威数据相结合,街头访问和网络互动相结合。报道启动前,栏目组发了一条微博:"清清河水,共同呵护!浙江卫视《寻找可游泳的河》新闻行动邀你共同参与。请你找一找,拍一拍,说一说。请@浙江卫视新闻中心,告诉我们:你身边有能游泳的河道吗?"这条微博得到迅速转发,并通过网络平台得到了众多网友的热议和回应。报道中的很多选题,都是通过网友的随手拍征集而来。"寻找可游泳的河"微话题还得到一些名人微博的及时关注和转发。节目推出后,唤起了公众的集体回忆和改善身边环境的良好期盼,引起了屏幕和网络上的双重关注。

2. 事件故事化

人总是通过描述去获知、去理解、去记忆、去寻找意义。因而,描写性新闻更符合读者的思维习惯。电视新闻选择用故事化的叙事方式传递信息,可以给报道一个可视性的外壳,用形象生动感性的故事描述,契合了观众轻松化的消费心理,既能为受众"解惑",又能为受众带来消费的愉悦。

因此,用故事来解构报道,以悬念化的讲述方式来引出事件、解释事件,可以达到吸引受众眼球的效果。

在电视新闻中讲故事,在地方电视台有着天然的选题优势。据初步统计,2013年1月1日—11月23日《新闻联播》中,不含动态事件类的新闻,地方台通过地方记者系统,在《新闻联播》中播发的地方题材的主题报道(包括经济、民生、文化、科技等)共148条,"到群众中去"共58条;"凡人善举"(包括爱心故事)共47条;中宣部等下达的主题报道,如"最美基层干部""时代先锋""以先锋模范为镜"等,共55条。例如:

河南郑州:一碗面温暖一座城

浙江台州:父母自制"呼吸机" 延续儿子生命

中国好司机 调头接下错站女童(2013年8月18日联播)

烟台大学保洁员吃剩餐倡导珍惜粮食(2013年11月20日联播)

浙江金华:掉进下水道的"小毛头"

女童五楼坠落 快递员众手相接(2013年8月18日联播)

长春:请环卫工人进屋喝杯热水(2013年11月22日联播)

湖北武汉:救人28年后 方俊明获见义勇为称号(2013年11月2日联播)

"龚全珍:让总书记致敬的老阿姨"

浙江两名基层干部为救人不幸遇难(2013年11月3日)

每一条新闻都有动人的故事情节点。中央电视台新闻频道推出的"山东淄博三保安舍身救人""福建公交车乘客齐心救护75岁突发心脏病老人"等"凡人善举"新闻报道对外发布后,被境外媒体多次转载。这些素材生动聚焦新闻实践的来龙去脉,以新闻当事人的朴实情感表达深入挖掘事件背后蕴含的正能量,真实讲述中国百姓故事，在海外舆论中获得了良好的反应，取得了良好的国际传播效果。近 10 条“凡人善举”视频素材已被 CNN，NBC 等 128 家境外媒体使用 359 次。

如何把故事讲好，最重要的就是展示故事的过程和悬念。通过过程的展示和悬念的设置，引导观众进入节目，设计出一个“层层剥离”的过程，让观众在满怀期待的过程中接近那个期待中的结果。在这一丰富的过程展示中，悬念和矛盾冲突发挥着重要作用。例如在《新闻调查——双城的创伤》中，节目从一开始，调查者就抛出了一系列悬念，将观众带入了一个充斥着矛盾的悬念场中，使观众主动参与思考。在整个调查过程中，调查者提出了三个概念，即 5. 19、白皮书、魁星阁，调查紧紧围绕这三个概念展开。在调查开始时，记者采访了苗苗的父母。通过对他们的采访，首次提出了“5. 19”这个概念。苗苗的父母告诉记者在许多学生的手上和课桌上都刻着“5. 19”。记者顺着这个线索展开调查，接下来的调查过程中又相继抛出了“魁星阁”和“白皮书”等概念。节目中采用了叙事学中的“限制性视角”，这意味着叙事者并非全知全能的上帝，只能随着调查的深入获得事件的进展，这使得叙事充满悬念，让观众不知不觉地参与到故事中去，对人物的命运产生身临其境的感觉。如果节目开始就以一种全知的视角来调查，记者充当全知全能的叙事者，那么节目整体的表现力就会被推翻，故事的悬念也大大削弱了。由此可见如何设置好悬念并讲好故事是至关重要的。

3. 故事人物化

故事人物化指让新闻故事的主人翁“立起来”，用人物命运的变迁和具体感受来加深人们对新闻的印象，为新闻的主题服务。西方名记者通常将人作为沟通报道与民众之间的桥梁。他们善用具体人的故事来报道抽象的主题，说明新闻的意义。写作时用细致的笔触，从一个人或一个家庭写起，然后转入要反映的大主题。

《焦点访谈》讲述新闻故事也颇为典型，曾经有人通过对 79 期舆论监督节目的剖析发现，其中有 73 期节目是遵循一定的叙事模式来讲故事的，约占 93%。《新闻调查》在开播之初就确定节目的新闻性、故事性、调查性，根据“大时代背景下的新闻故事一波三折”的宗旨，自觉地将故事化视为节目的生成方式，并将这种故事化的叙述方式具体化为“主题事件化、事件故事化、故事人物化、人物细节化”，被誉为“中国的《60 分钟》”。

在《新闻调查》记者柴静的采访中，一直都有着一股强烈的人文精神。无论是在《双城的创伤》《注射隆胸》等调查报道中，还是在她主持的《看见》栏目中对姚晨、卢安克等人物的专访里，都得到了很大的体现。新闻的核心是人，柴静把对人的关注延伸到那些被忽视的角落，把关注弱势群体看作是记者的一项使命。她说,“我想触摸到人的心灵,哪怕是血肉模糊的心灵。”在《双城的创伤》这期节目中,柴静调查甘肃省武威市凉州区双城镇几起少年集体自杀的事件。调查的重点,便在于对自杀者苗苗的几个同学的采访。他们都是六年级的孩子,柴静问他们对于死亡的理解,问他们什么是最难以忍受的事,问他们有没有想到过和家长沟通,让家长帮忙解决。甚至,在这期节目中,柴静还去抚摸一个哭泣的小男孩的头。她在节目中最后提到,孩子们的心灵世界,仍然是迷。触摸到人的心灵,理解新闻中的人,这是新闻中应该注重的一个重要角度。

中央电视台《新闻调查——双城的创伤》(2003 年 7 月 21 日播出)

五月下旬,在甘肃武威发生少年连续服毒事件,六天时间,其中两名死亡,四名获救,他们当中有五个人是同一所小学的六年级学生。获救之后,孩子一直没有向家长开口解释服毒原因,是什么使这些十三四岁的少年选择了这样极端的方式,到目前为止,外界仍有各种说法,六月,记者前往事件的发生地甘肃武威。

【调查对象】

苗苗的父母

苗苗的同学小杨

苗苗的同学小蔡

苗苗的表弟

苗苗的舅舅

苗苗的同学小孙

苗苗的同学小倪

双城镇双城小学甲班班主任　吴寿昌

双城镇双城小学乙班班主任　王兴文

双城镇双城小学校长王林山

甘肃省武威市市委副书记苏振祥

小孙母亲

小杨父亲

心理教师

甘肃省武威市双城镇居民

【调查内容】

一、数名少年相继自杀,是感情纠葛,还是另有他因?

武威,古称凉州,是西凉文化的发源地,已有近五千年的建城历史。今年 5 月的小学生连续服毒事件就发生在这里。

6月25号,我们在附近的一个村庄里约见了第一个服毒自杀的已故小学生苗苗的父母。女儿的突然离去,使这对年轻的农村夫妇一直处在深度抑郁之中。

苗苗母亲:我一直觉得她是开了个玩笑。

记者:你觉得她开了个玩笑?

苗苗母亲:我就觉得跟我们开了一个玩笑。

记者:你觉得她还在?

苗苗母亲:嗯!

苗苗,双城镇小学六年级甲班学生,成绩始终是班里的第一二名,在老师和家长眼里一直是个品学兼优、清秀乖巧的好孩子。新年的笔记本里,她给自己的寄语是:"希望在新的一天得到更多快乐"。然而,就在5月19号,在离13岁生日还有两个多月的一个黄昏,她突然和同班的一名女生一起服毒自杀,令所有的人始料不及,可这似乎只是个引子。在此之后,自杀的多米诺骨牌悄然启动。

5月21日下午2时,双城中学高二学生赵某服毒,抢救无效死亡;

5月22日下午1时,双城小学六年级学生孙某服毒,抢救脱险;

5月23日早8时,双城小学六年级学生倪某服毒,抢救脱险;

5月23日晚11时,双城小学六年级学生杨某服毒,抢救脱险。

然而更令人疑惑的是,自杀的五名孩子,除了一名中学生外,其余的四名都是苗苗的好友。这样的联系使得苗苗生前笔记本上的这句话——"人生就是一连串的死亡和复活"俨然成为一句预言。

为了探究学生连续服毒的原因,我们驱车来到了事件的发生地,离武威市区30公里的双城镇。

一些媒体根据苗苗笔记本上的一些记录推测是因为苗苗引发的情感纠葛导致了集体自杀。

记者:这个结论你们相信吗?

苗苗父母:不相信。六年级的学生,最大也才不过14岁,哪来的,还不懂。

记者:现在外界有一种说法,就是说他们(自杀的男生),在感情上接受不了苗苗去世,所以才服毒。

苗苗的父母:我就说这纯粹是一种偏见的说法。为啥?就说一个苗苗,不可能影响到那么多的人。

记者:你觉得不可能?

苗苗的父母:我觉得不可能。

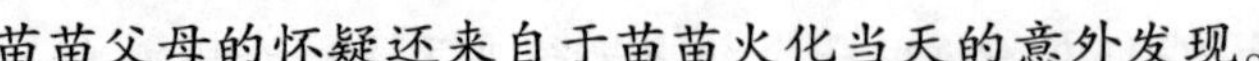

苗苗父母的怀疑还来自于苗苗火化当天的意外发现。

苗苗的父母:在换衣服的时候发现了那封信。

记者:在哪发现的?

苗苗的父母:在裤子兜兜里头发现了那封信。

记者:那封信里有没有解释为什么要这么做?

苗苗的父母:没有。信里只说了"爸妈你们好,当你们看到这封信的时候,我已经到另一个世界快乐生活了"开头写的……中间的话就是,"有些事我不敢想,想起来真让人害怕"。

记者:她没有具体说是什么事吗?

苗苗的父母:打的是省略号,没有具体说是什么事。

记者:你们夫妻俩看到这句话什么反应?

苗苗的父母:从这句话我就觉得,背后肯定还有啥事。

于是,苗苗的父母开始收集相关疑点。他们首先发现六年级的许多学生都在桌子和手臂上刻下了"519",而这,正是苗苗出事的日子。

苗苗父母:这个5月19号也就说,是一个谜吧。为啥?基本上有些学生,在胳膊上刻了5月19。

记者:是什么时候刻的?

苗苗的父母:在胳膊上刻的话,肯定是在出事之前,在19号刻的话。

你说22号发现的时候,他们胳膊上的疤疤都已经退掉了。

记者:苗苗身上有吗?

苗苗的父母:有一个刀痕,划了一刀。

记者:在什么地方?你什么时候注意到的?

苗苗的父母:就是给她换衣服的时候。贴着创可贴,新伤口。哎……

记者:这说明什么呢?

苗苗的父母:说明这些学生是早有预谋喝这个农药的,不是偶尔的。

他们怀疑519是孩子们集体自杀的约定,而苗苗的舅舅也证实这样的事件并非首次。

苗苗的舅舅:前面就是4月份,他们服过毒。

记者:4月份?谁服的?

苗苗的舅舅:他们班的。好像十几个人,十几个学生。

记者:这事你怎么知道的?

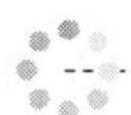

苗苗的舅舅:后来听他们班上同学说的。说前面就有一次。集体,十多个人,吃的什么颗粒……

记者:什么颗粒?

苗苗的舅舅:就那老鼠药。

另外,一个所有自杀学生都经常去的叫魁星阁的地方也令苗苗父母产生了疑问。

记者:那是一个什么地方?

苗苗的父母:就是我们镇上的一个古迹。出事以后就锁上了,再没有人上去过。

记者:你们有没有上去过?

苗苗的父母:没有。这事情一出来,就听学生那边就反映开了,政府就把里面写下的东西就全部粉刷掉了。

记者:里面写的东西,写在哪儿的?

苗苗的父母:墙壁上。

记者:孩子写的?写些什么你们知道吗?

苗苗的父母:不知道。我就是觉得在后面,好像有什么组织。

同时,小镇上还传说学生中流传着一本白皮书。

甘肃省武威市双城镇居民:听说学生他们中间有手抄本。

苗苗的舅舅:调查组来调查的时候……有本书,其中有同学就把书撇到房上了。

记者:听说那本书的内容吗?

苗苗舅舅:像有些不健康的内容……《快乐男女生》。

记者:这本书你们听说过吗?

苗苗父母:听说过,书也是学生说的,说有两本书,白皮书,他们也没看过内容……听说过白皮书,内容……

519、魁星阁、白皮书,正当苗苗的父母为种种说法难以分辨困扰时,又发生了让他们更为惊愕的事情:5月25日,邮递员送来了苗苗于23日寄出的第二封遗书。

记者:苗苗是5月19号出事的,这个是23号寄出来的。

遗书写道:爸爸妈妈,看到你们哭肿的双眼,女儿心都碎了,是女儿一时的糊涂,才铸成了如此大的错误。这封信以苗苗的口吻安慰父母振作起来,不要过度悲伤。信封背后还特意叮嘱邮递员尽快送到。

记者:你们当时有没有比较过,这个字和苗苗的字迹……

苗苗父母:比较过,当时接到我们就比较了。不是,不是她的笔迹。

所有的这些疑点能否得到合理解释?在苗苗父母的指点下,我们赶到被认为与苗苗关系最好的小杨家里了解情况,他也是之后的连续服毒学生之一。在长达三个小时的交流中,我们拿目前公开的几种说法向小杨求证,他却始终欲言又止,直到采访将近结束的时候。

记者:我只想问你一句,就是说,除了我现在知道的所有原因之外,是不是还有别的原因?我不需要你告诉我,我只需要你告诉我这一点,让我自己去调查。

小杨:有的。

记者:严重吗?

小杨:很严重。

记者:这个严重是不是牵涉到很多人?

小杨:是。

记者:我想去现场看一看。我明天会去你们学校。明天,我能不能带你一道去?

小杨:我和你一道。

记者:你跟我一起去?

小杨:嗯。

记者:你真的跟我一起去吗?

小杨:去。

记者:为什么?

小杨:因为我也,再想看一下。

这里就是双城小学,五名服毒的六年级学生就是在这里就读,事发至今校方一直没有接受任何媒体的采访,那么这些孩子究竟留下了多少线索,这些线索到底有没有被抹去,今天下午我们征得校方的同意进入拍摄。

记者:苗苗坐的哪张桌子?这是什么字?

小杨:5 月 19 日。

记者:5 月 19 日是吗?这是谁刻的?

小杨:苗苗她自己。

记者:苗苗自己刻的。什么时候刻的你知道吗?

小杨:5 月 19 日。这个被涂掉了。

记者:你的印象里这张桌子上原来刻的什么东西?

小杨:也就是 519。

记者：也是519啊，那你知道这些字是什么时候刻的吗？

小杨：5月20日。

记者：班里有多少张桌子上原来刻了519？

小杨：很多张。

记者：刻的时候大家商量过吗？那为什么要刻519呢？

小杨：就是纪念苗苗。

记者：我们刚才在桌子上看到了一些孩子刻的字，519，当时你注意到了吗？

吴寿昌（双城小学六年级甲班主任）：519还是事发以后的第二天，我也发现了。

记者：看到他们在桌子上刻这个字之后，你怎么处理的？

吴寿昌：我说以后你们纪念同学，发生了怀念这个事情，但是爱护公物，桌子上不能刻字。

记者：那你当时决定这刻上的字怎么办呢？

吴寿昌：当时我们就消除掉。后来学生抹掉了。

看来，519并非孩子们事先约定的自杀时间，那么，被认为是孩子们秘密集会场所的魁星阁是否会留下与服毒有关的线索呢？

一个小孩子写"到此一游"……"到此一游"……写的是"一见钟情"……应该是"武林盟主"这四个字……应该是一些没有章法的东西。

魁星阁看样子的确被粉刷过，但是从我们对墙上的字迹辨认来看，都是些游戏文字，在魁星阁我们找不到更多有利的线索。

在后来的调查中，负责管理魁星阁的镇文化馆馆长也证实孩子们在魁星阁玩闹之余常常随意涂写，粉刷只是对文物的例行保护。此时，那本传言在自杀学生中秘密流传的神秘白皮书，则成为目前服毒事件的唯一线索。记者找到苗苗的表弟了解情况，同在双城小学就读的姐弟俩相处很好。

记者：还有一种说法说，在六年级的学生里头流传着一本很神秘的书，你知道那本书吗？

苗苗的表弟：那天说政府里的人收书，就是扔到后面那个房上了。

记者：什么书？

苗苗的表弟：不知道。

记者来到当时负责收书的凉州区公安局，见到了这样一批原来在双城小学学生中流传的印刷品，其中有文章祭奠轻生的女中学生，还有文章探讨了自杀的多种方式,警方确认它们就是传说中的白皮书。那么,在自杀孩子们中间传阅的真的就是类似这样的刊物吗?

小杨:她当天看的是《阳光部落》。

记者:阳光部落里写了些什么呢?

小杨:就是男生和女生之间的一些感情。

记者:苗苗喜欢这样的文章吗?

小杨:反正她平时就看些这样的书。

记者:你觉得这样的书跟她的服毒有关系吗?

小杨:没有。

二、孩子们内心的生死

小蔡,5 月 19 日与苗苗同时自杀,她也是苗苗最好的朋友,有可能对第二封遗书知情,于是,我们辗转找到了她。

记者:这封信你见过吗,是苗苗的字吗?

小蔡:不是。

记者:是你的吗?

小蔡:不是。没见过。

对于第二封遗书的作者小蔡的回答没有让我们惊奇,但小蔡对苗苗自杀的态度却让我们吃惊。

记者:你觉得苗苗离开世界是对的还是错的?

小蔡:也许对她来说是对的。

记者:你觉得她解脱了吗?

那么,在小蔡眼里,究竟是什么事情使苗苗不得不选择死亡,甚至死亡都无法解脱呢?小蔡告诉我们,这与苗苗告诉她的发生在农历 2、3 月份的一件事情有关。

记者:在 2 、3 月份发生那件事情之前,你觉得苗苗会这么想吗?

小蔡:不会。

记者:那是一件什么样的事情?

小蔡:很可怕。

在沉默了良久之后,小蔡最终告诉我们她所知道的一切。事情发生在 4 月份的一次同学聚会上,打闹中,有男生碰了女生,然而这种简单的身体接触在孩子们看起来却非常严重,他们对此讳莫如深,然而流言却传开了,而且越传越凶。

记者:你觉得按照苗苗跟你的描述的话,严重吗,这个事?

小蔡:也不是太严重。

记者：那是什么这么可怕呢？

小蔡：心理上觉得很可怕。

记者：苗苗怎么跟你说的？她说的时候哭了么？

小蔡：哭了。

记者：她觉得这件事情里面，什么最不能忍受、什么让她最痛苦？

小蔡：从聚会的那天起，很多同学骂她……

记者：说的难听吗？

小蔡：难听。

这里是双城镇的农贸市场，在5月19号的下午大概五点半，苗苗和小蔡带着已经买好的鼠药来到这儿，在这个场地上打了一会儿羽毛球，然后来到水龙头附近，用上一只小杯在水龙头接了水以后将鼠药溶解吞下，然后两个女孩坐在椅子上休息。

小蔡：后来就背靠背手拉手地坐着。

记者：跟她说话了吗？

小蔡：就一直笑着……

记者：看着对方？

小蔡：也没有看着对方，就背靠背。

记者：那为什么会笑呢？

小蔡：想笑着离开世界。

记者：你背对着她，怎么知道她在笑呢？

小蔡：她笑出声了。

记者：你能听出那笑声，是什么样的笑声吗？

小蔡：傻笑。

小杨在笔记本里写到苗苗：她是一个走投无路的人，仍然有自尊的需求，我懂她的心，所以我很伤心。

记者：以你对苗苗的了解，你觉得她最不能忍受什么？

小杨：也就是别人对她的侮辱吧。

从4月底起，苗苗逐渐有了自杀的念头并曾多次尝试，苗苗父母在她手上发现的伤口就是其中一次割脉留下的痕迹。4月29号的周会上，苗苗又一次服毒，许多同学为了阻止她也吞服了事后被证明是伪劣的鼠药“闻到死”，这就是苗苗舅舅所说的4月份那次集体自杀，小杨和小蔡也在其中。

记者：有多少人倒了（老鼠药）？

小杨：13人。

记者：当时为什么要问她要（鼠药）呢？

小蔡：要死一起死。

记者：你们以前说过这话吗？

小蔡：说过。

我们在苗苗的遗物里发现这样一张字条："我们六个人是姐妹，有福同享，有难同当"，而小蔡提到的"要死一起死"，是孩子们在小团体中承诺保守聚会秘密时立下的誓言，那么其他孩子的自杀是否与这个誓言有关呢？

由于多方证据表明21号自杀的高中生赵某与双城镇小学的苗苗小蔡等人素不相识，可以排除他的自杀与她们的连带关系，于是我们直接去了第一个被认为因苗苗而自杀的小孙家。

（小孙不在家）小孙母亲认为，儿子当天服毒只是因为她在网吧门口当众责骂了他。

记者：当时你说他的时候说得重吗？

小孙母亲：我就说你放了暑假也不吃饭，那你整天玩……当时随手拿了一个细条条……

记者：什么东西？

小孙母亲就是箱子上面那种包装皮皮，头上敲了两下。

记者：敲了两下，没使劲？

小孙母亲：没使劲，咋就后来就不答应了。那几天风气也不好，小苗家，他们家喝药了，我说你是不是也喝了药了?！他气呼呼地："哎，就是的！"

告别了小孙家，我们又来到小倪家。他是小孙最好的朋友，并且在小孙喝药的第二天，也选择了服毒，他的自杀又是出于什么原因呢？

记者：如果你当时知道小孙还活着，你会这么做吗？

小倪：不会。

小孙是小倪最好的朋友，得知小孙自杀，小倪也一度陷入了绝望。学校当时正实行家长接送制，23号早上没有家长接送的他被老师批评，于是情绪低落的他回家拿了一瓶"敌杀死"，在小树林喝了下去。

记者：是因为你当日以为，自己失去了最好的朋友，还被你尊敬的人责骂，所以就觉得很难忍受是么？

小倪：是。

记者：没有别的原因了？

小倪：没有了。

记者：那天怎么不让小倪进来呢？

王兴文（双城小学乙班班主任）：因为家长还没有到，他的情绪比较反常，我就说你等一会，家长来了把情况弄清楚了以后，你进教室。

和苗苗关系很好的小杨是整个服毒链条中的最后一环，24号他在家中服毒后被家人发现送往医院，医院在抢救后将他确诊为癔病和农药服毒待排。

记者：是什么让你下定决心了？

小杨：就是我解释，他们（凉州区公安局）不听。

记者：他们问你的过程当中，觉得什么是使你最难忍受的？

小杨：就是说我和苗肯定有啥事情。

记者：你在意他们怎么看你吗？

小杨：在意。他们那事情肯定会传出去，传出去，我也就没有什么可以解释的。

记者：这可怕吗？

小杨：可怕。

记者：比失去生命还可怕？

小杨：也许吧。

记者：我们后来在调查当中也发现了，有孩子说因为公安部门的介入，包括一些询问的时候的一些方式，给孩子造成了直接的心理上的影响……

苏振祥（甘肃省武威市市委副书记）：我们实事求是地讲，刚开始搞的过程中，我们也发现这样不利于我们的调查和取证，但是因为出现死亡，这是比较重大的事情，必须要由公安部门和一些政法机关按照一定的程序办理。当然在这个过程中，我们也考虑到派心理教师的效果还是比较好的。

三、孩子和大人的距离有多远？

李静、王金娥（心理老师）：娃娃特别相信我们，我们感觉着家长特别信任我们，就交了个朋友。娃娃在没成熟的时候，容易走上偏路，我们还是愿意与他交朋友。

5月24日，政府联合调查组撤出了进驻3天的双城小学。同时，对情绪起伏较大的学生通过亲友、老师劝抚、监护，遏止了学生群体服毒事件的继续发生。

5月24号以后，双城小学不再发生学生服毒事件，但是校方仍然面临着如何处理学生心理危机的一系列问题。

记者:您怎么跟他们解释什么是死亡的?

吴寿昌:没解释过,这些事情不好解释。

记者:你们班和甲班出了这么大的事之后,老师跟你们谈过心吗?

苗苗表弟:谈过。

记者:他怎么跟你们说的?

苗苗表弟:他说,喝药会造成胃病。

记者:大人到底能不能帮到你们? ……你不相信? 为什么?

小蔡:我觉得大人不知道这种感觉。

记者:你觉得大人没有烦恼和痛苦吗?

小蔡:也有。

记者:那他们怎么不知道你们的感觉呢?

小蔡:这种感觉和那种感觉不同。

记者:不同,但如果你说出来的话,别人也许能够了解呢……

小蔡:不可能了解。

记者:你心里碰到有事的时候你会怎么办?

苗苗表弟:……忍气吞声。

记者:不能跟老师或者家长说吗,你会去说吗?

苗苗表弟:不会。

记者:如果跟他们说了呢,你觉得会有用吗?

苗苗表弟:没有用。

记者:他们是大人,他们帮不了你吗?

苗苗表弟:是。

记者:你觉得他们能理解你吗?

苗苗表弟:不能。

对于死亡,孩子们与老师之间也有着截然不同的认识。

记者:在您的思想里头,你觉得什么是死亡?

吴寿昌:死亡就是活得没意义。活的没意义就去死,到绝境的时候就死亡。

记者:觉得死亡可怕吗?

吴寿昌:死亡是可怕的。

记者:孩子们会认为死亡可怕吗?

吴寿昌:他们认为……可怕的,我认为。

记者:在你概念里死是什么,什么是死?

小蔡:就是睡着了,不会醒来。

记者:这事可怕吗?

小蔡:不可怕。

记者:你再也见不着这个世界了,见不着爸爸妈妈了,这个事儿不可怕吗? 你觉得有另外一个世界吗,如果人死了之后?

小蔡:有。

记者:你觉得那另外一个世界,在什么样的地方?

小蔡:不知道。

孩子对成年人的不信任,成年人对孩子的不了解,使双方都陷入困境。

记者:你自己心里有疑问吗?

苗苗表弟:有。

记者:那你去问谁呢?

苗苗表弟:问自己。

记者:没法去问大人吗?

苗苗表弟:是。

记者:你觉得这件事他们不能给你解释吗?

苗苗表弟:不相信他们的解释。

记者:那你自己能回答得了自己吗?

苗苗表弟:回答不了。

记者:你回答不了自己的时候,心里会觉得难受吗?

苗苗表弟:难受。

记者:难受怎么办? ……你在心里跟你姐姐说过话吗?

苗苗表弟:说过。

记者:你跟她说什么呢?

苗苗表弟:你好吗……

记者:头发是这几个月白的?

王林山(双城小学校长):就是,这次白的比较多一些,心里难受,心里压力太大,精神几乎都崩溃了。

记者:像您这样在基层当校长,你现在具备的这些知识也好、训练也好,够用吗?

王林山:是欠缺一些。

记者:这件事情发生之后,您需不需要有人来告诉你,该怎么去跟这些孩子沟通?

王林山:需要。

记者:有人告诉你吗?

王林山:没有。

沟通的难题,也同样存在于一些家长中间。

记者:你跟他们聊的多吗?

小杨父亲:我们聊的也不太多吧。

记者:为啥咧?

小杨父亲:没啥聊的。

记者:那娃娃平常心里想啥你知道吗?

小杨父亲:也不太清楚。

记者:有时要是他不听话了,或者怎么着你怎么办?

小杨父亲:不听话就骂上一通。

记者:你觉得现在他这个年龄的小孩子,跟你说心里话容易吗?

小杨父亲:也不容易。他的心里事情我们也摸不准。

记者:你是个大人,你心里有事的时候你跟谁说呢?

小杨父亲:我有事的时候我就自己埋在心里。

记者:不痛快就埋在心里,也不跟别人说?

小杨父亲:我也不跟别人说。

进入六月,双城小学的六年级的孩子都已经顺利毕业了,小镇的生活看上去恢复了平常,但是服毒事件留给双城的创伤真的愈合了吗?在孩子们内心深处是不是像大人们所认为的那样平静呢?悲剧会不会重演?

记者:如果在这段时间里,再碰到一些不高兴的事情,你觉得你能承受吗?

苗苗表弟:能。

记者:真的能?

苗苗表弟:能。

记者:用什么去承受呢?

苗苗表弟:毅力。

服毒学生小杨告诉我们,在和心理老师谈过后,他的情绪已经开始渐渐平复,准备开始中学生活。

记者:这件事发生之后,我想老师也跟你谈过、家里人也跟你谈过,你后来想,为什么你就信任这个奶奶呢?

小杨:唯一的原因就是,这个心理学奶奶,她耐心地听我说话、耐心地把我说服。她告诉我怎样去战胜、怎样去面对。

记者:以前没有人对你这么耐心吗?

小杨:没有。

记者:跟这个年龄阶段的孩子相处,要注意什么?

心理老师:第一个一定要尊重,当他一个独立的个人,允许他说话,要用民主的方式跟他说;另外一个,把家长教育办起来,孩子受教育的同时,家长必须受教育;再一个青少年的心理、生理已经超前发展,我们的教育滞后,赶不上,这也是我们国家面临的一个问题。

记者:它不仅仅是双城小学……

心理老师:对,这是全社会的问题。

7 月 1 日,在新闻调查记者离开武威的前一天,小倪又带我们重访了第一个与苗苗相关的小孙的家,寻找他多日未见的好朋友。

见面后小孙突然一个人走到后院,并将门反锁。

记者(在小孙后院门外):我们什么都不拍,我就一个人,我想跟你聊一会儿,你让我一个人进去行吗? 行不行……走了……我们不采访也行,你们好不容易见个面,聊聊天。

小孙将我们带到了家门口一个十几米高的大土台子上,他说他经常一个人坐在这里想事。

记者:你喜欢这儿啊? ……别人看不见你,但你什么都能看见。……刻的什么呀? 疼吗?

小孙:不疼。

记者:已经退了,是刻的 5 月 19 吗?

小孙:是。

记者:什么时间刻的呀? 几号刻的?

小孙:20 号。

记者:拿什么刻的呀?

小孙:刀刀。

记者:刀刀啊,刻的时候出血了吗,流血了吗?

小孙:流血了。

记者:如果妈妈打你,但是苗苗没出事,你会有这个念头吗?

小孙:没有。

记者:你把那个药都吃了,身体难受吗?

小孙:难受。

记者:哪儿难受啊?

……

记者:在这样的谈话当中,看着孩子离开,你知道他的内心世界里还有很多谜没有解开,还有很多话很难说出来给我们听,我们只知道在这些孩子的内心深处有很多从来没有被人了解到的东西,这些东西也许就是他们后来相继服毒的原因。其实在整个双城少年服毒的事件调查过程中,到最后我们才发现最大的谜其实就是孩子们的内心世界。怎么样去打开它,可能是每个人都需要面对的问题。

7月2日,《新闻调查》记者将苗苗父母收到的第二封遗书送到公安部门鉴定,结果为苗苗亲笔所写,只因运笔较快而与平时有异,信封背后文字为苗苗的一位生前好友所书。

演播室:回到北京我们仍然和孩子们保持着联络,两个月来服毒事件留给他们的创伤已经渐渐愈合,这些孩子和每一个普通的十三四岁的少年一样开始在电话里给我们谈论他们所喜欢的流行音乐和电影明星。其实一度被认为不愿意开口说话这些孩子,一直在内心深处渴望着倾诉,只是不知道该向谁倾诉,如何诉说。青少年的心理问题已经得到了全社会的普遍关注,根据我们了解,现在各省市的未成年人保护条例正在修改中,专家提议应该在全国中小学校增加心理教师。

4. 人物个性化

人物个性化是指在新闻人物的刻画和描述中,注重细节的拍摄和描述,用细节来突出人物的个性,用细节来加深观众对新闻的印象。

如2013年11月《新闻联播》中播出的《父子两代的超级杂交油菜梦。》

习近平总书记2013年11月1日在北京市互联网信息办公室《互联网信息[专报]》第361期“一对农民父子的油菜科研梦故事在网上引起热议”信息上批示:讲好故事事半功倍。

我们来看看这个好故事是怎么讲的?这个故事要表现的主题是“中国梦”。这个主题是比较宏大的,如何能够将它化大为小,化枯燥为生动,化难懂为通俗?需要选择一个形象、典型的事件作为载体。新闻中选择了湖南的一个农民家庭,他们父子两代关于研究杂交油菜的事件。叙述这个事件的时候,采用了故事的讲述方法,描述了地地道道的农民为了搞科研所付出的的艰辛努力。这其中塑造了父子两位农民形象,通过人物的语言、动作、神态等细节表现出他们对进行杂交油菜研究的科研热情,对这片土地的热爱。最后,从故事中自然地引申出了新闻的主题——普通百姓的中国梦。

国内外很多优秀的电视新闻节目,都是以一个具体的事例(小故事、小人

《新闻联播:父子两代的超级杂交油菜梦》

物、小场景、小细节）开头,然后自然地从开篇的人物命运过渡到新闻主题上,进入新闻主体部分。接下来进入"大背景""大主题"的深入调查阶段,进入理性化的叙述过程,达到深化主题、透析本质的目的。结尾再次呼应开头,回归到开头的具体事例上,进行点化式主题升华。观众这时已能从个体人物命运身上感受到整个新闻大主题所要传达的内容,除了对人物命运的关注外,有了一种超越感性的理性诉求。如《新闻调查》中曾经播出的《注射隆胸》《以生命的名义》等都是选择了具体的人物身上发生的故事,而节目中最终想要表达的是通过一个个具体的人物命运故事,去体现人物命运背后的社会环境和内在动因。

（三）视听元素

视觉元素主要包括图像、动画、图表、字幕等子元素。听觉元素主要包括解说词、同期声、音响、音乐等子元素。

1. 图像

画面由摄录系统拍摄和制作,由电视屏幕显现的运动连续的图像。图像具再现、实证、表意的功能。

1）再现

画面是对现实的再现。电视新闻画面的首要作用,就是忠实地记录新闻事件、事态的原貌,并通过剪辑加工将这种原貌还原给电视观众。再现的内容主要包括新闻事件中的现场环境、关键情节、典型细节等。

2）实证

电视画面因其直观性、连续性而具有很强的实证功能。特别是对于一些可能产生争议和质疑的事件、事态,典型画面往往具有无可辩驳的说服力,这是如何精彩的解说词都不可能比拟的,负面报道如此,正面报道亦然。

3）表意

表意是指通过累积、对比、关联等蒙太奇剪辑手法,画面可以产生不同的寓意。如某个城市过去十年和现在建设的画面对比,表现城市的巨大发展变化;对

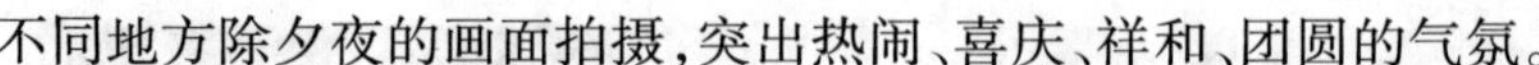

不同地方除夕夜的画面拍摄，突出热闹、喜庆、祥和、团圆的气氛。

2. 字幕

字幕常用来弥补形象和声音语言的不足，主要分为标题字幕、提示字幕、满屏字幕、插播字幕等四种类型。

3. 动画

动画具有极强的可视性和特殊的表现力，对于新闻节目中一些看不见、语言有难以表述清楚的内容，特别是有关科学技术和科普知识方面的问题，用动画来表达，能收到清楚易懂的效果。新闻性和艺术性相结合的纪实动画，它通过动画语言报道和评论新闻事实。使用时应注意的原则包括：真实性原则、客观性原则、时效性原则。

动画元素在电视新闻类节目中的作用包括：

1）拓延新闻报道时域

电视新闻叙事时态为较近的“过去时”和“现在时”。对不存在影像资料的过去与未来的叙述，传统电视新闻表现手段无能为力。电视新闻类节目中动画的出现，改变了新闻报道的现状，虚拟动画技术使得新闻报道的时间范围向更远的将来和过去拓展，增加了新闻报道的时间跨度。

2）丰富新闻叙述形式

（1）化抽象为具体　动画具有具象直观的信息表述特点，对于新闻事件中涉及的物体结构、运行原理、事件过程等抽象、概括内容的表现上具有优势。如在电视新闻中对“神州十号”飞船的起飞、航行路线及着陆做动画的模拟。

（2）主持人空间拓展　虚拟演播室技术的出现改变了演播室画面构成形态，使主持人得以出现在任意构想的虚拟动画空间中。虚拟演播室中的场景利用三维动画软件建立，空间面积、材料、装饰风格不受限制。虚拟演播室营造出“演播室内的现场”，演播室主持人得以进入事件空间，甚至与新闻事件动画场景互动，使得演播室与事件的结合更为紧密。如 2013 年 6 月“神十”发射时，中央电视台进行的报道中就多次使用了虚拟演播室的技术，使主持人带领着观众一起和“神十”一起起飞、着陆，将抽象的技术术语演化为实实在在的画面。

4. 图表

图表的适当运用，既能增强观众的感性认识，又能补充视觉形象的不足，加深对新闻内容的了解，主要包括趋势图、曲线图、示意图、一览表、表格、地图等。

5. 音响

音响是人们在日常生活中到处都可以听到声音和响声，声源来自于大自然和人类社会的各个地方，可进一步细分为动作音响、自然音响、背景音响、机械音响、枪炮音响、特制音响、模拟音响等。

6. 同期声

电视新闻同期声运用是发挥电视新闻优势的最重要的手段之一，对于增强电视新闻的真实性和感染力有着不可替代的作用。不同同期声的交互运用可使节目节奏富有变化，对观众造成视听感受的强烈冲击。

1）正在发生的现场新闻事件

如重大会议、重要庆典、大型运动会、演唱会，或一场大火、一起塌楼事故等，这些正在发生的新闻事件现场性非常强，不但适合做电视新闻采访同期声，而且通常还可采取记者在现场出面，中间插一些现场同期声的形式来报道。这样不但可增强新闻的真实感、现场感，也容易让新闻"出彩"。

2）就某一社会关注的热点事件营造舆论声势

如每年的全国"两会"，是百姓关注的焦点，中央电视台在历年"两会"的新闻报道中，都采用了大量的同期声。代表们就社会和经济发展中的热点问题畅所欲言，各抒己见。这样的电视新闻在同期声的篇幅上是超长的，代表们一个接一个地讲，有利于形成一种舆论声势，一种促进改革深入发展的舆论声势。

3）在调查性新闻里起到对事实性话语的实证作用

近两年很多电视台都开设了新闻调查类节目，是对观众反映的一些社会丑恶现象或不公现象先进行调查，再予以曝光。记者在做这类节目时，自然要更多地借助于同期声，将采访调查过程中有关当事人所讲的话录下来，作引证用，而不是用解说词来替代。

4）在人物新闻中，运用同期声反映新闻人物的思想和感情

如中央电视台的《看见》，节目采用演播室讲述、新闻记录片、人物采访及部分组成。人物采访的同期声不仅有助于观众进一步了解他们的精神风貌和内心世界，也有助于新闻人物的形象丰满，使节目的结构更加丰富，报道形式更加生动活泼。

7. 解说

解说词是依附于新闻画面的画外语言。其新闻元素较齐全，文字结构也较完整，所以在电视新闻节目中具有完整地传播新闻内容、拓展报道层次的作用。它传达一种经过新闻报道者整理、思考后的间接信息。电视新闻中解说的主要作用包括：

1）简洁地提供新闻信息。

2）提供未采集到、无法采集到或难于找寻到的信息。

3）传达影响难于表达的主观形态的信息。

4）引导受众理解影像信息的意义。

5）灵活实现结构性转接过渡。

8. 音乐

音乐是一种长于抒发感情,并具有丰富艺术表现力的元素,虽然在主流电视新闻节目中,揭示主题大多是靠有声语言阐述完成,但音乐作为一种非语言符号,如果运用得当,确实能起到揭示并深化主题的作用。它的具体作用包括:

1)表意功能——表现主题、渲染气氛、烘托情感、扩展时空

如中央电视台《第一时间》在结尾时,总会使用轻松的音乐配合片尾字幕和观众告别。2014 年 1 月 1 日《新闻联播》的结尾,播音员康辉轻松地总结道:“人们说 2013 就是爱你一生,2014 是爱你一世,新闻联播和你一起,传承一生一世的爱和正能量!”接着配合着轻松的音乐画面出现不同地方如何度过这新的一年的第一天。在 2014 年春节假期的最后一天《新闻联播》结束后,也借助音乐出现了温情结尾:以《时间都去哪儿了》这首歌曲为主题音乐,晒出了从网络征集的百姓全家福,凸显出了浓浓的亲情色彩。

2)结构功能——串联、间隔、过渡、标识

例如《新闻联播》《焦点访谈》等电视新闻栏目的开头音乐,具有节目的标识作用;《新闻调查》中间的片花配合的音乐具有间隔、过渡的作用,将一期节目分成了不同的段落。

3)增强现场感

从内容上看,电视新闻中有如奏国歌、青歌赛、演唱会等内容时,音乐的出现能让观众有身临其境的感受。

第二节　电视深度报道

一、电视深度报道的涵义

深度报道是一种系统而深入地反映重大新闻事件和社会问题,阐明事件因果关系,揭示实质,追踪和探索事件的发展趋势的报道,注重“何因(Why)”和“怎样(How)”这两个要素的发挥。它是一种通过系统地提供新闻事实的背景,用客观事实解释、分析、延伸和拓展新闻领域的一种报道方法。深度报道既有深度——深入新闻事实内部,揭示新闻事实含义;又有广度——详尽报道有关新闻事实的一切情况。

深度报道包含以下几个角度:从新闻报道体裁上讲,并非对事件、消息的简单传递;从报道内容分类角度看,是对新闻信息的拓展,拓展角度主要是从事实真相挖掘和事实价值评判的角度展开;从报道,其内容性质分析,包含了事件的

起因、经过、结果(或预测)以及影响范围等。

电视新闻深度报道区别于其他类型的深度报道的主要特点在于通过电视技术手段报道,在传播中将语言符号与非语言符号有机融为一体,共同再现事实面貌,表达意义价值。电视新闻深度报道的优势是从新闻事件的历史渊源、因果关系、矛盾演变以及影响作用和发展趋势等角度展开;用电视新闻业务专业术语来讲,就是整合新闻的策划、采访、写作、编辑的众多要素。电视新闻深度报道的核心就是要通过“看什么”,了解“是什么”,通过解释“为什么”,知道“意味什么”。“看什么”和“是什么”是通过图像语言传递给受众的,展现事件过程;为什么和意味着什么是通过有声语言对现象的分析和阐述,是深度报道的精华,引发人们思考。

二、电视深度报道的特点

(一) 新闻背景的有效整合

电视新闻背景材料是指与新闻事件发生发展相关的环境材料和历史材料。

新闻背景资料的应用是深度报道不可或缺的重要组成部分。背景资料的恰当使用有助于说明新闻事实的内涵、成因、意义及影响,让观众对新闻事件的来龙去脉了解更清楚,从而提高和改进电视新闻的宣传效果。同时也可以帮助记者表明自己的观点,帮助观众把事物置于特定环境、条件中去理解、分析,从而引出深层次的思考,深化主题。

在电视新闻报道中,运用背景资料大体可分为两种情况:一种是在新闻报道的现场;通过对被采访者的提问引出背景材料,这种背景材料为叙述式背景材料;另一种是在后期编辑新闻时插入一些录像、影片、图片、图表、字幕等背景资料,为插入式背景材料。

那么,选择什么样的背景资料,如何运用这些资料来加强电视新闻报道的表现力和说服力呢?电视新闻是以声画结合的方式传播信息,因此电视新闻背景材料运用也要注意发挥其特点,除了用文字材料交代背景外,要尽可能用电视媒介所提供的各种手段。如影像、照片、甚至电脑特技,各种形象化资料相对于文字资料容易被观众接受和理解,不但传播中信息耗损小,视觉感受上也更加真实可信。

(二) 新闻事件的深度叙事

深度报道的崛起,其最大的意义就在于从零度叙事走向深度叙事。在实际操作的过程中,需要注意的一是通过增强现场的拍摄镜头与同期声,不断地运用最具冲击力的画面打动人；二是强调用真实的力量，用一个个真实感人的情节、细节和新闻故事感动人。动作细节、形体细节、情态细节、环境细节、事态细节、色彩细节等都是记者在深入观察中所应捕获的内容。

在西方电视新闻报道用语中，“story”是一个常见的词；如“Top Story（头条故事）”“Full Story（详细报道）” 。新闻故事或者说新闻的故事化表达是电视新闻抓住受众的重要手段。从某种意义上说，新闻报道就是一门讲故事的艺术。

深度报道中的叙事包括：

1. 新闻主角

新闻主角是新闻事件最核心的参与者，没有他的存在，新闻事件就不可能存在。他是对新闻事件有着最关键影响的人，他推动新闻事件的进程、左右新闻事态的发展。他是最能代表新闻事件本质的人，他的经历、情感、态度是新闻事件最生动的写照。

2. 情节和冲突

好的情节和冲突一般具有的特质一是新闻主角的代表性言语和行动；二是典型的时空环境；三是新闻主角的言行与典型环境之间的戏剧冲突。

3. 细节

动作细节、形体细节、情态细节、环境细节、事态细节、色彩细节等都是记者在深入观察中所应捕获的内容。

“讲故事”是一种柔性的传播策略，它以一种感性的力量使受众易于接受媒介所要传达的信息。在电视新闻报道中，“讲故事”能够有效地发挥电视直观形象的优势，从而获得较好的传播效果。人物、情节、细节和冲突是构成一个故事的基本元素，如何将这四者有机地结合起来，在一个视觉化的平台上讲好故事，是电视新闻报道能否产生感染力的关键。

（三）新闻事件的独特观点

深度报道应“深”在哪儿？深度报道又是靠什么来支撑？目前，新闻报道已进入了观点时代，具有高品质信息附加值的深度报道受到广泛关注和欢迎。深度报道成功的关键在于观点，观点赋予了深度报道以灵魂。电视深度报道的选题本身就是具有一定的复杂性、纵深度，有许多疑惑、疑难需要做出解释的新闻事件，这类素材的新闻事实才有可能写成深度报道。分析近年来成功的电视深度报道代表作品，无不体现着观点与深刻。事实上，深度报道的灵魂就是其思想的深刻性，也就是观点的犀利与鲜明、警示与启迪、独到与震撼，发人所未发之语。

如《新闻调查——大学生小老板》中展开讨论的观点有：

总观点：大学，可以这样办吗？

分论点：

1）高校教育的根本目的是什么？

2）课程与开店哪一个更重要？

3）这样的大学生活是否值得，是否单调？

4）培养人才还是复制商贩？为什么要这样做？

5）创业学院的课程和制度全都围绕开网店重新设计，是否合理？

6）用开网店的业绩来替代课程是否合理？

7）把实践的地位提得比课堂高，还要老师做什么呢？淘宝店在社会上一样有很多人在做，还需要上大学做什么呢？大学的意义在什么地方？

8）这样的创业教育是否太过低端？

9）优秀毕业生评选的标准是什么？

10）用什么尺子（评价体系）来衡量学生和学校？

整期节目中，用这些分论点作支撑，有层次、有重点地进行讨论。最终突出新闻事件的主题，也是所有人对这所学校改革的质疑所在：大学，可以这样办吗？当然，到节目结束，这种质疑更多的是变成了一种思考，对于大学教育改革的思考。

（四）新闻信息进行精当点评

真正意义上的深度报道必须在对各新闻要素全方位立体展示的基础上，适时地作客观、公正、准确的分析和评论。需要在深刻剖析新闻各要素之间的相互关系，展示逻辑层次和新闻主体独特个性的基础上，深刻揭示新闻主题和相关的背景材料所包含的深层次意义，挖掘出新闻本身的内部实质。

我们如今已经进入了一个信息解读的时代，电视深度报道所具有的冷静、平衡、深入、客观、质疑的品质尤其能在增强渗透力和引导性上发挥独到的作用。

如在《新闻调查——大学生小老板》一期节目的结尾中的点评：

“中国的大学教育已经进入了大众化阶段，这意味着大学不再只是培养少数精英的地方，教育应当更加多元化。在这个阶段，选择什么样的学校更适合自己是学生和家长需要去考虑的问题；而如何才能真

正为他们提供更多的选择,则是每一位大学校长需要考虑的问题。在这所大学,校长明确地说创业学院想要培养的不是科学家,而是小老板,围绕着这个选择发生了一系列的改变,对这种尝试,或许可以抱着更多的耐心去观察,毕竟,质疑是容易的,而改变是困难的。”

这段点评是平衡、客观、深入的。没有对节目中不同的观点有任何倾向,而是引导我们能用更加耐心、宽容的心态去看待这个事件,这场改革。它体现了整个社会的进步,深化了节目的主题。

中央电视台《新闻调查——大学生小老板》(2012 年 9 月 8 日播出)

解说:这是一所大学的课堂,在人们固有的印象中,学生上课应该专心听讲,但在这个课堂上却完全不是这样。

老师在讲课,台下却不断响起叮咚的声音,学生们盯着面前的计算机忙个不停,他们是在忙着打理淘宝网店。

淘宝网是一个大型网络购物平台,通俗地说就是网上商场,这里的每个学生都在淘宝网开了网店,叮咚一响是提醒有人来买东西了,这时候学生就不再听讲,而是埋头招呼顾客“亲,你想买点什么”。

这种边上课边做生意的做法是这所大学明确允许的,事实上,老师讲课的内容也和开网店有关。

这所学校是浙江省义乌工商学院,它的一系列出格之举引来了争议:大学,可以这样办吗?

记者:如果不到义乌,可能想不到义乌工商学院会是这样的一种环境,而更让人想不到的是它的教学方式。几年前,这所大学设立了一个分院——叫创业学院。在这个分院里,学生的主业不是学书本知识,而是开淘宝网店。他们除了可以一边上课一边打理网店,忙的时候甚至可以不去上课,淘宝店的等级还可以用来抵学分。所以,有很多人开始管它叫淘宝大学,它的这些做法引来了很多的关注和争议。支持的人说:大学教育就是要让学生有谋生的本领,而反对的人则质问说,这还是大学吗? 到底这所学校为什么要这么做? 学生在这里过着怎样的生活? 我们到这里来看一看。

解说:义乌工商学院是一所公办的大专高职院校,全校共八千多名学生,其中创业学院近四百人,创业学院所在的雪峰楼在学校里是一个

“特区”,这里的学生和其它学院的学生过着完全不同的大学生活。

雪峰楼的教室既是上课的地方,也是学生开网店的地方,每张课桌都配备了网线和电线,没有课的时候很多学生也整天在教室看店,每间教室都随处可见货物、快递单、包装袋,有些学生还自己配备了打印机、扫描仪,课桌上设施一应俱全。在这样的环境里,上课,会不会反而变成了教室最次要的功能呢?

记者:你生意来了,老师又在台上讲,那这个时候?

陈超(义乌工商学院创业学院学生):接单呀。

记者:接单啊?

陈超:嗯。

记者:那老师教的东西不重要吗?

陈超:重要。

记者:没有接单重要?

陈超:嗯,我觉得是这样的。

王依蕾(义乌工商学院创业学院学生):虽然说制度是相对宽松了一点,但是我觉得,如果说要学的人还是会学。

记者:就是自己还是有选择这种方式的空间?

王依蕾:对,就是要看自己选择,自己上课能好好听的话,不和其它大学也一样了吗?只不过我们多了一项创业而已。

解说:对于课程,学生各有各的态度,而创业学院院长则明确表态,他认为开店就是比课堂教学更重要。

朱华兵(义乌工商学院创业学院院长):我们是鼓励他去创业的,课堂教育不是我们的主攻,把学习单纯地理解为课堂里面才叫学习,这个应该已经OUT(过时)了。

解说:为了给学生开网店提供便利,创业学院执行一套特殊制度,其它学院早上8点半上课,而创业学院考虑到学生开网店睡得晚,9点半才上课。而且,学生只要有合适的理由,就可以请假不上课。

朱华兵:我今天要去进货,我要跑到市场去做一个调查,你有站得住脚的理由,我要求我的班主任、任课老师都同意。

记者:全部开绿灯?

朱华兵:全部开绿灯。

解说:每个班除了教室在隔壁还配有一间仓库,方便学生存放货物和打包,仓库由学生们集体管理,由他们自己约定仓库管理制度,仓库里也有网线和电线,订单多的学生都喜欢把仓库当成工作室,方便一边接单一边拿货打包，效率更高。

有的学生一个人经营，有些学生组成团队分工合作，还有的雇了员工帮忙打理。

叶永伟（义乌工商学院创业学院学生）：一个人太累是不行的，有些事情必须要别人来帮我做的，目前现在是两个（员工）。

记者：帮你是什么意思？

叶永伟：付工资一类的嘛。

解说：开淘宝店需要有大量图片展示商品，雪峰楼为此配备了一间摄影棚，有老师指导学生怎么拍摄图片。从二年级起，创业学院还会专门开设摄影课程。

创业学院的课程是围绕开网店的需求来设置的，还有一个最突破常规的学分替代制度，淘宝店的等级可以折算成创业学分，除了一些必修课，很多课程可以选择免修，用创业学分来替代。

朱华兵：举一个例子就是计算器基础，你这个电子商务创业好了以后，必定涉及计算器基础，我完全可以认定你计算器基础已经合格了。

解说：每天大多数时间，学生们都在计算机旁度过，为了不错过订单，不少学生吃饭都是叫外卖解决。

记者：你觉得来了这个学校之后，和你原来想象的大学生活不一样？

陈坤（义乌工商学院创业学院学生）：不一样，我们很少有体育运动，然后我们也很少出去郊游啊什么的，每天对着计算机，那其实大家想，我去打篮球这两个小时，我要损失多少个顾客。

记者：舍不得去。

陈坤：是的。得到了什么，总会失去一些什么。

记者：如果来做一个比较的话，值不值？

陈坤：让人来选择吧，如果说他选择了在这里接单的话，他就肯定是会认为值的，因为没有人拉住你。

解说：如果有学生离开雪峰楼，大多就是为了进货，义乌是全球最大的小商品集散中心，有人称它“小商贩天堂”，这对开网店是一大便利条件。在这个小商品的海洋里东挑西选，寻找自己认为好卖的商品，和批发商讨价还价，是学生们日常生活的一部分。叶永伟是创业学院二年级学生，现在同时开了四家网店卖拖鞋，平均每天能卖出一百多双，每过几天，他就要骑着自己的小电动车，到市场上进回一批货。

解说：雪峰楼周围不断有拿货的学生来来往往，还有快递公司的货车不时出入，学校把快递公司引进了雪峰楼，在一楼设了4家快递网点方便学生发货，每天下午四五点开始，学生们就忙着把当天卖出的货物打包从这里发往全国各地。

晚上，当其它学院的学生已经回到宿舍，雪峰楼的教室却仍然亮着灯，晚上是顾客上网淘宝的一个高峰期，这段黄金时间学生们当然是不愿意错过的。

记者：你们一般会在教室待到几点钟？

金淑珍（义乌工商学院创业学院学生）：十点钟，因为寝室是十点半关门的嘛，提前半个小时回去。

记者：从早上几点到现在？

金淑珍：最早有时候六点会过来。

记者：整天就在这个地方忙，会不会觉得累？觉得单调？

金淑珍：我们还年轻吧，还好啦。

解说：在学校开店是创业的第一阶段，当学生生意做到一定规模之后，就会搬出学校租房经营，在学校附近的小区里有不少房子是学生在租住。

记者：这个是你租的？

赖家法（义乌工商学院创业学院毕业生）：对。

记者：租了一个地下室，这个地方有多大？

赖家法：这个120平米左右吧，它是有三间。

记者：这地方租金贵吗？

赖家法：我们家还算可以，这里普遍算比较贵的，就是我们家这个，可能房东也比较好说。

记者：那你自己住呢？

赖家法：住的话，我另外楼上又租了个一室一厅。

解说：赖家法今年刚从学校毕业，他是三年级期间搬出学校租房的，一是货物多了，在学校的仓库堆不下了；二是生意多了，希望经营时间不受寝室熄灯限制。

记者：搬出来做之后，生活是一个什么样的状态？

赖家法：黑白颠倒，我可能晚上两点钟、三点钟或者有时候忙一点五点钟才睡，睡到个十一二点。除了上课，基本上就不怎么回去了。

记者：会不会觉得上大学的这个感觉会更淡一些？

赖家法：有，都觉得自己好像不是大学生了，不再上课，不是一个学生。

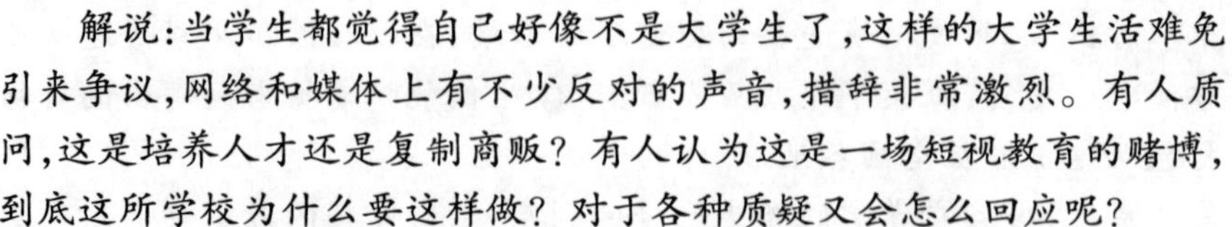

解说：当学生都觉得自己好像不是大学生了，这样的大学生活难免引来争议，网络和媒体上有不少反对的声音，措辞非常激烈。有人质问，这是培养人才还是复制商贩？有人认为这是一场短视教育的赌博，到底这所学校为什么要这样做？对于各种质疑又会怎么回应呢？

义乌工商学院的教学楼都是以义乌的文化名人来命名的，例如望道楼取自教育家陈望道，创业学院所在的雪峰楼取自诗人冯雪峰。不过，这所学校从成立的那天起，想要培养的就不是文人，而是商人。在雪峰楼的入口处摆放着一面大镜子，它是90年代厂长经理专业的毕业生送给母校的纪念品，镜子的对面新近挂出了一排展板，介绍今年的优秀毕业生、网商老板、双皇冠店主，从这些头饺不难看出如今学校倡导的方向。

贾少华是工商学院副院长，正是他极力主张学生开网店，并主导成立了创业学院。在他的办公室里挂着的则是一排美国名校的照片。

贾少华（义乌工商学院 副院长）：我女儿现在是在圣迭戈，加州大学圣迭戈分校，这张是在伯克利大学，我女婿现在还在伯克利大学。

解说：贾少华是教育学科班出身，女儿清华大学毕业后又到美国读博士，而他在义乌工商学院却提倡学生开网店。

记者：我在网上还看到一种议论，是说您自己的女儿在美国读名校，然后您现在自己在倡导办的是这样一所大学，这个反差非常大，所以有人议论。

贾少华：因材施教，是一只鸟就让它在天上飞，是一条鱼就让它在水里游。我们今天的教育是怎么样的？让会飞的鸟和会游的鱼同时在陆上跑。

记者：什么叫同时在陆上跑？

贾少华：能上大学就搞理论就这个套路，高度雷同，专科的要升本科，本科的要变北大，要变清华，这是中国高等教育发展的一条死路。

记者：你不想自己的学校变成清华？

贾少华：清华如果办成我这个样叫自杀，我要想办成清华那个模样，我也自杀。

记者：从小老师和家长都会说努力学习、考上大学，将来要当一个科学家或者是其它什么家，可能在过去大家对大学的观念是这样？

贾少华：这是精英教育时代的大学，1%的人能够上得了大学，我们99%的人就是干活、干体力活，你就是要当科学家，但是现在是高等教育录取率达到75%以上，上大学是最平常的事情了，延续精英教育的

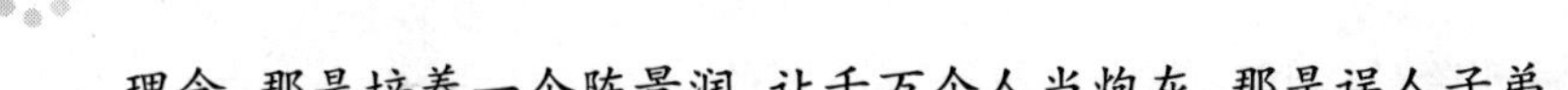

理念,那是培养一个陈景润,让千万个人当炮灰,那是误人子弟。

解说:义乌工商学院属于高等职业大专院校,是录取分数线最低的一类大学。贾少华认为来这里的多数学生不擅长苦读书本。义乌有浓厚的商业氛围,贾少华开始鼓励学生尝试创业,他认为这有可能激发他们的兴趣。然而,大学生没有资金和平台,只能摆摆地摊、做做推销。到2006年左右,网购开始兴起,有些学生试着上网开店,一个名叫杨甫刚的学生做得相当成功,在学校成为了一个具有标杆意义的人物。

记者:公司有多大,这一层?

杨甫刚(义乌工商学院创业学院毕业生):总共是1700。

记者:平方米,是吧?

杨甫刚:1700平方米,对对对,基本上都是这样的货架。

解说:杨甫刚2006年进校的时候是一个来自农村家庭的贫困生,而到2009年毕业时,他的淘宝店做到了双皇冠,开着一辆红色的卡迪拉克离开学校。现在,他已经转为批发商公司,有几千万产值,他的创业经历在学校是人尽皆知的励志故事。

记者:最开始是怎么想到要去做淘宝的?

杨甫刚:偶然的机会,刚好在网吧校友买东西,我就盯着看,看好以后我马上就回阅览室,整整查了一个星期。

记者:你当时学习方面是一个什么状况?

杨甫刚:三四门挂科(不及格)吧,我三年下来,我所有的课本都可以当新书去卖了。

记者:你不是一个喜欢学习的学生,但是你对这个开店的事儿,你会去阅览室查一个星期的资料?

杨甫刚:对,我打字到现在都是这个手两个手指这样打的,所以我就花了很多时间泡在这里面。

记者:那你就用这两个指头,后来把你这个淘宝店做得怎么样?

杨甫刚:半年的时候,收入就已经达到五千到六千了。

记者:每个月吗?

杨甫刚:每个月。

记者:那你上课的时间和做生意会有冲突吗?

杨甫刚:肯定有,我老师他就跟我来说了嘛,聊这个事情,他问我收入多少,我说五六千,他当时就傻掉了,当时我老师也就才五六千,一个月能有五六千。

解说:很快,杨甫刚接到通知:校长要找他谈话。杨甫刚说自己是抱着要被开除的心理准备走进校长办公室的。

杨甫刚:我就跟他说了一个东西,就是说我只想养活自己,对我来说这个就是我的价值,开除我也好,不让我毕业也好,我会坚决走这条路,因为我问心无愧,这是我跟他表达的东西。所以他听了以后就说,他说杨甫刚你是英雄,他就发表了这句话。

记者:你听到这句话的时候什么感觉?

杨甫刚:我没想过他会这么说,因为本身学习也很差。还是很喜悦吧,这种喜悦从来没有过。

解说:更让杨甫刚想不到的是,接下去自己被学校树为创业榜样,越来越多的学生开起了淘宝店。2008 年,贾少华决定成立创业学院,在校生只要淘宝店等级达到四钻或者月收入超过八千就可以申请进入创业学院。

贾少华:为什么要成立这个创业学院呢?学业跟创业有矛盾了,很多同学每天都要去进货、上百个包要发,是吧?他有客服,他要管理,怎么办?

记者:那也就是说,当时您的做法是让学业为创业让路?

贾少华:也不是说让路,我们的学生从小学到高中毕业都是不受人重视的学生,他现在创业,积极性得到了充分的调动,就像一只老虎,你要让它吃肉,这个羊它说不吃,然后你就怪这个羊不知好歹,我给你肉都不吃,原来它要吃草。

解说:进入创业学院后,学生可以不再学习原专业创业学院的课程和制度全都围绕开网店重新设计,这不仅引来了外界舆论的质疑,学校内部也是争议重重。

王一丁(义乌工商学院教务处副处长):很多的老师都是来自于名牌大学,都是本科研究生毕业的,他们从小到大受的教育都是传统教育,我们就认为这个事肯定是不好的。

解说:王一丁,教务处副处长。教务处是学校核心的教学管理部门创业学院的建立,不可避免地和教务处发生了一系列的碰撞。

王一丁:教务处是以严谨著称的,就是各个方面都要严格地按照我们很多的规程和规范,但是创业学生的这个培养就要挑战很多我们这个教学规范。

记者:如果按照这个既定规范的话创业学院的这种模式,是不是就会执行不下去?

王一丁:是的,学生基本上都毕不了业了,因为他没有修完课程嘛,有些专业老师他说这个不是让一些不愿意学习的人来混的人能够拿到毕业证书,我们不能够让别人有这种感觉。

解说:在反对者看来,学分替代制度允许用开网店的业绩来替代课程是对学生的不负责任,但支持者则认为这样做是有合理依据的。

贾少华:比如说做淘宝做到三个钻了,任课老师说三个钻的同学,你这门课可以免修市场营销的课程。

记者:你觉得淘宝的等级真的可以完全代替你们所教的专业知识吗?

贾少华:你要看到这样一点,做到三个钻的同学,顾客给他一千个好评,他在营销这个领域里头一点都不亚于考试考满分的同学,让社会给你打分,一千个好评,还是老师主观上给他打分?说白了是谁给他打分的问题。

解说:但在不少老师看来,如果把实践的地位提得比课堂还高,那还要老师做什么呢?淘宝店在社会上一样有很多人在做,还需要上大学做什么呢?

记者:如果是这样的话,大学它的意义在什么地方?

贾少华:让学生在创业实践的同时,我们仍然是有理论的课程。我学生在开淘宝店,老师在课堂上指导,也是教学,我们这类学校就倡导这种实践型教学嘛。

解说:在各种争议声中,创业学院这个"特区"还是运行了起来。2009年,创业学院开始直接招收高中毕业生,一些学生从一进校就选择到创业学院开店。

陈坤:大学让我读书,我应该也不会很认真,它是一个创新,让我们有机会,在自己上大学的时候有了更多的选择。

王依蕾:而不是全部都是读书了,大学就可以创业了,以后也可以解决就业问题,我觉得蛮吸引我的,现在找工作不容易。

郑雷雷(义乌工商学院创业学院学生):这个气氛在里面就是它最大的优势,大学它不应该用一个什么学术什么之类的来界定。

记者:那你说什么是大学?

郑雷雷:大学,大学嘛。

解说:当然,也有学生对创业学院并不感冒,选择进入其它学院,按传统的方式学习。

傅阳(义乌工商学院外语外贸系学生):创业肯定有机会,但大学只有三年,以后肯定不会读大学了。

记者：这是你的选择是吧？

傅阳：我觉得什么时候做什么事情。

戴媛媛（义乌工商学院外语外贸系学生）：反正我考这个学校，目的不是来做淘宝的，总要学点知识吧，总觉得不是来赚钱的。

记者：在这个学校还是想好好学习，你觉得有没有空间？

戴媛媛：有空间的，又不是所有的老师都是天天跟你讲淘宝的事情。

解说：在同一个校园里，出现了两种截然不同的大学生活，贾少华认为，不管是哪种选择，只要学生能为自己的选择忙起来就行。

贾少华：什么叫好大学，可以不看排行榜，你就看这个大学的大学生，是不是忙碌的，大学比中学忙，中学比小学忙。

记者：您觉得应该是这个样？

贾少华：应该是这个样，现在我们倒个儿了，包括高中的老师也讲，同学们咬紧牙关，上了大学就好玩了，这个是中国的教育走样了。

解说：几年的运行，创业学院创造了许多引人关注的数字，在校生有60%生活费自理，首届毕业生人均月收入超过一万元，其中不少资产过百万，顶尖的身家上千万。但是，这并不能让质疑停止，在反对者看来，收入高不能和教育的成功划等号。

记者：有一位国内的专栏作家他说，他认为义乌工商学院的最大错误，在于丧失了教育的目的和意义，年轻人用自己的青春热情和创造力交换的是一种生存哲学。

贾少华：表面上一听，他这个语言是很正确的，很漂亮的，非常华丽的，实际上他是习惯于呼口号的，你如果自己培养的学生连谋生的本领都没有，你怎么让学生说有远大的理想？如果学生连谋生的本领都没有，我敢说这个学校连最起码的责任心都没有，你那些漂亮的空话请你不要说了，给我闭嘴了，所以我不要听那样的话。

解说：创业教育并不是一个新名词，国家也在大力提倡大学生自主创业。但是，不少人质疑开淘宝店只是非常初级的商业模式，义乌小商品市场低廉的成本加上学生以充裕的时间、青春的精力、全天在计算机前奋战就是他们的核心竞争力，这样的创业教育是否太过低端呢？

记者：有一位网友说，淘宝大学所教授的是短视和投机，太过迷信能快出成绩的赚钱模式，而缺乏对学生的长远真诚。

贾少华：创业有一种它是基于专业的，是基于技术的，不过我们绝大多数大学生呢，不适合。我们走的是生存型的创业的路，从自己养活

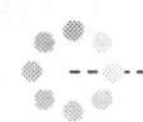

自己开始,你能够成为乔布斯,我很高兴啊,但是大家一定要从实际出发。

记者:有一部分的意见认为说,您的学校只是在批量地复制小商贩,大学生出身的小商人和过去的商人没有什么本质上的区别,您觉得呢?

贾少华:知识要比他们要多一点,是有一定理论武装的小商贩,进入普及化高等教育。大学的意义在哪里头呢?它要求每个工作岗位的员工他的综合素质要提升、要提高。

记者:人家说你批量复制小商贩,你是不是也不会那么反感?

贾少华:我认为这是正确的一个定位,我们有两千多所大学,我是培养小商贩的,那么你是培养什么的呢?我正是因为对传统教育我不满意,所以我要改革,我可以很省事,跟你所在的那个学校办得一模一样,你就称心如意了。

解说:就在今年优秀毕业生的评选中,一件事再次引发了激烈争议。一位名叫石豪杰的学生,创业业绩在毕业生中排第一,但却有六门课不及格,有人说他应该被退学,有人却要把他评为优秀毕业生,双方的意见截然对立。

石豪杰是继杨甫刚之后又一个全校闻名的创业明星。今年22岁的他已经拥有自己的公司和加工厂,主要经营3D眼镜,年销售额达几千万元。我们来到他的公司时,工厂正送来了一批货是世界知名跑车公司英菲尼迪订做的。

石豪杰(义乌工商学院创业学院毕业生):里边有英菲尼迪的标志,英菲尼迪,这个样子还是非常好看的。

解说:石豪杰从淘宝店起步,逐渐转到阿里巴巴做国际贸易,他的客户里除了英菲尼迪,还有一家世界500强的企业。

记者:这个房子是你租的是吧?

石豪杰:这个别墅,对对对。

记者:你现在公司有多少个员工?

石豪杰:公司有十几个,12个吧。

记者:这是你的车?

石豪杰:对对对,是我的。

记者:在学校买的还是毕业后买的?

石豪杰:在学校买的。

记者:在学校就已经买了。

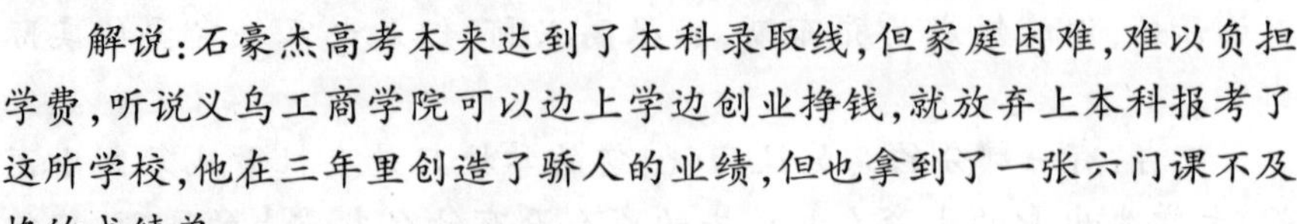

解说:石豪杰高考本来达到了本科录取线,但家庭困难,难以负担学费,听说义乌工商学院可以边上学边创业挣钱,就放弃上本科报考了这所学校,他在三年里创造了骄人的业绩,但也拿到了一张六门课不及格的成绩单。

石豪杰:我一门心思想放到创业上,把自己认为没用的暂时没用的给放弃掉了,时间让出来做创业。

解说:六门课不及格,按校规应该退学,但是贾少华坚决不同意这样做。

贾少华:一不能退学;二要以优秀毕业生的身份毕业,我们学校自己在课程设置的时候,你都对吗?

记者:你觉得石豪杰六门功课不及格,不能全怪他?

贾少华:要看石豪杰是很要学的一个学生,他的业绩做得那么大。我们英语课不学了,他继续在学英语,企业管理他觉得学得不够,还要继续学,我们学校又不能满足他,而他不要学的东西,你死活要他学,然后要以退学来吓唬他。

记者:您认为开什么课程,选择权应该在谁?

贾少华:以前,我们上大学的时候学费是免的,生活费是国家给的,工作是国家包分配的,当然你说你要我学什么专业,我学什么专业,今天的学生生活费是自理的,工作你不管的,你整个课程体系的编制听过学生多少意见呢?

解说:但是,教务处坚持校规绝不能随意更改,即便校长发话也不例外。

王一丁:教学有一定的章法和规矩,他考试不过关,哪怕他的知名度再高,影响力再大,我们依然不会发他毕业证书。

记者:就说,即便院长把他评为优秀毕业生?

王一丁:对,我觉得优秀毕业生和毕业证,这是个两码子事情。

记者:两回事儿。

王一丁:这是两回事情。

解说:最终,石豪杰还是把六门功课补考及格之后才拿到了毕业证书,这一事件在学校内外引发了一场关于学生评价标准的争议。考试分数历来是评价学生的首要标准,但创业学院认为,在这个学院就应该以业绩论英雄。

朱华兵:在创业学院里面的同学,连创业都不能做得好的话,你拿什么去服人?

记者：一个学生他其它的课程成绩非常好，然后创业的业绩一般的话，他是不是你眼中的好学生？

朱华兵：不是，拿出你的业绩来，我认，不要拿成绩来，成绩不说明问题。

解说：对于这样的评价标准，创业学院有的学生也有不同的看法。

记者：你怎么看待这些学校评选的优秀毕业生？

陈坤：像那个榜单上只写着2007年他什么规模，2008年有多少的资产，其它的就没了。像他们学业上、人品上，我从来就不认识他们，没有接触过，所以我也没办法评价怎么样。

记者：你觉得如果让你评价一个人，你要了解这些东西？

陈坤：对的，因为这是优秀毕业生榜而不是富豪榜。

解说：创业的业绩体现为收入的数字，外界舆论也质疑：如果以此来衡量学生，会不会潜移默化地影响学生的价值观呢？

记者：当学校以这个数字来进行衡量的时候，会不会给学生一种暗示：他们把对这个数字的追求会作为最重要的东西？

贾少华：经常地有质疑，说你这不导致拜金主义吗？实际上我们这一类学校没有比创业更好的教育，创业的同学方方面面表现得都很突出，比如说他学会了吃苦耐劳，他学会了承担责任，我们现在太多的说教没用的。

记者：您认为鼓励追求财富和拜金主义之间是没有必然联系？

贾少华：两回事情嘛，如果说一个人创业、经商，心就变黑了，那么我要说，比尔·盖茨心应该是天底下最黑的，他为什么会成为最大的慈善家呢？

解说：意外的是，先后成为学院创业明星的石豪杰和杨甫刚，却不约而同在采访中对把创业放在首位的标准，表达了担忧，甚至不赞成用创业学分替代课程。

石豪杰：把这个创业放大以后，怎么呢，一大批学生也会渴望成功，然后浮躁，创业比你读书的荣誉都要高，读书又有什么意思呢？

记者：但是你自己当时在学校的时候，其实又是不喜欢读书的？

石豪杰：其实像我们这个阶段，应该是算是草根创业，达到一个程度以后你会很累，我认为，真正现在生意做得好的人还是高材生。学分来取代我们的一些课程，我是更侧重于这样子的话会滋养一部分学生，他荒废自己的学业，现在在学习时间没有学，到自己以后用的时候就后悔了。

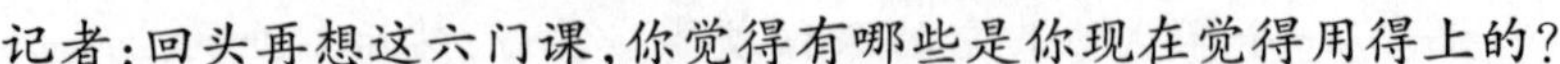

记者:回头再想这六门课,你觉得有哪些是你现在觉得用得上的?

石豪杰:有,像计算器信息管理,Word(文档)里面要想做一个简单的批注,我自己做不来,还得让我下面员工去做。而那些事情,可能有些东西确实涉及到隐私,但是我现在没办法,如果能再给我三年的话,我会选择先把我的课本上的知识学好再去创业。

解说:杨甫刚和石豪杰也不约而同选择了再进修,杨甫刚在浙江大学读工商管理,石豪杰则打算今年去美国学习。

记者:石豪杰是学分替代制度的一个受益者,但是他让我很意外。他建议说,学分替代制度会不会滋生一部分学生偷懒的想法?

贾少华:没有石豪杰这种亲身感受,他意识不到知识的价值的。现在很多老师很善良,但也很弱智,他总是指望什么呢?这个汽车油箱,油给它加满一辈子都够用了,不可能的。一辆汽车的油箱加满了,还是要不断去加的;第二,要知道有的汽车油箱根本就打不开,你就根本加不进去。创业实践让他们产生了新的需要恰恰证明创业教育的成功,他没有这种冲动,没有这种需要,你说了也白说。

解说:一直有人质疑,创业学院的做法是吸引眼球,是短视投机,而创业学院的倡导者们则认为这是一场严肃的改革。他们试图用一把新的尺子去衡量学生,也希望社会能用新的尺子来衡量他们。

朱华兵:你读书不行,我不用读书的尺子来量你,不是很好吗?我们的学生会在不同的领域里面会找到他的位置。

记者:尺子就是评价的体系?

朱华兵:评价体系,对。我们想要改变的是现在一成不变的高度同质化的教育体制。用一条尺子来衡量所有的学校,这个弊端是显而易见的。

记者:换一把尺子是不是挺难的?

朱华兵:很难得到体制内的认可,可能同行依然会认为你是不务正业。

记者:不同的尺子又会带来什么样的不一样?

朱华兵:高校具有自主性、自主权,你能够根据自己的学校的具体情况来发展你的学校、规划你的学校。

记者:也有人说教育改革可能最根本的就是评价标准的改革。

朱华兵:我非常赞成,我就希望通过我们的试点来说明一个问题,用不同的尺子去衡量不同的学校是可能的,也是必须的。

解说:在这所“另类”大学,改变还将继续,争议也还将继续。今

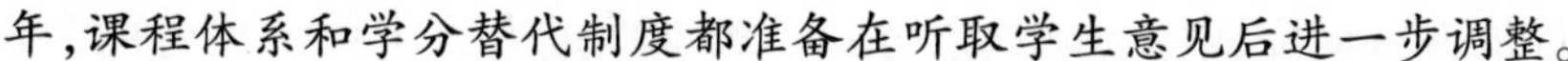

年,课程体系和学分替代制度都准备在听取学生意见后进一步调整。

贾少华:有人说你这样做去请示主管部门吗?看准了,不要凡事都去请示,我不是在添乱。

记者:你觉得这是在你自己权力的范围内,你可以做的一个尝试是吧?

贾少华:对,我可以说今天整个改革环境相对宽松,你不要自己不做,然后去找一个说上级主管部门不同意这样的理由,没有一个主管领导说你这样做是不可以的,没有嘛。

解说:在写着各种励志标语的教室里,在一位位著名企业家的照片下面,学生们忙着接单、打包、发货,日复一日。未来,他们会如何评价这三年的大学生活人们又会怎么评价这所学校今天的做法呢?现在,还暂时没有答案。

记者:中国的大学教育已经进入了大众化阶段,这意味着大学不再只是培养少数精英的地方,教育应当更加多元化。在这个阶段,选择什么样的学校才更适合自己是学生和家长需要去考虑的问题;而如何才能,真正为他们提供更多的选择,则是每一位大学校长需要考虑的问题。在这所大学,校长明确地说创业学院想要培养的不是科学家,而是小老板,围绕着这个选择发生了一系列的改变,对这种尝试,或许可以抱着更多的耐心去观察,毕竟,质疑是容易的,而改变是困难的。

三、电视深度报道的分类

电视深度报道可以分为两大类:

(一)解释性报道和调查性报道

1. 解释性报道

解释性报道是一种用事实来解释或分析新闻事件,以便人们能更深一层了解新闻事件的报道方式。它侧重于说明新闻事实的来龙去脉,阐述事实发生的原因、结果以及相关事物之间的联系。解释性报道以中央电视台《焦点访谈》栏目为代表。

2. 调查性报道

调查性报道是一种以较为系统、深入地揭露问题为主旨的报道形式。它以揭示真相为宗旨,注重挖掘新闻事件的内在的、隐蔽的关系,是新闻工作者针对被掩盖或者被忽视的损害公众利益的行为以及社会问题,通过独立、系统、科学、有针对性的调查而完成的新闻报道方式。调查性报道以中央电视台的《新闻调查》为代表。

(二) 系列报道、连续报道、特别报道

深度报道的第二类是媒体对重大事件、重大题材进行分组分类的报道形式,包括系列报道、连续报道、特别报道。

1. 连续报道的涵义及特点

连续报道是在一定时期内,对正在发生、发展中的同一新闻事件,进行及时而又持续的分段报道。连续报道的特点,具体来讲体现在以下方面;

第一,报道事件过程的完整性与动态性。

第二,"进行时"的时效感与悬念感。

《撤离前后》(荣获 2011 年吉林省电视新闻奖评选一等奖)

(口播)7 月 28 日,一场历史罕见的特大洪水席卷县城口前。面对突如其来的险情,来自沈阳军区某部红军师、吉林省武警总队、消防总队、边防总队、空军航空大学三千余名官兵奉命紧急集结,昼夜兼程赶赴永吉。

在与永吉人民并肩作战的 12 个昼夜里,部队官兵与县城人民心连心,共患难,为灾区抗洪抢险、重建家园立下了汗马功劳。

8 月 9 日,部队接受新的任务奉命撤离。在撤离前后,子弟兵们用自己质朴的行动,优良的作风,再一次感动了数万永吉人民,谱写了一曲曲大爱无疆的壮丽凯歌。本台从今天起播出连续报道——《撤离前后》。今天播出第一篇《撤离前的深情》。

撤离前的深情

(口播)8 月 8 日上午,为我县抗洪抢险救灾立下赫赫功劳的沈阳军区红军师的官兵们,在即将撤离永吉的前一天,捐出了他们身上所有的钱款,再一次将他们的深情厚谊献给了永吉人民。

上午十点,捐款仪式分别在部队临时宿营地县实验高中和县朝一中操场上进行。在《团结就是力量》嘹亮的歌声中,官兵们踊跃捐款。

【同期声】某部战士:王利城(略)

在捐款现场,记者看到战士们拿出了身上仅剩的所有钱款——100 元、50 元、20 元、10 元……,带着对灾区人民的美好祝愿,庄严地投入到捐款箱内。

【同期声】某部一营士官:孔杰(略)

今年入汛以来，沈阳军区红军师官兵就先期来到我县金家乡饮马河大堤、一拉溪碾子沟水库参加抗洪抢险工作。

7 月 28 日特大洪灾发生后，他们顾不上连日的劳累，立即投入到县城口前抗洪抢险救灾的繁重工作之中，帮助县城人民恢复重建工作。12 天里，他们不畏艰险，不怕牺牲，顽强拼搏，连续作战，冲锋在峰口浪尖，战斗在堤防险段，拼搏在紧要关头，突击在清淤前线，出色地完成了各项急难险重任务，被誉为抗洪前线的铁军。工兵团参谋长关喜志、战士刘磊、李守信献出了宝贵的生命。

【同期声】红军师副师长：姚旺(略)

在不到半个小时的时间里，全体官兵共捐款 350812 元。县抗洪抢险指挥部立即决定将这笔饱含着子弟兵深情厚谊的特殊捐款迅速下发到受灾最重的群众手中，激励全县人民将这份深情化为动力，振奋精神，重建美好家园！

依依惜别的深情

(口播)8 月 9 日下午，在抗洪一线奋战多日的三千多名解放军指战员、武警官兵、公安干警完成使命奉命撤离，县城各界万名群众自发涌上街头，欢送亲人子弟兵。

请看连续报道《撤离前后》第二篇《依依惜别的深情》。

中午 12 点左右，天空开始下起了雨，县城群众冒雨从四面八方赶来，聚集在永吉大街南段，为他们心目中的功臣和英雄送行。他们中有年过八旬的老人,有咿呀学语的孩童,还有刚从抗洪一线赶回的机关干部和自发赶来的社区居民。

【同期声】居民:赵宇丽(略)

【同期声】居民:王宝库(略)

这位中年妇女,从军车启动的那一刻,就一直为凯旋而归的英雄们鞠躬。

【同期声】居民:李玉梅(略)

【同期声】居民:王淑芬(略)

县书画协会的艺术家们将连夜赶制的"英雄与日同辉"巨幅匾额送到了抗洪勇士刘磊、李守信生前所在部队。

【同期声】县书画协会会长:李柏秋(略)

在欢送现场,有许多孩子们的身影,他们用不同的方式表达着对解放军叔叔的崇敬之情。

【同期声】小学生:王博(略)

人们纷纷用鲜花、掌声、泪水和真情欢送可敬可爱的人民子弟兵。在欢送现场"百姓感谢子弟兵,人民拥护共产党""军民团结重建家园""人民子弟兵辛苦了"……一幅幅标语挂起来了,好多市民把事先准备好的煮好的鸡蛋、玉米,蒸好的馒头和各种水果送给亲人子弟兵。

【同期声】居民:王婧(略)

此时此刻,和县城群众朝夕相处,共同奋战了十多个昼夜的官兵们也流着泪水,依依不舍地与群众挥手告别,泪水、雨水模糊在一起。

抗洪抢险风雨同舟,军民一心血脉相连。千言万语道不尽永吉人民对部队官兵的感谢,道不尽人民子弟兵对灾区人民的牵挂,整个县城到处沉浸在了人民群众与子弟兵难舍难分的浓浓亲情之中。

【同期声】抗洪官兵代表、吉林省武警边防总队总队长

(虽然我们今天要返回驻地,但是我们的心和永吉人民会连在一起的,只要上级一声令下,我们还会重返灾区,继续战斗。)

军魂满校园

（口播）永吉实验高中是抗洪抢险部队官兵临时宿营地之一。8月15日学生返校时，官兵们已经撤离了六天，可在校园里处处可以感受到他们的存在。

请看连续报道《撤离前后》第三篇《军魂满校园》。

开学的当天晚上，在永吉实验高中534寝室内，一封没有留下姓名的信，使刚刚返校的四名女高中生激动不已。

【字幕】

534寝室的各位同学：

非常感谢你们为我们提供的住宿空间。由于部队临时接到紧急命令，临行前没有带够生活用品。没有经过你们允许，借用了你们一些洗发水等日常用品，也不知怎么还给你们，所以特留下点钱，请你们收下。

最后让我们四个战友谢谢你们。祝你们学业有成，万事如意！

【同期声】学生：何琳（略）

经过学校的多方查找，最终也没有找到那些官兵，只知道他们是吉林省消防总队长春支队的4名战士。最后，学校决定将这70元钱以部队官兵的名义捐给受灾群众。

提起部队官兵的良好表现，与战士们相处了十几天的舍务教师刘丽淑感慨万分。

【同期声】教师：刘丽淑（略）

在采访过程中，刘老师还告诉我们，战士们在撤离前，将学校的所有寝室、教室以及操场打扫得干干净净，一尘不染。

开学当天，学生们在教室内的黑板上、课桌里，甚至寝室的床铺内，发现了许多战士们留下的表示深深感谢和鼓励祝福的话语，同学们看到后都备受鼓舞。

【同期声】学生：宗楚楚、刘婉淇（略）

为永吉抗洪抢险立下了汗马功劳的官兵们走了，可他们却把人民子弟兵优良的传统留在了宿营地，留在了学校师生的心中。

2. 电视系列报道

所谓“系列报道”，是围绕同一新闻题材、新闻主题从不同侧面、不同角度作多次、连续的报道。各条报道之间没有外在的时态连续，却有内在的必然联系。多个独立报道集合在同一主题思想下，以求对新闻事实作比较系统、全面、有一定深度的报道。这种形式，有助于对新闻事件的广度、密度、进度进行多方位、全景式报道。

如2014年对四川电视节的系列报道中,每则报道都有不同的新闻主题:新闻演播室搬进会场;国际电视节目模式论坛今日开幕;金熊猫观众奖今日颁奖;设备展人气旺,高端摄像器材受关注;航拍神器成焦点。再如中央电视台播出的系列报道《曹家巷拆迁记》(分集标题为《十年拆不动的曹家巷》《举步维艰的摸底》《为"两室一厅"求解》《一波未平一波又起》《曹家巷里的中国梦》);赤峰电视台的系列报道《十个全覆盖美好新家园》;台州电视台的系列报道《行走在重点项目工地上》等。

《曹家巷拆迁记》

电视系列报道与连续报道最根本的不同是目的与题材选择上的差异。连续报道大多是不可预知的事件性新闻,系列报道则是主题先行,是具有意义的某新闻主题或典型事物。

3. 特别报道

特别报道则分两种情况:一是对可预见性的未来某一既定时刻将发生的社会普遍关注度高的重大事件,在做好前期策划和充分准备的情况下进行的深度报道。如2014年播出的《巴西世界杯特别报道——走进"上帝之城"》《"神舟十号"特别报道》,每年的《两会特别报道》等。

二是对某一突然发生的社会普遍关注度高的重大事件,广播电视媒体所采取的紧急报道。这类报道则大多为负面的、消极的。如《汶川5·12大地震的特别报道》《马航失联事件特别报道》等。

案例分析一:《60分钟》(美国CBS电视台)

节目成就:美国历史最悠久的收视率最高的节目之一,连续22年处于尼尔森收视率前10位,其中5年位居首位;

美国转播率最高的黄金时段节目

美国电视节目获美国电视最高奖"艾美奖"(Emmy Awards)最多的节目之一。新闻业的旗帜,客观、公正、自由的新闻品质的象征和时代精神的标榜；

节目结构：

衔接：一只滴答走动的跑表，提示节目时长。

开头：本期节目介绍，展示精彩段落。

节目主体：由3个独立的新闻深度报道和1个新闻评论版块组成，深度报道各13分钟左右，评论版块4分钟左右，加上片头导视、片花和广告，总共60分钟整。

结尾：安迪·鲁尼的评论，观众反馈意见。

《60分钟》的栏目理念是通过深入挖掘，探讨重大社会背景下的重大社会问题。所以在整体定位上，这是一档严肃的新闻杂志栏目。栏目在选题上以政府行为、社会事件、司法公正、人类灾难、战火纷争等“硬新闻”为主。

采访理念：接近人物生活的原生态，了解人物的真实处境，表达人物的真实想法，还原人物而不是试图表现记者想象中的人物。

对《60分钟》栏记者的要求是，能让相关信息源（人）在镜头前直接“说话”的就不用解说词，能让采访对象动起来的就尽量不让它坐着，能让采访对象在新闻现场说话的就不让他在随意的地点说话。

叙事读解：“今晚请看《60分钟》的这些故事和安迪·鲁尼的评论”，这是每期栏目的片头主持人都要说的一句话，它用的是“故事”一词。故事化的叙事方式是栏目收视率的重要支撑。具体表现在对情节的精心选取和挖掘，对矛盾冲突的捕捉和表现，对细节的抓取和提炼，对叙事节奏的把握和控制，还有就是以形象化的信息为论据，避免说理。

语言读解：与电影艺术化的影像语言不同，新闻的影像语言更多是一个技术层面上的问题。也正因此，新闻影像语言往往被轻视被忽视。《60分钟》的影像语言却总是那么精致纯熟，他们首先关注用什么样的语言才能更好地传达信息，如采访时多用特写；然后在机位变化、运动轨迹、色调运用、场景转换、镜头剪接、声画组合、特技使用等各方面进行最佳配置，以达到最好的传播和观赏效果。而所有这些都是新闻职业素质的重要体现。

包装读解：统一而富有特色的形象识别系统是一档电视栏目是否成熟的重要标志。《60分钟》是新闻杂志栏目，在包装上做成一本杂志的样子；以“60分钟”为题，用跑表来标示这60分钟的流逝。每周日7:00整，屏幕黑下，跑表滴滴答答的走动声逐渐扬起，黑幕上出现白色方框,仿佛一本杂志的封面,然后在这个方框中出片题和片头。之后杂志的标示一再出现在主持人身后的背景中;跑表的画面则用来联接各个版块,分针的位置不断变化。直至最后杂志封面再次出现,跑表分针指向59分,封面中出现工作人员字幕,本期《60分钟》至此结束。

《60分钟》

《60分钟》的记者

1978年《纽约时报》曾如此评价该节目组的主要记者:“他们(《60分钟》的记者)有着已经是灰白的或正在变成灰白的头发,他们有因年龄而显得松弛的面部肌肉却充满对社会关注的神情,他们的特征是无数次地为采访而穿梭于世界各地、为迫在眉睫的截稿时间而忙碌。所有这些都与另外一些因循守旧的电视记者们形成鲜明的对比——那些记者们从通讯社的新闻稿中摘录只言片语,然后问一个刚刚被地震摧毁家园的人‘感受如何’——相比之下,《60分钟》的记者更受人欢迎。

案例分析二:中央电视台《新闻调查——命运的琴弦》(2004年4月5日播出)

第一部分(开端):

1. 本次节目名称《命运的琴弦》点名主题。
2. 利用片头导视部分吸引观众。
3. 第一位人物出场,中国音乐学院教师宋飞。
4. 提问的张力。

主持人代表观众提出观众心中的疑问,如:艺术类考试是否本身就存在弹性标准呢?

5. 展现人物细节:哽咽和伤心。

第一部分开门见山,提出时间地点事件。

第二部分(展现调查过程):

1. 第二个人物出现 :于洋,表现相当出色却落榜。

2. 接于洋拉二胡的画面,此时出现符合观众的收视心理。

3. 宋飞透露,查分的时候发现奇怪的现象。画面是考试现场,同期二胡声和解说叠加。

4. 第三个人物出现:孙蕾,优秀保送生,排名很后,上线希望渺茫。

5. 第四个人物:张雨,连续六年在校二胡成绩第二名,获过全国金奖,这次考试中专业不及格。在介绍张雨以前学习情况时候,画面是她的一张获奖证书,先固定后推镜头,最后落在"金奖"二字上,具有讽刺意味。

举一个莫名落榜的例子太单薄,不具有典型性,所以讲述了三个人物的命运。

6. 通过拉二胡的声音画面进行转场,提出细节:这三个落榜的学生都曾经和宋飞学过。同时转入到学生家长的态度意见,校方没有考试现场的录像只有录音,并且可能也拿不出来。

7. 记者抓住前面的一个细节提问:自己带过的学生是否会有偏爱? 宋飞提出自己有现场录像,会请专家判定。这是一种巨大的挑战。至此,采访进入了关键阶段,也是对事件调查的关键阶段。观众的兴趣被极大的调动起来。

第三部分(调查的高潮部分):

1. 宋飞拿出考场的实况录像让记者看。观众一起看到了有出现严重失误的考生排名却靠前。

2. 于洋对音乐的理解、天赋和热爱,和这种不公平形成鲜明的对比。让观众感受到对一种美好向往的失望无奈。

3. 宋飞提出这种不公平对于老师来说是一种犯罪。

4. 请中央音乐学院、上海音乐学院教授对录像带进行评判。

第四部分(调查的结果和意义)

1. 人为的因素是什么? 打分程序是否符合程序?

制度被打破,评分如何造成不公正。

利用宋飞和中央音乐学院教授回答穿插剪辑,形成了内部很紧张的一种节奏。

2. 揭露游戏规则。

采访于洋,说出考试之后发生的事情。在卫生间的画面为补拍,处理成黑白色,形成过去时态。

最后用字幕形式交代了这几位考生的最终结局。

艺考发榜时的现场场景。

希望能从这一个学校,个别学生故事的讲述,辐射到更广泛的面。还有多少这样的学生命运不是掌握在自己手中的?

总结:

1. 记者提问非常具有张力,思维严谨,调查做的滴水不漏。任何观众可能有疑问的地方都被提出来。

2. 给观众展示了整个事件的调查过程,在一起感受这个过程中,观众得到了极大的知情权和受众心理的满足。

3. 不是一开始就把最关键的地方讲出来,而是循序渐进,逐渐展开,充满悬念。

4. 通过具体的调查事实说话。最终的内幕、结果和调查的意义融在了每个人心里。

第三节　电视新闻评论节目

评论性电视新闻报道是一种集新闻报道和新闻评论于一体的电视新闻形式。它虚实结合,有说有评,既有对事件的介绍,又有对事件的分析和评论。它以典型事件为基础,就事论理,从而实现正确的舆论导向。

我们处在一个信息泛滥的时代。在这个时代里,传播媒介的多样化和无处不在的特质,让人们获得信息易如反掌,海量信息包围着人们。人们缺少的不再是信息,而是对信息的解读。可以说,新闻信息已经由“传播”时代进入了“解读”时代。所谓解读,是指媒体对发布的信息进行分析和解释。解读的目的是帮助人们发现信息之间的联系,透过表象揭示本质,分析信息对于社会、个人的影响,明确信息的意义。新闻评论正是解读信息的重要形式。

一、电视新闻评论的涵义

电视新闻评论是电视媒体与新闻评论体裁相结合的产物。它运用电视传播手段,以声画一体的电视语言对新近或正在发生的重大新闻事件或重要问题发表意见、做出分析判断或述评,阐述对新闻事件、社会现象、社会问题的立场、观点,借此反映、影响、引导舆论。电视新闻评论是电视传播的影响力所在,它既代表媒介的立场、态度、观点和声音,也代表公众的态度和声音。

二、电视新闻评论节目的特点

（一）新闻评论的特点

1. 新闻性

新闻性是新闻评论最基本的要求。评论性新闻的新闻性、时效性和消息类新闻有所不同。消息类新闻的优势在于消息的新、快，要求很强的时新性；评论类节目更侧重于挖掘新思想、新观念，在"新"的前提下讲求时宜性。

2. 社会性

社会性即节目的群众性。评论论述的问题应该是群众感兴趣的问题。社会性强的节目大都是"热点""焦点"等问题，也常常是解决起来较为麻烦的"难点"问题。

3. 政论性

新闻是基石，评论是旗帜，新闻的力量在于摆事实，评论的力量在于讲道理。评论要求新闻论点鲜明，论证深刻，层层剖析，不能片面、武断。

4. 指导性

指导性，即导向性。媒体肩负着反映和引导社会舆论的重任。评论通过自己鲜明的观点、透彻的分析，帮助群众观察世界、认识世界，进而动员他们改造世界。

（二）电视新闻评论的特点

电视新闻评论的方式，还应该结合声音、图像等电视传播的特质，采用最新颖、最符合人们接受习惯的模式进行传播。将枯燥的论述与生动形象的画面、声音相结合，强化评论的内容，让评论充满了人情味和接近性。

1. 声画结合，视听兼备

电视媒介同时诉诸视觉和听觉，为人们提供获知外界信息的两种渠道，大大延长了视、听器官并强化了它们的感知功能。电视新闻评论既能够广泛使用图像符号，以连续画面表现新闻事实，全方位再现事态原貌，为受众提供可视的信息；又可以像广播评论那样使用诉诸听觉的声音符号。同时运用图像和声音，是图像线和声音线双线并行的线性传播。在这种"双线互补"的声、画关系中，声音影响观众对画面内涵的理解，画面则有助于观众经由形象、具体的材料领会声音所概括的抽象内容。符号的多样性，决定了电视新闻评论具有不同于报纸文字、图片、广播语音的特点。声画符号互相结合、互相补充，充分发挥出电视新闻评论的独特优势。

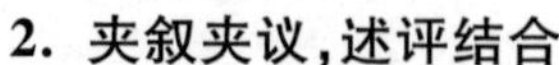

2. 夹叙夹议,述评结合

“述与评的有机融合”是电视评述类节目的最大特点。“述”是指事件由头的追踪、采访与调查的过程;“评”是指记者现场评论、主持人点评、或解说、旁白等。叙事是电视影像表现的优势和特点,通过影像叙事引出观点易让人接受和理解,易引起观众的兴趣。同时,述评式电视新闻评论性节目从个别到一般的思维过程、由事及理的评论方式,是一个让观众在看的过程中不断产生观点的过程,这易于引导观众的认知交流,比较符合一般人对事物的认知过程和认知规律。

电视述评以电视独有的声画表现手段还事件以本来面目,将评论的客体对象作为电视展示的主体本身,即所谓“用事实说话”“让过程说话”。其结构方式上讲究夹叙夹议、述评结合,形式上注重现场感、真实感。无论是调查某个具体事件,还是探究某种社会现象,节目都讲究故事性和叙事技巧。“述”“评”结合在一起,贯穿于节目之中,整个节目是事件的叙述过程和对论点进行逻辑论证过程的统一结合。

3. 揭露鞭挞,舆论监督

所谓“舆论监督”是指将立法、行政、司法及一切社会性的决策和实施过程置于人民的理性监督之下。电视新闻评论节目一向以“舆论监督”的社会责任作为宗旨,以其无所不包的选题和引人思考的提问方式使观众深深地被震撼着。媒体的高度责任感提升了在观众心目中的“公信力”,舆论监督也为电视新闻评论节目提供了广阔的生存空间,节目通过新闻事件的报道大胆揭露和鞭挞侵害社会和公众利益的不法行为和不良现象。如《焦点访谈》不仅具有强烈的时效性、生动的纪实手法、多样的评论方式,而且具有强大的舆论监督力度,被观众冠以“焦青天”的美誉。

4. 形式多样,双向互动

电视评论所传播的意见是一些立体化的、多方位、参与式的整合后的观点。它的论据与论点,无论来源还是表现形式,更为丰富和多样,这也是有别于报刊评论和广播评论的特点。而这种评论的关键是发挥电视现场感的优势,有评论员、专家发表时评、解疑释惑;有群众声音,发表观点,表达心声。有主持人穿针引线,画龙点睛。新闻评论节目的形式也更加多样化,采用观众喜闻乐见的方式,风格生动活泼。同时,许多老百姓已不仅仅满足于单纯接受观点,他们有在公共传播媒介发表自己看法的欲望。现在的很多新闻评论节目可以及时关注到百姓对于某个事件的观点与看法,通过网络、手机等方式让他们进入到讨论当中。

三、电视新闻评论节目的发展阶段

中国电视新闻评论节目的发展大致经历了三个阶段。

第一阶段以1980年7月以中央电视台的《观察与思考》为标志，中国正式出现了一种新型的、独立的新闻评论体——电视述评，这是第一代评论节目。该栏目是一档融音响、画面、文字于一体的电视新闻节目，同时加入了记者的现场述评、各方人士的讨论和主持人的分析性观点，并成为了固定的板块节目。这一时期先后出现了许多具有代表性的评论栏目：中央电视台的“生活在线”，福建电视台的“记者观察”、安徽电视台的“社会之窗”、上海电视台的“新闻透视”、广东电视台的“社会聚焦”、北京电视台的“18分钟经济社会”“BTV夜话”等，这些节目虽然类型各异，但是在形态和手法上都已经具备电视评论节目的特色，这一时期的电视新闻评论节目的特点已经初具雏形。

第二阶段是从上个世纪90年代初开始。1993年12月21日，中央电视台新闻评论部成立，这对中国新闻评论节目的发展而言是具有“里程碑”式意义的。1993年5月杂志型的新闻评论节目《东方时空》开播，迈出了中央电视台加强新闻评论性节目的第一步。1994年4月1日中央电视台《焦点访谈》的开播标志着电视新闻评论节目发展的第一个高峰。之后很多电视台相继推出了类似的评论节目，并以“透视”“纵横”“视点”“焦点”等带有显著评论特点的名称冠名，这是第二代评论节目。

第三个阶段，从2009年中央电视台改版为起点，大量即时评论节目的推出，新闻评论节目步入一个新阶段。这一时期的电视新闻评论呈现出一派欣欣向荣的局面。电视新闻评论节目更加强调“个性化”发展，节目形态更加多元化。

四、电视新闻评论节目的模式

电视新闻评论节目主要有以下几种模式：

（一）辩论型

辩论型节目强调自身的辩论色彩，以凤凰卫视《一虎一席谈》和《时事辩论会》为典型代表。观点的提出、碰撞和交流主要由参与节目的嘉宾或公众完成。嘉宾是意见性信息的传播主体，主持人这时扮演的是“裁判员”的角色。主持人的不参与是为了保持辩论双方观点性信息的平衡，同时为现场嘉宾或者场外嘉宾预留第三方立场，最终使节目呈现出尽可能多元化的意见性信息。在体现平等交流的同时，更偏重同台的辩论交锋，用抗辩的方式让电视观众一起参与到社会问题、政治问题、历史问题的讨论中来。尹鸿教授这样点评《一虎一席谈》：这

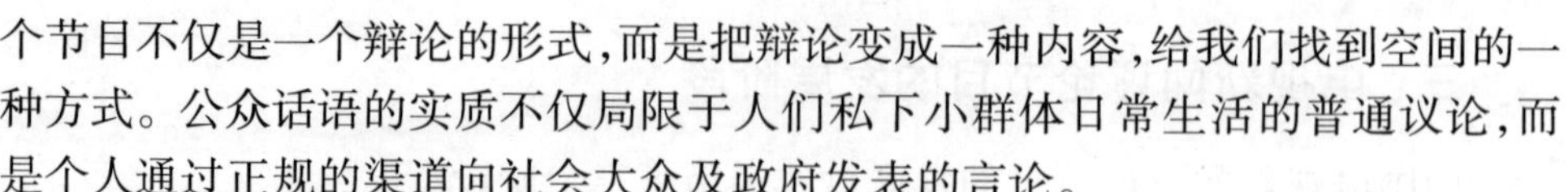

个节目不仅是一个辩论的形式，而是把辩论变成一种内容，给我们找到空间的一种方式。公众话语的实质不仅局限于人们私下小群体日常生活的普通议论，而是个人通过正规的渠道向社会大众及政府发表的言论。

（二）沙龙型

沙龙型节目的典型代表为凤凰卫视的《锵锵三人行》。《锵锵三人行》是由主持人窦文涛与两岸三地传媒界的精英名嘴，针对每日热门资讯各抒己见的节目，选取的题材多为大陆和香港地区的时政、社会以及市民新闻。节目所表现的是处于私密空间中家人、朋友闲话家常的场景。这正是人们生活中每天都会体验的交流方式，如同跟朋友聊天，在轻松、诙谐的气氛中进行信息传播和辨析事理。因此，在这类新闻评论节目中，主持人和嘉宾都是意见性信息的传播主体，主持人身兼“发球者”“踢球者”两个角色，主持人成为了此类节目的核心竞争力。

（三）访谈型

这类评论是由主持人（或记者）在演播室或现场与评论员进行一对一或一对多的访谈，以对话为主要形式。主持人是演播室访谈的话题发起人，提出中心话题并保持追问，他同时预设各种不同的观点对评论员的表述提出质疑，从而给谈话过程赋予辩论色彩，使得这一过程充满张力。谈话者以谈为主，以回答问题、表明态度、发表议论为主。其访谈对象多为公众关心的新闻人物或某方面的专家及权威人士。如中央电视台《晚间新闻报道》《中国报道》《新闻 1 +1》，凤凰卫视《时事开讲》等新闻节目中，这种形式的评论都被大量使用。

评论员型评论分为本台电视评论员或特约评论员，就当前受众普遍关心的问题或重大新闻事件、社会现象，直接面向观众表示意见、看法、立场和态度，相当于平面媒体的“时评”或评论员文章，具有纯粹的评论性。评论员是对新闻时事进行点评分析的主要人物，具有超乎主流观众的知识储备并能生动准确地进行表述。评论员与主持人互为默契，共同把握访谈氛围和话题走向。

（四）主持人评论型

主持人评论是指在特定的栏目中，主持人针对新闻事件和公众关心的问题，发表自己个性化的言论或点评的一种节目形式。

按评论具体表现方式，主持人评论又可以分为新闻短评类和读报类、说新闻类。

1. 新闻短评

新闻短评是在新闻报道前后配发的编前话、编后话。电视短评紧紧扣住新闻事实，抓住其中显著的一点，简洁点出事实的本质及其蕴含的现实意义，起到画龙点睛的作用，是对整个新闻主体的提炼和深化。

2. 读报类

读报类是指主持人宣读报纸上的一些新闻信息，然后进行个性化的解读和点评。将读报类节目归为新闻评论节目是因为它对信息的独特梳理方式。在这样一个资讯爆炸时代，人们的生活每天被各种各样的信息所包围，而真正重要和有用的信息往往被淹没其中。读报类节目正是扮演了信息筛选机的角色，筛选的过程便是观点形成的过程。以凤凰卫视《有报天天读》、中央电视台《第一时间、马斌读报》为代表，主持人通过解读后的总结来树立节目的舆论导向。

3. 说新闻式

说新闻式评论主要面对的是民生新闻，通常是和百姓身边生活密切相关的。但它的力量来自于主持人的以小见大、见微知著的深入分析。如《南京零距离》《第七日》《阿六头说新闻》《观点至胜》等。这类评论节目中告知事件的过程与评论的过程紧密融合在一起，使观众不但了解了事件进程，而且知晓了评论者的态度和意见。这类新闻评论节目更注重用轻松愉快的风格，娱乐化的元素去进行包装。

《观点致胜》是一档新闻性脱口秀节目，针对热点事件用轻松幽默的方式诠释深刻的人生哲理。节目包括了对重大事件、热点新闻、名人轶事的及时点评和解读；同时把短小精炼关注度高的信息以快节奏的方式讲述，加之网友的补充，使得互动加深。

节目评论不沉重、不刻薄、不教条，观点既出人意料，又字字珠玑。主持人晏炜以敏锐的触角、精辟的简介、灵慧的思维，从自己的角度对信息进行吸收、整合。评论直切要害，言论创造经典，令人有意犹未尽之感。

《阿六头说新闻》

《阿六头说新闻》是杭州电视台西湖明珠频道于2004年元旦推出、用杭州话播报的新闻节目。努力追求新闻的趣味性、贴近性，并在内容、

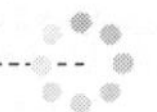

语言、主持人、包装等各方面打破陈规，创出新意。第一，在内容上，《阿六头说新闻》注重民生新闻，以更小的切口、更低的视角贴近百姓生活、关注百姓话题；第二，在语言上，《阿六头说新闻》采用杭州话播报，并在挖掘地域资源、弘扬本土文化上创出了一条新路；第三，在写稿方式上，采用"主题故事化、故事人物化"的方式，努力寻找新闻事件的故事性和冲突性，提高了新闻的可看性；第四，在新闻主持上，《阿六头说新闻》首次采用角色化播报的形式，主持人活泼生动、亦庄亦谐的演绎深受观众喜爱；第五，在包装上，《阿六头说新闻》也引入了 FLASH、人物头像等原创因素，使得新闻的片头词、片尾曲都家喻户晓。

（四）电视述评

电视述评是一种夹叙夹议的报道方式，是新闻述评在电视中的具体运用。它将叙事和评论结合在一起，既有对事件的客观叙述，又有对新闻事实的分析评论。它以对事实的报道为基础，通过运用电视的画面、声音、文字和解说为报道事实和评析事实服务，力求透过纷繁复杂的事态表面，抓住事实本质和内在的逻辑，引导观众思考并做出自己的判断。

这类电视新闻评论在节目形态上采用演播室和现场采访相结合的结构方式，评论有依据，述与评相互支撑。根据题材内容需要决定述评比例，节目中记者多以现场报道者的身份向观众讲述亲身感受，主持人多以评论者的身份进行评述。电视述评节目分为主评型和述评结合型。主评型电视新闻评论节目中，意见性信息与叙述性信息的比例几近 4:1，叙述性信息基本是作为电视新闻评论节目的新闻由头。述评结合型电视新闻评论节目中，意见性信息与叙述性信息百分比又大概分为两类：一类比例接近 1:1（边述边评），另一类比例接近 1:4（述后点评）。

《焦点访谈》的基本结构为"内容提要"+"演播室主持人引导"+"新闻事实的采访挖掘"+"主持人评论"，这也是当前电视述评的典型模式。首先由演播室主持人简要介绍新闻事件及背景为开场白；然后是节目的重头戏，通过记者现场追踪采访叙述新闻事实，逐步展开推理过程，期间穿插点评议论；最后以演播室主持人的评论作为结束语。这种电视新闻评论强调记者的主动参与和介入，对新闻事件或现象进行深入挖掘，实录调查过程，让过程说话。它是发挥电视传媒优势的重要手段，在吸引观众方面带来了多重效用：一是展现记者的活动过程增强了新闻的真实感和可信度；二是记者调查的阶段性容易强化观众的期待心理，甚至给人以悬念；三是可以把观众引入不可预知的过程之中，步步引导观众的关注、介入、参与思考乃至引起思想和感情的共鸣。

第四节　电视新闻直播报道

一、电视新闻直播报道及其相关概念界定

电视新闻现场直播是一种“在新闻事件的现场把新闻事实的图像声音以及记者对事件的报道(包含现场采访、解释、评价)转化为电视信号并直接发射的报道方式”。现场直播为新闻传播带来全新的时空观念,成了最能体现电视媒体的优势和魅力的新闻报道形式。

现场直播也称为现场实况直播或实况直播,是指电视台在新闻事件发生、进行的同时,把现场的声音、图像以及记者或播音员的口头报道或解说等直接同步播出的一种传播方式。这种形式由于是在新闻发生的同时直接由记者或主持人向观众播报新闻,因而现场感、参与感很强,对观众最具有吸引力。

演播室新闻直播是指节目在演播室边播边传送的一种播出方式。这种形式主要是指作为一个完整的新闻节目的播出和传送在时间上是同步的,而新闻节目中的每一条新闻则有可能是较早前拍摄、编辑、配音完成的。这种形式克服了录播必须提前截稿的缺点,具有较强的时效性。只要节目播出没有结束,就可以做到新闻随到随播,使得新闻能够在第一时间传播出去。

二、我国电视新闻直播报道的发展历程

根据中央电视台的发展脉络,梳理我国电视新闻现场直播的历史,大体上可分为四个阶段。

第一阶段为文体和重大时政活动直播阶段。1984 年中央电视台第一次现场直播首都庆祝中华人民共和国成立 35 周年阅兵式和群众游行实况,并通过卫星同时向国外转播。1985 年,六届全国人大三次会议开幕式首次进行电视直播,这是中国电视史上第一次将重大政治新闻以电视直播的形态呈现给观众,还包括 1988 年第七届人大和政协会议期间的中外记者招待会直播、“亚洲一号”“澳赛特—B1”等卫星发射现场直播。这个阶段的直播事件时空比较单一,也比较固定;直播的事件是预知的,有充分的时间进行排练;每年直播的次数较少,只有在有重大政治宣传任务时才直播。

第二阶段为新闻栏目直播化阶段。根据我国电视直播现状,电视新闻栏目的直播包含两种方式:一种是演播室直播,另一种是真正意义上电视新闻现场直

播报道。主要标志是1993年3月1日中央电视台第一套节目新闻播出由4次增至13次,实现了整点播出、新闻直播和重要新闻滚动播出。在这个阶段,曾多次将正在发生的事件及时切入正在播出的新闻节目中。1993年中央电视台的早间、午间和晚间新闻栏目除《新闻联播》外全部实现演播室直播;1996年《新闻联播》实现演播室直播;在这个过程中,中央电视台的《东方时空》栏目一直在探索电视新闻现场直播报道。这一阶段电视新闻直播越来越多地出现在全国各地的电视荧屏上,中国电视媒体开始探索成规模、超时长的集中直播。

第三阶段为以大范围、长时间、经常化的重大新闻事件直播为基本特征的直播常态化阶段。主要标志是1997年中央电视台的一系列重大直播,这个阶段的直播开启了许多第一。比如1997年3月9日对“日全食”的直播,是首次在高科技领域上的直播;1997年4月24日,“五国边境裁军协定签字仪式”的直播,首次直播了国际重大政治活动;1997年7月,72小时的香港回归直播,这是中央电视台第一次大规模的直播演练;1997年11月8日,对“三峡工程大江截流”直播,是首次成功使用航拍的直播,航拍镜头将近一个小时。这个阶段开始了多时空移动直播,直播密度增加。2003年5月1日中央电视台新闻频道的开播,使直播以频道为保证,频道以直播为特色,成为直播常态化的标志性事件,也开启了直播常态化的新阶段。

第四个阶段是成熟阶段。这个阶段从2003年开始一直到现在。2003年3月份对伊拉克战争的全方位直播,表现了中央电视台对突发事件直播的实力。之后,从“神五”到“神十”,中国在不断刷新太空探索的新高度。而每一次媒体的报道,也体现出我国新闻报道的进步。2013年6月11日17时38分,“神舟十号”载人航天飞船在酒泉卫星发射中心成功发射。从6月11日起,中央电视台综合频道和新闻频道推出了“天宫一号和神舟十号”载人飞行任务特别报道。在“神舟十号”接下来十五天的飞行里,通过媒体的报道观众了解到它出色完成了飞行任务并安全返回。在对神舟十号载人飞行任务的报道中,中央电视台取得了可喜的进步与发展,树立了崭新的媒介形象,翻开了中国电视新闻直播新的一页。

此外,电视新闻直播的题材也开始关注到科普、自然、文化类的内容。如浙江卫视联手中央电视台、杭州电视台、海宁电视台、萧山电视台连续五年,对一年一次的钱塘江大潮进行直播。大缺口、盐官、老盐仓、观潮城、美女坝五大直播点联动接力,水陆空、多角度震撼呈现了交叉潮、一线潮、回头潮、冲浪表演等精彩现场。

《新闻直播间:钱塘江大潮直播》

三、电视新闻直播报道特性分析

直播是电视新闻报道重要的手段,是电视媒体展示报道实力和水平的“拳头产品”。电视新闻直播最符合新闻规律,最能体现电视传播优势,其独特的传播魅力使其成为了具有不可动摇地位的传播形态。

(一) 即时同步

电视直播引发了一场新闻界的革命,科学技术的飞速发展,使得电视能把新闻现场的实况同步传送至相隔遥远的不同角落。传统的电视新闻是在新闻现场作选择性的拍摄,播出时需经过后期剪辑,其叙事是删节性的,有大量的信息损耗,再现的不是完整的原生态的东西。而电视新闻直播的叙事时间和新闻题材的进程时间是一致的,其中的信源—编码—传输—译码的全过程是共时空的。

如2013年6月11日17时38分,负责“神舟十号”飞船升空报道的记者在新闻现场边采访、边报道、边播出,采用多机拍摄、现场导播切换的报道方式,省略了大量的后期工作。新闻报道和播出同步。电视机前的观众如同亲临现场,目睹了“神十”升空激动人心的瞬间。2013年6月20日上午10点,“神舟十号”航天员在太空给地面的学生授课,中央电视台进行了51分钟的全程直播。我们看到了来自遥远的外太空中各种奇妙的物理现象,整个授课过程的播出和新闻事件的发生时差为零。由此给受众带来的视觉和心理层面的震撼都是前所未有的。2013年6月26日,经过15天的飞行,搭乘3名中国航天员的神舟十号载人飞船返回舱顺利着陆,中央电视台也做了直播。从“神十”距地表十多分钟时开始观众看到了主伞打开、返回舱落地成功、着陆后出仓的全过程。这些关键点的直播最大程度地体现了电视新闻直播即时同步性的优势,最大限度地满足了受众在新闻发生的第一时间获知新闻的需求。

（二）直观真实

传播学认为，人们在接受信息时，信任程度和传播层次成反比，信息的转述层次越多，信息的损耗和变形越严重，可信性越差。传播层次越少，可信度越高。电视新闻直播具有极高的信息保真度，新闻信号直达观众，避免了多级传播造成的信息损耗和变形，增加了新闻的可信度。

和其它艺术形式相比，电视艺术富有纪实性和临场感，观众如亲临其境，置身其中；和其它媒介相比，电视媒介具有视听结合的直观和真实性。而电视新闻直播，又将这种优势发挥到了极致。

（三）互动参与

从电视传播的方式来看，电视艺术是具有极高开放性的文化样式，观众可以同现场参与者几乎完全处于同样的心态和思维活动。

电视新闻直播能够极大地满足受众的好奇心和求知欲，产生强烈的临场感和参与感，这是其它播出方式无法相比的。也正因此，受众会积极参与到新闻信息传播的活动中去，主动地关注、去寻求新闻事件发展的轨迹，预测事情的发展。

如“神十”报道中太空授课的直播尤其突出了受众的互动参与性。此次太空授课采用天地互动的形式，航天员进行在轨讲解和实验演示。同时与地面师生进行双向互动交流，极大地调动了地面课堂和电视机前观众的积极性和对太空的探索热情。太空授课看似是很简单的一项任务，其实这需要强大的航天测控能力在背后进行支持，特别是数据中继卫星的支持。天地互动进行的有趣而又有序，无论从技术角度还是理念层面这都是我国电视新闻直播取得的巨大的进步。

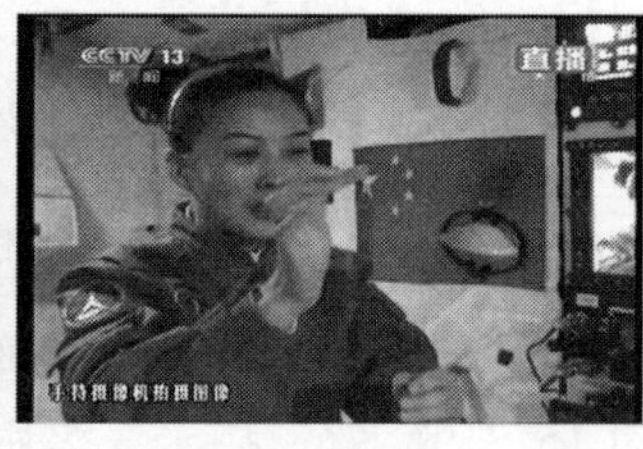

《“神十”载人航天飞船太空授课》

（四）悬念新鲜

从新闻直播的分类上看，对“神舟十号”载人航天飞船飞行任务的报道属于可控制的、预发性事件的新闻直播。虽然是预发性的新闻直播，但每一次直播的结果都具有不可预知性,因此直播过程仍然具有悬念性和新鲜性。"神舟十号"的发射能否成功;太空授课究竟如何展开,能否顺利进行;能否顺利返回等电视新闻直播利用现在进行式的报道,充满了连续性的态势,有着不可预测的悬念。这种强烈的戏剧性和故事性极大地刺激了受众的收视欲望,增加了受众的亲历感和现场感、新鲜感。

电视直播对"神舟十号"执行航天任务的现场讲述是跟踪式的。我们的视野被扩展到神奇的宇宙空间,接收到了很多未知的新鲜事物。受众在观看的同时,兴趣会不断积累叠加。最终"神舟十号"圆满完成任务,宇航员顺利返回时观众的心情终于放松下来,一个个悬念终于被揭开,与之相伴的爱国热情与民族自豪感得到了极大的释放,这是受众接受新闻信息时愉悦的心理体验。

四、电视新闻直播形式

目前我国电视实践中存在三种直播形式:演播室直播、新闻栏目现场直播报道、大型新闻事件直播。

(一) 演播室直播

演播室直播是指新闻主播播报新闻的时间与观众接受的时间同步。这种直播形式的主要代表栏目包括中央电视台新闻频道的《朝闻天下》《新闻直播间》《新闻30分》《法治在线》《共同关注》等。这种直播形式包括的元素可以有主播、出镜记者和现场报道,没有现场连线,不会即时连线记者和嘉宾进行报道和评论。其间虽然也会有现场记者出镜报道和采访,但并不和观众收看的时间同步。相对于录播新闻,主播可以和观众形成交流,使整个传播过程更鲜活更有生气,这一点使我国电视新闻传播迈进了一大步。不足的是新闻发生的时间和观众收看的时间不同步,离完全意义上的现代电视新闻直播形式还有较大的距离。在"神十"发射之前,中央电视台演播室的直播已经开始了。其中的一大亮点是虚拟演播室中的直播——泉灵探"火箭"。通过先进的技术,主持人仿佛置身于火箭脚下,搭乘着"太空电梯"让观众对"神十"的外观及内部构造有了更直观的认识,同时做到了模拟火箭升空的全过程,并追踪火箭飞行进程。

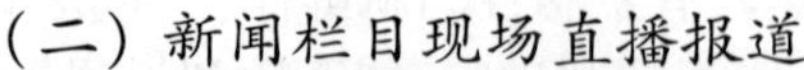

（二）新闻栏目现场直播报道

新闻栏目现场直播报道是指在特定的电视栏目中，新闻主播通过现场连线记者进行现场直播报道的形式。在我国，主要栏目有以《南京零距离》为代表的地方民生新闻栏目和的中央电视台新闻频道改版后的《东方时空》和《环球视线》等。这种直播中记者出镜进行现场报道和现场采访与观众收看的时间同步，而现场连线是实行演播室和新闻现场的时空同步的手段。这是完全现代意义上的电视新闻现场直播语态，它使电视新闻回归本体："新闻不再是既成的事实，而是正在发生的事"。在对"神舟十号"报道中，太空授课正式开始之前，主持人和嘉宾先在演播室进行话题的讨论。在太空授课结束之后，中央电视台国际频道特别报道中主持人和嘉宾继续就刚结束的太空授课进行了讨论。形成了新闻事件和评论的互动，很好地配合了现场新闻事件的直播。实现了对"神舟十号"航天任务的立体解读，构成了现场和演播室的多信息源切换，丰富了新闻报道的层次和维度。"神舟十号"飞船返回时，中央电视台新闻频道请来了"神舟九号"航天员刘旺做嘉宾，解读返回时令人期待的几大看点，以自己的亲身经验告诉观众此刻宇航员在返回舱中的活动和心理状态。当画面切到返回舱返回的画面时，刘旺担任画面解说，主持人代表观众向他提了大家关心的问题。

（三）大型新闻事件直播

大型新闻事件直播是指电视台打破节目播出常规，举全台之力对社会影响面广、影响力大的事件进行直播形成媒介事件。这种直播形式在我国起步较早，发展也比较成熟，现在基本实现直播常态化。大型新闻事件直播可以分为可预知的新闻事件直播和突发性新闻事件直播。中央电视台对"神舟十号"的发射直播中，采用了现场多机位拍摄，导播切换组接完成客观记录。这是对新闻事件原始状态的客观记录，相应对参与新闻直播的人员都提出了较高要求。对于视听语言的理解、新闻内容的深刻把握、演播室及外景各环节的把握和控制能力，以及在导播台上几乎是出于本能的快速反应能力是决定一场新闻直播成败的关键因素。此次"神舟十号"载人航天飞船媒体报道取得巨大成功的背后也体现出了我国新闻从业人员的素质有了进一步提高。

案例分析：中央电视台对"神舟十号"报道的视听元素分析

所谓"可视性"是电视新闻传播表现中可看、可听、可读等诸要素的复合，是相互影响、变动过程的总括。在直播过程中，只有兼具这多重视听读要素且相辅相成的题材才可能产生生动、新鲜的电视场效应，才是适合电视新闻直播表现的题材。

一、画面语言

电视新闻直播是用镜头讲述新闻故事，它不是单一事件的摄取，而是联结单元信息之间的场面关系及自然再现相互之间变化的意味。"神舟十号"直播中，现场各点、多方位、多机位所传播的局部信息即时整合在一起构成了整体。这些画面有效地拓展了人类的视听范围，以时空一体的方式真实展现了新闻事件的动态过程。

在直播"神舟十号"升空时，观众看到了不同角度、不同机位、不同景别的画面。指挥中心指令员倒计时的近景、按动火箭发射按钮的特写镜头、火箭发射前的全景、近景画面等，让观众多角度、全方位、身临其境地了解发射的全过程。火箭升空后的跟踪拍摄，让观众的兴趣点无限地向上蔓延。多视点、多机位的拍摄和镜头的切换，让受众同时置身于"神舟十号"发射现场、北京指挥中心、中央电视台演播室等不同的场景，实现了同一时间、不同空间的立体化展示。当"神舟十号"发射成功后，展现了航天工作人员激动欢呼的现场画面。电视新闻直播的真实性、时效性和现场感在此刻得到了充分的彰显。此后，现场记者第一时间采访了工作人员、航天专家、观看现场发射的群众等。我们一起为创造奇迹的英雄喝彩，很好地契合了受众心理。

直播画面中也体现了技术的进步。如在返回舱返回的直播中，有来自地面测控系统的画面、空中搜救直升机摄像头拍摄画面、红外光学镜头拍摄画面等。不同来源的镜头丰富了受众的感官系统，让受众更立体直观地感受返回舱的回归。

直播中还多次使用到双视窗：飞船成功升空后，我们只能看到它的外观，置于其中的宇航员他们此刻感受如何？能适应吗？通过双视窗的展示，我们同时看到了飞船上升画面和飞船内驾驶员状况，极好的满足了受众此刻的心理需求。在太空授课直播中，实现了地面课堂、指挥中心、天宫舱内画面切换。同时展现了地面学生提问画面、主讲航天员王亚平太空解答画面；太空实验演示画面和地面试验演示画面对比等，使互动性显著增强，大大增加了单位时间内传播的信息量。

二、声音元素

1. 同期声

电视新闻中同期声是指拍摄电视新闻画面时，同时记录的新闻现场人物或环境的声音，包括现场效果同期声和现场采访同期声。在"神舟十号"直播时，大量采用了各种同期声。如在直播中，观众听到了发射现场技术人员进行倒计时的声音,成功后现场的欢呼声。之后记者立即采访了现场观看的普通群众,大家表达了对我国航天事业进步的欣喜,很多人甚至留下了激动的泪水。同期声增加了电视新闻的真实性,也增强了观众的参与感。再如返回舱返回时,受众同时听到了指挥中心汇报各种数据的声音、返回舱内宇航员对话的声音、演播室内主持人和嘉宾的声音。几种来自不同空间的同期声叠加在一起,增强了电视新闻的现场感和感染力,也使得电视画面的立体感、运动感得到了更好地表现。

2. 解说

影像具有多重意义,在没有同期声配合时,难于传达深层次的、具有确定意义的信息。电视新闻解说词对画面起到了补充、升华的作用,每句话、每个字都是经过反复推敲、精心锤炼,能起到画龙点睛的作用。在"太空授课"开始之前的直播中,主持人配合画面做了现场解说。这里的解说是附加于图像之外的声音成分,是理性思维的一种直接外化体现。画面通过摇、移等运动镜头介绍了展开"太空授课"地面课堂的学校情况,解说说明了接受此次地面课堂的学生组成,包括来自打工子弟学校的学生、少数民族学生等。解说使电视直播新闻画面更加生动有力,引导受众更好地理解影像的重要意义。

参考文献

[1] 邱建. 同期声在电视新闻报道中的作用[J]. 青年记者,2011,(12).

[2] 张禺. 我国电视新闻评论节目特色初探[D]. 武汉:华中科技大学. 2007.

[3] 郭晶. 浅析电视新闻直播报道[J]. 采写编,2010,(2).

[4] 李群. 从三类调查性节目模式分析 <新闻调查> 节目对于故事化因素的挖掘[J]. 福建论坛·社科教育版,2010 年专刊.

[5] 蔡盈洲. 电视新闻直播辨析[J]. 中国电视,2010,(3).

[6] 王玉、乔武涛. 浅析我国电视新闻直播的进步——以中央电视台“神舟十号”直播报道为例[J]. 河北广播电视大学学报,2013.(6).

第三章 电视科教节目形态解析

第一节 电视科教节目概述

近年来，随着美国《Discovery》、《国家地理频道》等优秀海外科教电视节目的引入和中央电视台科教频道《探索·发现》《走近科学》等一批优秀栏目的播出，科教节目日益成为我国电视收视中的一大亮点。对于科教节目的定义，可分为广义和狭义两类。从广义上看，科教节目的主要功能是传授知识、疏导理念、修正思想和指导行为。从狭义上看，科教节目是运用电视技术和艺术手段，面向整个社会传播科学文化知识，进行教育的节目。

电视科教节目的根本属性是以教育为主，以传播知识为目的。它的传播特色包括：不以传递信息的快速取胜，而以循序渐进、由浅入深、逻辑性强、内容完整见长；不以娱乐观众为主要目的，而是以教育观众，传播科学文化知识、推动精神文明建设为最高目标；不以立竿见影、直接、快捷的服务性吸引观众，而是以普及科学文化知识，提高全民族素质为长远目标。总之，科教节目的形态特征可以归结为格调高雅、内涵深刻、内容完整、逻辑性强。

电视科教节目在20世纪80年代末曾经一度陷入低谷，90年代后在新的传播态势下，电视科教节目已发展成为一个非常重要的节目类型。随着社会的发展和科学的进步，它从过去单一的讲座形式发展为全社会广泛参与、形态方式灵活多样的一种节目形式。电视科教节目呈现出多元化的姿态，节目内容涵盖了自然、生命、人文等众多领域，节目形式也更具有故事性、新闻性和互动性，收到了良好的传播效果。

一、电视科教节目的形态分类

电视科教节目的题材广泛，表现形式多样，表现方法也十分丰富，对象多且层次性强。

科教节目包括科普类节目和教育类节目。科学普及节目是指以普及与人们日常生活和生产息息相关的科学文化知识，介绍生产、生活方面的经验与新的发明和发现为主要目的的知识性节目。这类节目内容广泛，一般都以趣味专栏形式出现。教育节目是指以思想道德教育和传播文化科学知识为宗旨的节目，具有较强的纪实性、思辨性、知识性、服务性和趣味性。

从模式上看，目前我国电视屏幕上的科教类节目可分为以下几种模式：新闻类科教节目、讲座类科教节目、专题类科教节目、科学实验（演示）类节目、谈话类科教节目等。

（一）新闻类科教节目模式

“电视科教新闻”是运用电视新闻的形式，对新近发生、发现或正在发生的科教事实的报道。大致有以下三种类型：一是对于科学事件比如考古挖掘、航天事件的同步直播。如中央电视台新闻频道《新闻直播间》曾经播出的《湖北随州叶家山曾国藩墓地考古》《南海Ⅰ号考古大发现直播特别节目》，中央电视台《东方时空》栏目和科教频道《探索·发现》栏目协力完成的跨国考古直播《金字塔解迷》等。二是对时效性很强的消息类科教事件。如科技会议、科学发现的事后报道，主要介绍时下最新的科技资讯。三是与当前形势或潮流有关的具有一定滞后性的科技知识的调查和研究。现在的电视科技新闻在这方面已经有了很大改观，制作者正在用各种手段尝试把学术化的语言转化为观众能理解的内容语言，从镜头更加丰富生动，更注重新闻背后的话题。

（二）讲座类科教节目模式

科教讲座模式主要通过讲座的表现形式，适时以短片或其他形式进行补充。

在科教类电视节目发展历程中,讲座类模式一直延续到今天。这类节目模式最初的形态就是直接把课堂搬上电视。但随着电视节目整体质量的不断提高,科教讲座由于专业性强,受众面过窄,其模式也发生了巨大变化。如中央电视台科教频道的《百家讲坛》、山东卫视的《新杏林》、凤凰卫视的《世纪大讲堂》、东方卫视的《名人讲堂》、湖南教育电视台的《湖湘讲堂》等栏目就是这一变化的产物。

(三)专题类科教节目模式

电视专题节目是指主题相对统一,能对主题作全面、详尽、深入的反映,并与综合节目相对应的一种电视节目类型。这类节目一般可以按照它的节目内容分为就某一科学人物、某一科学事件或某一科学主题所作的专题片。

科教专题片的诞生,很大程度上依赖于科教电影。最初的科教专题片走的是科教电影"讲解科学知识"的创作路子,沿袭科教电影几十年来为服务生产实践而形成的传播知识、展现科技成就的套路,选题偏重科学研究成果展示、新技术新知识介绍。随着电视有效传播观念的建立、国外同类型节目的引进以及收视率考评体系的确立,科教专题片的创作思路和创作手法都发生了很大变化,在单纯的科普诉求中增加了娱乐的手段和因素。如26集大型科教专题片《紧急救援》、大型科教专题片《开放与合作——信息时代的经营管理》、科教专题片《栗瘿揭秘》等。

《紧急救援》是我国第一部以灾害救援为主题,全面、真实地记录重大突发灾害及实施救援场景的专题片。该片内容涉及了我国近半个世纪以来发生的自然灾害救援、人为事故救援、旅游灾害救援、生态灾害救援、疾病预防救援及百姓生活救援等,展现了中华民族在突发性灾害面前所表现出来的不屈不挠的精神和运用科学手段实施救援的范例。其中按灾害不同分为13个单元,各成体系,融科学性、可视性、观赏性、实用性为一体,普及了防灾、避灾、自救、互救的科学知识。该片的问世,填补了我国灾害救援专题影视片方面的空白。

《开放与合作——信息时代的经营管理》很好地概括了90年代以来的企业变革和管理的新思路、好方法,对在信息化和全球化的形势下如何搞好企业管理很有启发性和借鉴意义,对我国正在进行建立现代企业制度的改革有重要意义。

《栗瘿揭秘》通过显微摄像技术描绘了昆虫世界的精彩,介绍了"以虫治虫"的技术,对农业生产有一定的指导作用,对普及生态农业的观念有益处。以下是它的开头和结尾解说：

开头：

世上的事儿就是这么奇怪，善良的不一定是美丽的，而美丽的也不一定善良。这其中的无穷奥妙吸引着人们探寻的目光。

阳春三月，当春风吹拂燕山山脉的时候，京东板栗的树枝上涌出了一些绿里透红、固鼓鼓的小东西，随风摇曳，煞是喜人。这新鲜、漂亮的小荷包是采树的果实吗？

结尾：

聪明的人们在栗瘿蜂、中华长尾小蜂和重寄生蜂这三种昆虫之间打了一个漂亮的"时间差"，该保护的新鲜栗瘿一定要留住，该除去的则坚决摘掉。

这些人为的干预与对自然的尊重一样是为了自然界的更加和谐，科学家们与他们的研究对象一起将以自己独特的方式共同献给人类一个更加精彩的世界。

此外，中央电视台的《探索·发现》《人与自然》《国宝档案》等栏目中的很多内容也都是属于非常优秀的科教专题片。

《国宝档案》栏目是中央电视台第一次以电视栏目的形式，为国宝级文物重器进行揭秘建档，自2004年10月4日开播以来，平均收视率一直稳列前茅，成为频道一线品牌栏目。

《国宝档案》栏目通过对国宝级文物的去向和传承轨迹进行实地跟踪拍摄，以强烈的纪实感和现场感给观众第一手的资料，带领观众走近国宝，探寻国宝的秘密。为了保证高质量和高水平的内容，栏目专门聘请了国内文博界十多位专家成立了顾问组，使节目既具有观赏性，又保持了权威性和严肃性。每期节目都从一件国宝级文物讲起，每集会部分或全部涉及以下内容：该件国宝的艺术价值与华人文化历史内涵；该件国宝问世前后的历史背景和事件；该件国宝历史传承的经过，包括内幕、传奇、悬案和真相；该件国宝在海内外辗转流传的故事以及相关人物；该件国宝藏身之地等。

（四）科学实验（演示）类节目模式

这一类节目在国外一度流行，例如美国探索频道播出的《流言终结者》。由

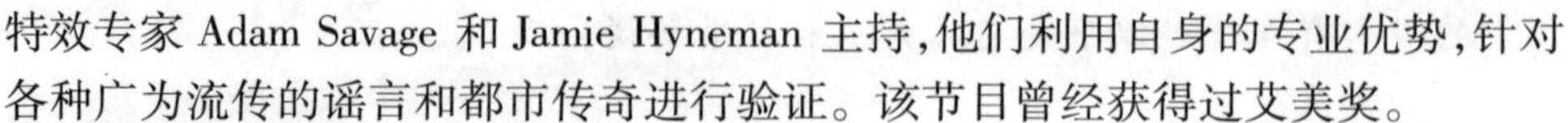

特效专家 Adam Savage 和 Jamie Hyneman 主持,他们利用自身的专业优势,针对各种广为流传的谣言和都市传奇进行验证。该节目曾经获得过艾美奖。

20 世纪初期,上海文广互动电视有限公司(SiTV)全纪实频道开始陆续播出《流言终结者》。目前,该节目在北京青年频道、上海纪实频道和广东南方经视等持有《Discovery》探索节目播出权的频道播出。每集会关注两三个甚至更多都市传奇、大众信仰或网络谣言。通常会由一个复杂的准备和实验的流言做为该集节目的主轴,再搭配一两个能简单验证,或较少在视觉上戏剧化实验结果的项目。栏目很好地做到了寓教于乐——把科学和娱乐结合起来。

类似的节目形态还有英国 BBC 频道的《骗术真相》。该栏目给我们的启示是:去掉很多包装元素,栏目传递的真正内核是科学知识。将科学知识变着花样的玩也是科普节目必须要做的第一步。因此我国的科普节目也需要更加注重将趣味性、形象性、创新性融入其中。

2009 年,中央电视台十套出现了两档这种模式的节目:《原来如此》和《我爱发明》。《我爱发明》播出后,收视率节节攀升,2011 年跃居科教频道第一。2013 年中央电视台二套又推出了全新栏目《是真的吗》。这一模式的节目正在以其鲜明的特色发挥着越来越独特的作用。

《是真的吗》是一档由中央电视台二套 2013 年全力研发的大型互动求证节目。节目首创网台联动的全新方式,携手电视观众与广大网友,通过各大新媒体共同互动求真,对网络流言进行专业验证与权威实验,为国人探求真相。每期节目由脱口秀、真相视频调查、现场真假实验、嘉宾猜真假游戏环节等构成,将新闻调查与综艺娱乐、脱口秀元素相结合,用最幽默的语言讲述最严肃的事件。

(五)谈话类电视科教节目模式

科教谈话类节目在电视屏幕上最早引起人们注意的是北京电视台的《世纪之约》。人们通过主持人和嘉宾的对谈,认识了很多做出过杰出贡献的科学家。常见的电视访谈类科教节目大致有两类:一是对当前比较有名和广大观众所密切关注的科技人物进行的访问;二是就当前科技发展、科技研究中的重大问题或者是与人民生活有密切关系的科技研究、生产、生活、健康等问题,访问有关机构的负责人或有关专家。如陕西卫视的《开坛》、中央电视台的《大家》等栏目。

中央电视台的《大家》栏目是一档谈话类科技节目，每期节目都借“大家”之口叙述历史。《大家》是目前中央电视台容量最大的人物访谈节目之一，节目时长45分钟，采访的主要对象是在我国科学、教育、文化等领域做出杰出贡献的“大家”。作为一个以传承人文精神为宗旨的栏目，《大家》在介绍大师们学术贡献及成长过程的同时，还着力铺叙他们所亲历的时代风云，以期借助他们的慧眼看世界、看历史。节目在演播室访谈中间，穿插有大量珍贵的历史资料和鲜为人知的故事，力图在真实的时代背景下，展现当代知识巨子们独特的生命历程与探索精神；以一个个典范式的例证，反映个人与时代、科学与人文的重大主题，并在大师们不经意的讲述中领略人生的真谛，掘取文明的碎金。《大家》不仅是大师们讲述人生经历、展示精神风范的窗口，更是他们播撒智慧的讲坛，广大观众分享光荣的殿堂。

（六）专题教学类节目

专题类教学节目主要是指各类教学节目，包含综合教学、专门教学和应用教学。如《跟我学》《快乐学汉语》《空中英语教室》《希望英语》等都是广受欢迎的优秀教学节目。

《跟我学》栏目以普及戏曲艺术、弘扬传统文化为己任，是中央电视台戏曲频道唯一一档以教授京剧和地方戏为宗旨的电视节目。栏目内容上以观摩戏曲名角表演、教唱戏曲名段为主，穿插戏曲艺术的各种知识和逸闻趣事。栏目在创作观念、表现手法、风格样式上做到了有所突破。

针对戏曲观众的欣赏特点，栏目内容选取经典名段作为教唱选段，由名家进行教授。在学员上重点选择热衷于戏曲表演的不同领域、不同行业的社会名人，大中小学生及外国友人。将以往由专家严肃地讲戏曲知识的单一模式，改为请戏曲名人来说戏。不满足单纯的就戏论戏，而是从历史背景、梨园掌故、诗词歌赋、逸闻趣事，戏曲表演、唱腔、流派，以及人物性格、人物命运、对今天的影响等多方面进行评述。同时，栏目利用丰富的电视手段，增强了可视性。如利用文献资料，音像素材针对故事内容制作精美的画面，利用多媒体手段以戏画、连环画、动漫等图文并茂的形式展现在屏幕上。

中央电视台于1999年正式推出了中英双语的科教节目《希望英语》,旨在为提高国人的英语水平,为英语学习者提供一份原汁原味的英语盛宴。节目对电视外语教学节目的传播方式进行了新的探索,采用了主题杂志的形式,进而为英语学习者搭建了一个多视角、实用性强、信息容量大的学习平台。栏目教授时尚的英语、生活的英语以及西方文化的表达,突出"实用性、服务性、教学性",本着"培养兴趣、增强信心、展示风采、树立榜样"的原则,教授生活时尚的英语以及原汁原味的西方文化,使观众在生动轻松的氛围中学习地道英语,了解真正的西方文化。

二、我国科教类电视节目的发展现状与困境

(一) 我国科普类电视节目的发展现状

1. 科教频道现状

根据2008年《中国电视收视年鉴》及搜视网搜索统计,截至2007年底,我国内地共有科教频道34个,其中国家级科教频道1个,省(自治区、直辖市)级科教频道10个,地市级科教频道23个。这些频道中东部省市占13个,中部占12个,西部3个,东北部只有2个地市级科教频道。

中央电视台科教频道的定位是"科学、教育、文化"三位一体,2003—2007年科教频道的科技、科普类栏目一直保持在其栏目总数的1/3左右,周播出时间也占到周总节目播出时间的30%左右。同时节目类型多样,综合类节目、竞技益智类节目、访谈类节目、纪录片都在其中有所体现。节目内容也很丰富,主题涉及综合科学、环保、健康等内容。总的来看,频道的收视情况却一般。2007年中央电视台年度总排名中,科教频道有4个科技、科普类栏目——《走近科学》《探索·发现》《百科探秘》《科学世界》在满意度方面进入全台100名。其中《走近科学》和《探索·发现》进入前20名。这4个节目在全国31城市的收视率也位居同类科技、科普类栏目的前列,即便是近几年一直处于收视率第一位的《走近科学》,其收视率也未达到1%。

2. 科教栏目现状

省级的科教频道多数科普栏目设置不甚理想,重复播出节目较多,如安徽电视台科教频道的《健康探索》周一到周六每天首播1次,重播2次。而从播出时间来看,到2007年,北京、天津、重庆、山西电视台科教频道基本实现了全天24小时播出。2007年所有省级科教频道的科技、科普类节目的总播出时间约为9341.6小时。其中安徽电视台科教频道每天播放18小时,科技、科普类栏目播

出时间约占总播出时间的34.8%；天津电视台科教频道科技、科普类栏目约占频道年总播出时间的32.6%，重庆电视台科教频道和北京电视台科教频道分别占到15.7%和14.3%，其余省级频道的这一比例都在10% 以下。

多数科教频道有自制科普类栏目，总体来看引进类栏目占多数。引进节目中，几乎所有的省级科教频道都引进播出过美国探索频道、国家地理频道的栏目。省级科教频道都是省级覆盖或是省会城市覆盖频道，从各省的数据来看，科技、科普类栏目的收视情况较差。以科教类节目所占比例较大的安徽电视台科教频道为例，其中3个主要栏目——《科技探索》《传奇》《动物星球》在安徽省的收视率都不足0.1%。北京电视台科教频道《魅力科学》在北京市的收视率不足0.5%。多数省级科教频道栏目内容多样化，实质仍是综合性频道，因为多数科普类栏目收视较差，单纯此类节目难以支撑起一个频道的运营。因此各个科教频道都播出了一些综艺、娱乐等类型的栏目来充实频道内容。这样做虽然提高了收视率，却和频道最初的定位相违背。

（二）我国电视科教节目发展困境

综上所述，我国的科教频道尤其是省级科教频道在科普类栏目设置及播出状况方面不太理想。这种状况势必会影响我国公众对科技发展信息的获取。2007年中国公众科学素质调查报告显示，电视是我国公众获取科技发展信息的主要渠道。与之相矛盾的是，对于一部分频道而言，非常想做科普节目却苦于没有资源。另外两对矛盾表现为：第一，频道与节目资源间的矛盾。目前国内现有科教频道30多家，受种种原因限制，制作的科教节目数量与质量都不理想。而其它的一些制作公司制作的节目又很难进入正规播出渠道。第二个矛盾表现在公益性的科普事业与盈利性的电视经营产业之间。因为科普类栏目常常收视率较低，部分频道以难以支撑频道的生存和发展为由不愿意制作科普节目。

当前，我国科普类电视节目在制作方面主要面临以下几个问题。

第一，科普类电视节目制作的资金投入不够。精良的科普节目需要足够的资金支撑。如美国探索频道一期50分钟的节目基本投资要达到100万美元，是国内电视台无法企及的。美国的科普节目制作经费来源渠道是多方面的，如探索频道的经费主要来源于收视费用和版权收益。美国国家科学基金会和斯隆基金会等著名的基金组织都有对电视科普节目的资助。

第二，我国各科普节目的制作都各自为政，没有形成协调统一、资源共享的局面。当前我国各级的科教频道共30余家，多数频道各自为政，有些因为人财物的缺失而处于难以发展的窘境。

第三，目前我国比较缺乏专业的科普类知识方面的人才，大多数制作科普类电视节目的工作人员都是其他栏目的工作人员，专业度不高，制作较为粗糙。各类科普类电视节目更多是在向观众教授各种科普类的知识，并没有观众的高度参与，从而使观众失去观看的兴趣。

第四，目前我国科普类电视节目制作程序繁琐，制作效率低。一个完整的科教电视节目的最终产生，往往需要经过漫长而繁琐的工序。虽然如今摄、录、编数字化的发展和实践将在很大程度上简化这种程序，但考虑到技术实现以及设备更换所带来的高成本等问题，目前要想实现全数字化的制作还有待时日。

三、我国科教类节目发展的新要求

在新的社会背景下，受众的观赏习惯与心理都发生了很大的变化，受众更愿接受具有轻松娱乐形式的节目内容。因此科教类节目不仅应满足社会对教育资源的摄取需求，更应该给百姓大众提供鲜活多样化的节目样式，满足观众追求轻松的消费心理，做到既能为受众提供知识，又能为受众带来消费的愉悦。新形势下，受众更多的需求为科教类电视节目的制作提出了更高的要求。

（一）追求精英文化与大众文化的平衡

对电视科教节目首先要进行合理的定位。文化市场细分的后果是有着不同文化层次需求的受众细分。对大众文化的偏执认识导致了大众文化与精英文化之间简单的对立关系，科教节目中应将两者很好地融合。精英文化的大众化传播可以避免过于枯燥、高深的接受理解；大众文化的精英化发展能够促进社会文化水平的提高，也有利于抵制庸俗化的倾向。

中央电视台科教频道的《百家讲坛》栏目的定位就在追求精英文化与大众文化之间找到了很好的平衡。《百家讲坛》是中央电视台科教频道2001年开播的讲座式栏目，栏目宗旨为建构时代常识，享受智慧人生。选择观众最感兴趣、最前沿、最吸引人的话题，其中包括：大学选修课；大学名校内有影响的专题讲座、主题演讲；社会各界学者、名流的演讲；中学文科类课程及第二课堂、兴趣课堂；中国历朝历代大事；中国历史上的著名人物等。选材广泛，曾涉及文化、生物、医学、经济、军事等各个方面，现多以文化题材为主，并较多涉及中国历史与文化。栏目追求学术创新，鼓励思想个性，强调雅俗共赏，重视传播互动。《百家讲坛》是个开放的大学，形式多样，学理性与实用性并存，权威性与前卫性并重。

《百家讲坛》适合具有中学以上文化程度，具有强烈求知欲的观众观看和欣赏。栏目一贯坚持"让专家、学者为百姓服务"的栏目宗旨，栏目在专家、学者和百姓之间架起"一座让专家通向老百姓的桥梁"，从而达到普及优秀中国传统文化的目的。栏目中专家学者将传统的历史文化使用生动的故事化方式演绎出来，并和当今社会现实相联系，受到了观众的一致好评。

（二）遵循科学性与人文性的统一

科学与人文的融合已经成为社会各界的自觉意识，科学与人文的相互融合、相互作用正在成为一种普遍的精神文明活动，科教节目的传播过程也是科学性与人文性相结合的过程。

电视科教节目在传播自然科学的同时，还应该注重社会人文科学的传播。不但要通过电视科教节目传播科学知识，还要传播科学精神、科学方法、科学史以及科学与自然、科学与社会、科学与人文的关系，培养科学思想，提高公众的整体科学素养。

这其中需要注意的是：人文社会科学的研究和分析运用了自然科学、技术领域的方法和手段。如中央电视台科教频道节目中心文化专题部《探索发现》栏目制作的《寻找失落的年表—夏商周断代工程》就是介绍现代科学技术如何在历史研究中发挥巨大作用的。另外，一些学科的交叉领域，如体育运动科学、心理医学、卫生健康学、技术与人文社会科学的交叉研究和分析等。

同时，还应注重在节目中渗透强烈的人文气息。这样做可加深观众对科学探索过程的了解和对科学社会意义的理解。人文性具体表现在选题上要贴近现实；制作上要以人为本，从观众的视角去了解、理解自然，关注科学给人类生活带来的影响；形式上要准确把握观众心态，符合观众的感知和理解规律，使科学观念深入人心。科教电视节目要使观众关注科学知识的同时，也关注到自身的生存价值、生存状态和生存方式，把人和情融入到科教节目中去，使知识本身变得鲜活起来。

（三）讲求娱乐化的表达方式

科教节目属于什么样的文化产品，直接关系到科学传播的效果。科教节目的传播内容是通过电视大众传媒来实现的，必须考虑电视传媒的特性和大众的普遍需求。电视的生存环境、发展的文化背景以及受众的心理诉求等原因共同造成了科教节目制作过程中需要追求娱乐性、观赏性、休闲性。所谓科教电视节目的娱乐化，是指借鉴故事片等其他叙事艺术的手法和技巧，用讲故事的方式，综合利用各种电视手段，生动活泼地向观众传播科学知识。

科教电视节目娱乐化主要表现为选材的娱乐化和叙述的故事化。所谓选材的娱乐化，是指以受众为本位，把受众的需求作为确定科教节目内容的根据。重视对受众的年龄层次、区域环境、文化背景、收视情趣和生活状况等的调查和研究，了解受众对科教节目的需求，从而确定节目内容。美国《Discovery》《国家地理频道》推出的科教节目，在节目内容上追求的是知识性与趣味性并重，教育与娱乐并重，受到广大观众的欢迎。中央电视台科教频道《探索·发现》、《走近科学》等栏目的制片人也着重强调电视具有消遣和娱乐等重要功能，反对节目只是简单地将科学知识硬邦邦地、专业地展示。从《探索·发现》栏目的选题上来看，节目中容易产生悬念、调动观众收看欲望的历史和考古题材的科教片占了很大一部分。让观众随节目一起沿着事物的蛛丝马迹不断探索，从中体验到为某一研究费尽心力后又豁然开朗的探究历程，观众从中获得了巨大的观赏快感和心理满足。这样的节目不仅耐看，也提倡和传播了科学研究的方法和精神。

所谓叙述的故事化是指科教节目的叙事可以采用悬念、铺垫、揭秘等方法，实现对已知领域的重新发现与对未知领域的追问。这符合中国人甚至是全人类的文化心理。每个人都喜欢听有悬念、有情节、有细节的故事，喜欢关注别人是怎样生活，关注人生的意义。用现代叙述的叙述方式讲述科教故事，往往能够收到更好的效果。

科教节目讲求的这种娱乐化最终目的是寓教于乐，它要求传播的内容是严肃的，有一定科学知识含量。根据不同的受众特征，它又具有教育性。因而它兼具大众文化和精英文化的特性。总之，就是要依据大众文化和精英文化的特性，以及当代电视媒介的特点，正确、准确、高效地传播科学知识。

（四）选择灵活多样的表现形式

科教节目在制作时往往会采用多种手段提高传播效果，在表现形式上可以包括人物访谈与真实再现、内景演播室与外景、动画与实景、文艺表演与时事报道、资料展示与视频特技、实验与观众体验等多种手法。同时还可以采取解说式、示范式、小品式、讲演式、采访式等多种方式来吸引观众的注意力。

如在《探索·发现》栏目播出的《清宫秘档》《西藏抗英百年祭》《丧钟为谁而鸣》《海上旧梦》等节目中就为观众展现了大量珍贵的原始文本资料和影像资料。这些古老的历史档案、书籍文字、照片图画以电视手段呈现到观众面前，贯穿到"故事"中，让人体会到前所未有的真实与震撼。

策划科教电视节目时也要注意利用现代科学技术。如利用虚拟演播室系统来制作节目,只需演员和道具,不需要实际场景,既可以节约节目成本,也可以带来真实的三维视觉效果,甚至可以用电脑技术模拟主持人。运用好电视语言、重视用形象化手段传播知识、以声画结合和有立体信息的形象来展现科教节目的独特魅力,也是策划工作的创新点。

(五) 增加新闻热点于节目选题之中

科教节目可着重关注一段时间的社会热点,为观众的"兴奋点"做追踪报道和知识传播。例如:通过精心策划的埃及金字塔现场发掘直播、航天器的发射直播、三峡截流、黄河小浪底工程直播、钱江大潮的直播等等。真正将这些具有科普和教育性的节目内容第一时间、现场同步、多点交叉全程追击立体展现在了数以亿万计的国内外观众面前。节目中给观众相应的背景知识,立足于观众的关注热点,更能提高节目的传播效果。

中央电视台科教频道把自己的叙事策略与频道乃至整个国家的文化战略、项目联动起来。2007 年的 5 月 18 日至 6 月 9 日,中央电视台科教频道以"国际博物馆日"和"中国文化遗产日"为重要契机,与文化部、国家文物局、故宫博物院等十余个部门联合制作、推出大型电视媒体行动"中国记忆——文化遗产博览月",受到广泛欢迎。科教频道的两场各 4 小时的大型直播,调动了《百家讲坛》《探索发现》《人物》《讲述》四档品牌栏目以持续一个月的时间和规模联动播出,强势营造集群效应,共同打造"文化遗产博览月"大型电视媒体行动,形成了具有广泛影响力的进行文化保护的媒体品牌。

2007 年在电视剧《暗算》的带动下,谍战剧火爆荧屏。《档案》栏目适时挑选出纪实性、档案性、揭密性和娱乐性俱佳的典型案例,制作了 19 集系列片《谍战揭密》。2009 年在电视剧《潜伏》热播之际,《档案》整合之前的采访资源及影像资料,制作出《潜伏背后(上、下集)》。这都是抓住了社会度较高的关注点来进行栏目的选题策划。

(六) 经营制度与理念的创新

我国科普类电视节目的制作在各个省级之间缺少协调和资源共享,因此在经营制度方面首先应该实现频道间联合、协作。在科普资源有限的现状下,如果大家能联合协作,实现科普栏目资源的集成、开发与共享,那么我国的科普类电

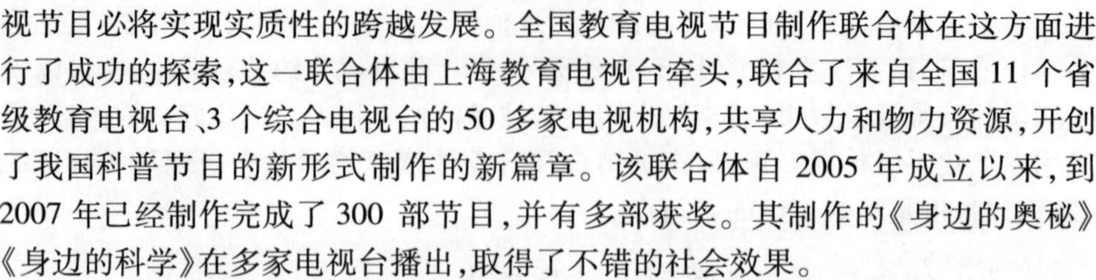

视节目必将实现实质性的跨越发展。全国教育电视节目制作联合体在这方面进行了成功的探索,这一联合体由上海教育电视台牵头,联合了来自全国 11 个省级教育电视台、3 个综合电视台的 50 多家电视机构,共享人力和物力资源,开创了我国科普节目的新形式制作的新篇章。该联合体自 2005 年成立以来,到 2007 年已经制作完成了 300 部节目,并有多部获奖。其制作的《身边的奥秘》《身边的科学》在多家电视台播出,取得了不错的社会效果。

其次,积极推进社会化制作体系的形成。美国探索频道实行的是以制片人为核心的、开放的社会化制作节目体系,在全球范围内向诸多独立制片人购买优秀的选题和节目,面向社会征集好的制作。中央电视台科教频道《探索·发现》栏目从 2002 年开始尝试栏目社会化运作方式,一方面购买国内外优秀纪录片的播出权,另一方面采取社会化合作方式,公开向社会征集选题。对通过审核的选题提供资金支持,节目播出后,付给拍摄方一定酬劳。这种社会化制作方式既丰富了栏目的节目来源,又展示了一些优秀的节目,提高了节目的收视率。近几年,《探索·发现》栏目的收视率和满意度都居于同类栏目的前列,其成功经验值得学习和推广。

第二节　电视科教节目发展策略

科教类节目不容易做,一不小心容易形成说教或节目。而如何能够既达到传播知识的目的,又能让广大观众乐于接受呢?可以有以下几方面策略:

一、细分受众,培养稳定受众群

在受众需求和媒介竞争的双重压力下,媒体不得不争夺属于自己的市场份额,对市场进行细分,继以瞄准目标市场。在这场市场份额的争夺中,从某种意义上说他们在媒介资源争夺的战争中希望抢占的是受众市场,受众的市场价值在这一时刻越发凸显。为满足受众日益细分和快速变化的需求,许多媒体不得不重新定位,寻找受众目标,有针对性地进行信息的传递,开始分众化的传播策略。从大众传播到分众传播是社会的进步,也是媒体功能发展的必然趋势。在大众媒体境况恶化的环境下,"分众"却走出了一条独特的发展道路。通过分众媒体,目标受众能够被清晰地描述或定义,从而提高传播价值和有效性。

就电视科教节目来说,由于其具有鲜明的教育教学功能,而教育本身是要分内容、分对象、分层次的。我国早期对科学传播受众的分类显得较为粗放,对科学传播的受众认识也不太明确。在我国传统的"科普"概念里,有"从上到下"传播的意思，表示懂科学的人在向不懂科学的人传授科学知识。这种情况造成的结果就是，大多数的科教节目就是科技工作者借电视媒介，用通俗易懂的语言，生动的画面向受众传播一些专业知识。进入21世纪，我国公众的受教育程度有了较大提高，现代社会人们获得科技信息和科普知识的内容呈现多样性、丰富性，而越来越多的公众依赖电视获取科技信息。早期的受众分类已经远远不能满足现代社会提高公众科学素养的需要。对科教节目的受众细分，即是当代科学传播的需要，也是现代媒介市场的大势所趋。

以《走进科学》为例，它在1998年开播之初，和传统科教节目类似，收视率一直非常低，2003年就差点被“淘汰”。之后经过改版，它的受众主要是面对初中以上文化程度关注科学技术发展的大众。因此，节目无论在选题、结构还是在播出方式上都以这类受众人群的特质为基点，为科学知识的普及做足了功课。栏目以“科学精神，宣传科学思想，提倡科学方法，传播科学知识”为宗旨，定位在“生活中的推理故事；热点、疑点的科学解析”，通过灵活多样的表现手法，在节目表现上将科学现象故事化、情节化，通过科幻视角的切入，设置悬疑，层层推进，调动起受众的好奇心，符合受众的观赏心理，由此《走进科学》在改版之后，收视率较之前有了质的改变。

科教节目尤其要重视培养稳定的受众群。中国传媒大学电视传播学者方毅华说：“不仅仅是科教类节目，一个节目成功的关键就是要选准自己的受众群，有一个准确的定位和一个清晰的目标。找准自己的目标受众群，从而能够有效地对核心受众产生吸引力。”科教节目传播的内容非常丰富，有些专业性、职业性较强的节目针对一些特殊人群。如农业科技、少儿科技、军事科技等针对较强，满足所有人的需要是不现实也是没有必要的。即使是一些大众性、普及性很强的科教栏目，每个个体受众也有兴趣、爱好的差别。科教节目应努力悉心培养

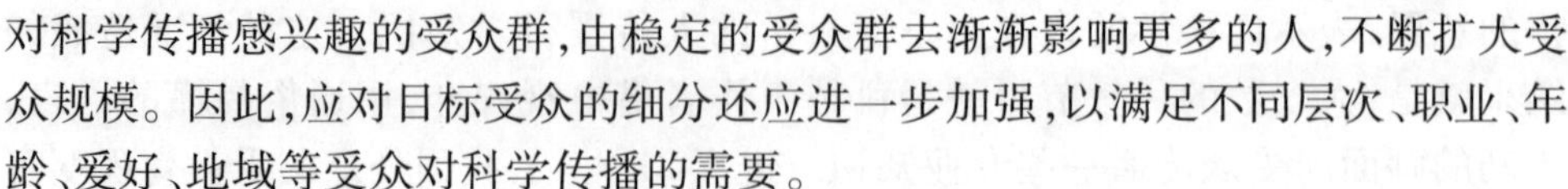

对科学传播感兴趣的受众群，由稳定的受众群去渐渐影响更多的人，不断扩大受众规模。因此，应对目标受众的细分还应进一步加强，以满足不同层次、职业、年龄、爱好、地域等受众对科学传播的需要。

二、以受众为中心，改变制作理念

在整个大众传播媒介体系中，由传者为中心向受者为中心转变的受众本位理念，成为一种时代趋势。科教节目纳入市场的生产经营后，同样要适应市场和受众的需求，将受众放在第一位。以受众为中心的具体体现之一，就是要根据受众认知规律改变制作理念。早期科教节目以传者为中心，重在讲述科学原理、分析科学现象，采取的是简单生硬的灌输式教学制作模式。这样一种内容枯燥、形式单调、脱离生活与实际的节目，没有充分考虑到受众的认知规律。近年来先进的节目制作理念，完全以受众为中心，对科教节目的形式和内容展开了全面的创新。

（一）拓宽节目选题，注意亲民性

电视科普栏目的选题可以探索涉及人们切身利益的医学与疾病、环境及生活中时而发生的神秘现象等问题加以分析；也可以对人们关注度高而有争议的题材加以探索、对突发性题材可以阐述其意义。

此外，在选题上还要注意以民众为本，以大众现有的认知能力为基础，选择符合观众切身利益的题材，选择"亲民化"的表达手法展现科学技术知识。在这样的科教类节目中向大众展现的更是超越于科学之上的人文关怀和理性思考。

《我爱发明》栏目中所介绍的发明都有一个共同点，即从生活中来，与人民群众的生产生活息息相关，所以广大观众很感兴趣。如节目中介绍的许多发明都因人们生产、工作中遇到的难题而产生，自然能激起人们，特别是与其生产、工作有关的人们的极大兴趣。还有些节目介绍的发明与人民群众的日常生活息息相关，如2013年3月12日——15日播出的节目《慧眼辨真假》分别介绍了"优劣碱性干电池快速鉴别方法""优劣蜂蜜快速鉴别方法"、"优劣大米快速鉴别方法"和"优劣碘盐快速鉴别方法"等，与人民群众的日常生活质量密切相关，而且简单适用。

（二）根据受众不同需要，适时调整节目内容，增强节目互动。

不少长期受到观众喜爱的名牌科教栏目，就特别重视加强与观众的互动，及时满足观众的需要。

《科技苑》栏目于1995年开播,是中央电视台七套的重点栏目,也是该频道唯一一个专门传递农业科学技术信息和普及农业科学知识的栏目。截至2008年3月,中央电视台第七套主要栏目在全国农村地区的收视状况显示:《科技苑》占35.4%,居第四位。作为一档以知识、信息、技术为主的纯科教节目,能够在很多栏目经历了潮起潮落后,还能拥有不错的收视率,实属不易。而这样的成绩首先缘于受众定位准确,从年龄、职业、身份、地域等方面做出充分考虑。《科技苑》始终将观众定位于具有初中以上文化程度,从事农业生产经营的农业人口,从事农业项目开发的城镇居民和农村基层工作人员,以及关心农村、农业、农民的相关人士。其次,随着农村经济的发展,根据受众需要适时地做出调整或改版,体现对受众的尊重,以受众为中心的理念。2003年11月中央电视台七套的农村节目进行了全面改版,《科技苑》成为主打栏目之一,为《科技苑》的发展提供了更好的平台。《科技苑》根据受众细分的要求,节目分农技广场、科普世界板块。2007年2月12日全面发布新的官方网站,新网站增加了视频,并且查询节目的分类更为详细,关注节目动态更为及时,互动平台更加多样,进一步满足了受众的互动需要。正是栏目一直积极努力、不懈探索,才拥有今天的成绩。

三、健全科普节目制作专业队伍,走品牌化道路

目前,各级电视台的科教类节目都存在着巨大的生存压力。由于节目知名度较小,对广告商的吸引力小,恶性循环的结果导致节目资金投入少。电视制作团队的水平直接影响电视节目的品质。因此,建立高素质的编辑制作队伍,打造高品质的精品节目是打破恶性循环的关键。应该鼓励电视科普节目制作团队与科技社团、科普机构、科学家建立沟通联系渠道,调动他们参与科普节目策划与创作的积极性。在第一时间里精细化制作独家报道,研究其科学方法,让观众及时有效地应用到生活中,这样的高精制作节目未尝不会在激烈的电视收视竞争中获得一席之地。如中央电视台科教频道《原来如此》栏目由科教频道《科技博览》栏目团队提供创意制作而成,该团队素质较高,编导中多数有丰富的科普节目制作经验。

四、借助科学技术,变换节目展现方式

科教节目表现的是自然界客观事物及其发展变化的规律,有很多抽象的东

西无法表现,所以在电视节目的制作中就要充分利用现代科技手段,将抽象的东西用具象的形式表现出来,以适应日益快速发展的物质文化条件下人们对精神文化享受的收视需求。

比如在《探索·发现》栏目中,我们常见到高速摄影、水下摄影、显微摄影及红外线摄影等。同时计算机技术可以让难以用常规画面表现的抽象科学概念和原理在人们面前生动的演示,三维动画展示的水下运动简洁、形象、清晰、明确;Flash 动画则可以让严肃的理化知识很形象的、趣味性的展现;计算机影像合成技术则可以展现一些不存在的图像或是难以拍到的画面。引人入胜的高科技电视画面不仅让观众对表述的原理和理论一目了然,还能给受众以美的视觉享受。

承担着科学传播职责的科普电视工作者,应该结合收视人群的特点及表现,对传统的科普节目进行创新,增强其可视性。

五、叙述故事化,通过故事传播科学知识

科教节目叙事方式的故事化是指利用情节化、具体化、人性化、现场化等方式,将电视科教节目所呈现的题材演绎成有故事、有人物、有场景的生动画面。通过故事的发展变化,解释科学疑问,传授科学知识,传达科学精神,用讲故事的方法来阐释科学道理。采用故事化的叙事是拉近电视科教节目与受众之间距离,增强节目可视性的重要形式之一。具体来说,在制作节目时可多使用悬念、细节、铺垫、冲突以及交叉平行等的叙事手法,以增加节目题材的人与事的复杂性,从而让节目更具有情节性。这样则可以将繁杂、专业的信息悄无声息地传播出去,让观众在潜移默化中受到教育,这也是现今科普节目赢得收视率和可持续科学发展的一大法宝。如中央电视台科教频道的《我爱发明》《探索·发现》《走进科学》等栏目都非常注重故事化的叙事。

《走进科学》有着自己的一套标准和原则,即重要度、曲折度、可视度和权威性。"重要"是指"要找关于财富、生命、情感、未知世界的故事";"曲折"是指"将一个平淡的故事变得不平淡,要忽悠得曲折";"可视"是指"画面本身以及画面内部的情节、细节、情绪和情感要丰富,只有通过生动的故事才能展现";"权威"则意味着"这个节目有没有、能不能有导向意义,有多少,而且这种导向是绝对的"。

从叙事主题上来看,《走进科学》改变了以往为普及某一方面的科学知识点为出发点的想法,从最初的“生活、关注、人物”板块化栏目,走到现在成为了以故事搭载科学信息,涉及各种类型各个行业的热点、焦点、新闻话题。几乎每期节目都由一条新闻线索引出,讲述新闻热点背后的科学问题和科学发展中的重要问题,每次都用一个故事来讲述一个科学现象和科学道理。改版后的节目无一不是“故事化”手段应用的产品,如《不该发生的故事》《从太空来的种子》《他为什么不出汗》《谁动了我的隐私》《征婚启事》……单从这些标题来看,节目就具有很强的故事性。引人注目的标题、环环相扣的情节、吊人胃口的悬念成为《走进科学》诸多节目的亮点。

2001 年 7 月 9 日开播的《探索 · 发现》以纪录片的手法,讲述自然科学、人文科学、社会科学知识的科普栏目,内容涉及历史、地理、生物、文化、艺术、战争、宗教、名人传记等诸多方面,被称为“中国的地理探索,中国的历史发现,中国的文化大观”。创作理念定位为:拍观众喜欢的纪录片,倡导纪录片娱乐化。栏目采用讲述精彩故事,设置引人入胜的悬念向观众呈现出融文化和知识、观赏性和娱乐性为一体的科普电视节目。

六、融入多元化元素,增强节目吸引力

在科普节目中融入竞赛游戏元素、真人秀元素等对节目进行包装,可以增加节目的趣味性和娱乐性,以激发观众的收看兴趣。如中央电视台科教频道《我爱发明》栏目推出的一组特别活动《发明梦工场》,是一档鼓励全民以智慧立业,传达“发明改变命运,智慧创造财富”理念的节目。也是国内首个鼓励国人通过自己的发明创业的电视节目。

《发明梦工厂》

《发明梦工厂》融入当下综艺节目中最流行的导师元素。节目初赛中现场的四位导师,需要从参赛的四十八个发明项目中每人选出自己最中意的四个项目,携手发明人进入复赛,并获得投资人的投资。如果多位导师同时看中一位发明人的项目,这时发明人有权反选自己的目标理想导师。各位发明人带着自己的发明来到现场进行展示,回答导师提问,同时通过事先拍摄好的视频向大家

讲述他的发明故事。其中有个性鲜明的人物，有跌宕起伏的情节，有悬念，有冲突，有“山重水复疑无路”的困境，有“柳暗花明又一村”的转机……整个节目让人丝毫感觉不到枯燥乏味。观众也可以通过扫描屏幕下方的二维码或者关注栏目的官方微博参与节目互动。

《发明梦工厂》电视画面

再比如在2013年《我爱发明》推出的系列节目《车王争霸》中，让喜欢车，喜欢改装车的观众大饱眼福。节目具有很强的挑战性、竞技性，让观众看上去惊险刺激。同时又用通俗易懂的语言给观众讲解了改装的原理与注意事项。

《我爱发明》栏目的拍摄地有时会根据需要安排在户外，如展示新发明的机器与人工进行竞赛的节目内容。“人机大赛”一方面以实践检验的方式发现新发明在初期阶段存在的问题，促进其不断改进，最后证明新发明的适用性、先进性；另一方面，也增加了节目的趣味性和娱乐性。比赛充满对抗、紧张和悬念，跌宕起伏，妙趣横生。这种叙事模式，使观众感觉不到是在介绍枯燥的科技发明，而是在观看精彩的比赛。

电视媒介架起了科学世界与普通民众之间的桥梁，电视艺术简化了科学的繁复同时又没有使学术缩水，简单生动地传播着科学知识。科教类电视节目要取得成功就要遵循电视媒介的传播规律，遵循电视声画艺术语言的法则，带来更多电视科教节目形态元素的创新。

参 考 文 献

[1] 王勇,李琰,李杨.科教栏目《我爱发明》浅析[J].电视研究,2013,(11).

[2] 抗文生,郭德侠.电视社教节目特性浅见[J].电化教育研究,1998,(2).

[3] 杜玉松.浅淡电视社教节目形式的多样化[J]山东视听,2005,(5).

[4] 卢锋.科教电视节目的娱乐化倾向[J].现代视听,2007,(9).

[5] 冯其器.中国科教类电视节目模式分析[J].电视研究,2012,(6).

[6] 张小平,郑建鹏.浅谈电视科教节目的分类[J].学理论,2009,(6).

[7] 梁沧.电视科教节目故事化叙事的适度应用[J].才智,2010,(1).

[8] 许建华.从科普到科学传播——电视科教节目科学传播途径探索[J].成都大学学报(社科版),2013,(3).

[9] 李亚虹,张英涛.电视科教节目"反刍式"叙事方式探析——以中央电视台第10套部分节目为例[J].中国广播电视学刊,2007,(2).

[10] 高蕾.科教电视节目"故事化"手段的应用——以《走进科学》为例[J].声屏世界,2009,(2).

[11] 薛国梅.科教类电视节目的叙事特色——以《走近科学》为例[J].现代视听,2012,(10).

[12] 段炼.我国电视科教节目的发展现状与传播对策[J].科技传播,2010,(2).

[13] 朱娇娇.论当前我国电视科教节目的发展策略[J].南方职业教育学刊,2011,(3).

[14] 马琪.电视科教专题片也能美起来——从《栗瘿揭秘》的创作谈起[J].采.写.编,2000,(6).

[15] 陈玲,颜燕.我国电视科普栏目的现状及发展对策[J].中国科技论坛,2010(5).

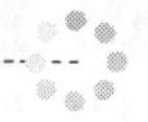

第四章 电视综艺节目形态解析

第一节 电视综艺节目发展流变与形态特征

电视综艺节目是充分调动电子技术手段，运用独特的电视表现手法，如声光效果、时空的自由转换、独特的视觉造型等，广泛融合音乐、舞蹈、戏剧（戏曲）、小品、曲艺、杂技、游戏、竞赛（猜）问答等艺术形式或非艺术形式为一整体对各种文艺形式进行二度创作。既保留原有文艺形态的艺术价值，又充分发挥电子创作的特殊艺术功能，用以满足广大观众多方面的艺术审美和休闲娱乐等需求，给观众提供文化娱乐审美享受的电视节目形态。简单地说，综艺节目就是一种“综合艺术节目”，是一种汇集各种艺术表演形式、充分发挥电视声画优势的节目形态。

电视综艺节目形态的概念是在电视综艺节目发展的新阶段，即在电视综艺节目极大丰富的时期应运而生的。形态设计者能否根据节目的形态特征，利用基本元素搭建节目结构，再用差异元素对节目结构进行微调与润色，是关乎电视娱乐节目形态生命力的重要因素。

电视综艺节目包括电视综艺晚会、电视文艺节目、电视综艺栏目以及电视选秀节目（亦即真人秀节目）等。

中国电视综艺节目发展至今，主要经历了四个阶段，各个阶段有其各自代表性的节目类型。电视综艺节目的发展历程也是综艺节目形式和内容发展的过程。在这个发展变化的过程中，体现了综艺节目理论的更新与转变、节目形态的模仿与改进、节目风格的演化与成熟，以及现在对多种节目元素的综合运用能力的演进。电视界不断追求的具有时效性、娱乐性和知识性的电视娱乐节目形态，实际已经成为综艺节目发展的新形式。

一、以综艺晚会为主的阶段

中国综艺节目真正受到关注是从1983年起举办的中央电视台春节联欢晚会和上世纪90年代开播的以《正大综艺》和《综艺大观》为代表的综艺节目。这类节目集知识性、趣味性、娱乐性于一体，融合了高雅品位和大众口味，曾一度让人兴奋不已，大饱眼福。

1983年首届中央电视台春节联欢晚会播出，它所造成的巨大影响是任何一个电视节目都无法与其相比的。从那时起，除夕之夜看春节联欢晚会成了中国家庭吃年夜饭、放鞭炮一样的新民俗。春晚在演出规模、演员阵容、播出时长和海内外观众收视率上，一共创下中国世界纪录协会世界综艺晚会3项世界之最：世界上收视率最高的综艺晚会；世界上播出时间最长的综艺晚会；世界上演员最多的综艺晚会。

《综艺大观》由中央电视台文艺中心于1990年开播，被认为是娱乐栏目的开端。该栏目开创了我国综艺性娱乐栏目的先河，使人们逐渐认同并习惯有这样一种有固定播出周期的电视综艺栏目。2004年10月8日《综艺大观》这个拥有14年历史的中央电视台老牌娱乐节目，因收视率不断走低被“末位淘汰”，改版为《欢乐中国行》，成为中国电视综艺节目发展史上的一个标志性事件。

《正大综艺》是中央电视台与泰国正大集团合作创办的综艺栏目，开播于1990年4月，每周一期。该栏目的受众目标为热爱旅游、热爱生活的城市大众。它将地域风情与现场竞答密切结合，让观众在轻松愉快中增长知识。它不仅开创了一个娱乐新形态，并且带动了当时各地方电视台一批同类节目的问世，培养出了中国第一批电视综艺节目制作人员。而今天众多节目所走的引进、模仿之路，也是它在十几年前就已经走过的。

除了《综艺大观》与《正大综艺》之外，中央电视台还推出了《旋转舞台》（1988年5月）、《曲苑杂坛》（1991年11月）、《艺苑风景线》（1992年7月）、《东西南北中》（1993年1月）等综艺栏目。总的来看，这一阶段的电视综艺节目内容以传统的专业歌舞和曲艺为主。节目形式基本为“明星＋表演”，明星是节目的主角，明星的舞台表演是构成节目的主要内容。虽然有时也出现主持人向观

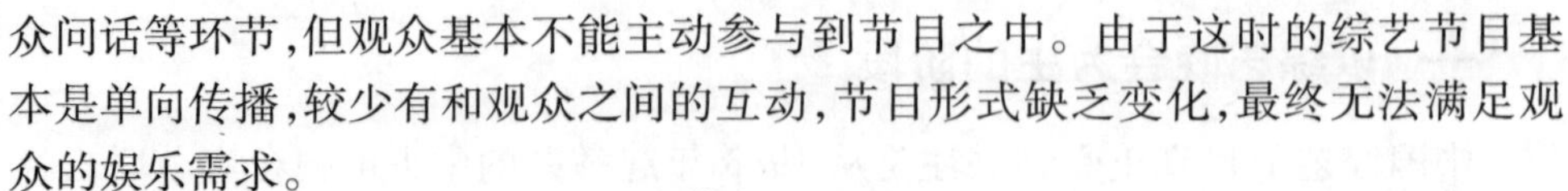

众问话等环节,但观众基本不能主动参与到节目之中。由于这时的综艺节目基本是单向传播,较少有和观众之间的互动,节目形式缺乏变化,最终无法满足观众的娱乐需求。

二、以游戏节目为主的阶段

第二阶段是以 1997 年开播的《快乐大本营》和 1999 年开播的《欢乐总动员》为代表的游戏类娱乐节目。这一阶段节目集游戏、表演、竞技、参与和搞笑于一体,娱乐性、参与性和互动性增强。现场观众甚至有直接参与节目的机会,节目形式集中体现为"明星 + 游戏 + 观众参与",一改往日国内综艺节目的正统、庄重,以活泼、清新、娱乐的新风尚掀起了电视娱乐节目的新高潮。

湖南卫视的《快乐大本营》栏目开办以来,以"清新、自然、真实、健康"为内容定位。节目定位以娱乐性为主,融知识性及趣味性于其中,强调贴近生活、贴近群众。《快乐大本营》不仅是湖南卫视上星以来一直保持的品牌节目,同时也成为全国最有影响力的娱乐节目之一。十几年来,它不仅是中国电视界综艺娱乐节目的领头羊,并且已经当之无愧成为中国亿万观众娱乐生活的一部分。

湖南卫视《快乐大本营》

《快乐大本营》如今除了还保留原名外,该节目与当年开播时几乎没有完全相同的元素了。正是这种不断变化的节目风格和样式,才使受众能时刻收获新奇和喜悦。湖南卫视《快乐大本营》它作为新创意的主题性综艺节目,为普通观众或草根团体及组合打造了一个展现个性的"全民娱乐"平台和分享快乐的机会。同时也极力为电视机前的观众推介时尚、新奇的文艺表演形式,传递"快乐至上"的娱乐精神,突出了以观众为主体的"娱乐天下"的节目理念。

1999 年 1 月 2 日,北京有线电视台《欢乐总动员》亮相,被全国近 40 个城市的电视台引进播出,很多平凡的人从超级模仿秀中脱颖而出。《欢乐总动员》走红后,全国的效仿者蜂拥而起,江苏卫视推出《非常周末》、福建东南台推出《开心一百》、安徽卫视《超级大赢家》,各大媒体竞相角逐这一"娱乐市场"。

这一时期综艺节目的形态特征主要表现在：

（1）内容全面游戏化，较少教化色彩、较为纯粹的游戏娱乐使观众在放松的感受中收视。

（2）明星的功能从表演展示转变为交流互动，人际传播与交流的介入提升了节目的亲和力。

（3）主持人明星化，调动主持人积极性的同时聚拢了人气。

随着一批批克隆节目的出现，“快乐”“欢乐”充斥各个荧屏，这些节目不但名称大同小异，而且节目内容、环节的“起承转合”也都基本雷同。这些状况使得观众产生了严重的“审美疲劳”，一些节目逐渐退出了荧屏。

三、益智博彩类节目为主的阶段

综艺节目发展的第三阶段是中央电视台1998年推出的《幸运52》与2000年推出的《开心辞典》为代表的益智博彩类节目。益智类节目的共性有三个基本点：知识、娱乐、竞争。我们可以将益智类节目视为由主持人、竞猜选手和观众一起建构的互动空间，参与者通过知识、智慧的竞争来决出节目的赢家即奖金（奖品）的获得者的知识型娱乐节目。

这一阶段的益智类节目集知识、益智、趣味性为一体，通过博彩、参与者与现场及场外观众的互动等游戏闯关环节，使节目更具悬念色彩和人性化因素。题目也不再生僻、冷门，而是更注重实用性和趣味性，更娱乐化和平民化。节目中让观众走上舞台，成为主体，与主持人进行互动使节目更具亲和力。这种娱乐竞争意识的加强恰好与现代人逐渐增强的自我展示、张扬个性、乐于竞争的心理不谋而合。这个阶段的益智类节目可以说是中国电视人对于节目制作进行尝试的一次成功，添加了娱乐游戏元素的益智类节目既没有偏离“增长知识，提高智慧”的中心，又大大提高了节目的可观赏性，益智类节目真正成为一种成熟的节目形态而独立发展起来。

中央电视台《幸运52》

《幸运52》是一档打破娱乐类、知识竞赛类节目界限，有机地将游戏与知识普及融为一体，充分调动观众参与热情的益智节目。知识性、游戏性与竞赛性并重，是中央电视台首次以场内外互动方式开设的益智性互动性节目。栏目采用演播室录制节目，主要形式是邀请普通百姓担当选手，以智力竞猜和趣味竞赛的方式进行智力比拼，同时获胜选手还将获得丰厚的实物奖品。在场内选手激烈角逐的同时，场外观众也可以通过热线电话及时地参与到节目中来，并获得相应的奖励。

《开心辞典》是中央电视台经济频道2000年全面改版时为响应党中央“科教兴国”号召，结合本频道特点推出的新型益智类节目。

《开心辞典》准确锁定以“家庭”为基础的收视群体，围绕着中国传统亲情观念，成功引进国外益智节目的全新理念，利用“家庭梦想”和“平民智力英雄”等核心概念，满足了观众日益旺盛的娱乐消费需要。与其他娱乐性节目相比，《开心辞典》节目最大的不同点是将网络、电视两大媒体紧密结合，实现了真正意义上的节目与观众的互动。全国的电视观众可以通过网络、声讯电话或走进观众的第三种选拔方式进入《开心辞典》，在全国进行的选手复试，最终晋级中央电视台演播室参加角逐，实现全家人的梦想。

中央电视台《开心辞典》

此类竞猜益智类节目由于创意、制作的技术门槛不高，引起了地方频道竞相模仿。如中央电视台的《三星智力快车》、贵州卫视的《世纪攻略》、上海卫视《财富大考场》、广东电视台《赢遍天下》、重庆卫视的《魅力21》、江苏卫视的《无敌智多星》、湖南都市频道的《超级英雄》等。

2000年中央电视台《同一首歌》开播，引起了较大反响。《同一首歌》以制作独具特色的系列大型演唱会和各类主题、公益演唱会以及编播国内外音乐机构、电视台提供的演唱会为主。电视综艺在这一年出现了一些重要特点——节目样式的边缘化趋向。由于社会转型期人们关注热点的转移，传统的欣赏性不再占主导地位，而对新闻时效性的追求成为新的热点。除重大纪念性庆典节目外，常规的电视综艺节目大多开始加大信息量，以保持与观众关注热点的心理接近或同步。2001年7月13日晚北京获得2008年奥运会主办权后，中央电视台并机直播了长达4小时的庆祝晚会《奥林匹克情》，开创了综艺晚会直播的新样式。

四、以真人秀为主的阶段

真人秀是由制作者制订规则、由普通人参与并全程录制播出的电视竞赛或游戏节目。这种电视节目形态如今仍火爆风行于中外各大电视台。此类节目以人为核心，以真为特色，以秀为手段，使平民参与过程公开化，加强平民意识使该节目受到更多人的参与和关注，被称为平民造星运动。

我国的“真人秀”类节目有的是从国外直接引进播出的，但更多的是在引进、模仿和移植西方“真人秀”节目中进行了“本土化”的改造。2000 年 8 月，美国“生存者”真人秀节目首次登陆中央电视台 2 套。随后，“真人秀”节目迅速在中国被复制，满足了人们通过电视获得日常经验和非日常、奇观化的需要。早期的“真人秀”类栏目，大多是野外生存挑战型的，如广东电视台的《生存大挑战》、北京维汉文化传播公司的《走入香格里拉》等野外生存挑战类为代表的节目成为国内真人秀的先行者。

2003 年 10 月，中央电视台推出的《非常 6 + 1》，号称是完全本土化的真人秀栏目，以反映百姓真实生活、帮助普通人圆梦舞台为主题。栏目不仅要在六天的时间帮助选手成就他的舞台梦想，更要让他体验在艺术道路上所需要付出的艰辛努力。在 90 分钟的节目中，主持人将分别带领三位平民选手踏上辉煌的梦想舞台，三位选手将以全新的面貌彰显明星般的风采。最终，现场观众将根据从选手的表演投票选出最佳表演者，得票最多的选手将获得“非常明星”的荣誉。2003 年以后，“真人秀”节目走上了“海选”“全民娱乐”“民间造星”为主要特征的歌舞竞技的道路。

2004 年是中国综艺电视节目大改革大发展的一年，电视综艺节目的制作理念进入了新的阶段。2004 年《超级女声》《莱卡我型我秀》和《梦想中国》等栏目使选秀类节目初露锋芒，激烈竞争引起一浪接一浪的发展高潮。其中 2004 年 2 月湖南卫视推出的“超级女声”是其中最为成功的节目，在全国范围内演变成一场声势浩大的全民娱乐游戏，形成一种独特的电视现象和文化现象。“新娱乐”也成为湖南卫视在 2004 年隆重推出的口号，所谓“新娱乐”就是改变以往明星娱乐大众的方式，变成大众娱乐大众。此后，上海东方卫视于 2006 年和 2007 年分别推出“加油，好男儿”和“舞林大会”，后者是明星参与的舞蹈竞技类“真人秀”，这些都将“真人秀”推向了一个新的高潮。2010 年上海东方卫视推出了《中国达人秀》，2011 年浙江卫视推出《中国梦想秀》，在提供大规模平民参与机会的同时，还赋予其无上的评判权利，更加突出了真人秀节目具有无门槛、原生态、互动性、平民化的特征。

十几年来，“真人秀”节目为我国电视献上了一道道丰盛的娱乐大餐，已经形成了“生存秀—歌舞秀—明星秀—歌词秀—婚恋秀—求职秀—达人秀—表演秀—体育秀—亲子秀”多元化发展的格局。通过自身的探索和借鉴境外的相关节目，真人秀节目迅速发展起来，该类节目已经成为中国内地娱乐节目的主流。

第二节　电视综艺栏目形态

栏目是电视综艺节目存在的主要样式。栏目的主要特点是节目制作的模式化、播出时间的稳定化、内容设计的板块化、主持人相对固定化等特点。所谓电视综艺栏目,主要是指以栏目化的形式出现,通过电视栏目主持人的主持串联,将诸多电视文艺样式组合在一起,经过电视杂志化的艺术处理,给观众以文化娱乐和审美享受的电视文艺形态。节目栏目化的手段可以帮助人们在较短的时间里能够欣赏到多种形态的文艺表演,是一种极为有效的传播方式。

1981 年,广东电视台所推出的《万紫千红》可以说是中国内地电视台中最先实现电视综艺节目栏目化的代表。栏目化的节目制作方式,大大推动了综艺娱乐节目的发展进程。在《万紫千红》受到观众的热烈欢迎的基础上,广东电视台又开办了一个新节目——《百花园》。在其影响下,各地方电视台甚至中央电视台都进入综艺节目栏目化制作的风潮。比较知名的有上海电视台先后开办的《大舞台》《大世界》;北京电视台开办的《五彩缤纷》;湖南电视台开办的《星期文艺》;中央电视台则有《欢乐中国行》《中华情》等。大量综艺栏目的出现,促使我国的综艺娱乐节目迅速成熟起来。

一、电视综艺栏目的特征

(一) 综合性

这种综合性,是多元化、全方位、深层次、系列化的综合性。具体体现在电视艺术构成元素的多样性和表现手段的丰富性上。首先,从艺术品种看,电视综艺晚会可以包容多种艺术门类;其次,近年来电视晚会又引入了杂技、魔术、武术、绘画、书法、动画、体操等其他艺术或非艺术品种,使其综合性更为多元化;再次是电视晚会将视与听、时与空、动与静、再现与表现集于一身,极大地扩展和丰富了观众的审美感受。此外,综艺性节目的品种、样式也是十分丰富的,它既有欣赏性的、娱乐性的,也有知识教育性的、报道评介性的和社会服务性的。可以说,电视综艺晚会处处体现着综合性的艺术特征。

(二) 艺术性

综艺栏目的基本特征是艺术性,它不同于新闻节目。新闻栏目要真实、客观、及时地反映现实生活,而综艺节目可以虚构,以典型、艺术地再现生活。综艺栏目的艺术性主要体现在它的形象上。电视综艺是用画面和声音结合塑造形象,通过艺术形象,生动、逼真地描述大千世界的变化,反映社会生活的各个方面。

电视综艺节目的艺术性特征还体现在它的鼓励性和感染力上。它通过声音和画面形象的典型特征和感情因素去撞击观众的心扉,并使之产生共鸣,达到审美、娱乐和潜移默化的作用。

(三) 现实性

电视综艺的现实性首先集中体现在它的题材上。电视综艺的一个重要功能是通过艺术形象传播舆论并影响公众舆论。电视综艺栏目的内容要反映时代的主旋律、讴歌时代大潮中先进典型。这些题材的综艺作品对现实有启迪、警世或借鉴作用,能为现实的政治、经济和社会生活服务。此外,电视综艺栏目还可以配合节目庆典活动、宣传活动等,具有强烈的时代感和时间性。如中央电视台四套《中华情》每年在元旦、清明、中秋等传统节日举办的特别节目;《艺术人生》每年年底推出的年度特别节目《温暖》系列等。

(四) 娱乐性

现代人生活节奏紧张,更多的受众在电视机前希望能够获得更多的愉悦和消遣。综艺栏目更侧重于满足广大观众多方面的艺术审美和休闲娱乐等需求,给观众提供文化娱乐审美享受。当然,综艺节目中的这些娱乐元素也应该是和寓教于乐联系在一起的。国家广电总局于 2011 年和 2013 年两次颁布《广电总局将加强电视上星综合节目管理》的文件,被称为“限娱令”。出台的背景主要是因为近年来,我国各地电视台为迎合时代潮流,走市场发展道路,不断增加娱乐类节目的播出场次数和时间。很多电视综艺节目缺乏一定的文化精神内涵和哲学反思,制作的“粗俗化”比较严重。不可否认的是电视综艺节目首先应具有娱乐的特质,应该给观众带来轻松与愉快,但是综艺节目不能泛娱乐化,要寻求一种独特的意义。综艺节目可以通俗化,但通俗化并不意味庸俗化、低俗化。因此,我们需要让综艺节目通俗易懂,娱乐性较强,同时又有较高的艺术性和思想性。

(五) 教育性

电视的社会教育是寓教于乐的,综艺节目更是如此。它的这种教育性是建立在满足人们消遣娱乐心理需求之上进行传播的。人们欣赏节目的同时,没有疲惫、枯燥之感,反而可以非常放松随意。由于电视媒介具有极大的社会影响

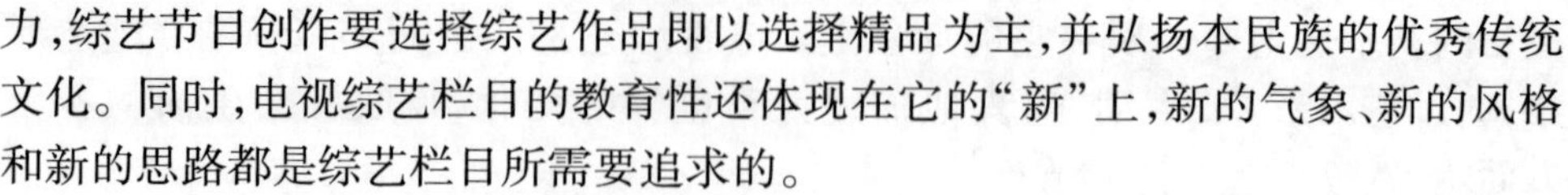

力，综艺节目创作要选择综艺作品即以选择精品为主，并弘扬本民族的优秀传统文化。同时，电视综艺栏目的教育性还体现在它的"新"上，新的气象、新的风格和新的思路都是综艺栏目所需要追求的。

二、中国电视综艺栏目发展新态势

电视综艺栏目以其轻松愉快的风格深受观众的喜爱。我国目前综艺栏目的发展势头强劲，数量众多，但在发展中也存在一些问题。

2013 年各大卫视代表性栏目

卫视名称	代表栏目
湖南卫视	《我是歌手》《中国最强音》《百变大咖秀》《我们约会吧》《快乐大本营》《天天向上》《奇舞飞扬》《爸爸去哪儿》
江苏卫视	《非诚勿扰》《星跳水立方》《一战到底》《非常了得》《郭的秀》《芝麻开门》《职来职往》
浙江卫视	《中国好声音》《中国梦想秀》《中国星跳跃》《转身遇到 TA》《对战最强音》《王牌碟中碟》《爱情连连看》《我爱记歌词》《中国梦想秀》《中国星跳跃》《娱乐梦工厂》
东方卫视	《妈妈咪呀》《舞林争霸》《百里挑一》《今晚 80 后脱口秀》《梦立方》《中国梦之声》
湖北卫视	《我爱我的祖国》《调节面对面》《谁是我家人》《包公来了》《我的中国星》
深圳卫视	《年代秀》《男左女右》《夜问》
天津卫视	《爱情保卫战》《非你莫属》
江西卫视	《家庭幽默录像》《金牌调解》《传奇故事》
安徽卫视	《说出你的故事》《超级演说家》《我为歌狂》
河南卫视	《汉字英雄》《成语英雄》
重庆卫视	《奇迹梦工厂》《微电影》

我们可以看出，这些代表性栏目中，综艺性节目所占的比例是相当高的。除了地方卫视之外，中央电视台在 2012、2013 年推出的综艺栏目也不少。例如《舞出我人生》《梦想新搭档》《开门大吉》《中国好歌曲》等栏目也受到了很大关注。总体看来，近年来我国综艺节目的发展可以具体分为以下几点：

（一）益智游戏类节目重新受到欢迎

益智竞猜类节目是游戏竞技这个大类型中按诉求点的不同进行的二次细分，而游戏竞技类节目又属于综艺娱乐类节目的一个分支。在经历了 20 世纪 80 年代单纯的知识竞赛节目，以及以《幸运 52》《开心辞典》为代表的娱乐休闲类益智类节目之后，我们又迎来了新一轮益智游戏类节目的高潮。这次浪潮中的益智游戏类节目，融入了更多文化、科技的含量，同时游戏的表现形式也更加多元化。以河南卫视《汉字英雄》《成语英雄》和江苏卫视《芝麻开门》《一战到底》为典型代表。

从益智类节目的本体认知角度看，我们还要进一步解放思想，不能将“益智”单纯地认知为“知识”甚至“常识”，而应该将“益智”视为以“智”为主的宏观课题，将以“知”为主体转向以“智”为主体。“智”更关注人性的种种呈现，而且必然将逐渐走向益智类节目策划的焦点位置。

《成语英雄》是河南卫视于 2013 年 11 月推出的一档亲情搭档参与的成语互动节目，用你画我猜的形式进行比赛。作为《汉字英雄》的姐妹篇，《成语英雄》是河南卫视倾力打造的又一档大型文化益智类节目。节目采用画画猜成语的形式，寓教于乐，希望引起大众对传统文化的兴趣。

《成语英雄》虽也属于文化竞技节目，但明显区别于时下各种选秀类娱乐节目。比赛并不是节目的重点，而是以选手对成语的竞猜穿针引线。节目中设置三位重量级成语先生，著名学者钱文忠负责剖析成语渊源，讲述成语背后的文化故事；著名漫画家蔡志忠负责指导选手画技，通过绘画去展现中国传统文化与智慧；著名主持人崔永元负责挖掘选手背后故事，让传统文化与现代社会互相辉映。

《成语英雄》推出全国首创的大型舞台装置——成语桥是节目的一大亮点，集趣味性、功能性于一身，全新的舞美及颇具科技感的舞台令人耳目一新。娱乐的包装手段，让成语的文化内核更加容易被观众接受。

河南卫视《成语英雄》

成语是中国传统文化的最高集成，其中包含了丰富深厚的文化密码，更传递了中国观念和中国人千百年锤炼留下的处世哲学及世界观。我们生活中遇到的每一个问题，如何处理，几乎都能从成语中找到答案。同时它也是汉语言文化中一个鲜活的重要组成部分，是使用汉语进行良好的表达和沟通不可或缺的重要工具。河南卫视希望通过这档节目，引起人们对汉语辞章之美的欣赏，和对良好沟通能力的关注。

（二）分众化综艺栏目兴起

以往综艺娱乐节目常常是多种文艺样式的杂糅组合，但随着对于受众细分化状态的进一步认识，现在有不少节目开始注意到根据社会关注的焦点或部分受众相对集中的兴趣制作节目。魔术、栏目剧类节目就是近两年来兴起的新型节目样式。前者受到春晚的影响，后者则是在电视剧创作的带动下制作的节目。这种类型的节目数量不算多，而其发展态势也不一而同，值得大家的关注。代表性的节目有中央电视台的《魔法奇迹》《我爱满堂彩》和2014新年特别节目《我爱变魔术》，东南卫视的《全民大魔竞》，安徽卫视的《星光魔范生》，黑龙江卫视的《开心麻花街》等。

（三）模式引进与开发持续深入

近年来，中央电视台和省级卫视开始注意与国际一流的电视节目模式公司合作，采取引进版权、合作开发、独享模式等不同策略，力图摆脱长期以来国内电视节目依靠模式克隆抄袭生存、低水平同质化竞争的困局。节目模式是既包含固有的、统一不变的元素，又包含每期节目中的特定元素，是一个可以在异地、多次“再实现”的配方。而“模式节目”则是在这种配方基础上制作播出的节目。

2006—2007年，湖南卫视相继推出两档模式引进节目《名声大震》和《舞动奇迹》，前者脱胎于英国广播公司（BBC）的《Just the Two of Us》，后者源自BBC王牌舞蹈节目《Strictly Come Dancing》。促成两档节目模式版权引进的世熙传媒由此成为国内最早引进、制播国际节目模式的公司之一，后来又打造了《中国梦想秀》《挑战麦克风》等多档热门节目。2010年被视为节目模式启蒙年，越来越多的中国电视人开始正视节目模式的价值。全球重要选秀模式品牌中国版《中国达人秀》在东方卫视热播，此后各大卫视纷纷引进节目模式。而达人秀制作团队联合浙江卫视推出了2012年备受关注的电视节目《中国好声音》。2013年，被业内人称为节目模式引进的“井喷年”。这一年，各大电视台引进、播出的电视节目达30档。如湖南卫视的《我是歌手》《爸爸去哪儿》，中央电视台的《开门大吉》《宝宝来啦》，东方卫视《中国达人秀》，浙江卫视《中国梦想秀》，辽宁卫视《激情唱响》等。有已经在国内形成较强品牌效应，将续播、改版或升级，如江苏卫视的《非诚勿扰》、深圳卫视的《年代秀》、浙江卫视《中国好声音》等。这些节目大都针对中国文化特点与受众审美需求进行了本土化改造。一些制片人认为“之所以引进节目模式，主要是因为成熟的节目模式都是已经被市场验证过的，直接引进这些模式比电视台自己研发一个新节目的风险低得多。”

购买引进国外节目模式，其实买到的核心产品是节目制作手册。其内容从节目宗旨、生产流程、具体环节、时间安排、人员配置及至舞美、灯光、观众选择，事无巨细，无所不包，“就像流水生产线”，版权方也会派专人亲自指导，回答制作团队的各种问题。国外的成功节目模式是怎么研发的，遵循什么规则，进行市场运营上有何经验。电视业界目前普遍认为引进模式很必要，花钱买的是节目背后的工业化流程与经验，很多节目的成功取决于一些无法仅从播出节目中学到的规则和细节。并且国外节目模式的引进的确在客观上推动了近几年中国电视节目制作水平的提高。

但同时，引进模式也是一把双刃剑。一方面，引进国外成熟的电视综艺节目模式，打造本土化电视节目，迅速提升了卫视频道的影响力和竞争力，推动了中国电视节目制播理念、制作方式和推广营销的重大变革，给中国电视业发展带来了好处。另一方面，卫视竞争兴起的“引进潮”，以及随之出现的“跟风热”，也为我们敲响了警钟：雷同化的节目占据大量时段资源，不仅造成节目的同质化和资源的大量浪费，挤压了受众的选择空间，也挫伤了原创的积极性。据估计，现在活跃在荧屏上的综艺节目，90%以上都能在海外找到原版模型，全国排名前十的卫视几乎都买了国外节目的版权。而在众多频道不惜花费大量的人财物力争相将赌注押向引进模式时，能在市场实践中脱颖而出的只是少数。跟风者多、创新者少的局面不打破，中国荧屏难以形成健康有益的电视生态环境。国家新闻出版广电总局《限娱令》中要求卫视要大力加强自主创新，“改变对引进节目模式的依赖心理，提高原创节目比例，对引进境外节目模式严格管理”。

同质化竞争不但将各自的市场份额越挤越小，广大电视观众也容易过早地陷入收视疲劳。如何紧跟时代脉搏？如何在激烈市场竞争中求得自己的一席之地？如何在千篇一律的节目形态中找到自己的独特定位？有些卫视另辟蹊径，如东方卫视《顶级厨师》要求参赛者不以做饭为职业，并在节目中注重美食达人的故事和情感经历；东方卫视的《妈妈咪呀》集中展示当下女性尤其是妈妈们对美好生活的憧憬及不懈的追求，也获得了不错的收视率；安徽卫视的《超级演说家》，节目定位是中国首档原创新锐语言竞技真人秀，以“挑选中国最会说话的人”为目的；重庆卫视《奇迹梦工厂》为真人励志表演秀节目，节目紧扣“中国梦”主题，独辟蹊径，为广大表演类人才搭建一个梦想舞台。可见，在综艺节目众多的情况下，要调动不同方面的兴趣，来找到准确的受众。

（四）代际综艺节目点燃观众怀旧情怀

2011年，怀旧元素与综艺娱乐形态相结合的代际综艺节目成为中国电视荧屏的一大亮点。深圳卫视《年代秀》、安徽卫视《黄金年代》、山东卫视《歌声传奇》等节目用各自不同的表现方式诠释时代的差异和社会的进步，引发时下电视观众的情感共鸣,点燃怀旧情怀。

其中以深圳卫视《年代秀》最为突出,在收视和口碑上获得了双重丰收。

《年代秀》引进了比利时王牌娱乐节目《Generation Show》的模式,并在此基础上作了一些本土化改造。把重大政治事件融入其中,如台湾老兵回乡、开国大典阅兵式等。节目邀请了嘉宾出生于不同年代,这些嘉宾身上都刻着鲜明的时代烙印。栏目中用互动抢答问题作为线索,以此为载体呈现的节目融合了众多娱乐表现元素,形式新颖。这档节目的成功之处在于,它最大限度地囊括了几代中国人的时代记忆,以时代气息浓厚的节目内容和极具参与度的节目形式,激发了分属不同年代、具有不同经历和个性的受众群体的文化认同感,使之产生了很大程度上的情感共鸣。可以说,《年代秀》的创新,不仅仅是一种模式创新,更是一种价值创新。电视综艺节目的价值取向不再仅仅限于"娱乐大众",而是更进一步地蕴含了其他综艺节目极少能够体现出的文化内涵。这对于我国电视综艺节目的健康发展无疑是具有里程碑式的意义的。

此外,安徽卫视《黄金年代》选取将不同年代的代表选手进行现场的歌声PK,通过演绎原唱歌声VCR及旁白唤起大家的记忆。山东卫视《歌声传奇》则是采取怀旧明星专场的形式让观众在歌声中回忆过去的美好年华。代际综艺节目跨越了传统综艺节目的年代界限,以不同历史时期人们的真实情感作为纽带,聚合了不同年龄层次受众群体的情感诉求,体现了岁月变迁与文化传承,超越了一般娱乐节目的立意层次,实现了主流价值观与娱乐精神较为完美的结合。

(五)新闻性热点在节目中呈现

近年来,一些综艺节目注重和新闻热点相结合。如江西卫视《中国红歌会》

在“晋冀鲁豫”唱区以红色记忆为主题，在“闽粤赣”唱区以改革开放为主题，在“云贵川”唱区则以救灾重建为主题，突破以往只演唱经典红色歌曲的局限，深入挖掘红歌的丰富内涵。2009年《中国红歌会》更是围绕新中国成立60周年主题推出“祖国颂歌”活动，让选手高歌新民主主义革命，社会主义建设，改革开放等不同时期的红歌，极大地提升了“红歌会”的节目内涵。东方卫视《加油！东方天使》在各种环节和主题设置上都与2010年上海世博会紧密挂钩，彰显了世博会“城市，让生活更美好”的主题。浙江卫视《我爱记歌词》围绕改革开放30周年、北京奥运会、国庆60周年都推专场歌会，此外，五一有“劳动节专场”、教师节有“谢谢老师专场”，台湾地震期间所有演职人员均手系黄丝带出场，表达对同胞的牵挂。2010年春节期间，凤凰卫视和东方卫视联合打造了《壹周立波秀》，其节目形态简单，最大亮点在于主持人周立波能抓住观众普遍关注的热点问题，并以独有的冷幽默的方式体现出来。这种融合喜剧与新闻元素的节目形态，在国内是一种相对全新的节目。

（六）综艺节目加入梦想、公益、励志主题

综艺节目中的娱乐元素开始和梦想与公益、励志完美结合，中央电视台陆续推出《梦想星搭档》《开门大吉》《梦想合唱团》《为了你》《舞出我人生》等全新综艺节目。节目中既有全民的秀场，也有明星的狂欢，浓重的公益色彩给人以温暖、感动和振奋的正能量。

中央电视台以国家级平台强势推出的这些综艺节目，有人性的触探，有温暖的关怀，有责任的唤醒，有梦想的激发，有爱心的共鸣，有公益的传播。在和观众的情感沟通中，形式简单却温暖动人。

中央电视台以公益为主题的《梦想星搭档》由撒贝宁、曾宝仪联袂主持，以众明星搭档和全新的赛制，在给观众提供顶级视听音乐盛宴的同时，更是点亮了公益正能量之灯。《梦想合唱团》以创新的节目形态，公益的核心宗旨，搭建起各界力量参与公益事业的平台，引领了综艺节目新风尚。栏目是以综艺节目为平台，带动公益活动蓬勃发展的一次积极尝试。八位具有良好公众形象的明星回到自己的故乡组建合唱团，并在《梦想合唱团》的舞台上，通过歌艺比拼赢得不同程度的公益项目，进而完成家乡的一个公益梦想。期间，合唱团还分别以不同形式积极投身公益实践，身体力行推动公益事业的发展。

这类节目汲取国外先进节目模式的独特创意，加入反映中国传统美德的精神内核，融高尚道德标准、正确社会导向和精湛艺术表演于一身，将情感植根于基层和人民群众。在电视娱乐节目为娱乐而娱乐的背景下，以原生态的真情流露，以大众喜闻乐见的节目样式传递主流价值观，实现了综艺节目样态的创新突破。

通过对近年娱乐节目的现状可以看出，电视娱乐节目的新态势，与大的传媒生态环境的发展、受众需求的变化、传播技术的革新、传播理念的进步有着很大的关系。只有把握住时代特征、观众的收视心理，才能使电视综艺栏目形态不断创新，才能在竞争中获得相对的优势。

案例分析：中央电视台《谢天谢地你来啦》

综艺节目《谢天谢地你来啦》是中央电视台2012年4月新推出的一档智慧型文化栏目，也被看做大型明星戏剧表演真人秀节目。该节目版权来自国外，以明星作为嘉宾，明星们没有剧本、没有台词，都会通过一扇门进入到一个自己之前完全未知的特定主题场景，场景的人物角色见到参与嘉宾的第一句话就是："谢天谢地，你终于来啦！"迅速将参与嘉宾、观众带入到设置的场景当中。在扮演某个特定角色的过程中，明星面对各种未知挑战表现出的机智反应将给本节目带来不间断的笑点。

在《谢天谢地你来啦》节目中，崔永元身兼数职，不仅担任节目主持人，还是节目剧本的主创之一，甚至还要亲自上阵扮演不同角色。节目以"乐而不俗"为节目宗旨。崔永元表示，该节目就是要让观众笑得高雅，如果有观众发现节目有低俗化的倾向，一定要及时"开炮"。而现场嘉宾则表示该节目推出是中央电视台对于中国电视综艺娱乐节目

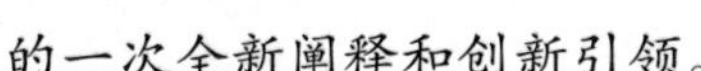

的一次全新阐释和创新引领。

《谢天谢地你来啦》栏目开播前五期嘉宾

期数	邀请嘉宾	本期节目扮演角色
1	郑昊(演员,曾出演电影《我的父亲母亲》)	作家
	郝平(演员,曾出演电视剧《蜗居》)	建筑设计师
	潘长江(演员)	鉴宝大师
	鲍大志(演员,曾出演电视剧《贫嘴张大民的幸福生活》)	医学博士
	大兵(主持人)	梁山好汉
2	苗皓钧(演员,曾出演过"燕舞牌收音机"广告)	少儿节目主持人
	李强(演员,曾在电视剧《水浒传》中扮演西门庆)	产品推销员
	王挺(曾出演过电视剧《重案六组》)	大将军
	刘圆圆(曾出演电视剧《我的兄弟叫顺溜》)	健身教练
3	余皑磊(曾出演电影《投名状》)	驴友俱乐部队长,带队攀登珠峰
	何云伟(相声演员)	妇产科专家
	李菁(相声演员)	服装设计师
	王茜(演员,曾出演《重案六组》)	婚纱摄影大师
	费振翔(演员,曾在电影《霸王别姬》中扮演小石头)	武松打虎中的老虎
4	赵亮(演员,曾在《康熙微服私访记》中饰演"三德子")	假诊所大夫
	高亮(演员,《中国地》中饰演"三嘎子")	走失儿童的父亲
	贾玲(相声演员)	科研博士
	曹涤非(主持人)	出差归来的丈夫
	贾一平(演员,曾出演《中国式离婚》《幸福在哪里》)	共产党特工
5	冯雷(演员,曾出演《小姨多鹤》)	太爷爷
	黄渤(演员,曾出演《疯狂的石头》)	地下党
	王志飞(演员,曾出演《突出重围》)	签约男友
	王迅(演员,曾出演电影《疯狂的石头》《疯狂的赛车》)	村长

节目创新点：

(1) 没有剧本和台词，充满悬念。

(2) 根据演员表演和剧情发展，嘉宾可通过按铃随时中断演出。

(3) 布景、道具令人耳目一新，场景逼真。

(4) 选题新颖，内容形式丰富多样。

(5) 明星化的嘉宾。

嘉宾的选择多为当红的明星或过去的名角。（如第四期中嘉宾曾在电影《霸王别姬》扮演小石头、第一期中李强曾在电视剧《水浒传》中扮演西门庆）

(6) 扮演角色多样化，和本人身份反差大。

(7) 将即兴发挥策划到了极致。

(8) 演员面对较大的难题，如何去解决具有悬念，有时需要使用反常规思维。

(9) 设计中有几位嘉宾同台演出的环节，让观众看得过瘾，酣畅淋漓，用抽签方式决定自己演什么。

(10) 评委温和宽容。温和的评委，博得观众“在娱乐节目里找回了难得的温馨和宽容”的好评。同时在节目中担任观众代表的王雪纯更是坦言，自己就是来说好话的：“陷到那样一个陌生的情境中，嘉宾的身心会受到巨大的压力。再好的演员，都会对自己极度不自信，这时特别需要正面肯定——他们能来，能在台上坚持演完已经很值得敬佩了，我为什么不多一点儿真诚的赞赏和鼓励？”

第三节　电视综艺晚会

电视综艺晚会作为电视艺术最基本的一种文艺表现形式，是电视台文艺节目中的一个重要组成部分。对于一个电视台而言，综艺晚会节目是衡量其总体策划制作与全面协调能力的标志。它主要是指根据特定的主题，在特定的时间，将丰富多样的节目类型进行艺术化加工。通过主持人的串联、高科技的现代化音效手段，突出强调现场的热烈气氛，以荧幕化的传播手段呈现在观众面前，为人们带来特殊心理感受的一种节目形态。综艺晚会节目的规模大小不一，但它往往是电视台文艺节目中耗资最多、投入精力和人力最大的节目类型。

在我国,电视综艺晚会从 20 世纪 80 年代起步,历经了 90 年代初中期的繁荣、90 年代末期的克隆泛滥。时至今日,逐步完善后的优秀综艺晚会,仍不失为各电视媒体频道不可缺少的一道风景。其文化品位还在积极影响大量观众的价值观和审美情趣,引领着大众文化潮流向前发展。

一、电视综艺晚会的分类

考虑到举办方性质、主题制定要求、播出时间限制等因素,又可以细分为:

节日性综艺晚会,如中央电视台自 1983 年以来创办的《春节联欢晚会》,已经成为全体中国人过春节必不可少的"狂欢化"活动。

行业性综艺晚会,主要以宣传行业性质,凸显行业特点,普及行业法规,宣传行业活动的晚会。如公安部以表现公安系统甘于奉献的精神品质、讴歌公安系统杰出代表为主要内容的《公安部联欢晚会》;每年的《3·15 晚会》等。

主题性文艺晚会,是在特殊节日之外,在一个阶段为了配合社会活动的某种特殊需求、抒发人们的特殊情感而举办的综合性文艺晚会。如《情满中国——2008 抗击冰雪专题文艺晚会》《中国奇迹——纪念抗击汶川特大地震三周年大型专题文艺晚会》、喜迎党的十八大胜利召开举办的《领航中国大型文艺专题晚会》等。

二、电视综艺晚会的主要特征

(1) 充分调动电视的技术和艺术手段,有策划、有组织地又符合电视画面规律地将各种艺术形式组织在一起。如经过电视节目主持人的串联,将戏剧、戏曲、音乐、舞蹈、相声、小品等文艺节目与电视相融合,以电视画面的形式展现出来。

(2) 电视文艺晚会一般都比较长,节目时长在 100-180 分钟。要在这样长的时间里吸引住观众,整体策划的节目和艺术风格必须做到生动活泼、幽默风趣、高潮迭起、生活气息浓厚等。

(3)电视文艺晚会往往需要融合一个符合时代的主题,文艺节目围绕着主题并结合审美服务于主题。

(4) 电视文艺晚会为发挥时效性优势,多采用现场直播形式,以强化现场感,增加感染力,具有很强的宣传效果。

三、电视综艺晚会的主题

主题是晚会的灵魂,它将不同节目串联起来,成为一台晚会立足之本。每一个节目的设置都应该和主题相关,并在编排方面因主题而形成严谨的逻辑框架和明确的情感传递。如历年中央电视台春晚主题：

1990 年春节联欢晚会：团结、和谐、欢快

1991 年春节联欢晚会：团结、欢快、多彩

1992 年春节联欢晚会：团结、欢乐、祥和

1993 年春节联欢晚会：欢乐、祥和、自豪、向上

1994 年春节联欢晚会：团聚、自尊、奋进、祈盼

1995 年春节联欢晚会：亲情、友情、乡情

1996 年春节联欢晚会：欢乐、祥和、凝聚、振奋、辉煌

1997 年春节联欢晚会：团结、自豪、奋进

1998 年春节联欢晚会：中华民族春节大团圆，万众一心奔向新世纪

1999 年春节联欢晚会：欢歌笑语大团圆

2000 年春节联欢晚会：满怀豪情跨世纪，龙腾报春庆振兴

2001 年春节联欢晚会：喜庆、亲切、昂扬、展望

2002 年春节联欢晚会：祖国颂、社会主义颂、改革开放颂

2003 年春节联欢晚会：凝聚力、自信心

2004 年春节联欢晚会：祝福

2005 年春节联欢晚会：盛世大联欢

2006 年春节联欢晚会：团结、奋进

2007 年春节联欢晚会：欢乐和谐中国年

2008 年春节联欢晚会：和谐共新春，创新奥运年

2009 年春节联欢晚会：中华大联欢

2010 年春节联欢晚会：龙腾虎跃闹新春

2011 年春节联欢晚会：欢天喜地，创新美好生活；欢歌笑语，共享阖家幸福

以 2008 年中央电视台春晚为例。2008 年春晚，以"飞向春天"大型歌舞作为开场，以一片华美绚丽的景象拉开了序幕。此外，还有《中华全家福》《田野的春天》《亲爱的人》《中国大舞台》《和谐大家园》《同一个梦想》等节目，以及和国旗卫士、航天英雄合唱的《歌唱祖国》，内容中充满着乐观情绪与喜庆气氛，都是在传递着人们在新时代里欢欣鼓舞、蓬勃向上的精神和情感。2008 年春晚中还有不少反映全国人民抵御雪灾的内容，包括主持人的串词、演出的节目、节目间

穿插的采访和祝福等等，其中诗朗诵《温暖2008》作为一个临时添加的节目，成功地实现了化“寒冷”为“温暖”，将自然灾害带来的打击转化为人们对党和国家的坚定信心。

在2008年春晚的许多节目中，民俗意义上的春节被纳入国家层面的宏大叙事之中，政治宣传通过“春节”的仪式，将个人的、家庭的情感升华为全国人民的共同理想。与“奥运年”的主题相对应，小品《火炬手》中的白云和黑土（代表了农民形象）以成为奥运火炬手作为个人的理想；诗朗诵《百年圆梦》则以通过更加直接的方式，以“我”的个人角度和中国奥运参赛选手的命运沉浮来展现民族梦想。

此外，也有一系列节目与“和谐”主题相对应。诗朗诵《温暖2008》中，“平平安安回家过年”的个人愿望与党和政府领导下的抗灾紧密联系在一起；小品《军嫂上岛》中，军嫂和军人分别象征着“家”与“国”，展现了个人情感和国家利益之间的冲突，最终体现家、国融为一体的主题。小品《公交谐奏曲》和歌舞《农民工之歌》都是围绕着农民工题材展开，冯巩扮演的“北京爷们”和王宝强扮演的农民工的个人命运同时也代表着两个社会阶层之间的关系，农民工为城市发展做出贡献（即剧中的“输血”），而城市人则予以相应的回报，展现出一个互相帮助、充满人情味的和谐社会。

弘扬社会主义价值观念和民族文化也一直都是春晚主题宣传的重要组成部分。在历年春晚中，善良诚信、无私奉献、助人为乐、尊老爱幼、勤俭节约等传统美德都有在各个节目中得到很好的体现，2008年的春晚中小品《街头卫士》宣传的是遵纪守法、爱岗敬业；小品《军嫂上岛》宣传的是爱国奉献；小品《公交协奏曲》宣传的是尊重他人、互相帮助。舞蹈《飞天》、手影戏《逗趣》、武术表演《盛世雄风》和梨园戏曲名段等优秀的民族艺术节目，均展现了中华文明的博大精深、源远流长。

四、电视综艺晚会的结构形式

晚会的结构形式指的是以各种手段或者方式，将丰富多样、色彩各异的节目，有机地贯穿连接起来。通常以主题为延伸，逻辑推进和受众需求为依据设计结构。它能使晚会错落有致，并使单个节目效能发挥到最大。

（一）串联式结构

最早使用的一种结构方式，即主持人通过撰稿人写的串联词，将不同题材、体裁、内容、风格的节目连接起来，形成一台完整的节目体系。

(二)段落组合结构

有意将整个晚会节目分割成若干段落或者单元、版块,每个段落之间才有主持人以及串联词的出现。主题相关的节目放在一个段落。每个段落间都会设计一个高潮点。主持人上场次数和对节目的品评大为淡化,只有在节目过渡困难,或者需要升华、转换主题时才出场。

(三)篇章组合结构

将整台晚会根据内容和风格的不同,分别组合,设若干个篇章。每篇内组合若干个节目,形成相对独立的单元。

例如中央电视台的《欢庆香港回归文艺晚会》的结构:序曲——天涯共此时,火篇——血火百年祭,水篇——归帆踏浪来,土篇——真情满中华,尾声——世纪钟声。2013 年中央电视台中秋晚会在序篇——《又见明月》、上篇——《月照客都》、下篇——《亲情中华》、尾声——《海上明月》四个篇章中陆续展开。

五、电视晚会中的“动情点”设计

动情点是导演在编排晚会时,依照节目的节目内容、节奏、结构,在晚会中设计点或段落,调动观众参与热情并激发情绪感、高潮。动情点是导演在晚会中精心设计的部分,成为晚会主题最集中的体现之处,对升华晚会主题有重要的作用。

经典的“动情点”有:1986 年,老山战斗英雄杨胜和妻子在全国观众面前举行婚礼;1987 年,战斗英雄徐良演唱《血染的风采》;1989 年聂卫平的姐姐和小保姆的感人故事引出韦唯演唱《爱的奉献》;1993 年,一对母女亮相全国观众面前,女儿在 3 个月大时就患上了再生障碍性贫血,9 年间,母亲每月都要从身上抽出 300 毫升血液输入到女儿体内;2005 年,聋哑演员表演舞蹈《千手观音》……

在 2007 年春晚中,有一个诗朗诵节目《心里话》:“你问我是谁/过去我不愿回答/因为我怕/怕城里的孩子笑话”“别人与我比父母/我与别人比明天”……表演这个节目的是北京海淀区行知实验学校的孩子们,他们都是到北京务工的民工的子女。《心里话》登台的前一个节目,是舞蹈《进城》。《心里话》表演结束后,接着就是很抒情的歌曲《万家灯火》。三个节目的有机结合,让观众过目难忘。

诗朗诵《心里话》

舞蹈《进城》

六、电视山水景观晚会形态的发展

“山水景观晚会”，区别于我们在演播室或者在剧场、体育场、广场里边做的这种晚会。中央电视台每年会选择不同的城市，基本上能够代表这个发展阶段很有典型意义的城市来做电视山水景观晚会。

2012 年中央电视台中秋晚会

中央电视台这几年的中秋晚会都是按照电视山水景观晚会的思路来做。2004 年选择在上海做，上海是当时中国最具现代化气息的城市，导演认为应该把现代的东西让海外的观众都能够了解到。所以没有选择演播室，也没有选择体育场、体育馆，而是选择了黄埔江东岸陆家嘴这个地方。晚会以东方明珠电视塔为背景，11 艘大游轮环绕主会场扬帆起航，架设在黄浦江西岸海鸥饭店 17 层的摄像机拍摄了整个晚会的大全景，浦东之夜一览无遗，好似东方维港。由石库门改造的上海新天地是分会场之一，另一个分会场则是九曲回廊、古色古香的豫园。导演希望“利用一台晚会独特的表现手法全景式地展现上海”。之后的中央电视台中秋晚会先后来到武汉黄鹤楼、厦门鼓浪屿、承德避暑山庄、山东荣成、江西宜春等地举办。

2010年中秋晚会仍采用了山水景观晚会的创作手法，沿袭近年来中秋晚会大气唯美的创作风格。这一年选择的地点是芜湖。这两年中部崛起安徽非常突出，安徽芜湖又作为一个领头的城市，它是皖江城市带承接产业转移的双核心城市，所以它的发展非常瞩目。

安徽徽文化非常的显著(三大地域显学文化有西藏、敦煌，第三就是徽文化)。作为安徽文化的代表之一，徽派建筑有着非常鲜明的地方特色。此次秋晚，徽派建筑的特点和风貌在这个生机盎然的舞台上体现得淋漓尽致，让观众轻松感受到扑面而来的徽风皖韵。芜湖有山有水，植被也非常好，生态自然环境保护得非常好，所以导演也想把这些传达给观众。舞台就叫做绿色生态的舞台，借助了阳光半岛的活水水面，上面所有的舞美，全部都是导演组搭建的。在舞台搭建了之后，导演又弄了很多新鲜的盆栽的植物在上面，有荷花、有水葫芦、有鲜花、有天鹅，还有空中飞翔的鸠鸟，湖里面有很多藻类植物。

这台主打古典中国风和地方文化符号的晚会，将情月相融、人月两圆的美好意境呈现给了全球华人。在整台晚会中，芜湖元素和徽文化一直贯穿始终。舞台正中间是一个巨大月亮造型，还有一棵非常漂亮的大月桂树，整个舞台呈现出一个有着立体生态景观和徽派风格的意境。青砖黛瓦马头墙，拱桥，小船，流水、码头，勾勒出“小桥、流水、人家”的优美画境。芜湖元素成为晚会中的一大亮点，不少节目中都诗意地展示了芜湖这座山水园林城市的自然环境。在节目《花雨夜》中，主舞台的周围环绕着一条水系，中间有袅袅婷婷的荷叶，两艘小船荡开水面、悠悠地划过，歌手坐在满载鲜花的船中，美妙的歌声从水面回荡到夜空中。晚会对有着芜湖城市之歌之称的《半城山半城水》进行了重新编曲，弯曲的拱桥上提着铁画灯的姑娘，穿着蓝花衣、扎着小头巾、端着洗衣盆的小女孩在舞台上翩翩起舞，伴随着优美的歌声，演绎出一幅江南水乡景美人更美的如梦画境。在晚会上，《徽风皖韵》这个将器乐演奏和服饰表演糅合在一起的节目令人耳目一新。身着徽派建筑、青花瓷和玉雕服饰的模特在临水而建的舞台上，从景深悠远处嫣然而至，让观者在月光下体味到徽文化的优雅深邃。

自古以来，安徽戏曲驰名中外，是安徽最值得向全世界华人展示的地方文化精髓。在晚会上，将最具东方情怀的古典爱情名篇：京剧《白蛇传》选段“游湖”、越剧《梁祝》选段“十八相送”和黄梅戏《天仙配》选段“夫妻双双把家还”，与欧美传入的芭蕾舞结合在了一起，交错演绎表达对真、善、美的执着追求，这样的结合形成的特殊美感让观众在震惊之余大呼过瘾。不仅如此，作为道具的徽派木雕作品也首次登台亮相，通过镜头向全世界观众展示徽派木雕艺术的博大精深。

2012 年中央电视台中秋晚会

七、电视跨年晚会形态的发展

跨年晚会是指在年末 12 月 31 日晚各电视台为喜迎新的一年到来而举办的演唱会等活动，一般经过精心策划，场面宏大，并有大量明星云集。我国传统有自己完备的纪年系统，几千年以来一直以帝王年号结合农历纪年和日期。所以在传统节日庆祝活动中，以农历最后一天（俗称“大年三十”）为年末、“除夕”，全国及海外华人社区在这一天都举办大型庆祝活动，来辞旧迎新、庆祝新的一年的到来。进入 20 世纪以后，为庆祝西方新年由各地方政府和电视台倡导举办的“跨年晚会”开始在我国港台地区出现，我国大陆地区首开先河的则是 2005 年湖南卫视借着“超女”的人气举办的跨年演唱会。次年，东方卫视加入战局，跨年战役吹响号角。截至 2010 年 12 月 31 日，我国大陆地区已有包括中央电视台在内的 16 家电视台加入举办庆祝新年活动的行列，总共有 12 台跨年晚会。由于我国与西方不同，有着悠久雄厚的文化底蕴，农历新年仍是我国和海外华人最隆重的节庆日。

2005 年，湖南卫视、浙江卫视开全国之先河举办大陆地区第一场跨年演唱会。

2006 年，东方卫视开办跨年演唱会，跨年战役打响。

2008 年，江苏卫视加入战局。

2010 年，跨年演唱会举办卫视达 12 家，创历史之最。

2010 年，中央电视台加入战局。

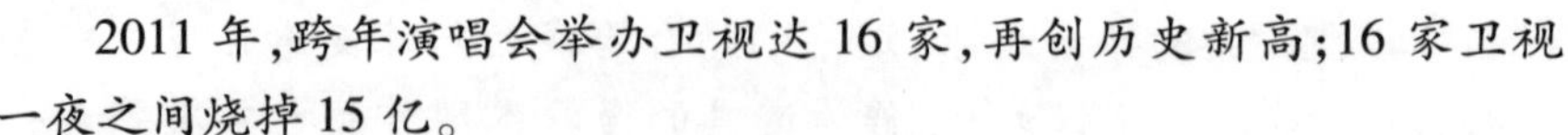

2011 年，跨年演唱会举办卫视达 16 家，再创历史新高；16 家卫视一夜之间烧掉 15 亿。

2012 年，湖南卫视改跨年演唱会为跨年狂欢周。

2013 年，受“节俭办晚会”限令的影响，跨年演唱会举办卫视骤减至 3 家（湖南卫视、东方卫视、广东卫视），且“大腕云集”现象不再。江苏、深圳等艺能资源储备不足的卫视退出跨年之争，中央电视台则改办新年茶话会。

在各大卫视以演唱会的形式争抢跨年之夜收视率的同时，也有电视台以不同的跨年晚会让观众眼前一亮。

《地球之声》云南卫视大型跨年公益晚会

晚会背景：2011 年是联合国生物多样性保护年，也是各种自然灾害、生态灾难频发的一年，如果说地震、海啸、泥石流这些灾害让人不寒而栗的话，物种的加速消失更以无声的方式深刻地影响着地球的未来。科学家们告诉世人：现在地球上平均 1 小时就有 1 个物种灭绝，物种灭绝速度比自然灭绝速度快了 1000 倍，这个速度是自 6500 万年前恐龙灭绝以来最快的；与此同时，全球 68 亿人在 2007 年已经消耗了这个星球 50% 以上的生态资源，照此发展，2030 年我们将需要第二个地球。在送走 21 世纪第一个十年，迎来生态文明新纪元的时候，我们扪心自问：是在燃烧地球中毁灭，还是在拯救地球中重生？

正是带着这样强烈的媒体责任感，带着忧患意识，带着对地球母亲的一片深情，国内首倡绿色传媒理念的云南卫视在辞旧迎新的岁末之夜，以给地球一个承诺，做生态公民的虔诚之心，推出大型跨年公益晚会《地球之声》。

晚会的主题 ——汇聚公益的力量 建设生态文明

晚会口号 ——公益的力量改变世界 生态文明拯救地球！

晚会核心创意亮点——绿色 环保 公益 慈善

《地球之声》大型公益跨年晚会立意高远，彰显媒体公益情怀，给人以启示，晚会将通过生动的公益项目、公益故事震撼心灵，产生广泛影响。《地球之声》将站在拯救地球的高度和视野，通过发动全社会的力量参与，从身边小事做起，做绿色生态公民。

晚会将邀请众多致力于生态、环保、慈善事业的基金会、组织、企业共同参与。共同携手为生态保护、公益慈善做出贡献。在《地球之声》直播晚会上，将通过专家评价和网络互动投票，现场揭晓“给地球一个承诺，做绿色生态公民”最打动人心的承诺；评选出“10 大爱心环保慈善基金（组织、项目）”；揭晓年度百万环保公益基金大奖；更将揭晓2010 年度“我心目中的公益达人”、“我最喜爱的公益慈善明星”。

云南卫视通过此次跨年晚会反思人类发展，追问慈善行为，宣传公益主张成为社会主流价值观。这是人们对自然、对地球的承诺，这是爱心和慈善的汇聚，公益的力量将改变世界！

八、春节联欢晚会

（一）春晚的文化内涵

1. 仪式文化内涵

中国习俗文化作为中国传统文化的一个组成部分，是在中华民族特有的自然环境、经济方式、社会结构、政治制度等因素的影响下孕育、发生并传承的。因而中国习俗文化既有人类民俗的共性，又有不同于其他国家和民族的独特个性。

在人类学的研究中，“仪式”一词的含义为“受规则支配的象征性活动，它使参与者注意到他们认为有特殊意义的思想和感情对象”。仪式，通常是具有象征性的、表演性的、重复性的，由传统文化所规定的一整套行为文化，它可以是神圣的，可以是凡俗的，也可以是合二为一的。而春节作为中华民族最传统隆重的节日，就必然会有仪式化的要求和内容。从民俗的范畴来考察，春节的活动如包饺子、吃团圆饭、放鞭炮、祭祖、祭神、守岁等都具有仪式化的特征。虽然随着时代的发展，有些极具仪式化的内容由于不适合社会要求被淘汰，但新的仪式化的东西又必然会出现，这是由春节的民族文化和民俗文化属性所决定的。而电视春节晚会作为电子媒介时代的新的仪式化形式出现在除夕夜，应该说是时代发展和传统节日文化要求相互结合的产物。

2. 审美文化内涵

人类文明史表明，审美文化的产生和完善，有一个与物质文化和艺术文化同步化生产乃至相对独立的发展过程。我们知道，集体欣赏是传统审美主体审美活动的一个特征，它是指在特定的时间，在特定的审美场所由一定数量的人聚集在一起共同从事的欣赏活动。集体欣赏能够在封闭的空间形成“审美场”，从而营造出特定的审美氛围，即“审美情境”，这有利于欣赏感受的强化。然而随着社会的发展，人们社会关系的变化，使得这种集体欣赏的机会越来越少。而高度发达的电视传媒则使得审美领域的个体化欣赏普遍化。正是在这种个体欣赏普遍化的态势中，春节联欢晚会的全民共赏性起到了弥补和修正的作用。春晚的高收视率正说明这样一个事实：全国人民乃至全球华人在大年除夕夜的特定时刻，以春晚为共同的审美对象，来进行类似某种集体活动的欣赏行为，这种欣赏活动完成的是个体对于集体的心理回归，从而使得春晚这一看似简单的电视节目上升为一种文化学上的意义——欣赏春晚意味着对华夏血缘群体的认同。

3. 民族文化内涵

被称为“中国电视文艺奇观”的中央电视台春节联欢晚会，作为年终岁末五十六个民族大联欢的舞台，其中的民族元素变成了一个个具体可感的艺术形式。以少数民族歌舞为代表的少数民族音乐文化是一个民族观念文化的形象化反映，而“春晚”内容上的宽广包容性和形式上的多样性，更是为少数民族文化的传播提供了广阔的舞台。

春节联欢晚会的规格和空前的传播范围实现了中华民族每年一度的心理聚合，而完成这样聚合的文化召集者则来自于春晚所具有的独特的民族文化内涵。可以说，春晚的中国特色、中华特色已经构成了我们这个民族在新时代的一个鲜明的文化象征和符号，它继承和体现了中国民族“和谐”“团圆”“吉祥”“美好”的民族文化心理趋向，是中华民族凝聚力的展示。

（二）春晚节目形态的探索与创新

1983 年春节，中央电视台第一次举办了大型春节联欢晚会，以现场直播的形式，精彩的节目内容，赢得了观众的广泛好评。从此，春节联欢晚会作为欢度春节的一个特定节目形式被确定下来。作为综合性的文艺晚会，春节联欢晚会与中国观众传统的节庆心理相融合，以团结、欢乐、祥和为主题，把音乐、歌曲、舞蹈、戏剧、曲艺、小品等文艺形式组合在一起，通过节目主持人的串联，使晚会充满热烈、欢快、万民同乐的气氛，获得了广泛的社会影响。春晚走到今天，早已超出了一种电视节目的意义，它已经成为了一种独特的内涵丰富的文化现象。

春晚的受众是全球所有华人,30 年来,随着创作环境和受众审美品位的提升,春晚创作者从未停止过对春晚的探索与创新。

1. 歌舞类节目数量日趋增多,表演形式愈加丰富

(1) 20 世纪 80 年代春晚内容与形式

内容上主旋律,歌曲是主导。中央电视台作为国家传媒机构,面临的最大任务便是如何体现党和国家的各项方针政策,做到上传下达。因此,中央电视台春晚从某种意义上说具有一定的政治功能。如《大海啊,故乡》《党啊,亲爱的妈妈》《万里长城永不倒》等歌曲在春晚中出现正体现了这一点。20 世纪 80 年代初期,每个人都在充满激情地建设我们的国家,作为华夏儿女、炎黄子孙的责任感和使命感油然而生。如台湾张明敏的《我的中国心》,香港汪明荃的《万里长城长》《家乡》,黄锦波(美国加州西雅图市市长)的《龙的传人》。

形式上出现歌伴舞,歌曲联唱萌芽。在 1983 年第一届春晚上,斯琴高娃和胡松华联手表演了歌伴舞《草原民歌》,首次将歌曲与舞蹈相融合。1984 年,来自香港的歌手奚秀兰以一曲《阿里山的姑娘》使观众在视觉和听觉上得到了极大满足,引起了强烈的社会反响。之后,几乎所有晚会都采取了这样的形式。

(2) 20 世纪 90 年代春晚内容与形式

内容上关注家庭伦理。20 世纪 90 年代,随着社会的发展,人们获得信息的渠道越来越多,大量外来文化,冲击着传统文化的价值观,人民需要更多更新鲜的东西满足日益增长的审美需求,流行歌曲开始传唱于大街小巷。另外,90 年代是社会大变革、经济大发展的年代,整个社会都在追求经济飞速发展,忽视了人们内心的情感和家庭的价值。这时出现的关注家庭,关注人性、人情的歌曲,以其朴实细腻的歌词,悠扬亲切的旋律滋润着人们的心田。1999 年的《常回家看看》唤起了人们内心深处最温柔的情感,让迷失的人们重新找回了方向。

在形式上出现了宏大的歌舞场面。经济与技术的发展,为晚会创作者提供了经济和技术保障。尤其是 1998 年以后,春晚改在中央电视台新建的 2000 平方米的一号演播厅里举办。舞台也由平面转向立体,变为多层升降舞台。歌舞表演场面越来越宏大,给观众带来强烈的视觉冲击,让观众在 4 个小时的时间里沉浸在盛世联欢的氛围中。

(3) 新千年春晚内容上以流行歌曲为主,出现原生态歌舞。

专门为春节联欢晚会创作的歌曲越来越少,取而代之的是当年流行的歌曲,常常会出现台上演唱、台下大合唱的场景。表演者也多是观众比较熟悉和喜爱的明星。一种全新的表演方式"原生态"歌舞受到好评。来自全国各地的原生态歌手用风格各异、极具地方色彩和生活气息的歌曲,展现了丰富多彩的传统民间文化。如 2010 年春晚舞蹈《跳春》,展现了彝族人世代生活的状态。凭借春晚的舞台，原生态节目对继承和发展、培养和保护民族文化艺术，起到了积极作用。

新时期电视业的技术水平得到迅猛发展，尤其是视频显示技术的发展、LED的运用，增强了舞台效果。2010年春晚现场的演播大厅几乎全部被不同规格的LED屏幕铺满。舞台背景也全部设计成三维动画，结合节目随时更换背景。如毛阿敏演唱《天之大》时，整个舞台只有她一个表演者，舞台效果全部用虚拟动画和灯光的配合来完成，使整个舞台看起来简洁、干净，突出了演员，呈现出一种庄严华丽之美，更好地诠释了歌曲的意境。

2. 语言类节目数量基本稳定，内容不断探索、追求创新

20世纪80年代——形成期。小品又称戏剧小品，是最短小的戏剧作品，融合多门类艺术形式。1983年《卖花生仁的姑娘》作为戏剧小品被搬上了春节联欢晚会的舞台。从此文艺界诞生了一个新的艺术形式———小品。小品幽默诙谐的表演形式符合年三十儿晚上欢乐愉快的氛围，其创作取材于生活，反映了社会现象的深度和广度，受到广大观众的喜爱。在之后的历届春节联欢晚会中，小品作为不可或缺的独立的节目参与到演出中。这个时期，小品创作者尝试着将不同的艺术门类融合到小品中，拓展了小品的主题和表现形式。1983年王景愚的《吃鸡》、1984年游本昌的《淋浴》，将西方的哑剧与中国传统的小丑表演融为一体，创造出中国独有的"哑剧小品"。1985年，王景愚更是独具匠心地将哑剧与杂技相结合，与杂技演员张小卉合作表演了《悠绳》。

20世纪90年代——发展期。这一时期语言类节目反映了深刻的社会主题，由形体的滑稽转为语言的幽默。相声与小品的界限模糊，两者相互学习、融合。从单纯肢体动作的滑稽，转向了言语内涵的幽默，使作品有了一定的深度，在笑后发人深省。1999年，由崔永元、赵本山、宋丹丹表演的小品《昨天今天明天》借助当年红遍中国的电视栏目《实话实说》的表现形式，给观众既熟悉又新颖的感觉。其中对1998洪水、海湾战争、金融危机等问题的笑谈也成为很长一段时间里人们津津乐道的话题，引起了强烈的社会反响。

新千年之后——成熟创新期。2001年小品《卖拐》突破了以往小品中主人公的积极正面形象，第一次以反面人物作主人公。2002年，姜昆、戴志诚表演的相声《妙趣网生》将网络上的流行词语、笑话加入其中，使相声这门古老艺术更具现代性。2006年来自台湾的相声艺术家刘增凯、朱德刚给观众带来的传统相声《新说绕口令》；川籍演员操着"川普话"表演极具巴蜀特色的小品《耙耳朵》，打破了语言类节目由北方人一统天下的局面，既丰富了表现形式，也满足了不同受众的需求。

3. 戏曲及其他类节目初期鼎盛，而后日渐衰落，努力寻求突破

中国戏曲艺术是中华民族传统文化的主要成分之一，是数千年来中国人民娱乐的重要途径和文化需求的主要精神食粮。中央电视台春晚肩负着对内、对外弘扬中华文化的双重使命，其节目中必然少不了戏曲节目。

在春晚创办初期，戏曲节目还是占有相当重要的地位的。1983 年第一届春晚中，袁世海表演的《坐寨盗马》一张口便赢得满堂彩。此后的几年里，不但老艺术家表演的节目广受好评，推出的大量新人也得到观众的喜爱。随着社会经济的发展，生活节奏的加快，戏曲这门艺术形式本身所具有的节奏慢、唱词念白不易懂等特点成为制约其发展的瓶颈，这也使得戏曲节目在春晚中的地位不断下降。尽管创作者们也试图以更丰富的形式吸引观众的眼球，如戏曲小品、戏曲歌舞、戏曲反串等，但终究未能改变戏曲节目日渐衰落的局面。从 1991 年的春晚开始，戏曲节目逐渐改为联唱，每个剧种的表演没有独立的节目。近几年来，表演时间也调整到零点以后，成为了一个“华丽的点缀”。

春晚陪伴全球华人走过了 30 个春秋，虽然饱受争议，但春晚的影响力和潜在的巨大功能并未受到很大冲击。创作者要通过大胆创新，不断改革，以更好地适应人民日益增长的文化需求。

第四节　真人秀节目形态发展

一、“真人秀”节目的概念

“真人秀”节目（Reality TV）通常译为“真实电视”或“真人秀”，指没有经过专业训练的普通人自愿参加的一种活动，参与者的行动在活动中被记录下来并制作成节目展示给电视受众。这是一种新的节目形态，是规则控制下的真实表现，它以普通人为主角，把普通人造就成为明星。真人秀将对象定位于普通民众，不问年龄、身份、职业都可以参加，采用“零门槛”的报名方式，逐级淘汰，最后由观众投票胜出，普通人被包装成大明星。在我国，也有些学者把“真人秀”节目定义为：“真人游戏节目”或“真人纪录片”，其并容了竞技、益智、游戏等多重形式，具有多种节目形态的特点。

二、“真人秀”节目的发展历程

（一）国外“真人秀”节目的发展历程

20 世纪 50 年代，美国推出了一档名叫《一日女王》的节目，此节目一经播出便受到广泛关注，这便是最初的"真人秀"节目雏形。该节目要求一名女性参与者通过预先设计好的重重考验，以此来博取观看者的同情心，最后以赢得昂贵奖品收尾。

20 世纪七八十年代，美国播出了《一个美国家庭》，由此掀起了此类节目的收视热潮。之后的《美国家庭滑稽录像》《真实世界》等节目也都得到众多的受众关注。

1997 年，瑞典推出了《远征罗宾森》节目，此节目第一次使用"真人秀"这一名称，该节目被称为"真人秀之母"。

1999 年，荷兰推出了名为《老大哥》的"真人秀"，该节目将"真人秀"节目作为一种独立节目样式进行发展。

（二）我国"真人秀"节目的发展历程

1. 启蒙阶段

2000—2004 年，广东电视卫视推出一档名叫《生存大挑战》的全新节目。节目从全国几百报名者中选出三名选手，给他们一个背包、运动鞋、一些药品等生活必需品以及 4000 元生活费，要求他们完成从广西到辽宁的旅程，录像机全程跟拍，这便是我国"真人秀"节目的雏形。之后《峡谷生存营》《欢乐英雄》等真人秀节目也纷纷推出。

2. 兴起阶段

2005 年是我国"真人秀"节目发展最迅速的一年，湖南卫视凭借《超级女声》这一真人选秀类节目赚足了收视率。随着湖南卫视的成功，越来越多的电视卫视开始推出选秀类"真人秀"节目。如《梦想中国》《莱卡我型我秀》《加油！好男儿》都取得了不俗的成绩。除此歌曲类之外，其他类型的"真人秀"节目的播出也进行得如火如荼。如中央电视台财经频道的《交换空间》、东方卫视的《创智赢家》、湖南卫视的《变形计》等都受到了热捧，各类"真人秀"节目在这一年得到了极大的关注与发展。

3. 发展阶段

我国"真人秀"节目又一次变化的是从 2010 年开始。这一年，相亲类"真人秀"节目大行其道，各类电视卫视纷纷推出自制的相亲"真人秀"节目，其中以江苏卫视的《非诚勿扰》、湖南卫视的《我们约会吧》、浙江卫视的《为爱向前冲》等为代表，各类相亲类节目在国内引发极大的关注与讨论狂潮。2012 年浙江卫视推出了《中国好声音》，一经推出立刻轰动了全国，创下了我国地方卫视综艺节目的收视新高。《中国好声音》的热潮结束后，江苏卫视推出了《星跳水立方》节目，随后浙江卫视也跟风推出了《中国星跳跃》。

三、"真人秀"节目的形态特征

由于没有既定剧本，没有提前彩排，节目组采用现场直播的播出方式直接记录、播出参与者参与节目时的真实反映和情绪，故给"真人秀"节目本身增强了极大的随机性和纪实性，这就迎合了受众的猎奇与求知心理。总体来讲，"真人秀"节目具有以下三个特征：

（一）纪实性

"真人秀"节目的纪实性是其最主要的特征之一，节目让参与者在已经设置好的情景中尽可能进行自行发挥，自我展示。同时注重记录整个事件的进展过程，以及通过抓取细节来展示，随着事件发展，参与者内心的变化与起伏，由此带给观赏者很强的真人感与共鸣感。

比如湖南卫视在2006年推出的《变形计》便是纪实性很强的一档"真人秀"节目，节目安排不同身份的两人互换角色，去彼此的生活环境体验不同的生活。节目组24小时跟踪拍摄，通过记录、展示参与者参与前后的心理变动来引发受众对亲情、友情、爱情的反思与感悟，以此达到与受众的情感共鸣。

（二）冲突性

冲突性是推动节目进行下去的重要元素，也是吸引受众观看，带动收视率的基本条件。人际冲突、人与环境的冲突、参与者本身的内心冲突都是在"真人秀"节目中客观存在的。由于着重点不同，不同的"真人秀"节目中会更强调某一种冲突，比如相亲类、选秀类等"真人秀"节目主要表现的是人际冲突，即男嘉宾与女嘉宾的语言交流、感情碰撞；选秀者与导师的思想交流，导师与导师之间的意见分歧等。也有很多"真人秀"节目中会出现多种冲突展示，比如2013年江苏卫视推出的《星跳水立方》，节目邀请多位娱乐圈明星变身成为"专业"跳水选手，在国际泳联的跳水规则下进行对决，这就要求参与者首先得解决怕水、怕高的问题，参与者与不断升高的跳板高度以及自己内心的恐惧心理便形成了人与环境的冲突和人与内心的冲突两方面。湖南卫视的《变形计》更是将这三种冲突都聚到了一起，参与者与陌生的环境、陌生的人物，以及自身对调换角色的不适应的各种冲突使得该节目异常精彩且有冲击力。

（三）游戏性

这一特点在游戏比赛型的"真人秀"节目中尤其明显。2012年湖南卫视推出的《智勇大冲关》、江苏卫视推出的《脉动梦立方》以及东方卫视《老公看你的》等闯关类“真人秀”节目，都具有极强的游戏性。参与者必须按照既定游戏规则参加游戏，全部通过才能闯关成功，拿到最终的奖品。这个过程，带给了参与者与观看者极大的冒险刺激感，以及出乎意料的意外而产生的娱乐效果。

四、“真人秀”节目的分类

（一）生存挑战型

此类“真人秀”节目主要以参与者被置于某种特殊环境或设计好的场景中，以完成生存或竞争任务为主的节目类型。主要表现参与者与所处环境以及自身心理的冲突，在我国“真人秀”节目初期发展中推出较多，是我国“真人秀”节目的开端。国外代表节目为《电波少年》，国内代表节目有《走入香格里拉》《生存大挑战》《峡谷生存营》。

（二）人际考验型

“室内真人秀”的一种，节目形式通常是节目制作者将十几名参与者放置于一个特殊的室内环境内，记录他们的日常生活，并通过受众投票直接决定参与者去留，双向传播性很高。此类真人秀因揭露“丑恶人性”，满足受众“窥视”心理一直存在较大争议，但其在欧美国家的收视始终居高不下。国外代表节目为《老大哥》，国内代表节目为《完美假期》。

（三）表演选秀型

形式主要为节目制作方将经过预先评测、筛选后的参与者置于舞台环境中，以表演歌舞的形式参与节目，并由既定评委评定、选择，部分节目有受众投票这一环节。此类节目在我国取得了很高的收视率，得到受众热捧。国外代表节目有《美国偶像》《英国达人》，国内代表节目有《中国达人秀》《中国好声音》《中国好歌曲》。

（四）职业应试型

此类“真人秀”节目主要以为求职者提供就业机会，网罗国内精英人才，反应社会热点话题为主旨。以求职者与各大知名企业的碰撞为节目看点，同时通过向受众展现各类行业、职位人群眼中不同的社会面貌，引发受众的热议与反思。国外代表节目有《Apprentice》《飞黄腾达》《天桥骄子》，国内代表节目有《职来职往》《非你莫属》《天生我才》。

（五）身份置换型

此类"真人秀"节目主要安排两个或多个社会身份差异巨大的参与者互相调换身份，加入对方家庭以及其生活工作环境中，以体验对方生活的形式来引发社会讨论，探讨社会热点。此类"真人秀"节目视角独特，记录性强，受众接受程度较高。国外代表节目为《红粉兵团》《简单生活》，国内代表节目为《变形计》。

（六）益智闯关型

此类"真人秀"节目以记录参与者现场答题的为主要表现形式。因鼓励受众参与，且受众可通过观看节目普及日常知识，因此受到不同身份、阶层、年龄段受众的观看和喜爱。国外代表节目为《谁想成为百万富翁》，国内代表节目有《开心辞典》《脉动梦立方》《一站到底》

（七）游戏比赛型

此类"真人秀"节目主要以参与者在制作方安排好的特殊参与场所中冲关、挑战，最终拿到奖金为主的节目形式，参与程度较高。节目由于拥有很多参与者的不确定表现而惊心动魄，富有趣味。国外代表节目有《WipeOut》、《极速前进》，国内代表节目有《智勇大冲关》《男生女生向前冲》《星跳水立方》《芝麻开门》。

（八）相亲约会型

此类"真人秀"节目主要以为社会各界单身男女提供公开、便利的婚恋平台为主旨，将参与者选择伴侣的过程置于镜头之前，满足受众的"窥探"欲。同时通过记录参与者的言行引发社会对主流人群的婚姻观、价值导向等热点话题的讨论。国外代表节目为《谁能嫁给百万富翁》，国内代表节目为《非诚勿扰》《我们约会吧》《百里挑一》。

（九）生活技艺型

此类"真人秀"节目的拍摄环境较为灵活，为适应拍摄主题通常将拍摄环境放置在公开厨房、私人房间等生活场所，以表现参与者精湛的技艺特长为主题。通过巧妙的拍摄手法，剪辑方式向受众呈现一个的生活化较强的节目形式。国外代表节目有《地狱厨房》《厨艺大师》《甜品大师》，国内代表节目有《顶级厨师》《交换空间》。

（十）户外真人秀

2003 年，深圳卫视推出《饭没了秀》栏目，收到一致好评。其中的版块“魔力宝宝找妈妈”是一档家庭娱乐真人秀节目。该节目将家庭与娱乐贴切地融合起来，不断传播家庭小爱，体现和谐家庭的温馨，以儿童为载体的原生态方式记录儿童在任务中快乐搞笑的行进过程。通过异地孩子互换、异地寻找妈妈等不同主题形式的策划，在不同地区不同语言、文化、饮食等多方面的环境影响中，记录孩子在完全陌生的环境下的所见所闻所为，从而加强孩子们的社会责任感、安全意识感、独立自信心和团结协作性等多方面能力，以一种轻松欢快娱乐的气氛来培养儿童的成长励志心态。这是早期户外亲子类型真人秀的代表栏目。

2013 年，湖南卫视推出户外亲子真人秀栏目《爸爸去哪儿》，引发了收视狂潮。在它的影响下，亲子元素成为了许多电视媒体争先运用的法宝。如青海卫视推出的《老爸老妈看我的》、中央电视台推出的《正大综艺·宝宝来啦》。

案例分析一：《爸爸去哪儿》节目分析

2013 年 10 月 11 日晚 22:00 播出的《爸爸去哪儿》，吹来了一阵“清新的风”。该节目首播当天，取得全国同收视率 1.1、收视份额 7.67、城市网收视率 1.46、收视份额 6.45 的良好态势，取得同时段收视冠军。

《爸爸去哪儿》由《变形计》团队再次打造，自开播以来，收视引爆国内。节目中，邀请五位明星爸爸跟子女(4～7 岁)进行 72 小时乡村体验。节目中的明星回归到爸爸的角色，单独肩负照顾孩子饮食起居的责任，配以一系列由父子(女)共同需要完成的任务，状况百出却看点十足。这种节目设置，为节目带来了大批粉丝群，也使人们在节目中体会亲情的魅力。

亲子节目的大量涌现并非偶然，它反映了社会热点，需要引发人们的思考，作为理性回应社会热点是电视节目发展必然走向。纵观 2013 年电视荧屏，“婆媳”“娃儿”等问题在《小儿难养》《宝贝》《断奶》《孩奴》《小爸爸》等一系列家庭类型电视剧中表现出来，掀起了“育儿热”，因此，《爸爸去哪儿》迎合时下的热点问题，看准时机，实现收视冠军。现从以下四个方面分析其兴起原因：

一、父亲形象的再塑造

新浪网曾在 2009 年做调查，数据显示 60.7% 认为“现在的孩子缺失父教”，在回答“在你的成长中，谁承担了更多的教育责任”时，

46.9%选择了母亲。材料说明,父亲在孩子的成长中并没有倾注太多的责任和支持。

长久以来,中国一直有“男主外,女主内”的传统家庭理念,在这一文化的背景下,中国家庭普遍存在严重的“父亲角色失位”现象,父亲们更重视家庭的物质基础,忽略了对家庭成员精神层面的体贴,忽视了与子女间应有的内心交流。《爸爸去哪儿》为中国“父性教育”揭示了范本和途径,让父亲和子女共同成长。父亲通过育儿的过程,体会到精神层面的需求永远高于物质层面的享有,这是一种承担,也是彼此重要情感的沟通途径。因此节目增进了父亲丈夫妻子的理解,也可以有时间陪伴孩子,达到父亲与孩子的沟通,又达到丈夫和妻子的交流对话。

《爸爸去哪儿》中选取了郭涛、林志颖、王岳伦、田亮以及张亮五位明星,以及各自的孩子石头、小小志、王诗龄、田雨橙和天天,共同进行时长72小时的体验乡村生活。明星和星二代的介入增加了节目的关注度,体现在以下两个方面:

(一) 嘉宾巧妙选取:亲子上阵

首先,嘉宾的选择来自不同领域。模特儿张亮,登米兰时装秀第一华人;操刀多部广告和MV的王岳伦;跳水冠军田亮;演员郭涛以及做过赛车手、评委、演员、歌手的林志颖。这些人都具备一定的人气,其明星效应会吸引粉丝的眼球。

其次,所选嘉宾有着各自不同的性格特点和育儿理念。王岳伦属于憨厚型父亲,与女儿王诗龄,一个是公主脾气,一个则是好好先生;郭涛属于“纯爷们”式的粗犷型父亲,对儿子石头表现出严肃且豪爽;张亮与儿子以兄弟模式相处,亲近融洽;田亮与女儿Cindy表现出一种父亲和女儿的互相依赖感;林志颖则时时刻刻想让儿子独立起来。这些嘉宾的性格和孩子之间的关系定位,导致他们在节目中不同的处事方式,也成为了吸引观众的看点。

(二) 受众心理满足:窥私好奇

从受众心理来看,一方面这些明星满足了观众的欲望客体,所谓“欲望客体”,也就是观众欲望投射的对象,是观众爱或恨、同情或仰慕的对象。在观看《爸爸去哪儿》时,不同的观众选择不同欲望客体,该客体与观众往往有相似之处或代表某种态度和某种理想。另一方面,明星与子女齐上银幕,极大满足受众的好奇和窥私心理。马斯洛认为,人和动物都具有积极探索环境的需要,他们对四周环境充满好奇心,对神秘的、未知的、不可预测的事物心驰神往。如今,光环下的明星回归到家庭中，扮演父亲角色会怎样？他们是不是和普通家庭一样？这些困惑牵动受众的心，正是好奇之处。相比于以往，明星不愿公开孩子的生活，尽量保护他们而远离闪光灯，《爸爸去哪儿》开辟了先河，将明星和星二代呈现到观众面前，从而满足好奇和窥私心理。

明星与孩子们的亮相，将节目推向了一个新的起点，这时候他们都是平凡的父亲，不再有所谓的任何标签，他们与孩子表现的爱，是最真挚的，打动观众的地方。例如在第二期的节目中，睡前 Cindy 对爸爸说出："生日快乐！"这一幕，令田亮眼角湿润，也令更多人感动。

二、记录风格的故事化

《爸爸去哪儿》节目中多采用讲故事的叙述方式。节目组根据整个节目主题以及观众接受能力和传播效果，从行程中精挑一些能引起观众兴趣的情节和片段，利用叙事手段来重新编排成完整的整体，呈现给观众。

从拍摄层面来看，采用 24 小时全天候无死角拍摄。通过设置游戏和任务相结合，大大增加了节目的真实性和记录性。但《爸爸去哪儿》却没有淡化媒介具有的教育功能及娱乐功能，这些均体现在无固化脚本及精选镜头上。一方面，除游戏任务环节是设计好的外，《爸爸去哪儿》并没有固定脚本。总导演谢涤葵说，节目的确有一个 6 人编剧组，可以说《爸爸去哪儿》全在剧本里，又完全没有剧本，编剧的任务就是为整个节目制定一个为了节目进行下去而设置的框架，然后静待家长和孩子们的反应。为了使节目更加自然，在节目中加入了更多纪录片的性质。相反，明星爸爸和孩子们无脚本无台词自由发挥，给节目带来了更多精彩和看点。另一方面，《爸爸去哪儿》有一支 10 余人小分队来看素材做场记，甄别精致且有趣的情节交给编剧组，仅看素材工作需要四五天时间。

从内容层面来看，节目整体风格轻松欢快，力求将真实性展现到位。《爸爸去哪儿》则极大满足了观众对真实性的需求。节目中孩子看待世界单纯美好的方式，制造了真实的氛围，他们和爸爸间的情感流露，为节目增加了看点。

从地点层面来看，拍摄地点的变化非常大，有北京郊区、宁夏沙漠和云南水乡等。为了方便节目组出行，外景均设在离机场一个半小时车程的地方。这些地方的条件比不上参与嘉宾日常生活的大都市，为任务的完成增加了难度，也更有利于展现他们经过考验，战胜困难的过程。将地点设置在不同的环境中，使受众感受宁静而和谐的大自然，释放自己的内心，可谓一举两得。

从受众层面来看，节目的拍摄手法、地点选取以及游戏设置都为受众带来了视觉与心理的双重享受。观众寻求的求真心理和怀旧心理被节目带动，观众看到爸爸和孩子们日常生活中的细节、情节、场景反映在荧屏上，满足了求真心理，也勾起了怀旧童年。

三、创新运用的本土化

《爸爸去哪儿》的火爆，同时带火了节目原版的韩国 MBC 打造的娱乐真人秀节目《爸爸！我们去哪儿》，成为成功反哺的节目，两档节目都取得了超级火爆收视成绩。这不仅得益于湖南卫视自身的影响力，也得益于引进本土化后的创新思维，主要体现在以下几个方面：

（一）剪辑对比

两档节目的剪辑相比较，中国版《爸爸去哪儿》节奏不拖沓，力求将最重要部分呈现到观众面前。观众体验到一种快剪辑模式下，带来的紧张感和刺激感。从节目的设计中，当被描述的主体太多而又得在同一时间传达给观众时，会呈现并列叙事结构。而韩版的《爸爸去哪儿》由于受到韩剧影响而内容冗长，显然不适合中国观众观看。湖南卫视将原版中拖沓的部分删去，形成快节奏剪辑，使之迎合中国市场。

（二）内容革新

首先，韩国版的电视节目采用“一个星爸＋一个或两个孩子”模式，甚至随节目的进程，参赛家庭的其他孩子也会在节目中客串。而中国版采用“一个星爸＋一个孩子”模式，节目主要重点展现亲子互动成长的过程，成为看点。

其次，中国版《爸爸去哪儿》采用季播形式。韩国版采用常态播出模式，每集大约 90 分钟。而中国版由于受到时间和容量影响，基本两集节目涵盖三天两夜的行程。

最后，中国版湖南卫视的《爸爸去哪儿》根据国人的口味，将嘉宾安排在条件苛刻的生活环境中，设置难度较大的挑战任务。而韩国版的节目则更像一次外出度假，是一场离开妈妈的休闲式的室外活动。

（三）元素创新

虽然引进韩国的版权，湖南卫视制作团队又加入了新的元素。具体包括：

1. 外景主持人

湖南卫视主持人李锐作为外景主持人，担任“村长”，起到了连接各个环节的作用,使节目的版块明了化,也起到了娱乐化作用。

2. 对话

韩国版的电视节目中只有爸爸和子女一起活动,而中国版湖南卫视的节目增加了对明星爸爸的谈话,从中反思评价自己和孩子,说出了心里感受。同时也拉近了与观众的距离,使互动性大大增强。

3. 主题曲

湖南卫视定制了同名主题曲《爸爸去哪儿》,由五对明星父子(女)共同演唱,歌词轻快简单,旋律温暖欢乐,表达出浓浓的亲情,令人记忆深刻。

4. 字幕

对于字幕组的精心设置,节目呈现出了更为看点的片段。这些字幕中的表情、文字,图片等为画面的表达内容起到更为直接快速的说明作用,形成一种心理的节奏感。搞笑的字幕也为节目增加了感染力和表现力。

四、制作团队的精良化

(一) 前期宣传

《我是歌手》的关注度还很高涨的时候,湖南卫视官方微博便开始预告买下 MBC 电视台的另一档节目《爸爸去哪儿》。由于原版在韩国及日本播出后引发强烈热议,加剧了国内观众的关注和期待。此外,湖南卫视时不时利用微博制造,开辟有票数参与投票的活动,使观众对节目持续注意。再加上一些媒体进行报道,使观众注意力持续上升。最后,在节目正式播出前,湖南卫视又举办了《爸爸去哪儿》首映仪式,让明星携可爱宝贝亮相公众,各大媒体纷纷报道,再一次将前期宣传推向高潮。

(二) 设备投入

《爸爸去哪儿》拍摄时长 72 小时,甚至动用了航拍。现场加监控共计四十多个机位,节目组在每天拍摄前,梳理当天的拍摄流程。制定详细的计划后,再和现场导演对接,落实到每个环节拍摄中。近 1000 个小时的素材才能剪成一期一个半小时的时长,制作精细,工程量大。值得一提的是,湖南卫视不惜巨资购进高清晰度分辨率的数百个摄像机联合运作,使孩子的表情动作更加逼真,外景的色彩比例更加协调统一,镜头的切换组接顺其自然,给观众留下难以忘记的印象。

(三) 广告嫁接

广告与节目具有微妙的关系,倘若节目和广告有着相同的形象标识和文化认知度,双方会产生更为正向的效应,而《爸爸去哪儿》就是一个成功的典范。

临近节目的播出,“美的”因不愿意承担风险而放弃冠名,换成了现在的“999感冒灵和小儿感冒药”。这一改变,使999感冒灵和小儿感冒药迅速提升知名度。此外,英菲尼迪和思念水饺也取得冠名。除了要考虑预期的效果外,双方的匹配还要有一定的契合度,纵观三种广告产品,它们都能顺应市场需求而取得盈利。这里最为关键的是,广告安插在节目中没有令观众感到植入的突兀和厌恶,反而增强了品牌的认知和好感,体现出广告和节目的双赢。

(四) 后期包装

纵观《爸爸去哪儿》,节目的制作精良无可厚非。而后期的包装,也是团队营销意识的体现。利用湖南卫视强大平台关系网,结合微博效应,对主题曲的宣传,对于话题热议,这些宣传都体现了电视人的营销手段。例如《爸爸去哪儿》制作精美的宣传片和吸引人的口号:是爸爸得看,不是爸爸也得看。同时,在节目播出期间,通过两大王牌节目《天天向上》和《快乐大本营》提高该节目的关注度和知晓度。借助名人及主持人的微博、微信等进行宣传,令人欲罢不能,不得不关注《爸爸去哪儿》。

五、真人秀节目发展趋势

作为一档亲子真人秀节目,《爸爸去哪儿》展现了亲子间的亲情,也对父亲这一角色进行了重新解读与塑造。从精神层面,回归父亲的角色,不断完善自己,学会更好与孩子沟通,关注他们的需求,帮助孩子健康成长。类似的亲子节目还有陕西卫视《好爸爸坏爸爸》、青海卫视《老爸老妈看我的》、深圳卫视《饭没了秀》等。谈及《爸爸去哪儿》,它代表了真人秀节目的发展现状,也预示着未来真人秀节目发展趋势,主要表现在以下四个方面:

(一) 纪录情结:跳脱需要过程

真人秀节目有强烈的娱乐色彩,但由于真人秀兴起于西方,中西方文化差异难免会冲淡娱乐走向纪录。而像《爸爸去哪儿》一档具有故事化叙述手段的节目,使节目不仅有娱乐色彩,还具有完整故事。纵观真人秀节目,不乏有冲淡娱乐偏向纪录的节目。例如浙江卫视的《人生第一次》,同样采用亲子模式,但过于平淡化的情节,使节目的收视并不可观。因此,在真人秀中应有跳脱纪录的思维,转向一种大众化的故事叙事手段。

（二）教育传递：更具理性传播

传播学者施拉姆曾经说过："所有的电视都是教育的电视，唯一的差别在于教什么。"纵观电视节目的发展，真人秀节目越来越注重理性层面的传播功能，而不是单纯娱乐化吸引受众。将歌唱类、益智类等类型加入教育元素，为提高公民素质、启发民智、有益于社会道德水平的提高和社会秩序的维护做了有益的尝试。《爸爸去哪儿》采用"寓教于乐，寓学于乐"的方式，使教育不再单调，在游戏、任务中达到教育意义。

（三）多元发展：时机的把握

真人秀节目被人们普遍追逐，应从火爆的选秀开始。但过于单一化的节目类型会令观众审美疲劳。电视人充分挖掘更多方面，力求展现更多元化的形态。一些不同类别的真人秀也渐渐多元发展起来，例如安徽卫视《超级演说家》定位于中国首档原创新锐语言竞技真人秀节目，浙江卫视《中国星跳跃》定位于大型跳水类节目，河南卫视与爱奇艺联手打造的《汉字英雄》定位于中国首档大型文化综艺节目；江苏卫视推出的《最强大脑》定位于科学真人秀节目等。这些节目涉及了运动、演讲、文化、科学等多方面内容，节目的多元化使真人秀节目的道路越拓越宽，从而为真人秀节目打开更广阔的市场。

在物质生活水平不断提高的今天，人们对精神的需求也不断增加。孩子的教育成为了人们关注的一大热点。在《爸爸去哪儿》节目中，团队也有意识让孩子学会自己处理事情的方式、方法，来增强孩子的独立性和坚强性。让观众看到孩子的内心世界，从中明白心理教育对于孩子的重要。人民日报中专栏报道：节目中展现出来的深深的爱真是太感人了，点燃了人们回家，回到亲人怀抱的愿望。现代社会，太多人被金钱、权势左右，渐渐忽略了最简单的亲人间感情。这一档节目，让人看到了父亲与子女的相处，有欢笑，也有泪水。但终归，大多数人接受了这档亲子节目，成为收视率良好的综艺节目，从而在各种各样的综艺节目中脱颖而出，成为佼佼者。

案例分析二：韩国综艺节目《Running Man》

一、韩国真实综艺秀的界定与特征

在中国观众熟知的一些韩国节目中，无论是最初出现在中国观众眼中的《情书》，还是现在热播的《Running Man》《我们结婚了》，都属于真实综艺秀，它既不完全是真人秀节目，也不完全归于综艺秀类别中，而是两者有机结合后产生的全新的节目样式。

在真实综艺秀里，大量涉及了明星、游戏、歌唱、舞蹈、情景剧等综艺节目要素,多数表现形式是以户外节目为主,但无固定剧本、真实的拍摄手法又展现了真实节目的特征。这类节目模糊了真实节目与综艺节目的边界,是韩国对欧美真人秀借鉴后进行本土化包装后的产物。从真实节目和综艺秀的概念来看,真实综艺秀即为了节目乐趣的最大化,将强烈的现场感,混合不同游戏要素的真实节目同综艺秀节目相结合。通过完善过去真实节目和综艺秀的缺陷而制作出的一种韩国本土的综艺节目。从这层含义来说,我们可以把真实综艺秀拆分成真人秀和综艺节目两个方面来探析。

二、韩国真实综艺秀节目的发展概况

韩国真实综艺秀在保留了本土化综艺秀的元素的同时也引进了海外真人秀节目的某些特色,是韩国娱乐节目制作团队在经过几十年的发展摸索出来的符合自身情况的一种成功的新型节目形态。

早在2006年,南方电视综艺频道就引进播出了韩国综艺节目《X－MAN》,当时韩国综艺节目走的还是“明星＋游戏”的路子。从2008年开始,韩国三大电视台打着“真实类娱乐节目”的旗号推出各类节目,从单纯的明星玩游戏到展现明星生活。其中以明星户外原生态对抗的《家族诞生》、真心告白类节目《强心脏》以及明星虚拟结婚《我们结婚了》为代表。

真实综艺秀的发展概况大致可以分为四个阶段:

(一) 本土化综艺秀的活跃期(20世纪60—90年代)

出现了很多综艺节目,大致是以唱歌、跳舞、喜剧元素为主,如KBS“电视大秀”、MBC“全明星秀”、SBS“庆祝播放音乐会”等。

(二) 欧美真人秀节目的引入期(20世纪90年代——20世纪末)

真人秀初现银屏,韩国电视上开始出现以模仿欧美的再现式节目为主的少量真实节目,例如《警察厅的人们》《TV承载爱》等节目。

(三) 韩国真人秀节目的转型期(20世纪末—21世纪初)

逐渐将真人秀与各种娱乐元素融合后形成了多种类型的真实节目,产生了生存挑战型、游戏比赛型、异性约会型、身份置换型等类型的真人秀节目。而在这个阶段的真人秀主要以“多”、“杂”为特色,例如《情书》《X－man》等。

(四) 韩国真实综艺秀的稳定期(2005年至今)

韩国真人秀在发展中逐步找到了适合自身、可以有机结合的稳定因子、固定元素即是综艺秀,两者融合后创造出的新娱乐节目形式已经得到观众喜爱,正式定名为“韩国真实综艺秀”。而在此后出现的各类真实综艺秀《无限挑战》《两天一夜》《家族诞生》《英雄豪杰》《Running Man》和《我们结婚了》等均在各年龄阶段的受众群中得到了超高人气。

20世纪90年代,韩流正式入侵中国内地。从主打韩剧和韩国音乐的韩流1.0时代,到主打韩国明星的2.0时代,再到现如今主打韩国综艺的3.0时代,韩流已经影响了中国观众整整20年。

三、韩国电视综艺节目风靡海外的原因

第一,"韩流明星"的巨大号召力。韩国经纪公司对于歌手的包装不仅针对国内市场,他们的目标是全亚洲。所以从歌手出道的那天起,经纪公司就开始在亚洲范围内培养粉丝。神话、东方神起、Super Junior、少女时代、Rain等众多韩国歌手都在中国、日本、泰国、新加坡、马来西亚等国家开过演唱会,平均上座率高达90%以上。这些在全亚洲范围内都极具人气的明星是韩国电视综艺节目能够流行的最重要的原因。

第二,发达的网络使自由传播成为可能。网络传播突破了传统媒介的单向传播方式,具有实时同步性、交互性等特点。在网络时代,每个人都身兼传播者和受众的双重角色,对于信息的选择也更具主动性。人们可以自由地上传、下载视频、音频、文字、图片等网络资源,并且可以在社区中与他人进行实时互动。这种发达的网络环境为韩国电视综艺节目提供了迅速传播的土壤,形成了由点及面的影响力。

第三,文化的共通性。韩国与中国、日本等亚洲国家属于同一个文化圈,即"儒学文化圈",在价值观念、审美标准、生活方式等方面大体一致。所以对于韩国的电影、电视剧、电视综艺节目等接受起来比较容易。韩国电视综艺节目在韩国是以电视为媒介进行传播的,在这一媒介环境下,受众对传播过程日益加深的参与度主要体现在两个方面:一是向观众征求节目素材;二是邀请观众作为节目的出演者。很多韩国电视综艺节目在录制之前会事先向观众征集选题,尤其是谈话类节目。即通过MSN、节目官方网站、论坛、街头采访、问卷调查等形式收集观众感兴趣的话题,最终采用观众共同关注的排行前几位的问题或答案,并且公布出题者的名字,有时还配以小照片。因此,很多韩国电视综艺节目不仅在本土人气火爆,在中国、日本、泰国和台湾、澳门等国家和地区的互联网上也具有超高人气。

第四,韩国综艺本身的高超制作水平。比如策划新颖、外景拍摄水平非常高、一档节目投入几十台机位进行拍摄等。

四、《Running man》的视觉符号分析

一档优秀的电视节目要形成自己的品牌，离不开一系列独具特色的视觉符号，而《Running man》就充分具有这样显著的形象识别系统。

（一）节目独特的标识

1. 名牌

在每期节目中主持人和嘉宾的衣服后背上都会粘贴上有自己名字的名牌，而当自己的名牌被撕掉的时候即表示已被淘汰出局，在本轮比赛中再无复活的机会，当下就会被工作人员押送到事先设置好的“监狱”。因此，名牌可以说是《RM》的灵魂，整期节目的每个环节都围绕着最终环节中的撕名牌，各个环节的设置都与名牌有着决定性的关联。相应地，最终在撕名牌中留到最后的就是这期的胜者并获得本期的奖励，多以金制品为主。名牌作为整个《RM》最具特色的符号，可以说是节目的标识，具有显著的差异性，使其能够真正区别于其他的综艺节目。

2. Running ball

早期的《RM》是还未将名牌的作用发挥出来，而是通过 Running ball 来判断胜负，具有一定的巧合性和戏剧性。Running ball 是早期《RM》中代替名牌的标志性符号，即是决定本期比赛胜负的关键。在一期节目中，导演组设置的各个游戏环节都会根据一、二、三等分给各队相应奖励数量的 Running ball，在最后环节中将各队赢得的不同颜色的 Running ball 放进抽球机中，抽出对应颜色的队伍即是本期的胜者。因此相应地，数量越多的队伍获胜的概率也越大。

3. 节目道具：铃铛、R 币和 R 旗帜

R 币是 Running Man 剧组为了方便嘉宾做节目，和当地商贩商量好了的特定指定用币。在济州岛特辑中，R 币作为队员们的旅游费来使用，1R 币是 2500 元韩币。而通过成员们对于 R 币的患得患失过程中，展现出了另一种特别的功能感即综艺感。

铃铛在《RM》多期特辑中担当着非常重要的角色，它更多地体现出了特有的暗示作用。铃铛多数运用在最后环节的追击战中，分为攻击组与任务组，防守组是在躲避追击组攻击的同时完成任务。节目组将铃铛绑在追击组的脚腕上，这就在移动过程中为防守组提供了位置信息，同时响亮的铃铛声也给防守组的队员心理上增加了浓重的紧张感，而队员们的表现则让节目更具真实与刺激感。

R 旗帜是作为节目中指示性的符号，由于 running man 都是需要在

户外进行游戏,队员们接收指令后驾车到达规定的目的地。此时R旗帜就是类似路标的标志牌,为队员们指引游戏场地的入口。因此R旗帜也是《RM》的另一个重要符号,让观众们更能清楚地了解到"这就是《RM》"。

4. 地标建筑

每期节目的录制现场都会选择著名的地标建筑,这样既有利于去各地做节目推广,又可以通过植入广告的形式降低节目成本,还可以把当地美景展现给观众避免了对节目的审美疲劳。在一期节目中由于任务安排还会辗转几个场地,这就更加丰富了节目内容。例如在第20110515期节目中先后经历了盆塘书岘站、骊州休息站、忠州公园/源洲五日场、大邱体育场等。

(二) 语言符号与非语言符号

1. 诙谐、应景的字幕和特效

《RM》节目中观众们不仅能感受到成员们撕名牌的惊险和刺激,更吸引人的是成员们的各种搞笑的肢体动作和话语,含有他们独特的艺能感,而相应地扩大了这种艺能感的就是字幕和特效。《Running man》拥有精致的后期画面编辑,通过字幕、动画以及镜头的慢放、回放、定格等画面特效,来控制节目的整体节奏。与国内的娱乐节目不同的是,韩国的综艺节目不会将主持人或嘉宾的出糗片段剪掉,而是用回放和定格并加上诙谐的字幕来将这种搞笑放大化,使节目更加具有真实感和搞笑感,也为观众奉上了更大的快乐。

2. 各成员专属的背景音乐和搞笑的音效

可以说,《RM》的另一个独特之处就是每位成员都有各自专属背景音乐,这是其他综艺节目中所未有的。《RM》中开场时都会有主持人出场的场景,而相对应的每个人都会有不止一首的自己的背景音乐,非常符合每人个性的音乐。例如能力者金钟国的背景音乐是《This is Sparta》《what we need is a hero》等。

在节目剪辑中,音效与字幕一样拥有着扩大搞笑效果的作用。非常应景和有趣的音效效果是另一个剪辑技巧,例如在男成员们看到了美女时脸红的反应时,就会附上"喔! baby的搞笑音效,更加符合当时的场景。

五、韩国真实综艺节目的叙事策略

(一) 节目内容与表现形式

1. 节目故事化分析——真实与虚构结合

真人秀节目从策划到具体完成,都伴随着强烈的故事性和戏剧化色彩。参与者的行动被安排在一定时期内，按进行的时间序列展开。根据可能产生的人的兴奋点，真人秀节目围绕整个人类生存发展历程中的两条基本轨迹，设计出各种游戏和竞赛规则。一方面强调人如何面对自然，如何在艰苦环境下生存下来；另一方面强调人如何面对社会，与他人相处。所有的真人秀节目几乎都围绕着这两个主题进行构思，大同小异。在不同时空中，人适应自然和社会的能力就在不断产生惊喜、刺激、颓废、阴谋和争斗的叙事中展现出来。

在《RM》中，很多时候成员们都会不自觉地用展现出真实的个性，这就是节目的真实性体现，而他们自身所设定的角色却让他们做出了很多不符合个性的事，在真实中穿插着虚拟，让观众从节目中看到真实性，因此也会更加喜欢观看节目。

2. 节目中的冲突与悬念

没有冲突，就没有戏剧。冲突是对本来很和谐的情况的一种破坏，但"这种破坏不能始终是破坏，而是要被否定掉"，使冲突消除，又回到和谐。像任何戏剧类节目一样，真人秀的内核在于它的冲突性，往往设置一个特殊情景，定下残酷的竞争规则和颇具秀活力的竞争目标，再辅之以各种游戏环节，不断地在节目中制造各种冲突。

在真实综艺秀中出现的各种冲突，有人与环境的冲突，人与人的冲突和人内心的冲突。真人秀节目主要通过这三种冲突结合起来，强化日常生活中的矛盾冲突，使之更尖锐化和系列化。《RM》节目组设置的很多游戏环节都是在比较恶劣的情况下完成的，例如在高压水枪喷打身体的同时要在规定时间内进入车内，然后还要将外围摆放的易拉罐用水枪打倒等游戏。另外在节目中经常会出现选择间谍的游戏，这关系到最终胜利，因此成员们就与除了自己一队的人进行心理猜测，彼此的互相猜疑和背叛这都是节目中的不可预测性。往往最后获胜的是大家都想不到的那个成员，这种头脑风暴也让节目更加精彩。在节目中还经常会有个人战，想要独自取得胜利就需要与他人合作，最后背叛同伴独自取胜的情况占大多数。因此背叛也是成员们经过内心挣扎后做出的选择。这就是节目中的冲突，这些真实的冲突更容易打动广大观众，更能为观众营造更多的惊喜和新鲜感。

许多真实综艺秀都可以被看作一个长篇叙事文本。由于跨时长，每周仅播出一集，为使观众始终处于一种兴奋、期待的状态，就必须延宕从始点到终点、从动情到高潮的过程。在整个运动中，悬念是一个关键点。悬念是故事情节得以发展的生命力，有悬念的故事精彩纷呈、扣

人心弦。将悬念引入娱乐节目中，改变了娱乐节目只为逗人发笑而娱乐的目的，而是抓住观众的心一起参与一场有情节的游戏故事。为了赢得游戏，选手会努力地奔跑完成任务，无法预知的可能性随时会发生，更增加了节目的看点。《Running man》每期节目大约 80 分钟左右，相当于一部电影的片长，通过寻找、怀疑、比赛、合作、争斗等戏剧元素开展紧张刺激的猫捉老鼠式的游戏，不到最后时刻谁都无法预料比赛的结果，极具故事性和悬疑性，可以充分调动起观众的好奇心和观看欲望。另外通过后期剪辑，我们还可以看到节目组事先安排好的、只有特定成员知道的任务，让蒙在鼓里的其他成员措手不及，甚至相互怀疑，也让不知情的电视观众恍然大悟。比如第 20110925 期“犯人”宋智孝和“间谍”金钟国，本来宋智孝因为拍戏没有参与第一天的节目录制，其他成员也很难怀疑她，更没有想到金钟国是“间谍”，当我们通过快速倒退的画面，才知道这是事情的真相。

通过悬念的设置、情节的铺陈、人物性格的塑造和人物心理的展示，真实综艺节目的故事就像一部戏剧，有开头、发展、高潮、结局，在矛盾的不断冲突和不断化解之中，在山重水复和柳暗花明之中，人物命运的起承转合得到完整的展现。整个节目也就受到了环环相扣、引人入胜的效果，这就是节奏紧凑的原理。

（二）节目的主要叙事主体

1. 参与人物分析

在电视节目传播过程中，电视节目主持人是传者与受者之间进行联系的“人物化”桥梁。作为整个节目的直接驾驭者和与观众交流沟通的代言人，节目是否成功、是否受欢迎、是否有高收视率，主持人起到了关键作用。同时邀请不同的当红明星嘉宾，保证了节目的新鲜感和时尚感。

1）明星主持群

所谓主持群，即由三个或三个以上特点鲜明的主持人按照特定规律组合在一起的一种主持形式。从《新周刊》对《天天向上》的主持群颁奖词中提到：“…… 多名主持人之间的互动、表演和配合在某种程度上回成为节目本身的一大卖点，这是一个群体的合力……”。《Running man》现有刘在石、池石镇、金钟国、哈哈、姜 Gary、李光洙、宋智孝等 7 名固定主持人。这个庞大的主持人阵容由 60 后、70 后、80 后组成，从而保证了各个年龄段的收视群体。其中，刘在石和池石镇是老牌优秀主持人，金钟国、哈哈和姜 Gary 是著名歌手，李光洙和宋智孝是演员出身。由这样不同背景、不同才艺的明星所组成的主持人团队,保证了节目的丰富和精彩。主持群主要采取一人为主、其余为辅的主持方式,由核心主持人把握节目的节奏和流程,其他主持人扮演不同角色作为辅助角色。在中,各主持人之间的互动非常充分。由于融洽的朋友关系,《Running man》的主持人渐渐形成了各种稳固的组合,如"监狱三人组"(刘在石、池石镇、李光洙)、"我哥哥和我弟弟"(金钟国、哈哈)、"老虎与长颈鹿队"(金钟国、李光洙)、"周一情侣"(宋智孝、姜GARY)等。

2) 明星嘉宾

众多的韩国明星艺人保证了节目持续不断的嘉宾资源,由于嘉宾本身的巨大粉丝团也更加保证了高收视率。来到《RM》的嘉宾中不乏一些享誉海外的一线明星,如少女时代、东方神起、金贤重、车太贤、李孝利等等。在第 20111211 期和 20111218 期的香港特辑节目中,国际功夫巨星成龙以视频方式做任务传递。而在 130303 E135 则是邀请到成龙作为嘉宾来到韩国拍摄《RM》"成龙的寻宝猎人"特辑。

在韩国真实综艺节目中,主持人并不会因为这些演艺明星是嘉宾的身份而去一味讨好、忍让他们,而在《RM》的追逐赛环节中每个成员都会不顾情面努力的去获得胜利,与嘉宾的正面撕名牌是常见的场面,异常精彩。所以在这样成员和嘉宾们全力以赴夺得胜利的过程中,观众只会因为非常真实而更加喜欢看这个节目。这就是真实综艺秀的魅力,充分的真实度和综艺感让观众真正的喜爱,这也是真实综艺秀如此风靡全球的原因。

2. 独特的游戏环节设置

韩国电视节目的"游戏时代"已经到来。越来越多的电视节目正在卷入"游戏"的洪流中,以"游戏"为中心的坐标系中,不难发现娱乐节目正在快速靠近坐标中心,生活服务和社教节目也紧跟其后,积极融入游戏旋风中。电视节目的游戏化发展是时代的要求,是电视节目发展的必然结果。

所谓电视节目的游戏化,是娱乐至上媒体环境下催生的电视节目"游戏"突围现象。游戏解决了电视节目创新的现实难题,低成本、灵活多变的游戏是电视节目改版或创新的有效方法。近年来游戏成为电视节目炙手可热的创新手段,电视节目的游戏创新、模仿,以及游戏节目自身的更新在不断演化和发展。游戏在各种电视节目中开花结果,又将游戏的种子传播到其他电视节目中,让游戏在电视节目中繁衍生息。

韩国电视节目的游戏化现象，离不开韩国民族文化和地域特色的影响，韩国人能歌善舞、喜欢游戏等娱乐活动，每逢节日都会举行传统游戏比赛庆祝。这种娱乐的国民性是游戏的发展“温床”，具有特殊性。而在出现的游戏就有很多种，其中有部分是制作组自己发明的，还有部分是韩国传统的游戏比如摔跤和斗鸡游戏等。这些游戏都凝聚了制作组的细心和充足的艺能感，每一个步骤都是具有一定的预先性。另外，每个看似很难完成的游戏，制作组在让成员们完成之前都会事先进行自身检验，测试可能性。

3. 真人秀节目中的观众互动

韩国真实综艺秀的节目中非常吸引人的一点就是可以充分让观众参与到节目中来。很多期都离不开观众的参与，例如在 20130217 期参与了三百名大学生参与拔河。而在近期的 131229 期中更是让制作组整体参与进来，着实让人惊讶。

另外一点是节目会采取忠实观众的想法，根据本人的想法来做一期特辑，近期 140126 期就是节目组在接收到香港大学生的象棋竞赛的想法，按照这名大学生设计的环节来完成了一期《象棋盘竞赛——香港少女的来信》特辑。

韩国真实综艺秀节目的迅速发展可以带给我国综艺节目很多启示。将节目的形式创新和大众文化心理与传统文化相结合，寻找出一条既符合电视本性，又符合大众观赏习惯的节目策划之路，是所有中国的电视人研究不尽的一个重要课题。

参 考 文 献

[1] 申整齐.中国电视综艺节目的特点及趋势[J].当代电视,2007,(7).

[2] 张同道,刘普亮.制造笑声与创造欢乐—试谈综艺栏目的模式[J].电视研究,2004,(1).

[3] 刘臻.对十大综艺娱乐栏目和主持人排行的思索[J].视听纵横,2010,(1)

[4] 王国臣.电视综艺节目编导[M].杭州:浙江大学出版社,2011.

[5] 苗棣,赵肖雄.中国电视娱乐节目新动向[J].电视研究,2012,(3).

[6] 冯丹阳,毛东东.代际元素在电视综艺节目中的传播效果——以深圳卫视《年代秀》节目为例[J].声屏世界,2012,(12(下半月)).

[7] 刘阳.解码卫视综艺节目大战:六大关键词聚焦节目模式引进[N].人民日报,2013-03-21.

[8] 杨晓东.试论电视综艺晚会的艺术特性[J].魅力中国,2010,(8)

[9] 黄梦阮,詹正茂.民俗传统与国家话语——2008年春节联欢晚会中的主题宣传研究[J].今传媒,2008(3).

[10] 梁平.春晚为啥要设“动情点”?[N].南京日报,2007-02-12.

[11] 赵博文.中央电视台春节联欢晚会发展历程研究[J].河北软件职业技术学院学报,2011,(6).

第五章 生活服务类电视节目形态解析

第一节 生活服务类电视节目的发展与分类

一、生活服务类电视节目的界定

电视具有审美、娱乐、宣传、教育和服务等功能。在过去的观念中,我们往往更加重视电视的宣传与教育功能。随着近几年观念的转变,电视从过去单纯重视教化功能开始向兼顾娱乐和实用功能转换,尤其是生活服务类节目逐渐被重视与强化。电视的服务功能,是电视最基本的职能,从电视诞生之日起它就拥有了服务功能。这种服务性几乎渗透于电视播出的所有节目,包括娱乐节目、新闻节目、教育节目等,都在一定程度上体现着对受众的服务,这正是电视作为传播工具应该拥有的本性所在。电视的宣传、教育、审美等其他功能,也是在服务基础上的派生职能。

从广义上讲,电视生活服务类节目就是传播者针对受众日常生活的衣食住行等方方面面制作的节目,主要是为人们日常的具体生活需要提供各种服务的一种节目形式。这是对电视生活服务类节目下的一个非常宽泛的定义。1999年10月出版的《广播电视辞典》给生活服务节目下了这样的定义:"以实用性内容为主,直接为观众日常生活、学习、工作服务的电视节目。这类节目通过传播信息、解答问题和反映群众呼声、帮助受众解决日常生活、工作和学习中的各种实际问题,为社会提供直接间接的服务。节目注重实用价值,力求满足现实生活中的各种服务需求。"这个定义是狭义的,"直接"二字是界定狭义服务节目的关键。它限定了生活服务节目的内涵,一定是与人们生活有某种直接的关系,满足人们日常生活需要的那一类电视节目,这类节目关注人们生活状态、居住环境等生活的方方面面。本章重点研究的也正是这种狭义上的生活服务节目。

二、我国生活服务类电视节目的发展历程

1979 年 8 月 12 日,中央电视台《为您服务》亮相荧屏,成为了中央电视台最早的一个专题性栏目,标志着生活服务类电视节目开始进入我国的千家万户。1983 年《为您服务》改版后成为中央电视台当年最有影响力的综合服务性专栏。20 世纪 80 年代成为了我国生活服务类电视节目的最初形成期。20 世纪 90 年代,生活服务类节目进入了发展期。《为您服务》在生活服务类节目中起到了领头羊的作用,在它成功经验的指导下,全国各省级电视台的此类节目逐渐增多,质量也有很大提高。1996 年 7 月 1 日,杂志型的电视生活服务类栏目《生活》在中央电视台经济生活频道开播,它标志着电视生活服务类节目进入一个新的时期。《生活》在内容上不再局限于过去生活服务节目中生活常识的介绍,而是将范围涉及得更加广泛,逐渐由向观众提供具体实用的生活、消费资讯,过渡到了以关注生命安全、消费安全为目标,再加上独特的节目包装使得《生活》栏目以令人耳目一新的面孔受到了观众的喜爱。20 世纪 90 年代,我国电视生活服务类节目进入了创新期。这一时期,电视生活服务类节目的定位更加具有了针对性,单一主题的专业性服务节目开始增多。进入 21 世纪以后,我国的生活服务类节目形态更加多元化,专业化的生活服务频道开始出现,我国的电视生活服务类节目出现了百家争鸣、百花争艳的繁荣时期。

三、生活服务类电视节目的分类

(一)综合杂志类服务节目

综合杂志类服务节目是在所有服务节目中产生最早的一类,针对各个具体方面的服务类节目都是从综合服务类节目中分化出去的。综合杂志类服务节目主要是指针对受众日常生活的衣、食、住、行等方方面面或者其中几个方面制作,而不是特指某一类型的杂志类服务节目类型。虽然包含的内容繁多,但多而不杂,通常栏目被分为几个彼此有机结合的小板块构成。比如像中央电视台的《生活》《为您服务》,北京电视台生活服务频道的《7 日 7 频道》《快乐生活一点通》,凤凰卫视的《完全时尚手册》等都是综合杂志类生活服务节目。

目前在我国,还有大量的综合性生活服务类电视节目存在,它有着存在的合理性和不可替代的优势,在很大程度上满足了大众的共同需要。那么在分众化的大趋势下如何把握分众与综合化的关系?如何做好综合化杂志类节目的定位呢?首先是要把握好综合性生活服务类电视节目的内容定位。过去那种大而全

的节目已经不适应现在分众化传播的发展和受众实际的需求，但是无论分众化趋势怎样发展，受众的共性始终存在。正如第一章中分析过的，大众与分众之间其实是辩证统一的关系。因此，综合性杂志节目的制作者要研究和关注受众的共性，把握大众兴趣所在，并在节目中予以体现，它就能拥有更广泛的观众。但综合性生活服务类电视节目的宽泛性特点，也是相对而言的。它所涉及的内容广度比较大，因此综合杂志类服务节目定位虽然比起单一主题的更加宽泛，但也不能漫无边际。应该有所侧重，这样才能确立自身稳定的地位和收视规模优势，最终获取最佳的社会效益和经济效益，不会给人造成一种大杂烩的感觉。第二是要做好受众定位。综合类生活服务类节目的受众群也相对比较宽泛。受众定位的范围必须要适当，不能过大或过小。受众的定位面过大反而不利于形成固定的收视群。而节目定位过于狭窄，会造成固定收视群的狭小，节目制作过程中会感到题材越来越稀少，最终无从选材。第三是要坚持综合服务类节目的栏目化，构建电视节目的板块格局。综合性生活服务类节目的栏目化对信息进行了分类组合，在一个节目的大主题原则下进行搭配，各自独立却又彼此相联。这样就减少了随意性和杂乱感，是合理调配资源、方便受众收视、提高利用效益的科学编排形式。比如《为您服务》中，内容大致分为三个板块：生活有隐忧，你该怎么办；生活大不同，专家有说法；生活有纠纷，律师来出招。在《生活》栏目中，也分有不同的子栏目，如《生活危机现场》《生活 315》《朱轶说计》。凤凰卫视中文台的《完全时尚手册》每周 5 天的节目主题各不相同：周一的主题是“天桥云裳”，介绍最新的彩妆、衣饰搭配与美容护肤技巧；周二的主题是“皇朝家私我的家”，网罗全球最新设计方案，开拓家居设计灵感；周三的主题是“数码港”，介绍新科技产品；周四的主题“品味典”，鉴赏震撼的艺术精品；周五的主题是“车元素”，报道车坛盛世，分析行业走向。有些子栏目虽然目前还没有得到大众的共同关注，但仍然拥有稳定和庞大的收视群体，同样可以在综合性生活服务节目之中设立专门的对象性专栏。在这种情况下，综合性生活服务类电视节目的一些对象性栏目填补了单一主题尚未形成生活服务节目的空白。

在分众化时代，综合服务类节目仍然有其不可代替的优势，依然在服务类节目中占据着很重要的位置。电视受众的分众化与生活服务节目的这种杂志化形态表面看起来似乎是矛盾的，但仔细分析我们就会发现其实并非如此。随着生活节奏的加快，众多的消费者每天没有多少时间花在收看电视上，因此更希望在一个生活服务类节目中了解更多的信息，有广泛的信息需求。并且还有大量的受众并没有非常明确的收视倾向，处于游离状态，综合杂志型节目应争取把这些人吸引过来。在未来的生活服务类节目发展过程中，各种适应分众化的服务节目会充斥荧屏，但是综合杂志类节目仍然有着自身独特的优势，此类服务节目的发展前景依然会十分广阔。

（二）单一主题类生活服务节目

随着电视技术与社会文化的不断发展，生活服务类节目的受众呈现分众化趋向。消费者在某一方面出现了更深、更细层次的收视需求。为适应电视传播从大众传播向分众化的发展，生活服务类电视节目也在不断扩容和细分，其内容更加对象化。于是各个电视台的生活服务类节目的题材也越分越细，出现了各种根据受众实际需要细分的生活服务类节目，有些台甚至还设立了专门的生活服务频道。节目开始向特定的受众群体发展，有针对性地向受众提供服务。与综合性生活服务节目不同，单一主题类生活服务节目大多细分为旅游、饮食、家居、时尚、健康等，节目的内容更具对象性。单一主题类生活服务节目按照节目内容，又可以划分为电视旅游节目、电视气象节目、电视美食节目、电视科教服务节目、电视房产家居节目、电视医疗保健节目、电视汽车节目、电视购物节目、电视职场类节目等。按内容的不同分类，如下表所示：

表5.1　生活类栏目按内容分类

节目类别	典型栏目	所属电视台
电视气象节目	《天气预报》	中央电视台
	《看气象》	北京电视台
电视美食节目	《天天饮食》	中央电视台
	《食全食美》	北京电视台
	《爽食行天下》	浙江电视台
电视汽车节目	《汽车派》	旅游卫视
	《我爱我车》	北京电视台
电视家居节目	《交换空间》	中央电视台
	《家政女皇》	河北电视台
电视旅游节目	《四海漫游》	北京电视台
	《爸爸去哪儿》	湖南电视台
电视医疗保健节目	《健康之路》	中央电视台
	《养生堂》	北京电视台
电视购物节目	《快乐购》	湖南电视台
	《美嘉购物》	湖北电视台

注：根据各电视台官方网站整理

第二节 生活服务类电视节目的形态特征

一、实用性

中国人有着独特的文化心理结构,我国传统文化就一直推崇“追求现实生存,肯定世俗文化并服务于它”的实用性。这种理性思维表现在看电视就是希望所收看的节目能对自己有所帮助。无论是综合类生活服务节目还是单一主题的生活服务类节目都具有非常典型的实用性。实用性也是一个让观众接受这类节目的最直接、充分的理由。比如在中央电视台二套的《为您服务》中,会介绍各种保健生活常识,关注消费者权益,提供生活的小常识、小窍门,推荐最新的旅游资讯和指南等等。而在中央电视台一套的《天天饮食》、中央电视台二套的《每食每客》《三人餐桌》中,观众们了解到了与厨艺相关的饮食文化,学做家常菜,并掌握到最新的健康饮食知识。在《天气预报》这类节目中,人们知道了气候的冷暖变化,为人们的生活提供了极大的方便。生活服务节目应该树立起良好的“服务理念”,以实用为基础,为观众提供了可操作性强的、能够落到实处的帮助。在分众化时代,面对受众日益多元化的生活,生活服务类电视节目应该从实际出发,给观众更直接、更切实、更具体的服务资讯,让人们面对多变的社会生活少一些无措,多一些从容。

二、人文性

电视媒介本身就具有人文性的特征,而生活服务类节目的基本理念又是关注生活以及关心生活的人们,从这个意义上说,“以人为本”的理念在生活服务节目中应该体现得更为突出。因此,电视生活服务节目的人文性应该成为一种意识、一种精神,渗透到节目的每一个元素。电视服务节目本身就是一种为百姓提供服务的方式,电视节目制作人必须了解观众在想什么,需要什么。随着社会的不断发展,人们对各种问题的认识程度逐渐加深,受众已经不满足于过去那种围绕柴米油盐的服务性节目。如今的服务节目将服务的触角涉及到方方面面,包括前途命运、求学就业等等题材节目的引入都体现了人文性。同时,生活服务节目需要时刻符合时代的节拍与观众不断变化的心理特点,电视的服务功能伴随着观众的需要不断向深度、广度拓展。例如中央电视台十套的《心理访谈》节目,就将过去人们在传统意义上认为的生活服务节目只是在物质领域里的概念进行了重新认识。将视角投注到人们的心理健康领域,开辟了生活服务节目新的发展空间。作为全国第一档以现场个案访谈为表现形式的栏目，它填补了过去我国电视心理服务类节目的空缺，关注到了现代社会人们心里精神压力过大的现实，为人们带去了精神上的服务。生活服务节目必须要考虑不同受众层的要求，需要仔细研究社会热点和消费市场的新变化，承担起让人们更好生活的责任。

三、贴近性

电视工作者应该始终坚持贴近生活的工作原则，对于生活服务节目的制作者更应该无限贴近百姓生活空间。首先应根据服务的地域、人群、服务时令的不同，赋予节目不同的内容和特色。我国地域辽阔，从南到北人们的生活习惯有很大的差异。而对于不同的人群，经济状况、教育程度也各不相同。因此，生活服务节目需要具有针对性和差异性，可以针对不同的人，做针对性较强的服务，贴近群众，通俗易懂。把社会中方方面面都融入百姓生活之中，以一种都市化、生活化的形象呈现在观众面前。其次是贴近时代，与时代同步，把握当前的热点。在节目中体现受众在生活中未知并且需要学习的内容，具备高瞻远瞩的眼光，领先于生活，积极倡导科学先进的生活理念和健康、向上的生活方式。第三是贴近人心，具有亲和力。生活服务节目需要具有一种平民意识，以亲切的态度对待观众。许多生活服务节目正是以其对生活“零视角”的关照和平民化的态度受到了广大观众的认可。在这种平等的氛围中受众接受的传播效果应该是最好的。许多生活服务节目的主持人，感觉像是在和观众讲述家长里短，语言表达上非常具有亲和力，好像向自己的家人或朋友聊天一样。比如《为您服务》的主持人肖薇、王晓骞，《7 日 7 频道》的主持人元元等，都是以一种非常自然、亲切、流畅的状态，用自己的真情实感向观众说明事物的真实情况，体现节目贴近生活的特点。

第三节　生活服务类电视节目的受众分析

受众，并不是一个抽象、固定的概念，它是与媒介信息接受行为紧密联系在一起的。它是信息传播过程的一个重要环节，是传播过程赖以存在的前提和条件。受众是电视业的生存之本，在社会环境和社会结构多样化、人们思想观念和价值取向多样化、信息传播渠道多样化的形势下。媒体间争资源、争市场、争受众的竞争日趋激烈。受众被巨量的电视产品包围，已成为越来越稀缺的战略资源。

现代传播学研究表明,传播并非单向的过程,它并不以受传者接受信息为终止,而以受传者对信息做出反应为新的起点。传播者根据受众提出的反馈信息,调节传播内容和方式,对提高传播的针对性和有效性,会起到积极的作用。对于电视制作人员和研究人员来说,如何把电视与受众之间的互动关系清晰地表现出来才是认识事实以求进一步发展的关键。电视节目的编创人员是否有健全的受众意识是栏目建立和发展的基础,在对目标受众群的生活形态和心理特征进行调查和科学分析的基础上,对节目形态进行设计和合理安排,才是成功的保证。

电视业要想获得大的发展,就必须加强受众研究。如何最大限度地满足受众的收视需求,是关乎电视业生存和发展的重大课题。虽然观众数量是相对固定的,一时难以扩大。但仍然可以通过重新认识受众,有计划地开发、合理使用、经营观众资源。这样不但可以扩大受众规模,还可以建立忠实的受众群体。因此,电视从业人员需要建立以人为本的受众本位思想;需要尊重受众、了解受众,才能最终做到服务受众;需要与观众达成很好的互动,重视信息反馈和对受众的分析的作用。

一、受众收视行为分析

(一)受众的基本特征

大众传播中受众的基本特征包括以下几点。

1. 广泛性

大众传播中的受众的数量是巨大的,受众分布的范围也相当广泛。

2. 复杂性

受众的构成由于受众存在的广泛性而凸现出复杂性。受众可以来自不同的社会阶层,其成员具有不同的社会属性,对传播的信息的反应也不同。

3. 流动性

作为大众传播的终端,受众并不是一成不变。即使是对某种具体媒介而言,其受众的结构也是流动变化的。

4. 隐匿性

大众传播的受众通常是不知名的。传播者可以通过市场细分等方式大体描绘出目标受众的轮廓,但传播者无法知晓具体的传播受众个体。

5. 分离性

传播者和受众在时间和空间上是相分离的,彼此分隔,没有直接接触。

（二）受众收视的需求分类

每位观众在收视行为产生以前，在潜意识中都会问：看这档节目能满足我什么需求？我们应该研究受众为什么会选择某种特定的内容类型，他们期望得到什么样的满足，他们最终得到了什么样的满足？总结起来，观众的需求大致有以下几种，这些需求并不是单独存在而常常同时具有其中的几种，因而由这些收视需求所导致的收视行为也往往是复杂多变的。

1. 获得

获得知识、健康、金钱，满足好奇心和普遍兴趣；通过信息获得安全感，寻求对实际问题的建议和决定时的选择；获得对自身价值观的认同；获得责任感、自豪感、自信心以及表扬、成功、进步等。通过电视，不仅可以令观众开阔眼界，增长见识，同时也给工作和生活提供了便利的条件。

2. 希望

希望自己找到行为榜样，使自己容易亲近、热情好客、坚强无比；希望自己能够表达自己的人格特质；希望自己通过节目达到怡情养性、愉悦身心，具备现代、时尚、高雅的气质；希望自己具有对自我的分析力，有创意、有成果。

3. 拥有

拥有他人的情感，使自己能与家庭、朋友和社会沟通；与受尊重的媒介中的他人保持一致并拥有归属感；把节目当作伙伴，拥有真实生活中的伴侣关系的替代者；拥有别人没有的东西，希望自己比别人过得更好。

4. 逃避

逃避问题或转换对问题的注意力，逃避烦恼和寂寞，将电视作为孤独时的一个陪伴。使自己能够将注意力转移到屏幕上，沉浸在节目当中以期得到放松，借以暂时忘却烦恼、摆脱孤独。打发时间，使感情得到释放的同时也能欣赏到美好的人或事物，获得内在的文化或审美享受。

5. 依赖

电视已经形成了一种新的文化生活方式，从某种程度上说，它改变了人们的生活习惯。所以，每天收看电视节目已经成为了许多人生活的一部分。人们依赖、习惯于伴随着电视节目来度过一些时光。

（三）受众收视的动机分类

观众收视动机是指观众为了满足自己的一定需求而收看某类电视节目的愿望或意念。从根本上看，受众的收视动机类型主要有以下几种：

1. 求实动机

以追求节目的实用价值为主要目的,核心是具有明确的功利性和功能性。观众重视节目的效用、质量,重视节目是否能给自己带来愉悦感和提供帮助。

2. 求美动机

以追求节目包装的欣赏价值为主要目的的收视动机,核心是讲求内容与形式的统一,要求具有艺术性美感的表现形式。

3. 求新动机

以追求节目的新颖时髦为主要动机。对节目的创新有很高的渴望,希望看到新颖前卫的表现形式、节目形态、主持风格、编排方式等。

4. 求方便动机

以追求提高收视效率、降低收视成本为主要动机。希望节目编排符合自己的收视习惯和心理逻辑,如节目安排的时间正好是自己的休闲时间等。

5. 满足嗜好的动机

以满足个人特殊偏好为目的的收视动机。

6. 从众收视动机

为了求得统一群体的认同,随他人收看特定品牌的节目。

7. 求名动机

为了显示自己的独特特征与其他人的明显区别,重视某一节目的威望和象征意义。

8. 求知动机

受众希望能够从节目中掌握各种所需要的信息,形成对一些事物和事件的看法,从而消除自身由于信息不可亲身获得所带来的认知缺憾以及满足他们的好奇心。

9. 娱乐动机

受众追求电视节目带来的欢快体验,达到放松、娱乐的目的。现代人生活压力过大,这种动机驱使下的观众更加重视节目的轻松搞笑色彩。

(四) 影响观众收视行为的因素

影响观众收视行为的因素有很多,主要可以分为内部因素和外部因素。内部因素包括观众的经济状况、个性特征、文化水平、兴趣爱好等;外因包括节目的内容、节目形式、节目的设置与安排、收视环境、收视的技术质量等。

1. 外部因素

(1) 收视对象

收视对象就是电视节目。电视节目本身的优劣是影响观众收视的最直接、最重要的因素。一个电视节目从内容到形式,从主持人到外包装,以及从节目设置到节目安排等诸多方面,都会直接影响到观众对节目的选择。观众在选择收看电视节目时,首先是"在随意选择中,发现好的就看",也就是说观众在不断的频道转换中都处于无意注意的状态,直到被某个节目所吸引而引发了收视兴趣,从而转为有意注意。其次,影响观众选择收看电视的原因是"习惯收看某个频道",原因有两个:或是某个专业频道的内容符合观众的兴趣及口味;或是某个频道给观众留下了良好的整体印象。而这些,也同样是观众经过长期收看和比较之后形成的习惯。所以,观众对节目的收看,多数是经过了从无意注意向有意注意的这个转化过程。在这个转化过程中,节目的内容和形式起到了决定性的驱动作用。

形式往往是吸引人的最直观的首要因素,形式往往先于内容而起作用。而能够将有意注意长久地保持下去的,内容则更具生命力。对于一个电视节目来说,只有形神俱佳,才能引发观众的收视兴趣和收视愿望。同时,节目的设置与安排以及节目的播出时间安排显得尤其重要。它很大程度上影响着观众的收看情绪,观众会因为喜爱某一个节目而对其前后的节目都有所关照。

(2)收视环境

收视环境一般是指家庭环境。几乎每一位观众的收视行为或多或少都会受到家庭环境的影响。电视的收视环境和电影相比具有它的特殊性,相对来说更加宽松、自由。因为人们在收看电视时常伴随其他行为,如和家人聊天、家务劳动等等,使人们往往不太去注意节目内容。有时甚至人们会去选择那些无需专注收看的轻松节目,只是将电视作为可以为自己行为配合背景声音的工具而已。其次,家庭的生活观念和模式、家庭成员的收视习惯等等都会对观众选择节目构成影响。我们往往会遇到这种情况,不同的家庭成员有不同的收视愿望,收看的电视节目只能满足一部分家庭成员的愿望。比如,青少年的收视习惯会受到父母的很大影响,甚至是在父母的影响下逐渐形成的。

(3)收视的技术质量

收视的技术质量是指观众接收电视信号的强弱,所拥有电视机的质量好坏等等。收视技术的质量将直接影响到电视节目的清晰度,也就是会影响到观众收看节目的质量。因此,收视的技术质量也会对观众选择节目造成很大的影响,只有硬件设备好,才能保证电视节目被原样放送。

2. 内部因素

(1)文化水平因素

文化水平的高低会对观众造成直接的影响,不同的观众在选择电视节目时会表现出很大的差别。观众通常会形成和自己文化程度相符的收视偏好、收视习惯等。比如知识分子阶层一般可能会比较喜欢看比较有深度的、代表精英文化的电视节目。而如果是家庭主妇可能会选择一些言情剧、家庭轻喜剧等。

(2) 心理因素

心理因素在影响观众收视行为的内因中,起到了决定性的作用。具体来说,影响观众收视行为的心理因素主要有以下几个方面。

个性。个性是观众身上表现出来的经常的、稳定的、实质性的心理特征。个性的差别也将导致收视行为的不同。例如,外向型的观众是新节目品牌的率先收看者;内向型的观众一般比较理智,大多喜欢对节目进行反复比较、分析和思考后才决定是否收看。

态度。态度是指观众对某个客体的倾向,态度对观众的收视行为有很大的影响。电视媒体应该根据受众的态度设计和改进节目,使节目很好地符合他们的要求。

感觉。任何观众在收看节目时,都要通过自己的感觉器官,对电视媒体及节目产生一定的印象,在对其进行综合分析后才能做出是否经常收看的决定。因此,电视媒体必须采取多种营销手段,将节目的外观、包装、功能、特性等展示给观众,激发其收视行为。

通过以上分析我们可以看出,观众决定着或影响着电视节目的价值和地位。我们应该时刻具有受众本位的意识,本着了解观众、尊重观众的出发点,认真地对受众进行分析,对观众负责。只有这样,才能制作出令观众满意的电视节目。

(五) 中国电视受众市场基本情况

根据中央电视台——索福瑞媒介研究公司(CSM)的统计,即使在晚上 19 点—21 点 30 分的黄金时间,每天也只有 60% 的中国家庭打开电视机,也就是专业上说的开机率为 60%。60% 左右的中国观众在初中文化以下,大学以上学历观众占收视人口的 12.1%。对于中国电视人来说,这是两个最有市场价值的收视群体。我们节目的核心观众要么定位为 12% 的高端人群,要么重点关照 60% 左右的相对低文化受众,两者很难兼得。从中国电视受众的性别比例来看,男性观众略高于女性,女性为 48%,男性为 52%。从收视时间情况来看,女性观众略高于男性,女性平均每天收看 180 分钟,男性为 177 分钟。根据中央电视台 - 索福瑞媒介研究公司统计,4 年来,中国青少年受众的收视时间出现大幅度的减少。35 岁以下青少年受众收视时间大幅减少,特别是 25 - 34 岁最具活力、购买力、影响力的受众日均收视时间减幅最大,这是一个重要的信号,应该引起电视业的高度重视。此外,我们还能看到,年龄与收视时间成正比,也就是岁数越大,看电视的时间越多。

从图 5.1 和图 5.2 中可以看出，从中心城市到 CSM 收视调查的所有大中小城市甚至广大城乡地区，年轻观众收看电视时间都在递减，15～34 岁观众的电视媒体消费量逐年下降在各类电视市场成为普遍现象。

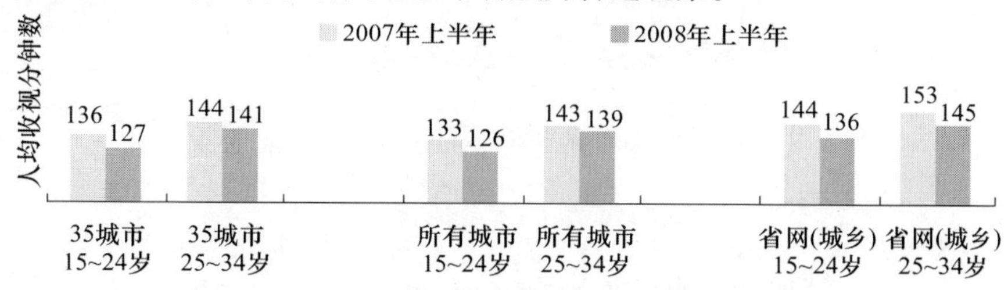

图 5.1　2008 年上半年与 2007 年上半年 15～34 岁电视观众人均收视量

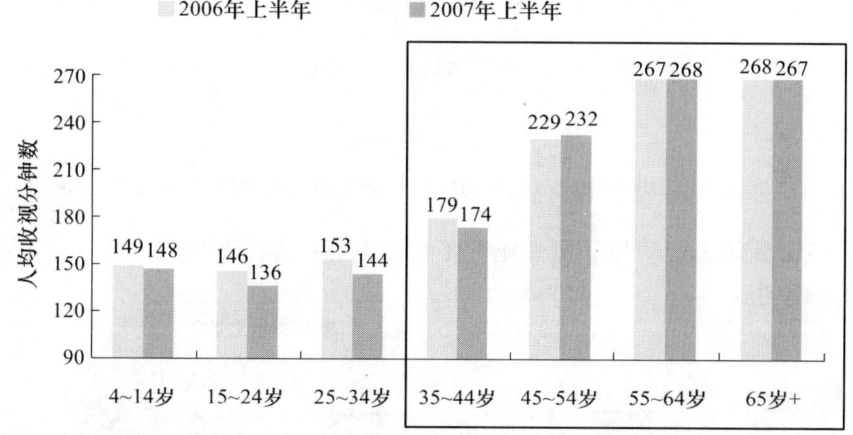

图 5.2　电视收视人口年龄构成与收视时间

此外，不同地区的经济发达程度以及人口的收视习惯对我国收视的影响也相当大。电视观众的文化水平、知识结构是电视媒体制作节目时需要考虑的极为重要的市场依据。例如城市观众与农村观众的人均收视时间就有很大差别（图 5.3）。

在 CSM 历年城乡数据的支持下，我们可以比较清晰地看出农村观众的收视特点。现在，农村观众可接收到约 20 个频道，有线覆盖率提高到 42%。收视率数据显示，农村观众每天看电视约 152 分钟，比城市受众少 30 分钟左右。并且，根据历年数据显示，农村观众的电视收视时间呈现出增长趋势。

2003 年，在全国各类频道中，市场份额最大的是非上星省级台和城市台频道，占 39.89%。省级卫视的市场份额排名第二，为 30.56%，中央电视台的份额为 28.28%。从图 4 中我们可以看出，省级卫视争夺频道份额取得稳定增长，尤

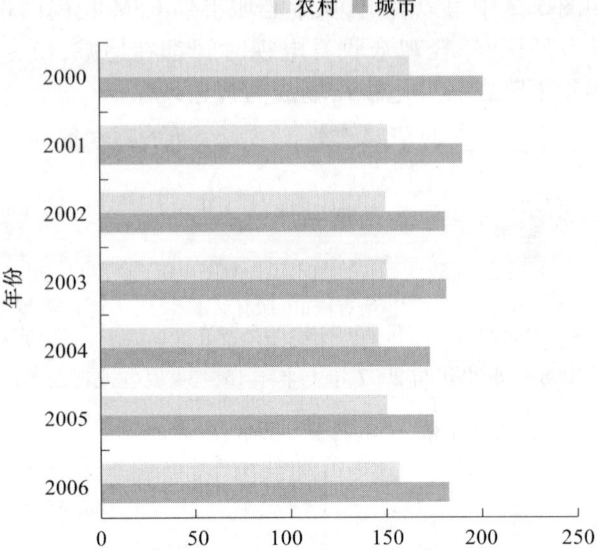

图 5.3　2000 年至 2006 年城市观众与农村观众人均收视时间比较(CSM 省网组)

其是在城市地区表现明显。虽然幅度不大,但几乎是各级频道中唯一取得连年增长的频道组。

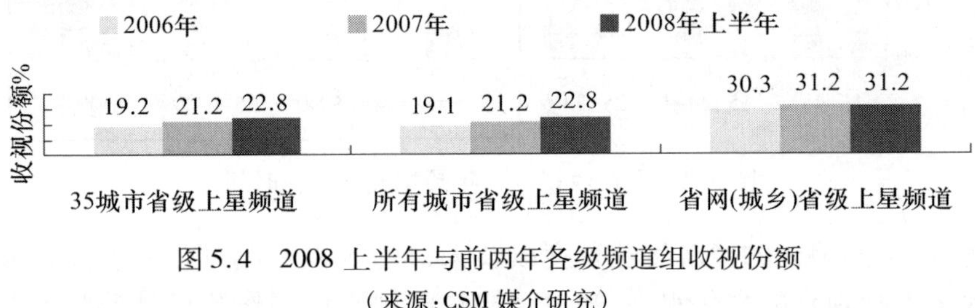

图 5.4　2008 上半年与前两年各级频道组收视份额

(来源:CSM 媒介研究)

二、我国生活服务类电视节目受众特色

(一) 生活服务类电视节目的受众分析

任何产品的创造,都不可能盲目地上市,市场竞争要求我们首先要找准购买这个产品的目标人群。电视的收看其实也是一个电视产品的销售过程,观众就好像产品的购买者,他们的选择往往带有强烈的针对性。不同年龄不同阶层的人应该有着不同的收视品味。对受众结构的了解,有助于我们掌握某一类节目播出受欢迎状况,从而为节目改版提供一定的依据。

中央电视台索福瑞媒介研究公司(CSM)2003 年对我国 13 类主要节目在全国 79 个样本地区收视情况的调查结果如下:电视剧收视份额:36.6%;少儿节目收视份额:2.1%;新闻/时事收视份额:15.5%;音乐节目收视份额:1.6%;专题节目收视份额:7.1%;戏曲节目收视份额:0.9%;综艺节目收视份额:5.8%;财经节目收视份额:0.7%;电影节目收视份额:5.3%;科教节目收视份额:0.1%;体育节目收视份额:3.1%;外语节目收视份额:0.1%。生活服务节目收视份额:2.6%。

从以上的调查中可以看出,虽然生活服务类节目的收视份额只有 2.6%,但同时我们从另一个角度也可以判断出生活服务类节目还有很大的增长空间。随着近几年我国的电视从单纯注重教化功能向兼顾娱乐和服务功能方向的转变,以及社会的不断发展使得现代人越来越注重生活的品味与质量,更多的生活服务节目越来越受到了人们的喜爱。从表 5.2 中可以看出,在 2008 年上半年各类节目人均收视总分钟数排名中,生活服务节目在所列出的 15 类节目中名列第 5 位,这充分说明了生活服务节目良好的发展态势。

表 5.2　2008 年上半年各类节目人均收视总分钟数排名

排名	节目类型	人均收视总分钟数	排名	节目类型	人均收视总分钟数
1	电视剧	10707	9	法制	585
2	新闻/时事	4831	10	财经	487
3	综艺	2465	11	音乐	269
4	专题	2357	12	戏剧	182
5	生活服务	1933	13	其它	180
6	电影	1886	14	教学	93
7	体育	1481	15	外语	27
8	青少	950			

2003 年,在全国生活服务类节目市场上,各级地方台占 55.58%;中央台占 39.51%。省非上星台:23.04%;省上星台:19.04%;城市频道:13.50%;境外频道:4.86%。从这些数据中,我们看到城市台频道所占生活服务类节目市场份额仅为 13.50%,与其他频道所占份额相比显得太少了。生活服务类节目是电视台最贴近受众的节目类型,它的贴近性、服务性这些重要的特点决定了生活服务类节目本身就有很强的地域性特征。我国幅员广阔,不同的地域孕育了不同的生活。各地方人们的生活方式与消费习惯各不相同,生活服务类节目的受众主体主要是生活方式相似的居民。人们生活习惯的地区性差异和消费的地域性局限决定了这种地域性的特征。因此,以全国观众作为受众目标,想对各地方人们

的生活服务做到面面俱到很可能会出力不讨好。而对于城市频道的服务类节目来讲，却有着存在和发展的充分理由。可以发挥出特殊的区位优势，根据服务的地域不同，创办出不同的节目内容和特色，制作出具体、实用、富有地方特色的生活节目。不论是从节目内容，还是节目形态方面，各地都可以进行富有自身特色的创新。

为更深入了解生活服务类栏目在我国的发展和受众的接受情况，“电视栏目文化研究”课题组曾对北京地区 921 名受众做了一次问卷调查。主要是用于分析生活服务类节目的收视观众结构，回答“什么人在收看这个节目”的问题。从本次问卷调查的总体情况看，大多数观众的兴趣点集中在新闻、影视和体育等栏目，生活服务类栏目一直未形成大的收视热点。

在被调查的人群中，有半数以上(52.4%)的观众对生活服务类栏目只是偶尔看看，并未形成固定收视规律；只有 4.2% 自观众定期收看某一生活类栏目，有 16.9% 的观众表示经常收看此类栏目，这两部分加起来的人数占总被调查人数的 21.1%，可说是生活服务类栏目较为忠实的观众群。在经常收看此类栏目的观众群中，男性和女性的比例并未像我们想象的那样悬殊，一些男性观众也表示非常关注此类节目。但是与女性观众有所不同的是，他们更关心一些生活时尚类栏目，而女性有时更多地注意一些具体的生活服务性的栏目；从年龄来看，此类栏目的观众群多以中青年人为主；在这些观众中，具有大专和大学本科学历的占据了最大比例，其次是初高中文化程度。由此可推断，生活服务类栏目的观众是以城市中青年为主的，从事职业相对较轻松、收入较稳定并且具有一定知识素养和文化品位的人。其中男性观众和年龄较大的女性观众对生活频道的看法则更多地受职业、学历、收入及爱好的影响，他们往往只是关注自己最感兴趣的内容，如男性观众喜欢汽车栏目，中年女性普遍看好饮食和家居栏目。

对于目前生活类栏目存在的主要缺陷，主要集中于以下几点：一是有明显的广告和诱导倾向(占 6.7%)；二是节目形式单调，不够丰富(占 16.6%)；三是内容过于超前，脱离大众生活(占 10%)，其次还有过于夸张、缺乏真实、娱乐性差等。还有很多人认为服务性节目太单调太难看，可以增加娱乐性以吸引一部分观众。对于收看此类栏目的目的，有 24.3% 的人是为了了解各类时尚信息；有 17.6% 的人是为了指导生活与消费；另外各有 5% 的人是为了增长知识和娱乐欣赏。可见大多数观众都是抱着实用的目的来观看此类节目。

(二) 生活服务类节目的分众化趋势

一档节目可以受到不同年龄、性别、文化程度、兴趣爱好等观众的喜爱，这虽然在原则上是各大媒体努力追求的目标，但在媒介高度发达的今天，要想形成受众的高度聚集，对于媒介的综合实力有极高的要求。如今，越来越多的需求相近的受众形成众多相对固定的受众群，受众逐渐走向分散。电视节目不可能覆盖所有受众，受众总是会选择那些满足其需求和收看愿望的电视节目并成为其忠实受众。能够牢牢吸引住一部分“分散”的观众群，抓住其主要受众群的偏好来进行节目的经营运作，专门为他们制作他们感兴趣的内容，实际上抓住了每一部分也就等于抓住了整体。如果只是一味追求受众的最大化，希望节目能够吸引不同层面的所有受众，最终的结果只能是失去观众对这档节目的忠诚度。

我们应该从过去的媒体本位思想转化为现在的受众本位，过去一切以媒介为核心，“我播什么你看什么”应该被“受众需要什么、媒介提供什么”所取代。因此电视媒体也应该相应地走上分众化的道路，争取在目标领域取得受众的认同。电视媒体工作者应该认识到分众化受众对信息选择的挑剔性与偏好性，以目标受众的主要特征为依据来进行最终节目的定位。对电视节目的受众进行分析，首先可以使电视媒体与目标受众之间搭建沟通的桥梁，使电视媒体知道哪些观众在观看他们的节目，知道受众的需求，他们希望看到什么样的节目，得到怎么样的服务。同时可以帮助电视媒体了解电视市场相关的情况，研究分析观众的收视情况可以进一步了解和把握现在的电视市场。其次，面对分众化的趋势，电视媒体必须在对受众进行分析，了解目标受众群的构成的基础上，对市场进行细分。接着在这些细分市场中选择出作为主攻目标的市场。最后，通过对受众进行分析，可以发现观众新的需求，从而开拓出新的潜力市场。所以我们必须做好受众的分析研究，实现传播效果的最优化。

第四节　生活服务类节目的现状及问题

一、我国生活服务类节目的现状

我国的生活服务节目经过了形成期、发展期、创新期，如今已步入繁荣期。在这一时期里，生活服务类电视节目无论从数量上还是整体质量上都较过去有了很大的提升。不光中央台的生活服务节目办得红红火火，其他地方台也不逊色。这与生活服务节目的特性有着密切关系，因为这类节目与百姓生活息息相关，与其他类型的节目相比生活服务节目更具有地域性和贴近性。生活服务节目可以在地方台很好地落地生根，各省市电视台相继推出了专业化的生活服务频道。以中央电视台、北京电视台、甘肃电视台为例，将目前具有代表性的一些生活服务类电视栏目汇总，如表 5.3 所列。

表 5.3 中央台、北京台、甘肃台生活服务类栏目汇总

台别	栏目名称	台别	栏目名称
CCTV—1	收藏传奇	BTV—7	生活特供
CCTV—1	生活早参考	BTV—7	生活 2014
CCTV—1	天天饮食	BTV—7	选择精编
CCTV—1	天气预报	BTV—7	开门见喜
CCTV—2	一槌定音	BTV—7	幸福厨房
CCTV—2	消费主张	BTV—7	咱爸咱妈的美好时代
CCTV—2	财富好计划	BTV—7	生活 +
CCTV—2	环球驿站	BTV—7	四海漫游
CCTV—2	健康早班车	BTV—7	美食地图精编
CCTV—2	购时尚	BTV—7	生活秀
CCTV—2	生财有道	BTV—8	手机猜猜猜
CCTV—2	寻宝	BTV—9	新闻手语
CCTV—7	致富经	BTV—9	红绿灯
CCTV—7	科技苑	BTV—9	天气预报
CCTV—7	每日农经	BTV—9	看气象
CCTV—10	健康之路	甘肃电视台公共频道	百姓爱公益
CCTV—10	美丽大讲堂	甘肃电视台公共频道	健康栏目
CCTV—10	原来如此	甘肃电视台公共频道	百姓气象站
BTV—5	天天理财	甘肃电视台公共频道	百姓生活榜
BTV—7	超级出租车	甘肃电视台公共频道	百姓大家谈
BTV—7	生活实验室	甘肃电视台经济频道	岐黄养生
BTV—7	生活大调查	甘肃电视台经济频道	锐财经
BTV—7	食全食美	甘肃电视台经济频道	财富甘肃
BTV—7	我爱我车	甘肃电视台都市频道	收藏
BTV—7	健康生活	甘肃电视台都市频道	唯美女人帮
BTV—7	大城小事	甘肃电视台都市频道	新城市
BTV—7	生活广角	甘肃电视台都市频道	揭秘真相
BTV—7	生活快乐一点通	甘肃电视台都市频道	最爱我车

随着分众化的不断发展，受众要求节目的专业性越来越强，电视节目的定位也随之不断细分。除了单一主题的节目逐渐增多以外，另一个显著的现象就是全国各省市电视台相继推出了如海南旅游卫视、湖南长沙女子频道等专业化程度更高、对象性更为具体的生活服务类专业频道设置。节目内容不再仅仅局限于服务性，参与性互动性不断增强。节目形态也不断创新，融入了其他节目元素。在运营模式上也突破了电视台独立制作的方式，出现了与社会制作公司合作的现象。这些都为生活服务节目的进一步发展与进一步细分做了很好的探索与铺垫。表 5.4 所列为我国生活服务专业频道示例。

表 5.4　我国生活服务专业化频道示例

频道名称	频道概况	热门节目
北京电视台生活频道	是国内较早进行专业化试点的电视频道之一。频道的总体定位是：引领时尚潮流，提升消费品味；让生活处处精彩，娱乐无处不在；传播公益理念，呼唤爱心奉献，弘扬慈善精神，推动慈善事业	《生活面对面》、《生活秀》、《我爱我车》、《快乐生活一点通》、《时尚装苑》、《7 日 7 频道》
上海电视台星尚频道	以倡导先进的生活态度、传播时尚的生活为宗旨，将“优质生活倡导者”定为核心理念。以自由、现代、前卫为节目风格，试图打造引领生活方式的品牌	《今日印象》、《左右时尚》、《品牌故事》、《天天厨房》、《时尚健康》、《超级模特》、《新食尚》
杭州电视台生活频道	创办于 1993 年，以生活服务和经济资讯定位，以亲和性、服务性构建节目框架，增加了内容丰富的自办栏目	《生活大参考》、《生活气象站》、《养生有门道》、《生活一线通》
湖南卫视时尚频道	开播于 2004 年 6 月 18 日，成为湖南卫视媒体资源又一重要补充。该频道定位于时尚专业频道，树立个性时尚品牌，受众目标锁定为 15 岁至 45 岁人群。节目主要内容为时尚资讯、运动精华、大型活动、电视剧和创新节目等	《快乐 shopping》、《健康动起来》、《美丽梦工厂》、《恋恋物语》、《我的造型师》
中国气象频道	以防灾减灾、服务大众为宗旨，是一个提供权威、实用、细分气象信息及相关信息的专业化电视频道	《风云快报》、《天气预报》、《国家气象播报》、《气象今日谈》、《四季养生堂》、《气象万千》、《气象与建筑》
江苏靓妆频道	开播于 2004 年 1 月 1 日，是面向全国的数字化付费电视频道。频道以美容、美体、服饰、礼仪等流行资讯为内容定位，目标观众锁定极具时尚品位和消费能力的 18 岁至 50 岁白领。它创造了付费收看的收视对象化的细分这种生活服务频道的新模式，是目前国内内容最丰富、更新最及时的时尚电视频道	《美丽俏佳人》、《美丽节拍》、《时尚领袖》、《挑战灰姑娘》、《靓妆直播间》、《亚洲风尚》）

（续）

频道名称	频道概况	热门节目
旅游卫视	开播于2002年1月28日，是国内惟一的专业化旅游主题卫星电视频道，它的前身是海南卫视。2004年7月，频道全新改版，改版后强调“旅游资讯立台，时尚娱乐并重”，形成了以行走类、时尚类、娱乐类、资讯类为主的四大节目群。是具有标本意义的旅游服务主题节目	《购物》、《有多远走多远》、《整点看世界》、《玩转地球》、《环球流行报告》、《卫视高尔夫》
四海钓鱼·户外运动	是中国国家广播电影电视总局批准的第一批全国播出的有线数字电视付费频道，面向全国数千万钓鱼及户外运动爱好者。全年全天提供钓鱼及各种户外运动方面的新闻、文化、娱乐、知识、资讯等节目内容，是中国唯一的垂钓及户外运动专业电视频道	《渔具俱乐部》、《垂钓名画》、《钓鱼词典》、《钓鱼进行时》、《鱼文化》、《我爱钓鱼》

其实我国目前的生活服务类频道还算不上是真正意义上的专业化频道。这与我国的盈利模式有关，频道运营者不得不首先考虑频道的收视率，而完全靠生活服务类节目来支撑不利于频道的广告经营。因此我们看到现在国内的一些生活服务频道中除了纯粹的生活服务节目还兼有新闻评论记忆电视剧的现象，那些纯服务的专业节目只会在付费频道中出现。正如前一章中对生活服务节目的界定中提到的，很多节目类型都具有服务性，因此现在的生活服务频道走的是“大服务”概念。

二、国外生活服务类节目现状

目前，国外的一些生活服务类节目的形态更加丰富多样。随着受众的进一步细分，国外特点鲜明的细分化电视产品也不断增多，国外的电视媒体把观众的多样化需视为媒体生存的基础。通过表5.5列出的一些节目和频道我们可以看出，新题材新样式的生活服务节目在分众化时代层出不穷。

表5.5 海外生活服务类节目示例

种类	节目名称	制作公司或播出频道	服务模式简介
家居服务	购房人	HGTV 美国家庭及园艺频道	为购房人选择中中意的房子，并在一定时间后回访其新居生活
	交换房间 交换空间	BBC 英国广播公司 TLC 美国学习频道	两个家庭互相交换，装修对方的房子
	设计师的挑战	HGTV 美国家庭及园艺频道	为提出要求的家庭设计并装修房间
	融合	LTC 美国生活时间频道	帮助新婚夫妇设计新房，调和双方单身时代用品和不同的生活品味

（续）

种类	节目名称	制作公司或播出频道	服务模式简介
美食服务	美食911	FOOD美国食物频道	观众提出一种美食愿望，节目组派出美食专家来实现这种愿望
	料理王	韩国MBC	在有大批观众观看的舞台上，明星一一出场，节目组要求他们用特定食材制作一道料理，并评审打分。期间穿插谈话歌舞等
	加里·罗德的美食	英国电视台美食频道	从开始准备食材就会仔细的给观众讲每一种食材的生长季节、营养价值以及他们这道菜的功能
	料理东西军	日本美食综艺节目	这个节目节目做得最好的环节，是每期必备的“本日特选素材”环节，不确定因素的存在为节目设置了许多亮点
整容服务	天鹅	FOX美国福克斯公司	帮助两位申请的女性进行整形和心理重塑，选出一人进入每季的选美会，最终选出一位“天鹅”获得奖品和奖金
	改头换面	ABC美国广播公司	从报名者中挑选最需改造的人，由“救兵小组”彻底改头换面，并讨论整容前后的转变
	我想要张明星脸	MTV美国音乐电视	以“明星脸”和星途为号召，吸引作着明星梦的青少年整容，并记录其变脸前后的“仿明星”生活
装扮服务	从头到脚	LTC美国生活时间频道	邀请母女、夫妻或朋友成对到节目中，每人说出对方服饰不当之处并提出建议，设计师提出设计，节目最后看到自己和对方的新形象
	衣着禁忌	TLC美国学习频道	亲友“偷拍”主人公衣着不当，经过设计师的挑剔指导后，由节目组提供5000美元在两天之内购置新衣
情感服务	我最讨厌的事情	BRAVO美国布拉沃电视台	夫妻分别偷拍自己最讨厌的对方的习惯或语言，专家评判谁较好一些，藉此相互沟通
	爱的邮差	台湾台视	当亲友中有反目和不愉快时，委托节目组进行化解，委托人对摄像机说出心里话，主持人转交，同时劝解以求矛盾解决
修业服务	抢救贫穷大战	日本东京电视台	濒临破产的小企业向节目组求助，节目组安排专家或杰出人士帮助选择项目，修身修业，装修店面，重新开始经营

（续）

种类	节目名称	制作公司或播出频道	服务模式简介
择业服务	我讨厌的工作	SPIKE TV 美国斯派克电视公司	为不喜欢现有工作的人提供从事心仪工作的机会，经过培训、考察、淘汰，合格者将获得新职业的入场券
	择业比拼	TLC 美国学习频道	5 人竞争一个职位，经多环节淘汰，最终确定一人胜出，承担该职位
育儿服务	保姆 911 超级保姆	FOX 福克斯公司 ABC 美国广播公司	家庭有难以管教的孩子，向节目组求助，节目组派出资深的保姆，用一周到两周的时间与其共同生活，制定规则，实施管教
	《Bet On Your Baby》	美国 ABC 电视台	看到父母试图预测他们两到三岁的孩子在遇到挑战的时候会作何反应，如堆累饼干或撞到障碍物等
来源：张晓琴，王彩平. 电视节目新形态[M]. 北京：中国广播电视出版社，2007			

同时，国外的生活服务专业频道也发展的较为成熟，比起我国的专业化频道细分化程度更高，尤其是美国，它的电视频道的专业化程度在世界上是最高的。目前美国的有线电视专业频道有一百多个，而生活服务类的专业频道在其中又占了相当的比重。这些面向不同受众的专业频道，使得电视生活服务节目的服务功能更加明显。专业频道对每个主题分类的节目都做了详尽的再分类，尽量能够做到把每个层面的受众都考虑进去。同时，美国生活服务类节目制作水平较高，拥有高质量的画面和丰富的表现手法，能够运用多样的电视语言满足不同需求的受众。海外生活服务类频道如表 5.6 所列。

表 5.6　海外生活服务类专业频道示例

频道名称	频道概况	热门节目
美国生活时间女性频道（LIFE TIME）	以女性观众为主要服务对象，制作各种各样的贴近生活的服务性节目，频道用户 8800 万。美国生活时间女性频道在美国有线电视网收视排名中的黄金时间和全天收视人数通常位列前十名	《办好这场晚会》（Top this Party）、连续剧《军嫂》（The Army Wife）、《怎样保持体态美》（How to Look Good Naked）以及风靡全美的《疯狂的主妇》（Desperate Housewives）等
美国家庭与园艺频道（HGTV）	由美国斯克里普斯公司独立拥有，是美国有线电视史上发展最迅猛的频道之一。频道栏目内容以家装设计为主，涵盖了从房屋居住、选择、家庭园艺、改装、房屋内外装饰到手工艺品的制作等方方面面。节目贴近生活，实际操作性强，体现了受众本位的理念	《巧妙的改装设计》（Deserving Design）、《小居室装修设计》（Design on a Dime）、《购房人》（House Hunters）等

（续）

频道名称	频道概况	热门节目
美国饮食电视网（Food Network）	由斯克里普斯公司经营的饮食电视网频道，拥有几十个不重复的各类栏目，内容包括教做菜、厨房点滴、健康饮食、经济花销等和饮食有关的方方面面，主题独到，主持个性化，令人感到生活的实在和美好	《30分钟用餐》（30 Minute Meals）、《不可思议的晚餐》（Dinner：Impossible）、《美味饮食》（Good Eats）等
自己动手电视网（Do It ourself Network）	该频道属于斯克里普斯公司，节目围绕家装、手工艺、生活常识等主题，以激发创意灵感为主旨，让观众动手创造身边的美好生活	晚间节目主要有《一流的工具》（Good Tools）、《疯狂的景观改造》（Desperate Landscapes）、《厨房大变脸》（Kitchen Renovation）、《家装细致活》（The Inside Job）、《让房产增值》（Sweat Equity）
气象频道（The Weather Channel）	是美国有线电视频道之一，24小时提供气象服务。气象频道也像美国其他电视台的天气预报节目一样，做到了把专业性很强的气象信息以“去专业化”的手法表现出来，让普通观众能够很容易地了解有关天气的各种信息。而这个频道在时间长度和地理跨度上，比综合电视台的天气预报节目更有优势，因此深受美国人的喜爱	《你的今日天气》（Your Y Weather Today）、《周末天气》（Weekend View）、《愤怒的星球》（Angry Planet）等
美国克维思电视购物网（QVC）	美国最大的电视购物公司QVC于1986年成立，目前，已成长为美国乃至全球最大的电视及网络购物零售商。观众不仅可以通过电视购物，还可以登陆QVC的网站购物，更可以到它的5间代销店和1间旗舰店购物	QVC实行24小时全天候直播（圣诞节、新年及感恩节等节日特别节目会提前录制），销售的商品包括食物、化妆品、衣服、珠宝首饰、电子产品、家具等，可谓应有尽有
来源：任晓润，顾晓燕，余承璞. 生活服务类节目大盘点[J]. 视听界，2008(2)		

除了以上列出的一些著名专业频道外，还有高尔夫频道、食品频道、宠物频道等等，这些都充分体现了受众细分的理念。而这种受众细分、节目专业化的意识也在近年对我国电视业的发展产生了深刻的影响。

三、现阶段国外生活服务类电视节目特点

（一）限定性的个人化

个人化是指电视节目通过具体、真实的人物来承载内容，以个人经历作为节目线索的表现方式。它往往伴随着故事化的叙述，试图找到承载的内容并使内容具体化的个体。在以个人自由和竞争为基础发展起来的西方文化中，个人一直是文化的主体。个人化的表现方式在西方有深远的文化传统，无论多么重大的历史事件或主题，总会从特定对象的角度切入，以个体命运反映重大题材。对于电视来说，个人化的呈现方式更加必要，这是电视影像的具体化所决定的。通过考察国外的许多生活服务节目会发现，大多数节目都能以个人表现一般，以个体表现普遍，使节目带有个体的生动、鲜活和独特，又尽可能容纳更广泛的内容、知识或理念。不一定要求在一期节目中一网打尽所有信息，通过个别可以达到信息的积累。每期节目完成一个或几个目标人物的事项，观众可以选择性地获取自己需要的信息。这样通过为个别的个人或者家庭服务最终达到为大众服务的目的。分众化时代，人们要求电视节目朝个性化、人性化发展，电视节目制作者更是追求“节目人物化，人物故事化，故事情节化，情节戏剧化，戏剧情感化”。也就是要用典型的人物来带动节目，用这些人物身上发生的故事来推动节目。这些故事都有一个从始至终的竞争性悬念，用人物命运的转折点、冲突点来强化节目，用故事中的戏剧性来丰富节目，用情节中的情感高潮来使节目感性化。最终以此来吸引观众关注整个节目过程和最终结果。

目前国外的许多生活服务类电视节目很多都带有较强烈的真人秀节目色彩，这些节目中安排了一些具体的人物，例如求助者、竞争者、挑战者，以及还有节目相应安排的裁判和帮助者。观众在收看生活服务节目的同时，不仅仅了解到房产情况、美容服饰知识、房屋装修方法等，还会关心到这些人物的愿望和命运如何，节目成为了一个个具体的人的故事，这就极大地增强了节目的可看性。美国 ABC 电视网 2002 年 12 月开播的《改头换面》是整形服务型节目。节目从报名者中挑选出最需要改造的人，由全国知名的整形外科医生、牙科医生、化妆师、形象设计师等组成的“救兵小组”进行彻底改头换面，帮助他们重拾信心并讨论整容前后的转变。美国福克斯公司于 2004 年 4 月播出的节目《天鹅》，每期节目中锁定两个人物，他们都是对自己相貌和人生都不满意的女性。节目先对她们的人生经历、内心痛苦等做详细介绍，然后为选手们提供了常人难以得到的机会去经历整容、精神情感治疗等过程，最终把她们从丑小鸭变成天鹅，帮助她们重塑成崭新状态。美国 MTV 台《我想要张明星脸》目标受众定位到做着

“明星梦”的青少年身上,以“明星脸”和星途为号召,吸引着做明星梦的青少年整容,并记录其变脸前后的“仿明星”生活。这些节目都是因为限定了特定人物,节目中融入了人性化的因素,所有的信息都不再是僵化的。观众关注这些人物的最终命运,大大增强了节目的吸引力。

(二) 设计性的情景化

情景化就是将需要表现的内容放在特定情境之中,使内容更具体更有限定性,从而更加生动。通过某种特定情境下的服务过程的呈现使得内容更加电视化。除了具体的人物化,国外的生活服务节目的另一大特点就是将某一领域的内容经过特殊设计,具体化为一个有一定情节的故事化过程。把节目和具体的个人联系起来,把具体个人的经历放在特定的情境之中来表达,在这种强限定性下展示这种过程。这样过去单纯的信息性、服务性、知识性,显得枯燥并且很容易雷同的节目就会变得活起来,就会变得各具特色。

其实设计好的情景化也就是节目中要有故事的可看性。我国的一些节目也开始了这种在特定情境下选准某个人或某类人来展开节目的策划。中央电视台二套的《交换空间》就是对美国同名家居服务类节目进行的本土化移植与改造。节目真实记录下两个家庭在设计师的带领下互换装修的过程,具有具体的人物即两个特定家庭,也具有特定的情景和限定好的时间空间——在48小时内发生的事情。因为设计了具体的情景并展示了具体的过程,有了经历和故事而显得生动鲜活。并且很多和装修有关的知识都贯穿到了其中,信息量和服务性也提供得很充足。再比如中央电视台二套的《健康之路》,也是以具体的人物化和故事化来引入某个话题。在每期节目一开始,主持人和现场嘉宾会带领观众一起看一段或几段VCR的视频,片中会选取一位或几位主人公讲述自己经历的身体上的某种不适。看完短片之后,现场的专家会通过短片中人物遇到的问题给大家进行讲解,实际上是帮助了很多有相同困惑的人们。在短片的安排上,也会特意设置得比较有情节性和悬念性。比如2008年12月3日播出的《接力手术救阿宝》、2008年12月10日播出的《少女的难言之隐》等从一开始就让观众感到好奇,继而在有兴趣看下去的同时了解到了相关的医学常识。

在节目中设计具体的情节,可以带领观众进入特定的环境,让观众感到身临其境的亲切感。美国福克斯公司的《保姆911》和美国广播公司的《超级保姆》都是每期选择一个家庭,帮助家庭调教子女的节目。在节目中向观众展示了明星保姆进入家庭与他们生活,具体解决父母与子女之间问题的过程。美国生活时间频道的《融合》是帮助新婚夫妇设计新房,把双方单身时代用品和不同的生活品味精心融合在一起。改造的过程是新婚夫妇外出度蜜月的时间,情境设计中融入了主人公在改造之后的戏剧性反应。对比一般的家居装修类节目,《融合》在定位上做到了更加细分,具体到为新婚夫妇设计新房。这种情景的设计这就比普通装修的节目具有更加吸引人的内容。同时,他们甜蜜幸福的感情生活也让整个过程的展示更加令人神往。

通过以上对国内外目前生活服务节目的现状进行梳理、比较,我们可以发现:国内传统的生活服务类节目综合性更强,希望能够传递更多的资讯或信息。随着分众化以及现代电视传媒的发展,目前我国的生活服务节目也融入了更多新的形态元素,分化程度也越来越高;而国外此类节目的专业化和细分化的特征显现得更加明显和成熟,国外一些走红的生活服务节目也提供给了我们很多成功的经验。近年来,国内电视台也开始模仿国外一些成熟的生活服务节目并加以创新,专业化、细分化、个性化情节化、戏剧化的概念在我国的生活服务节目中也开始凸显。

四、我国生活服务类节目存在的问题

(一)节目缺少个性化

电视节目拥有自己的特色和风格,也就是具有自己的个性是区别于其他竞争者的主要方法。在分众化时代,电视服务节目要想办好,就更需要具有自己的特色和个性。个性化会给生活服务节目增加亮点,树立品牌,让受众很容易就可以分辨出这是哪个电视服务节目。在电视产品层出不穷的时代,生活服务节目要想在众多同类节目中脱颖而出,吸引住受众的眼球,就要在个性化上下工夫,做到标新立异。目前我国的电视台生活服务节目众多,但能够在受众中产生影响、留下深刻印象的的节目还是太少。除了中央电视台的《生活》、《为您服务》以及地方台的个别优秀节目外,很多节目还是显得没有个性,毫无创新之处。一个节目的成功使得众多节目争相效仿追风,再优秀的节目最终也只能导致审美疲劳。过度的模式套用使得生活服务类电视节目当中存在同质化、过度单一化的问题。目前很多生活服务节目缺少地域特色和创新思维,与大众化的传播相比,并没有显得更加明确和具体的定位。

拿房产节目来说,目前我国有数不清的同名房产节目,如《中国房产报道》、《南京房产报道》、《内蒙古房产报道》等。这些节目大多都是一些房产信息的报道。几乎没有差异,没有体现出节目应有的地域化和个性化。而同为房产节目,美国家庭及园艺频道(HGTV)的《购房人》就使得空泛的“房产报道”具有了叙事性框架。每一期节目介绍为购房者选择房子,向观众展示房产经纪人带领家庭成员如何看房,直至找到满意房屋的过程。通过这种独特的创意,运用买房人的搜房经历以及找房和买房过程中的个人体会给节目带来不同的生动性，避免了与其他同领域节目的雷同。再比如很多台的旅游类节目和电视汽车类节目，就在内容与风格和定位上十分接近。还有一些美食节目、健康节目更是有一批从名称到内容都非常相似的节目。在分众化时代，如果这些节目继续没有自己的创新之处，他们很可能面临生存的困境。这个时代的电视资源太多了，需要的是精品，拥有自己独特之处的节目才能有存在的价值。因此生活服务节目应使自己拥有个性化，建立起差异化定位，做到"人无我有，人有我独"。省市电视台可以应着力突出地域优势，使生活服务节目更加贴近生活与群众。在生活服务类节目前进发展的道路上，最终经得起时间的考验，能够拥有一定忠诚度的节目，都是通过不断摸索和创新来满足分众时代受众多样化需求的。

（二）服务对象不够细化

目前，我国的生活服务类节目的服务对象细分化做得还不够好。服务节目的分类还很不科学，一个频道常常出现几个同类服务节目同时存在的现象。这样造成了资源的浪费，分化了既有的观众，也不利于潜在观众的开发。过去许多生活服务类节目都将节目定位为"服务大众"，而这个大众究竟是怎样一个范围呢？怎样才算是服务到大众了呢？所以因为服务对象没有做到足够的细化而使得节目定位过于空泛，程度不好把握。节目感觉是铺了很大的摊子但都没有谈透，这种"百科式"的节目缺少针对性。与其花着巨大成本和风险去讨好所有观众不如选择部分受众作为自己的目标受众群。只服务于某一个特定群体就可以实现"有的放矢"的个性传播。

进行服务对象的细分首先需要对受众的深入调查与分析。在调查分析的基础上才可以得出自己的目标受众在哪个范围内，他们的年龄、性别、受教育的程度如何，这类人喜欢什么样的节目样式等。现在一些节目的编导根据自己的主观意识来划分受众群，最终使得节目分化不科学。通过科学的细分化，才能满足目标受众，才能去培养潜在的受众群体，才能去发现哪些受众群的需要还有未被高度重视和开发的空白点。比如我国针对女性观众的生活服务类节目通常是以职业女性和家庭妇女为主要对象，栏目表达的内容、手法上大多大同小异，没有什么创新之处。而在电视业高度发达和竞争激烈的日本，就把女性节目又划分得很细。除了针对职业女性和家庭妇女的女性节目之外，还有比如东京电视台《少女私语》这类针对 18 岁以下女中学生的时尚类节目。这样的细分化抓住了市场的空白，收到了很好的传播效果。因此分众化时代生活服务类电视节目应该根据细分的受众群进行全方位的个性化服务。

（三）服务领域需要扩展

通过对服务对象的细分，可以发现新的市场空白点，实现对新的生活素材的开拓。目前我国的生活服务类节目的领域还是过于狭窄，只是在固定思维中寻找题材，没有跳出僵化的模式。事实上，随着社会生活的不断发展，新的领域在不断地出现，可表现的范畴也在不断的丰富。不应再局限于过去人们谈起生活服务节目就是“柴、米、油、盐”。这就需要媒体依靠敏锐的嗅觉和迅速的行动把这些关乎生活的新变化纳入自己的表现范围。比如，随着社会的发展，人们在生活中越来越强调了解相关的法律法规和各种维权的方法，生活服务节目可以加入这一方面的内容，让观众感到节目随着社会的发展也在不断前进和更新。根据相关数据的显示，我国城市居民普遍缺乏危机应对与处理能力，缺乏危机的防范意识以及危机发生时的自救常识。而造成这种情况的原因是和缺少危机教育分不开的。日本富士电视台推出的《危机一发 SOS》、美国法庭电视台《安全挑战》等都是这类向观众介绍安全防范知识的节目。在我国，这类节目还比较少。中央电视台二套的《生活》栏目经过多次改版近两年已经定位为以关注生命安全、消费安全为目标。北京电视台生活服务频道播出的《你该怎么办?》也是我国开办较早的一档介绍安全知识的服务节目，告诉观众生活中应该如何避险自救的知识。因此生活服务节目也应该做到“与时俱进”，帮助观众更加紧跟时代。

第五节　分众化时代电视生活服务类节目发展策略

一、精准的受众定位

近年来，随着电视事业的迅猛发展，电视节目之间竞争异常激烈。电视传播模式也从传播者本位向受众本位转变。受众本位是指大众传播媒介在信息传播活动中，以受众为中心，以最大程度地维护受众的根本利益为出发点，满足受众获取信息的需要。对受众的科学认识和把握是设计电视栏目的前提和基础，栏目必须找到对自己的信息服务感兴趣的受众，作为自己生存和发展依赖的基础。

我国的生活服务节目起步比国外要晚，而在受众定位上一直也没有对受众进行过系统的化分。随着受众需求的多样化以及电视业的高度竞争，使得生活服务节目也出现了分众化的趋势。但是仔细分析我们就会发现，现在很多频道出现了饮食节目、旅游节目、汽车节目等等，这种分化更多的仅仅是体现在节目题材和内容上，并没有将受众的分化作为节目的定位来考虑。导致了生活服务节目始终在受众定位上不清晰，最终只能使得节目没有自己的目标观众，同质化现象严重。因此，在策划节目的开始，必须要对生活服务节目限定准确的受众定位。建立科学细致的受众定位无疑会对分众化时代生活服务类电视节目的内容与播出的定位有良好的参照作用。

受众定位要以充分的观众市场调查为基础。市场调查需要按照受众的不同年龄、性别、职业、民族、地理位置、收入水平、教育程度、收视习惯、收视心理等要素进行细分。在此之后，应该着重把握不同层次观众的一般需求和特殊需求。发现和归纳受众这些需求，合理划分特定的受众群，研究这种受众群的市场成熟程度，都成为了创办一档生活服务节目的重要前提和依据。因为电视受众的精神世界是复杂的，不同的人，对于不同内容、不同定位、不同时段播出的节目会有不同的审美取向和价值取向。只有在观众市场调查的基础上，对受众进行细分后，才能更科学地找到自己节目所要满足的那一部分细分后的观众市场，对节目进行不同的定位。只有这样，才有可能网罗更多的重视受众，形成有自己风格特色的节目。

在分众化时代，生活服务节目必须要把握好目标受众，不断调整节目的传播内容和方式，培育潜在的受众群体，使其最终成为自己真正的受众。通过这样的细分我们可以发现，目前我国的生活服务节目还有很多等待开发的空间。比如老年节目、男性节目、农村节目开发的还很不够。近年来，电视老龄化现象严重。观众构成中老年人所占的比例增加，同时老年人每天看电视的时间趋向增加。以65岁以上老年观众收看电视总时间占所有观众收看电视总时间的百分比作为电视老龄化程度的表征，以北京为例，1999年电视老龄化程度为19.2%，而2008年电视老龄化程度已经升至27.1%，增加幅度为41.1%。足以可见我国老龄化速度发展是非常快的，这其中与我国的人口结构老龄化有关，与老年人闲暇时光较多的生活状况有关，也与近年来新媒体对年轻观众分离而使得老年观众更多沉迷于电视有关。中国老年观众已经成为对电视依赖感很强的一个群体，这种现象要求我们在内容制作和编排方面以及广告营销方面都做出新的调整，制作和播出更多适合老年人收看的电视节目。人格全程发展阶段决定了不同年龄阶段的电视观众有着不同的心理需要，我们需要认真研究老年电视观众的心理需要与电视节目的对应性。对老人而言，他们非常看重身体保健、衣食温饱、期望自身权利得到保证，对医疗、旅游、书法绘画等休闲的生活方式非常关注，对自身安全系统和生存系统危机感很高。因此制作这些方面的节目就很容易培养受众的忠诚度。比如日本是老龄化非常具有代表性的一个国家，因此他们的电视媒体抓住了这个非常有利的机会，开设了很多针对老年观众的电视节目，内容涵盖了保健、饮食、医疗等等。其中比较有名气的这类节目包括日本东京电视台的《电视加油站》、日本 NHK 电视台的《我的退休战略》等等。相比较而言，我国针对于老年人的生活服务节目显得比较单调。除了中央电视台的《夕阳红》栏目以外很少有其它哪个针对老年人个性化服务的生活服务节目给人留下过深刻印象。《夕阳红》开播于 1993 年 10 月，是中央电视台最早的老年栏目。它以老年人为服务对象，以所有和老年人相关的社会群体为收视主体；以老年人的独特视角观照社会，以社会的不同视角观照老年人，反映的是老年人眼中的世界与世界眼中的老年人。节目突出平民意识与人文意识，与每个老人的生活息息相关，适应老年人的需求。《夕阳红》节目注重时代性：紧跟时代，贴近社会主流生活，很多老人有着崇高的精神追求，时代的烙印仍然可见。注重开放性：把老年生活放在一个开放的社会系统中来考察；注重服务性：既强调实际生活的服务，更强调精神上的人文关怀；注重参与性：既注重行为上的介入与参与，更强调精神和心理的介入与参与；注重多元性：在社会主流价值原则下，尊重个人的价值选择；注重多样性：节目形态始终呈现出一种与时俱进的多样性。它的首播时间是每天上午八点四十九分，这个时段播出正较好地服务于老年人群，而且便于培养他们的收视习惯，提高他们的收视行为忠诚度和满意度。《夕阳红》栏目先进的运作机制，显示出强大的生命力和良好的市场自我调节能力，准确的定位和高质量的节目播出，使得栏目拥有了忠实的固定观众群，长期保持较高的收视率和满意度，并连续多年被评为中央电视台优秀栏目。

二、恰当的内容定位

生活服务节目的内容定位应该是建立在受众定位基础上的，是受众定位的延伸。在确定了节目的目标人群之后，内容定位实际上是决定为这些目标受众“提供什么样的服务”的问题。一个好的内容定位可以使栏目在同类栏目的竞争中处于十分有利的地位。电视业不断激烈的竞争，每个频道、每个栏目为了生存发展几乎都在寻找别人没有发现的表现内容。但这种寻找和挖掘已经变得越来越不容易，生活服务类栏目已经是无孔不入，要想找到“未开垦”的空白领域非常困难。并且如果一个在内容上创新的节目获得成功，马上会有大量类似的节目“克隆”。面对这种情况，要在众多同类栏目中做到与众不同，就要在受众定位的前提下，对市场进行调研，找到市场上的空缺点，有针对性地决定节目的内容定位。从受众需求出发，运用差异化策略找到自己的位置，进行节目内容的设计。内容定位可以从以下几方面入手。

（一）善于把握生活热点

随着人们生活水平的提高，过去许多由于经济限制不敢消费、不敢享受的项目已经成为了现实。比如“自助游”、“出国游”已经成为人们热衷的旅游方式。旅游卫视推出的《行者》以行走和发现为主题，以旅行者个人魅力展现为主体的系列节目。在公众的视野之外、在通行的道路之外开始特殊的旅程，发现美丽的景观、饱享绝妙的美食和醉人的美酒、收集意味独特的珍藏品、阅览尘封的历史、人物和新鲜的事件。《行者》和其他旅游节目的区别在于它站在个人化而非商业化产业化的视角，强调个人发现的大众分享。中央2套的《交换空间》栏目自身也进行了改版，把重心开始放在“点亮空间、制造娱乐、提升感情”上。倡导自主动手、环保家装的栏目宗旨和所推崇的“轻装修、重装饰”的装修原则永远不会变。传达给观众一种生活态度——倡导个人的创造精神，鼓励个人的设计理念。而节目的诸多新亮点，如设计师、业主的家庭生活和设计理念，装修过程中的旧物改造等细节完全都是围绕节目的宗旨和原则展开的。记录真实的装修过程，省去了演播室的环节，全部采用外景拍摄，在48小时内，在有限的空间里，节目的可控性的操作简便性极强。它不仅能改变一个家庭的环境，还能改变设计师的命运和提升一个城市的观念，这是许多人所不曾想到的。

（二）对新的生活素材的开拓

这类内容体现了“与时俱进”的风格，极大地拓宽了生活服务节目的范围，同时也开掘出了更广泛的收视群。过去我们一提到生活服务节目总感到都是些家庭主妇在关注，但这类节目内容对新的生活素材进行开掘，介绍一些新的科技知识、新的技能，因此抓住了这些紧跟时代发展的现代受众群体。即使人们的知识视野不断地更新扩大，仍然会在很多领域不断出现新的“盲点”。生活服务节目如果将内容定位在传授新的科学、科技知识与技能，就可以满足人们的求知欲望，随之了解生活发展的最前沿信息，解决生活中的各种难题。比如以介绍新的科技知识、产品为主要内容的节目，就很大地拓展了生活服务节目的题材。可以利用此类话题为观众提供最新数码产品资料与科技动态，通过科技资讯为观众提供服务。再比如过去很多健康服务节目，多数还是停留在传统的生理健康领域，很少涉及心理健康服务。其实心理健康也是人类健康不可或缺的组成部分。如今现代人的生活节奏加快，来自生活工作社会各个方面的压力也是与日俱增。人们的身心经常处于高度的紧张，导致造成过大的心理压力，甚至心理疾病，因此，现代社会很多人都存在心理亚健康的状态。在这样一种情形下，关注人们精神健康的服务类节目应运而生，现阶段生活服务类节目不仅仅把目光投注到人们的物质生活领域,更关注到人们的心理健康领域。2004 年底中央电视台社会与法频道推出的《心理访谈》栏目,就显示出了占据"心理"这一领域的姿态。这是全国第一档以现场个案访谈为表现形式的栏目,它的推出为生活服务类节目开辟了新的发展空间。《心理访谈》定位为服务类节目,但是和以往的服务类节目不同的是,它是心灵服务,是深入到人们心灵深处,解决心理问题的深层次服务。关注人类的幸福感、引导人们拭净心灵之窗、远离隐形杀手,不仅是栏目追求的目标,也是整个社会的共识。处于转型期的中国社会的心理问题的存在为心理谈话节目的发展提供了必要的条件。《心理访谈》节目的出现,正为人们提供了一个敞开心扉、打开心结的平台。它适时填补了中国电视心理服务类节目的空缺,以个案出现的心理压力、心理危机、心理困境为切入点,探讨出现问题的原因和应对的方法;并从心理视角解读个案故事和社会事件,从心理科学的角度以通俗的方式在大家有相似经历或能产生共鸣的故事中,帮助人们认知自己的情绪、心理和行为,并能够给予适当的方法和建议,体现了栏目贴近服务性和实用性的特点。再如中央电视台社会与法频道《忏悔录》栏目,是以"心灵的焦点访谈"为最终定位和品质追求的周播节目,推崇"没有反思的人生是没有价值的人生"和"吾日三省吾身"的价值观。力图与犯过重大过失的人物的深度访谈中,通过他对自己身心历程的关注和在思考,以忏悔的方式完成自我人格的升华,并给予观众深刻的启迪,从而宣示"人性的光辉,忏悔的力量"这一永恒的人生主题。

(三)倡导新的生活方式

随着社会的进步和科学技术的不断发展,人们的生活方式在很大程度上受到了改变。生活服务类栏目应密切把握现代生活的脉搏,密切关注生活的新动态和新特征,并给予及时的描述和指导。这样的内容定位会使得生活服务节目获得更加广阔的发展空间。比如现在很多房产、家居、汽车等生活服务节目,就是在新的时代背景下积极倡导一种时尚、科学、健康的生活方式。中央电视台 2 套的《交换空间》就是一档涉及家庭装修的家居类节目。节目以 48 小时内两个家庭在设计师的带领下互换房间相互装修这种方式来呈现,节目中还规定了在装修快结束的时候由主持人提供一件旧物让装修者进行改造。由于装修时间与提供的经费都非常有限,因此节目中独特的创意显得至关重要,观众也随着两队的装修设计学到了不少关于家居设计的方案。比如在 2009 年 1 月的一期节目当中,其中一对新婚的夫妇觉得自己家里的气氛不够温暖,因此,另外一队负责给他们家装修的家庭就从如何使他们家在冬日里变得温暖开始着手。他们买来了红色的地毯;在房屋中间建了一个简易的吧台铺上了红色的马赛克;把墙壁刷成了暖暖的黄色，将电视墙贴成了红色的泡泡的造型。在变废为宝这个环节里，设计师将他们家客厅里已经坏了的灯卸下来，将每一个透明杯状的方形玻璃当作了花盘，买来彩色的泥土和微型盆栽种在里面。摆在客厅里显得非常精致有趣。这些装修都不是费才费力的大工程，但是却形成了让人耳目一新的效果。观众通过这类节目学到了很多实用简易的装修技巧和思路，在现在这个非常讲究居住环境和品位，强调绿色环保装修的时代显得非常重要，起到了倡导新的生活方式的作用。除了装修类节目之外，现在还有很多以"汽车与生活"为内容定位的节目。汽车逐步进入家庭，它们所带来的不仅仅是生活的便利，而是整个社会生活方式的改变，很多人都感到有了车就有了新的生活方式。因此汽车类服务节目就提供给了观众全面的汽车和交通信息服务，涉及维修保养、交通法规、产品最新消息介绍等多个方面。

三、节目形态的包装

总的来说，生活服务节目的包装要做到风格化。风格化其实也就是差异化或特色化定位，一个栏目如何从众多的电视节目中脱颖而出，如何在电视传媒中最大限度地捕捉受众呢？必须要促进电视栏目风格化，使节目具有"不可替代"的内在品质，做到"人无我有，人有我优，人优我特"。栏目是构成频道和体现频道特点基本要素的基础，栏目建设必须显现出栏目的特色化、个性化、风格化，追求内涵发展。现在很多节目都是对别人的照搬、模仿，忽视了文化差别、地域差异等重要因素。因此我们在做节目时一定要通过深度的思考和开掘，建构出自己独特的角度，找到新的突破口和切入点，创造出具有风格化的东西，这样才能使节目具有旺盛的生命力。栏目风格化是频道实现品牌化的前提，在众多的同类栏目中只有拥有了个性化与风格化才能够被观众迅速识别出来并形成相当的固定受众群。

随着电视业竞争的日益激烈和观众的分化，生活服务节目需要寻找出自己的特色。我国的电视工作者们越来越发现研究电视节目形态的重要性和必要性，那么到底什么是节目形态？节目形态是具有版权属性的创造，是节目个性化的重要载体。它包括构成节目的主要元素、节目的流程和结构方式、节目的主持方式和包装方式等。随着生活服务类电视节目的发展，它的节目形态也必须处于不断创新之中，时刻保持不断有一些新的元素融入到节目当中。在节目形态的包装过程中有以下几种策略。

（一）新闻性手法引入生活服务之中

中央电视台中《生活》栏目的出现，使它的这种以新闻方式提供服务，将新

闻性手法融入服务性当中的理念被其他众多生活服务节目借鉴采用。在近年来的生活服务节目中，出现了许多以新闻手法来制作服务类节目的现象，如中央电视台《为您服务》栏目里的《法律援助热线》，《生活》里曾经有的《热线3.15》、《特别关注》板块，北京电视台生活频道的《7日7频道》等。这种寓新闻性于服务性之中的节目形式，做到了与现实生活同步，为观众提供了周到深入的服务，适应于关注百姓生活状态和普及法律知识。

新闻性手法主要是指用新闻的眼光去发现有效的服务点和用新闻的手法去处理选题。用新闻的眼光去发现有效的服务点也就是在选材上要体现新闻性，具体是指生活服务节目的题材选择抓住了某个新闻由头或新闻的入口，选题由最近发生的新闻事件作为缘起和切入口；从新闻中挖掘出受众最关心的话题，由新闻引出服务来；从新闻中发现生活热点，将新闻延伸到生活的各个层面，以百姓关注的现实与热点话题为内容，让人们对关心的有共性的困惑进行讨论和解答。这样从新闻的视角来透视百姓的生存状态，还有利于节目视角的开拓和新颖。不断地从我们身边发现新鲜的事物，挖掘出更多过去在生活服务节目中未曾涉及的领域，引发出更多值得人们去深思的内容。这种形式往往使节目具有新鲜感和紧张性，在叙述一开始就能抓住观众的心，让受众迫切地想知道事件接下来如何进展，具有了故事性和情节性，彻底打破了人们传统上认为的生活服务节目就是枯燥的教授生活常识。此外，过去的生活服务节目题材经常没有时效性，同样的节目内容可以今天做也可以以后再做。而现在，从新闻的角度来编排节目，以时效、快捷、权威的新闻风格来包装服务，新闻性手法与社会现实的贴近性又增加了节目的生动性和可视性。

新闻性手法的另一个方面就是用新闻的手法去处理选题。在节目中运用到新闻节目中常用的纪实性拍摄手法、特写镜头，结合了现场报道、深度调查、投诉跟踪以及跟拍、暗访等多种形式，内容客观真实，信息关联度高。有效地提升了节目的时效性与可信度，又关注到了普通老百姓的生存状态与生活空间。

当然，新闻性手法引入到生活服务类节目之中并不是节目的最终目的，它的最终目的是要告诉观众如果生活中遇到类似的事情应该怎样处理，为观众提供更权威、更高质量的服务。在这里新闻性只是作为一种手段，通过新闻事实的展示，最终仍然落脚在服务上。以新闻为切入口及时发现隐藏在生活中的问题，最终达到指导生活的目的，这正是它和新闻本身之间最本质的区别。

（二）竞技、表演、访谈、真人秀元素渗入生活服务之中

传统意义上优秀的电视服务类节目具有着丰富多彩的内容和贴近生活的实用性，轻松朴实的节目风格是生活服务节目的主旨，而随着分众化时代电视市场

的激烈竞争,生活服务节目更需要具有吸引目光的可看性和留住观众的新奇性。通过自身的经验总结以及对国外先进节目形态的借鉴,生活服务节目的制作者发现如果能使实用性与娱乐性兼备,会收到更好的效果。因此,如果现代的生活服务类节目在保留它本质上具有的实用性、人文性、贴近性的基础上,也将竞技、表演、访谈、真人秀等元素渗入生活服务之中,将受到更多观众的喜爱。这种形式把经济、时尚、艺术等元素有机地结合在一起,并充分调动了电视的表现手段、技巧,让观众娱乐的同时,记住并学到有用的东西,真正实现了寓教于乐。

1. 竞技类

竞技节目在调动现场观众的积极性,造成与观众之间的互动方面具有很大的优势。因此在生活服务节目中引入竞技的节目形态,可以使观众对于比赛的结果产生强烈的悬念和期待,同时选手们的不断努力和可能获得的丰厚奖品也使节目充满紧张的竞争气氛,成为了吸引观众、刺激收视的有效手段。比如CCTV—2的《超市大赢家》、《购物街》都属于生活服务类的大型消费竞技节目,又可以理解为生活服务类的互动娱乐节目。节目集服务性、娱乐性和竞技性于一身,通过紧张刺激的竞技游戏,使观众在游戏、悬疑、揣测、惊喜中追逐着每一个环节,同时达到了轻松传达服务信息的目的。节目的卖点在于主题、表现形式上的大胆创新,因此增强了节目的趣味性和吸引力。《超市大赢家》主旨是倡导健康生活、理性消费,节目在超市实景拍摄,增强了传播效果,使观众感到身临其境。节目将百姓关注的生活信息和竞技的环节巧妙地融合在一起,糅合进了节目需要表达的服务信息中,达到了好看又实用的目的,服务与娱乐产生了内在的互动。《购物街》栏目就给观众一种直接参与的感觉,实现了场内场外互动,台上台下之间形成很好的互动。观众通过精彩刺激的价格游戏极大地调动观众积极思维和热情情绪,同时也使观众了解相关的生活信息。在一些美食节目中,我们也可以看到竞技元素的运用。比如中央电视台的《顶级厨师》,观众通过电视欣赏到一场轰轰烈烈的电视烹饪擂台赛。厨师们各个摩拳擦掌,刀光剑影;现场嘉宾和专家的助威点评使节目更具权威性,摇臂摄影机在演播室上下升降,观众欣赏到的不仅是美味佳肴更是视觉盛宴。在社会不断发展的今天,人们对生活有了更高的追求,饮食已经不仅仅具有生存的基本意义而发展成为了一种文化。烹饪节目不应满足于过去的单调的菜肴制作过程和枯燥的解说语调,而是加上娱乐的成分,创造出新的节目形态,并将这种节目形态大胆实践和灵活运用。节目充分调动了各种电视的表现手段和技巧,营造了轻松的节目氛围和热烈的现场互动。当然,这种节目的基本宗旨仍然是传达与生活有关的知识性和服务性内容,而不以观赏性和娱乐性为第一目标。这里的娱乐性只是吸引观众的一个噱头,这也是它与综艺娱乐节目的根本区别所在。

2. 表演类

许多电视制作人已经意识到，故事化不仅是电视剧中需要的元素，在其他的节目类型中同样可以拿来借用。在节目中如果能够增加一些戏剧冲突，就会使节目更加引人入胜。那么生活服务节目如果通过故事情节来表现，是不是也能提高收视率呢？当下一些生活服务节目中，就不乏利用情景剧表演的同时，在剧中展现生活技巧的优秀实例。

《美食每客——三人餐桌》是一档为百姓提高餐饮质量的美食服务节目。不同于以往美食节目单调的演示或者枯燥的教授，节目中通过推广创新家常菜，倡导健康从饮食做起的生活理念。节目中运用了情景剧的表现方式，同时穿插健康饮食的资讯。主持人蓓蓓扮演《三人餐桌》美味定制店的老板娘，她的得力助手是美味定制店的大厨，也就是节目的另一位主持人朱轶。每天他们都会招待一位不同的客人，根据客人的口味和要求制作菜肴。如果客人和朱轶遇到什么菜肴制作方面的问题，蓓蓓老板娘就会及时出招，告诉大家解决问题的小窍门，带给大家最新的健康饮食知识，同时会带着观众一起回忆整个菜肴的制作过程。观众不仅可以掌握到家庭美食的做法，收获到节目中传来的美味，那种温馨气氛和喜剧的效果，更让观众获得了快乐积极的生活态度。北京电视台生活频道《快乐生活一点通》也是一档情景剧形式的生活服务节目，它在短短的时间里就塑造了一个收视神话。节目以三代同堂的五口快乐之家的室内情景剧的形式来传递生活资讯，观众看到了原汁原味的真实生动的生活场景。这种表演摒弃了过去电视节目中主持人的方式，开创了国内生活类节目家庭群、角色化主持的先河。节目中为观众提供了生活中的各种小发明、小窍门，比如告诉你如何把粘在衣服上的口香糖弄下来，发黄的白衬衣如何恢复原样等等，使普通的生活更加多姿多彩、精致美妙。通过情景剧把这些知识窍门有机地串联起来，表现出欢乐和睦的家庭氛围，倡导了一种积极乐观的生活态度。这些都增加了节目的亲和力，有效地拉动了收视率。

3. 访谈类

生活服务类节目通过访谈的形式来表现可以有效地拉近节目与观众的距离。与其他谈话类节目不同，生活服务类谈话节目在题材上是选择与百姓生活相关的话题，请嘉宾和观众一起来谈论生活。北京电视台生活频道的《生活广角》就是一档以百姓生活故事、生活遭遇、生活感受为主要内容，以外景采访和演播室嘉宾讲述为主要表现方式，以现场观察员调解为主要渠道，为人们提供情感宣泄的途径，力求化解矛盾并引发思考。再比如天津卫视的《沟通》节目，它紧紧围绕百姓的生活话题，做到了贴近观众、贴近实际、贴近生活。2008 年 12 月 3 日播出的《沟通》特别节目——咱们的日子，就是通过谈话的方式来谈论百姓生活的节目。2008年是纪念改革开放三十周年,这三十年中,老百姓的生活发生了翻天覆地的变化。《沟通》制作了上、下两期特别节目——《咱们的日子》邀请两位嘉宾谈论了这三十年来吃和穿的变迁。吃饭、穿衣和百姓的生活息息相关,也最能体现生活质量的逐步提高。北京电视台2008年1月1日推出一档全新大型的关于家装家饰家居的演播室访谈节目——《生活+》。节目中请到诸多优秀室内设计师从多角度、多层面来诠释现代时尚家居的设计理念,讲述全新的设计风格,展示最新家装潮流,展现美好家居的设计精品。在节目中穿插各类实用资讯,主持人代替观众提出各类相关问题,和嘉宾进行讨论,替观众答疑解惑。栏目坚持"以人为本"的家居理念,记录人们从购房开始对户型、面积、装修、入住、后期更新装饰过程,来正确引导消费理念。

4. 真人秀类

目前有许多节目中都引入了真人秀的元素,它的理念带来了新的电视元素和技巧。生活服务类节目中融入真人秀的娱乐元素,同样可以带来相当高的收视率。国外这类节目样式已经非常丰富,通过选择个体的服务对象进行有针对性的帮助来达到服务大众的目的,通过对服务内容的具体实现全程跟踪拍摄,使得内容显得更加电视化。我们经常看到在职场类节目中借用"真人秀"的电视手法,如中央电视台曾经的《绝对挑战》,美国学习频道的《择业比拼》;生活家居类节目如中央电视台的《交换空间》、英国广播公司的《交换房间》;美容化妆节目如天津卫视的《化蝶》、美国福克斯公司的《天鹅》、美国广播公司的《改头换面》等等。当然,在生活服务类节目中融入真人秀元素并不是等同于完全意义上的娱乐节目。在这里,只使用真人秀的形式来包装节目,娱乐只是为了增强节目的趣味性和吸引力,最终目的还是为了更好地体现服务性。根据不同的真人秀类别,具体可分为几下几种。

职场类:如《非你莫属》(天津卫视)、《职来职往》(江苏卫视)、《天生我才》(广东卫视)

健康医疗类:如《超级减肥王》(中央电视台财经频道)、《生命源》(北京卫视)、《因为是医生》(浙江卫视)、《急诊室故事》(东方卫视)、《神探医生》(旅游卫视)、《来吧孩子》(深圳卫视)

相亲类:如《非诚勿扰》(江苏卫视)、《百里挑一》(东方卫视)、《爱情连连看》(浙江卫视)

美食类:如《顶级厨师》(东方卫视);《爽食赢天下》、《十二道锋味》(浙江卫视);《中国味道》(中央电视台综合频道)、《味觉大战》(中央电视台财经频道);《美味星婆媳》(山东卫视)

育儿类:如《超级育儿师》(中央电视台财经频道)、《爸爸去哪儿》(湖南卫

视）

医疗题材历来是影视创作最热门的题材之一。在欧美国家，医疗类真人秀一直是广受欢迎的电视节目类型。但在中国，由于医疗行业的特殊性，一直缺乏此类真人秀。以往的医疗节目，几乎都是演播室内，侧重于传播养生健康知识如《养生堂》、《健康之路》等。2014 年，国内电视台开始尝试医疗真人秀。医疗真人秀节目在中国落地有着非常强烈的现实意义，医患矛盾目前成为突出问题。针对医患矛盾，电视媒介有责任也有能力发挥社会润滑剂作用，增进医生与患者之间的相互理解，促进社会和谐。

旅游卫视的《神探医生》由世熙传媒从泰国引进同名节目版权精心打造，是一档结合医学案例进行推理的真人秀。按照规则，在每期节目中，由 6 位医学院学生分成两组进行 3 轮比拼：第一轮，参赛选手根据短片中给出的病症进行初步诊断；第二轮，参赛选手对模拟病人进行问诊，通过模拟诊断室得出进一步的诊断；第三轮，参赛选手使用虚拟金币购买系统提供的 X 光片、血常规、核磁共振等病情详细检查报告，诊断正确的一方获胜，如果诊断都正确，则花费虚拟金币最少的一方获胜。《神探医生》寓教于乐，将医生的诊断过程详细地展示给观众，而且每一期都有专家坐镇，非常专业，甚至可以拿到各大医院当作教学案例。选手将在现场通过病患视频、病状分析、现场问诊、调取检测报告，在繁杂悬疑的真实案例中，快速判断出病人的真实病情。紧张、悬疑、欢乐、感动，专业的医疗将变得不再神秘。

2014 年 10 月起浙江卫视播出医疗人文真人秀节目《因为是医生》，旨在搭建医患桥梁、真实反映普通医生工作和生活状态的。观众通过近距离、全方位观看从北京协和医院、北京肿瘤医院、北京大学第一医院三家顶尖医院最繁忙的科室选出七名医生的日常状态，加深对医生群体的理解。《因为是医生》选择以人物作为叙事切入的角度，不仅为观众呈现医生们的真实生存状态，他们的奉献与渴望、挫折与无奈，同时也呈现出生命的脆弱与无常。节目是普通大众与医学行业最近距离的感官接触，也使观众能够在电视节目的镜头里，如此真切地目睹到不同家庭的生离死别，真实地感受到生命的残酷与伟大。

《生命缘》是北京卫视2014年7月起在周六晚间黄金档开播的医疗真人纪实节目。在全国所有省级卫视中，开启了多个国内医疗纪实节目的“第一次”：首次将医疗纪实节目的触角延伸到急诊室、抢救室、手术室等生死战场的最前沿；首次在真人纪实类节目中没有编剧、没有导演、没有做秀，呈现的全部是医院里真人真事；首次在医疗纪实节目中使用医疗直升机全景拍摄；首次采用医院内多角度的监控镜头；首次将GPRO(吸盘式摄像机)安装在急救车、抢救室、待产室等场景。节目中的一大亮点是真实呈现了医学的无奈与失败。以一种生命伦理的角度，告诉观众，医学不是万能的，医学只有一部分是科学，另一部分是伦理、经济和社会的映照。面对“歌舞”和“明星真人秀”扎堆的周六综艺黄金档，《生命缘》自筹备录制之初便打出“无惧歌舞和明星真人秀”的姿态和声势，并用镜头记录最震撼人心的抢救画面，最触动神经的生死一幕，直达人内心最柔软的情感地带，带领观众真正的触摸和感受生命的力量，从中领会生命的真谛。

《急诊室故事》是东方卫视于2014年12月推出的一档固定摄像头拍摄的急救纪实真人秀节目。节目采用了近80个国际最先进的远程遥控摄像头拍摄，以上海市最大的急性创伤中心——这个最能浓缩和折射人生轨迹发生巨变的地方为切口。通过每周7天每天24小时的全景纪录，深入到我们没法进入的抢救室一线。以最真实的视角、最虔诚的态度，通过对100多名患者的就诊过程充满敬意的观察，见证了一次次跑偏了轨道的生命是如何挣扎着重新回到这个世界的。同时为确保真实还原，现场将使用66路全方位收音，确保急症室各处都可以收到现场声。节目核心立意是直面社会广泛关注的医患矛盾、信任危机，并始终坚持“生命有痛，有你真好”的主导思想。让观众感受到病患如何被救治，及过程中医患间、病人与亲友间的各种情感迸发，赞颂生命的力量与尊严，传递社会正能量。

四、制作环节的包装

如今的电视时代是崇尚个性化、特色化的时代，因此节目的包装就显得尤为重要。很多节目都通过不同的包装技巧和手法，提升了节目的外在形象，更加符合观众的个性化需求。作为生活服务节目可以在名称、标志、片头、片尾、片花、音乐音响、字幕、演播室场景、道具等多个方面进行设计和包装,形成自己独特的风格,形成生活服务类节目自己的识别系统。在琳琅满目的节目中,受众可以通过这些元素迅速判断出这个栏目是讲述什么内容,在第一视觉冲击下做出判断和选择。同时好的包装还可以给观众留下深刻的印象,帮助受众了解栏目的定位和作用,在受众心目中树立栏目的清晰形象,方便观众日后再次选择它。在这样一个"读图"时代,人们对视觉图像的依赖达到了前所未有的程度,因此生活服务类节目不仅要有好的表现内容,更要注重节目的外在包装,在审美层次上要求能使人得到视觉与心理享受。

(一) 节目名称的设计

生活服务类节目必须要有贴切生动、新颖独特又方便人们记忆的名称。有一个好的名称是吸引观众眼球的第一步。在这里需要注意的是,节目的名称不能过于笼统,很多生活节目在取名上过于笼统,没有创意。比如房产家居类节目,很多都以地名命名,如《南京房产报道》、《江苏房产报道》等等。显得非常没有个性,不能满足观众差异化的需要。再比如命名为生活指南、生活之友之类,首先在名称上就让观众感到强烈的同质化,感觉节目内容就是介绍生活常识的大杂烩。因此,一个具有特色的节目名称,才能激起观众的收看欲望。比如海南卫视旅游频道的旅游节目《玩转地球》、北京台的《快乐生活一点通》就直接点名了节目的宗旨和主要内容,很容易让观众接受。

(二) 节目标识的包装

因为节目的标识在视觉设计要素中应用非常广泛,出现频率也相当高,最容易引起观众的注意。电视节目的标识将电视节目概念的抽象精神转换成具象符号,集中体现了电视节目的形象特征和个性。一个好的标识能给人留下深刻的印象,通过强烈的视觉冲击力给观众带来审美愉悦。观众通过这些非常符合节目宗旨的标识可以马上捕捉到这档电视节目。

(三) 节目片头、片花的包装

节目的片头、片花也是生活服务节目外在的重要表现形式,一般多以三维或二维动画呈现。片头是整个节目的封面,对节目形象化包装和定位进行有效诠释的作用,既要忠实体现节目的特征,同时给观众以强烈的视觉震撼;片花则力求带给观众强烈的新鲜感和新奇感,与片头相比整体上会偏轻松和个性一点。二者都利用形象化手段进行构思和设计,使观众认识、识别和留有印象,从而接受节目或者整个栏目，让受众一听到栏目的片头音乐，一看到栏目的片头画面，就会识别该栏目，并集中注意力观看。生活服务类栏目的片头、片花应以生活服务为主线，与栏目、频道定位、风格协调一致。比如《为您服务》的片花就设计得非常有创意，色调与线条都比较简约，类似简笔画风格的线条和手语动画的造型手段，简单明了的方式与风格深受观众喜爱。"全心全意，为您服务"的宣传语虽然朴实无华却高度概括和提炼的节目宗旨、功能与定位，既亲切又实在，让人过耳不忘。节目中这些固定化和模式化的元素方便了受众的收视行为，培养了受众的收视习惯。

（四）演播厅空间环境的设计

电视是视听兼备的传播媒介，而演播厅空间环境的设计是栏目视觉识别的一个重要构成元素，应根据主持人风格和栏目特点进行整体的视觉体系设计。生活服务类栏目，演播厅设计就应当温馨一些。美国的生活服务节目的现场几乎都布置成家居场景，给人温馨感。日本的生活服务节目的演播室则根据不同功能设置不同场景区，有主持人的主持区，有嘉宾区，还有操作区，各功能区彼此没有分隔，这使整个演播室拍摄增大了不同空间，但又不乏整体感。相比之下，中国内地生活服务节目的演播厅就显得单调了许多，在功能区分上也不明显。因此，在分众化时代，生活服务的制作过程中必须要善于利用演播室的包装来更好地满足观众的不同需求。比如《为您服务》节目中，演播室的风格显得比较温馨，给人以家的感觉。《生活》栏目中，主持人在演播室中走动，使演播室变得现代而充满动感，这种方式也受到很多观众的认可。

（五）电视字幕的设计和使用

生活服务节目还要注意电视字幕的设计和使用以便于观众的理解和记忆。特别是在有些生活服务节目中会介绍到很多生活中的小窍门、小知识，通过字幕可以将主持人提到的这些比较零碎的知识点再给观众总结一下，将复杂的节目内容条理化、纲领化，让观众对相关信息的接收并正确理解记忆。字幕系统的包装方案应该根据具体的节目形式和内容来决定，可以生动活泼也可以简洁醒目，总之要保持美观大方、富于艺术感，与节目整体风格统一的原则。

（六）电视表现手段的丰富

电视生活服务节目的制作者要想使节目通过展示形式美来实现其审美特征，就必须依赖电视所特有的表现手段，运用形式规律来加强节目的表现力和感染力。丰富的电视化手段，能够提升节目的审美愉悦，减轻观众的审美疲劳。为了使生活服务类节目更具有观赏性,增加节目的吸引力,现在的节目在样式上逐渐繁多,在声画、时空和叙事艺术上也有了很大的突破。节目在画面制作上也日益精良,画面的构图、色调、文字、影调、光效等元素的运用也日益娴熟,这些都使节目的可观赏性和时尚性增强,增加了视觉吸引力,也吸引越来越多的年轻受众。《生活》栏目中大量运用较新的电视手段,在镜头的运用上不再是中规中矩,而是根据节目的需要动起来,活起来。在镜头运用上,大量使用了富于冲击力的特写镜头和主观镜头以及适当的特技。在包装设计上,《生活》选用华丽的红黄两色作为主色调,配以光影及线条的变化来突出《生活》的视觉识别特征。色彩热烈的金红再配以光影、线条的变化和节奏性音乐的选用,使节目既时尚又具有节奏感。

五、主持人的风格化

主持人是一个节目与观众交流的桥梁,电视媒介与受众直接的互动与沟通需要由主持人来完成,也就是说与观众进行交流的是电视中个性鲜明的主持人。随着电视媒介的分众化发展,主持人也有了更大的发展空间。他们通过自己的专业修养,亲和力、感召力及其鲜明的个性,十分直观地传递着节目的风格特色,将节目的内容传达给节目的目标受众。满足了不同受众的需求,更好地实现了传播目的,并优化了传播效果。

(一)根据节目定位形成主持人不同的风格化

比如《为您服务》这类综合型生活服务类栏目,以介绍生活中的小窍门为主,这类节目面对的观众一般都是普通的家庭成员,这就要求主持人平易近人,亲切平和,给人一种自己家人的温馨感。同时还要有足够的生活阅历和丰富的知识积淀。这类节目的主持人在服饰和妆容上,最好休闲随意一些,让观众产生踏实、不浮夸的感觉。如果是美容服饰类服务性栏目,面对的观众都是追求时尚的人士,主持人可以凸显出前卫时尚的气息,衣着化妆方面都可以新潮大胆一些。在观众细分的时代,生活服务类栏目的主持人的风格也需要呈现多样化。

(二)主持人应掌握与主持内容相关的专业的知识

随着分众化时代电视传播对受众划分的越来越细化,更多的专业化生活服务节目和频道也相继出现。在这种情况下,主持人除了要有熟练的主持技巧这些基本的要求以外,还必须要有相应的专业素质和知识,才能满足节目和观众对传播内容的要求,准确地向观众传达节目的内容。比如在《美丽俏佳人》、《美丽大讲堂》等这类美容服饰类节目中,主持人除了要自身具有时尚的气息以外,自己也应该掌握一些这方面的知识,在给大家介绍的时候才能够得心应手。再比如《心理访谈》、《健康之路》等健康类生活服务节目的主持人,也必须要熟悉这里领域的相关知识,不至于在请教嘉宾时说出外行话。

(三) 主持人应形成自己主持风格的个性化,打造属于自己个人的风格

在这个追求个性、特色的时代,观众有着各自不同的需求。专业化的生活服务节目和频道非常需要主持风格个性化的主持人。同时,生活服务节目的宗旨和风格要通过主持人的个性化主持传递给观众,从而受到观众的欢迎,吸引受众并引起共鸣,最终形成一个较固定的受众群。比如《为您服务》的主持人肖薇、王晓骞的邻家女孩的风格给人一种到了家的亲切感,《天天饮食》曾经的主持人刘仪伟虽然相貌平平、普通话极不标准,但他主持节目时凭借幽默的语言让观众在轻松、快乐中学做菜,既学到了知识又获得了愉悦,使观众感到做饭这件本来枯燥的事情成为了一件愉快的事情。

(四) 通过媒体资源宣传主持人,扩展生活服务节目主持人影响力

名主持人往往成为栏目的标志和代言人,许多观众因为喜欢主持人而喜欢他们主持的节目。主持人是一个栏目的商标,主持人的风格就是一个栏目的风格。主持人个性化的传播方式与栏目融为一体,将形成独特的品牌效应。主持人被作为电视节目品牌的一个符号进行包装宣传,一个具有收视率的栏目可以把主持人聚焦为一位明星主持,反过来一个明星主持也可以通过观众对他/她本人的认同而带动一个栏目的人气。除了利用主持人所在频道的自身资源进行包装推广外,还可以充分结合其他媒体资源宣传主持人,扩展主持人影响力。名牌栏目与明星主持是相辅相成,相得益彰的,制作以主持人为主角的节目宣传片可以将二者很好地结合起来。在生活服务节目所在的频道中滚动播出一些节目主持人的形象宣传片,对于观众更加了解喜爱这个主持人非常有效。再比如通过杂志、报纸等其他平面媒体、网络等媒介为生活服务类节目主持人宣传、推介、造势,为新主持人举办新闻发布会,在过年过节期间举办主持人与观众见面会,建立专门的主持人宣传网站等,这都是扩展主持人影响力的有效手段。还可以把生活服务节目主持人的大幅工作照片悬挂在路边广告牌上,让观众通过对主持人的喜爱而对他们所在的节目有更直接的亲切感。通过这些推广活动,扩大主持人与观众的接触面,让观众更加了解主持人、亲近主持人,拉近观众与主持人的心理距离。

案例分析:旅游卫视的品牌化发展

一、生活服务类专业频道品牌化的意义

在当今这个信息渠道多元化的时代,我们不得不直面日趋激烈的电视业市场竞争。电视业的生产规模扩大后使得电视市场变得相对狭小,为了满足不同的受众需求,电视市场采取了更加精细的经营。在这样的情形下,我们应该尊重社会分工逐渐细化这样的事实,按照受众市场细分化的原则来进行电视的频道专业化。虽然频道专业化在发展道路上遇到各个方面制约和影响它发展的因素,但频道专业化的发展是我国电视业发展的必经之路,是面对国际竞争与电视业市场竞争的必然和合理的选择。进行以对象性和专业性为依据的新一轮的频道划分,这样必将有利于改变和优化中国电视的企业结构和产业结构,有利于电视资源配置的市场化、节目生产方式的社会化和节目时长的专业化,有利于区域联合和集团化经营运作,从而最终有利于发挥中国电视产业的系统整体优势,提高其在国内外电视市场上的竞争实力。

如今的受众可以接收到太多从形式到内容都极为相似的节目,如何能够在众多节目中独树一帜,做到与众不同,提高受众注意力和受众忠诚度呢?观众的注意力成为了众多专业频道争夺的对象,这就需要打造出自己的品牌,品牌化的生活服务专业频道凭借其独特的风格和内容,可以赢得更多观众的关注。“品牌”是企业的生命,也是频道的生命。品牌本身就是无形的巨大资产。在观众长期欣赏的过程中品牌化的频道对观众具有了影响力、吸引力和巨大魅力。品牌就是一种品质,一种独特性的标志;品牌就是信誉,就是频道的象征。

对于电视受众来说,品牌化其实就是专业频道在观众心目中的固定化和标识化。它具有很强的吸引力和号召力,观众在长期观赏过程中便逐渐养成了一种习惯,更加愿意选择这种品牌化的专业频道来收看。品牌化的生活服务频道需要具有自己独特的风格和相对稳定的基本形态,除了要满足人们获取生活方面的知识外,还要能够满足人们的情感方面的需要。凭借这种品牌的情感效应,使得专业化的频道能在受众心中获得较高的满意度,形成对品牌的忠诚度。品牌化的生活服务频道通过注入富有生机的独特的个性,最终可以达到与受众的最佳沟通效果。

二、生活服务类专业频道品牌化的建设

(一)生活服务节目专业化频道的定位

专业化的生活服务频道应该如何起步,如何发展,才能得到社会效益和经济效益的双赢，最终走上良性发展的道路呢？目前我国省级台的生活服务专业性频道取名都是“某某生活频道”，从节目内容来看大多包括饮食、旅游、房产家居、健康保健、汽车、时尚等，节目形式也是大同小异。这样一来，就使得我国的很多生活服务类专业化频道显得没有个性和特色，频道中也缺乏有个性的专业性节目。而出现这些现象其中一个重要的原因就是没有进行精确的定位。一个专业频道如果没有特定的收视对象，没有特定的市场定位，没有风格化的节目，就很难满足受众不同的需求，最终难以生存。定位是专业化频道建设的基础，是频道的立足之本。精准的定位可以解决生活服务节目专业化频道服务对象不够细化问题，从而确定节目的宗旨和风格，明确频道的经营思路。首先必须大量收集观众数据，掌握观众心理，了解特定的观众的兴趣点是什么，这部分观众群有多大规模，把握这部分观众的心理特征和行为方式，根据这些对节目进行定位。能否找准最大目标受众是频道专业化经营的关键，这样才能够减少做节目的盲目性和主观臆测性，增强专业化频道的传播效果。

由海南卫视变身而来的旅游卫视于 2002 年 1 月 28 日开播，是我国第一家以旅游为主要内容的卫视频道。旅游卫视引领概念营销的先锋，频道的整体设计和节目设置都将“身未动心已远”的品牌主张融入到了对社会中坚阶层所崇尚的生活理念探索中。旅游卫视主要目标收视人群锁定在 18～45 岁的“社会生活中最活跃的群体”，在旅游时尚新生活的概念下，将内容定位在行走类、时尚类、娱乐类、资讯类几方面，由新闻资讯、风光专题、旅游综艺几大板块组成，以特定内容与品位的选择，形成了与其他频道的区别。《整点看世界》可以令观众足不出户，同步看到世界著名城市标志地的状态，瞬间感到整个世界尽在眼中。《玩转地球》是由 DISCOVERY 提供的具有国际水准的旅行纪录片，这档节目为观众打开一个看世界的窗口，带领观众走遍全球，给人以最真切的感受。《有多远走多远》以驾车行驶为主线，以各地日新月异的变化为背景，以行程中的体验为线索，在行驶过程中发现美、寻找美、展现美。生活时尚栏目《美丽俏佳人》主要介绍美容护肤的秘籍，教授时装搭配的法则等等时尚前卫的内容，深受观众喜爱。交给你如何手工 DIY 制作花朵、如何防晒、如何瘦身、如何穿衣这些实用的生活常识。栏目力邀时尚杂志的时装编辑、顶尖美容专家和当红的时装设计师向观众传授独家美丽秘籍，由主持人王倩、李静、小 P、金老师、Linda 等人组成的美丽专家团强强连手将观众带进最有效、最直接、最娱乐、最轻松、最幽默的Talk show时尚课堂。再比如《我爱每一天》中会介绍白领生活急救方案为你减压安眠、儿童房间应该选用什么色彩、如何顺应季节调理身体、如何利用旧物进行改造等等。旅游卫视开放式的内容、超时尚的气质、前卫的包装、新锐的理念,都给人一种与众不同的感受。旅游卫视频道执行总裁兼总编辑郭滢说:“我们在改版前进行了细致的观众定位。卫视频道主要是通过进入地方有线电视网来实现落地,目前的卫星电视主要是在城市落地,农村地区的卫视落地率不高。由此,可以说所有的卫视频道都是都市频道。旅游卫视是一个概念非常前卫的频道,其观众定位是都市的白领阶层,是给都市时尚人士看的电视。时尚的都市人士大多生活节奏比较快,在都市节奏中生活的人们,对电视的需求主要是信息、刺激和放松。所以,旅游卫视的节目针对都市观众的收视心态,确定了‘以资讯立台,时尚与娱乐并重’的原则。”

(二)生活服务节目专业化频道的受众培育

我们可以从节目设置上来培养受众对于专业频道的认识。专业频道在节目设置上要与观众有三个对应:电视节目要与目标收视群的需求相对应;电视节目形态要与目标收视群的接受欣赏习惯相对应;电视节目播出时间要与目标收视群的收视规律相对应。下面通过分析旅游卫视节目构成及播出安排来体会它的受众培育。旅游卫视的受众定位为18~45岁城市观众群,频道的节目内容定位于主要满足这一观众群的收视期待。它的二十多档节目分为几类:新闻资讯类;旅游风光类;生活时尚类;娱乐休闲类。

1. 旅游卫视新闻资讯类栏目

栏目名称	海南新闻
播出时间	每周一到周日07:00
栏目简介	贴近民生的新闻报道
栏目名称	旅游晨报
播出时间	每周一到周三07:00
栏目简介	它摒弃了传统的新闻传播理念,用民生的视角解构新闻,将主题化传播做到极致;用有效的资讯辅助节目,放大节目头条的概念

栏目名称	中国旅游报道
播出时间	每周一到周三 18:30
栏目简介	贴近群众,贴近生活,为观众介绍全国范围内关于旅游、关于生活的信息

2. 旅游卫视旅游行走类栏目

栏目名称	行者
播出时间	每周三 20:10 周四 13:24
栏目简介	《行者》以行走和发现为主题,以旅行者个人魅力展现为主体的系列节目。在公众的视野之外、在通行的道路之外开始特殊的旅程,发现美丽的景观、饱享绝妙的美食和醉人的美酒、收集意味独特的珍藏品、阅览尘封的历史、人物和新鲜的事件。《行者》和其他旅游节目的区别在于它个人化而非商业产业化的视角,强调个人发现的大众分享……

栏目名称	玩转地球
播出时间	每周一晚 22:45
栏目简介	是由 Discovery 授权播出的具有国际品质的旅游探索纪录片。每周分为《顶级假期》、《旅游探险精选》、《旅游大热门》《旅游怪谭》等多个主题,带领观众饱览异国风情、体验神奇探索、品尝天下美食

栏目名称	有多远走多远
播出时间	每周一到周五 21:50
栏目简介	该节目以地方日新月异的变化为背景,以行程中的体验为线索,走遍中国的 2000 多个县城,走遍中国所有县级以上的公路。在行走过程中发现美,寻找美,展现美。这是一个专业且值得信赖的让观众得以看世界的窗口,在普及知识、开阔眼界和提供信息的同时,也满足了人们渴望游历世界的巨大好奇。以实时卫星传送的方式播出行走过程实录,通过整合信息服务类、互动参与类和访谈类等众多电视节目形式于一身,或记录,或讲述,或跟随主持人。有时借助行程为线索,有时借用与当地人的接触,真实地展现当地的人、物、风、情

栏目名称	文明中华行
播出时间	每周五到周日 05:45,周六、周日 18:05
栏目简介	由北京睿智名流传媒公司创办,是一档关注中华文明进程与民族复兴大业的电视节目。节目中重点拍摄“中华遗产”,再现历史文明现象,讲述真实生动的人文故事

栏目名称	TCL 创意生活
播出时间	每周六 21:00,周日 09:40
栏目简介	是 2009 年旅游卫视全新打造、强档推出的一档黄金时段旅行节目,时长 45 分钟。颠覆传统旅行概念,主打“创意之旅”的主题。在全球范围内,以行走发现创意的方式,拍摄记录典型、有代表性的创意事物

栏目名称	中国游
播出时间	每周六 21:45,周日 10:22
栏目简介	由十省区电视台联合播出的一个高起点、高水准、国际性的旅游电视传播平台。为热爱旅行的朋友呈出一道旅游的声色盛宴,让您体验眼睛去旅行的真切快感。《中国游 · 线路》、《中国游 · 在旅途》、《中国游 · 精典》、《中国游 · 留言板》四方面内容满足观众、出游者、景区以及旅游企业的不同需求,为旅行者提供出行详尽的服务

栏目名称	随心之旅
栏目时间	每周六、周日 13:45
栏目简介	领略世界各地的奇妙景观,认识好吃好玩、极具风土人情的事物

栏目名称	梅卿快车道
栏目时间	每周六、周日 14:30
栏目简介	由国内领先的专业汽车品牌传播机构——上海盖特威文化传媒有限公司精心策划制作,携手旅游卫视、教育卫视和广州电视台经济频道强力推出的一档汽车节目。国内首推汽车品牌专业传播人士与电视台金牌主持人联手解说的形式,以室内外互动,动静结合,汽车制造工艺与性能并蓄、品牌深度挖掘和价值全面推广等独特的角度,详尽细致介绍所推出的每一款车型

栏目名称	我是探路者
栏目时间	每周五 20:29
栏目简介	由户外品牌探路者与旅游卫视共同打造的一档以探险、挑战、旅行为主的真人秀节目。探路者品牌将为选手全程保驾护航,提供适合各种天气环境及户外挑战的最安全、舒适的户外运动装备,鼓励大家面对挑战勇往直前,做勇敢的探路者

3. 旅游卫视生活时尚类栏目

栏目名称	第一时尚
播出时间	每周一至周五 22:05
栏目简介	《第一时尚》每天为你送上最新鲜、最热辣、最权威的时尚界动态!但就像我们节目里面说的,“如果把生活当作 T 型台,那么,每个人都是最鲜活的模特儿!”时尚也许并没有那么高高在上,只要你有对时尚的热爱,时尚就属于每个人

栏目名称	乐活好正点
播出时间	每周六 12:00
栏目简介	沪港台三地时尚生活报道,包括三地消费购物资讯和潮流小店、美食餐厅、上班一族生活、文化活动介绍及明星名人访谈。在香港生活健康台和 TVB8、台湾东森综合台以及航空电视上播出,为内地第一批在台湾完整播出的节目

栏目名称	我爱每一天
播出时间	每周日 20:00
栏目简介	作为《美丽俏佳人》的姐妹篇《我爱每一天》在《美丽俏佳人》的基础上进行了延伸,扩展到生活方式上,包括厨艺、瘦身、营养、家居等各方面。主持人李静率领专属时尚专家亲临现场指导,让我们的生活更加科学、精致。当红明星到场,将自己生活中的“独门绝技”与大家分享。每一种时尚元素都将通过节目融入到我们的生活中,让时尚不再遥不可及,你也让你轻松成为时尚生活达人

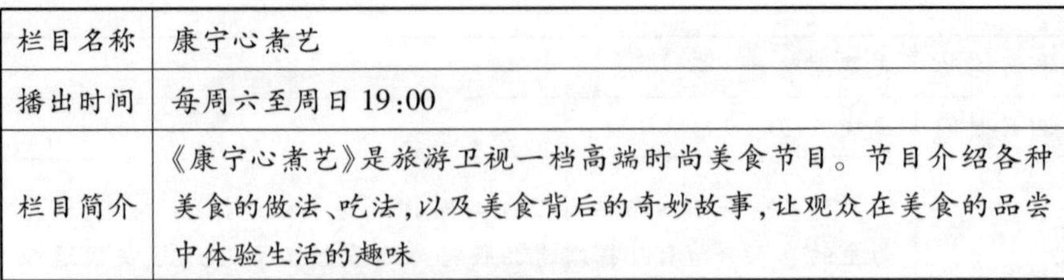

栏目名称	康宁心煮艺
播出时间	每周六至周日 19:00
栏目简介	《康宁心煮艺》是旅游卫视一档高端时尚美食节目。节目介绍各种美食的做法、吃法,以及美食背后的奇妙故事,让观众在美食的品尝中体验生活的趣味

栏目名称	亮话
播出时间	每周四到周日 12:05
栏目简介	脱口秀的节目形式,设置开放的话题、开放的空间,关注的事情和语态都紧扣两个关键词“都市”和“流行,继而“对流行解读”和“制造流行语汇”,将城市话题、城市流行文化、城市流行现象进行解读、列举和归类,把肤浅现象进行深刻化处理

栏目名称	城市惠生活
播出时间	每周四到周日 12:35
栏目简介	发现都市白领的精致生活;分享时尚消费的奇思妙想;情调生活,搜罗万象;消费技巧,一网打尽;穿梭于都市的摩登世界,做个时尚生活的消费达人

4. 旅游卫视娱乐休闲类栏目

栏目名称	卫士高尔夫
播出时间	每周一至三、周六 17:10
栏目简介	这是针对中国高尔夫消费群的形成而推出的一档专业节目,整个节目的设计围绕“运动 + 生活”展开,内容非常丰富;超级情报站带来高尔夫球界,特别是球具、装备方面的最新动态,赛场上下的点点滴滴内容

栏目名称	《言明小球大世界》
播出时间	每周五 23:30 周日 07:35
栏目简介	以自制国内外专业权威杂志高尔夫节目为立足点,囊括与高球运动有关的历史、文化,赛事、事件和人物专访,高球旅行品鉴等内容,深入浅出,纵论点评,从小球放眼大世界

栏目名称	高尔夫赛事集锦
播出时间	周日至周四23:30,周五至周六00:00
栏目简介	世界顶级赛事的精彩回顾。国内职业、业余、商业比赛以及中国高尔夫俱乐部的赛事专题片、赛事集锦,国内媒体主办赛事的专题片、赛事集锦

栏目名称	爱+才会赢
栏目时间	每周日21:00
栏目简介	是一个由快乐家庭参与互动,一个集娱乐、智慧、家庭为一体的综艺性节目,在每一期都会有神秘嘉宾前来助阵。节目内容分为竞猜游戏和海外旅游两部分

通过以上分析可以看出,旅游卫视几乎所有节目都和频道旅游出行的定位密切相关。其中涉及到的节目形态有新闻、综艺、谈话、益智竞技、记录等,有些还属于集中节目形态的集合。涉及内容包括出行交通、天气、景点风光、民俗民风、人文地理知识、旅游方式、采购技巧等等有关旅游的各个环节点;涉及的地点既有中国的也有外国的。它全方位、立体化地给出了有关旅游的方方面面的信息,使观众得出一个强烈印象,这个频道和旅游有关,可以在最短的时间树立频道形象。让观众足不出户便可了解各处的旅游信息,真正做到了"身未动,心已远"。

其次,还可以利用频道所宣传的理念吸引受众对频道的关注。现代人在追求商品的物质性的同时,其实更多的是在购买这些产品所属的一些附加值。拿生活服务频道来说,它所传播的衣食住行等方面的内容需要包涵相应的文化附加值在其中。观众在收看这些节目的同时,也需要了解其中的来历、象征意义、文化品位等等。生活服务类专业频道应该积极倡导健康的文化消费理念和生活方式,观众通过认可这些理念来认可这个频道。比如旅游卫视当中《汽车派》栏目的定位是本着人、车、生活的理念,传播和弘扬汽车时代的汽车文化,是一档极具人文色彩和时尚感觉的汽车文化栏目,很好地融入了汽车文化的内容。现代中国人对于汽车的感知和欲望,超越了任何工业产品曾带给国人的震撼。它不仅仅已经成为了城市中产阶级必不可少的身份象征和代步工具,更成为时尚精神与文化需求的一种介质。栏目把这场由汽车带来的新的冲击,以新颖独特的视角,时尚自如的镜头语言,及时

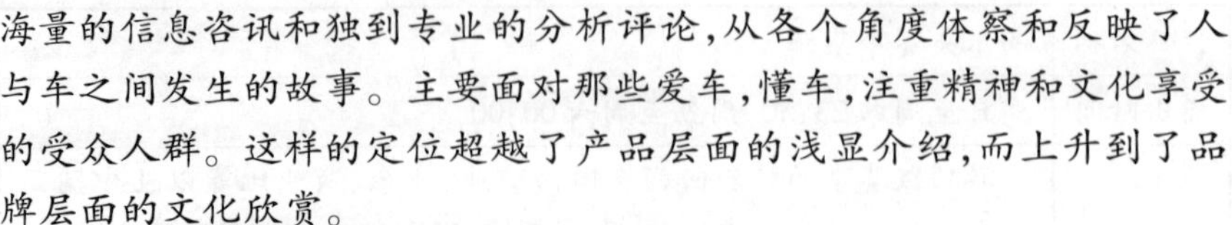

海量的信息咨讯和独到专业的分析评论,从各个角度体察和反映了人与车之间发生的故事。主要面对那些爱车,懂车,注重精神和文化享受的受众人群。这样的定位超越了产品层面的浅显介绍,而上升到了品牌层面的文化欣赏。

(三)生活服务节目专业化频道品牌识别体系建设

品牌是由基本的实体内容、名称和基本可视的、易记的、强烈的识别元素和系统组成。一个电视频道的品牌识别体系是其有利于竞争发展的诸多元素的总和,如媒体呼号、台标造型和色彩、媒体形象宣传片、节目整体形式、包装、编排风格等。一个频道的标识,是观众群和目标市场识别的依据,频道整体宣传包装的目的就是要在众多频道充斥荧屏的情况下把这个频道的与众不同之处表达出来。以独特的文化和鲜明的个性,有效地显示本频道与其他频道的区别,使观众对整个频道产生品牌认知。品牌化的生活服务类专业频道需要定位独特,设计新颖,能够体现自己独特的销售卖点,使自己的频道形象区分度高。目前我国很多生活服务频道在品牌识别体系方面和其他同类频道出现了重合和交叉,往往不实行创新,盲目借鉴其他同类频道的成功经验,结果难以在激烈的频道竞争中实现有效身份识别,创造自己的品牌。

旅游卫视面对电视观众多元化的收视需求,对专业化频道进行了全新独特的包装策划。旅游卫视包装的独特性当然首先应归功于频道整体定位的独特,"专业旅游频道"、"旅游和资讯娱乐的框架"、18~45岁的时尚人群等整体定位赋予了频道包装以不同于一般频道的内涵。于是有了"橙色·红色"的主色调,有了"地球经纬·万花筒"的LOGO创意,有了"中国大陆第一个女声频道"的呼号,有了"身未动、心已远"的频道口号,有了"在路上的行走生活"、"眼界改变世界、行走改变世界"等频道理念主张,以及与之相应的与众不同的频道形象宣传片,有了作为频道宣传片的"MTV"等包装元素,这些独特的包装元素使观众在频道冲浪时很容易受到吸引,进而收看该频道的节目。

2004年旅游卫视改版后的频道LOGO淡化了频道的地域特色,而强化了频道定位理念,采用红色群鸟在转动地球经纬背景下展翅高翔于天空、最后汇聚成以鲜红色为底四只小鸟绕飞的画面、同时旅游卫视四个大字迎面扑出定格的新格局;在具体制作上,充分利用计算机三维动画技术,注重运动方式的设计和材质光效的运用,整体上呈现阳光、快乐、奔放、时尚的风格,给人以强烈的冲击力。旅游卫视频道执行总裁兼总编辑郭滢说:"首先,新版旅游卫视是唯一一个进行全频道整体包装的卫星频道。通常电视频道都是由一个个独立的电视栏目拼凑在一起的，由于每个栏目的风格和特点都不同，造成频道整体性差。旅游卫视针对这一弊端，在频道整体设计当中，不仅改换了原来的台标，并对频道的色调进行了整体协调。对于频道形象片更是精雕细琢，使这些频道形象片具有最时尚、最前卫、最醒目的视觉冲击力。”旅游卫视的呼号是“身未动、心已远”，频道采用了感性而舒缓的女声来传达，这与频道整体形象设计和轻松时尚的定位相一致。频道还邀请当红明星周迅演唱频道主题歌曲《身未动心已远》。主题呼号和频道主题曲通过反复播放，使观众心目中加深了旅游卫视的频道理念。选择频道代言人做宣传还让频道生动了起来，更加富有个性和活力，增强了观众对频道的认知度和认可感。旅游卫视还将会启用更多的频道代言人，从不同的角度来展示旅游卫视核心理念。旅游卫视采用橙色为主色调作为频道识别色。橙色既有红色的热情、奔放，又有黄色的轻盈明快、生机勃勃，具有温暖、活力、愉悦的效果。这种频道识别色作为 LOGO 的颜色、频道宣传片、栏目标志和导视片的主色调。通过橙色元素的不断提示和效果叠加，体现了频道的内容和受众定位，强化了频道形象。旅游卫视的频道形象宣传系统也具有创新锐意。根据“在路上的行走生活”、“眼界改变世界、行走改变世界”等频道理念主张，创作了体现这些理念的系列宣传片，强调了频道的主体定位和核心理念，倡导着新的生活方式。频道中行走类栏目以行走发现、体验为主题，通过“行走文化”的推出，对“专业旅游卫星频道”品牌内核进行了高度提炼。其中“行走改变命运”的一组四个宣传片中，分为珠峰、南极、乞力马扎罗山三个主题，以个人回顾采访的方式展现人与自然之间的征服与被征服最后达到和谐统一的过程。另一组以人类进化史为背景的频道宣传片既具有浓厚的历史、人文背景，又高度浓缩了频道理念，也具有很强的宣传效果。旅游卫视这一系列的品牌识别系统的设计都符合了频道“时尚、新锐、开放”的品格，使频道品牌形象得以不断延续和加强。

参考文献

[1] 韩青,郑蔚.电视服务节目新论[M].北京:中国广播电视出版社,2005.

[2] 冷智宏,许玉琪.电视生活服务节目:定位、形态与包装[M].北京:中国广播电视出版社,2003.

[3] 张小琴,王彩平.电视节目新形态[M].北京:中国广播电视出版社,2007.

[4] 罗自文.海南旅游卫视的频道包装解析[J].东南传播,2008(4).

[5] 张同道,黎煜.北京人的收视行为与收视模式——探寻电视受众心理图式[J].北京社会科学,2003(2).

[6] 王丽娜.大众文化语境下国内生活服务类节目的研究[D].南京:南京师范大学,2007.

[7] 林艺锋.内地生活服务类电视栏目的品牌策略研究[D].北京:北京大学,2007.

[8] 王玉.分众化时代生活服务类电视节目发展策略研究[D].兰州:西北师范大学,2009.

第六章 少数民族电视节目形态解析

第一节 少数民族电视节目特征与作用

一、少数民族电视节目界定

我国是一个有 56 个民族的统一国家,其中少数民族占全国人口总数的 8.4%,少数民族的生存和发展状况直接关系国家的稳定统一和发展进步。少数民族社会生活全面繁荣则是我国构建社会主义和谐社会与全面建设小康社会的一项必然要求。促进少数民族全面发展的根本,在于传承并繁荣作为民族存在及发展根本核心和动力的少数民族文化。少数民族电视节目对于少数民族文化的传播与传承有着很重要的作用,它不仅可以凸显民族特色、民族传统文化、民族风情和民族旅游等具有地方特色的民族文化,还对中国及世界文化发展的多样性的展现具有重要意义。

少数民族电视是中国电视事业的重要组成部分,它的诞生及发展是中国电视事业进程中的重大事件,充分体现了中国电视的民族特色。同时,少数民族电视对丰富本民族人民的精神生活、普及科学文化知识、促进经济的发展发挥着不可忽视的作用。

如何界定"少数民族电视"这一概念,我国电视理论界大体有这样几种说法:第一种是地域归类法:少数民族电视,是指民族地区举办的所有的电视节目。第二种是语言归类法:少数民族电视,是指中央和地方的电视机构用少数民族语言举办的电视节目。第三种是对象归类法:少数民族电视,是指用汉语播音,向通晓汉语的少数民族介绍各民族政治、经济、文化生活的电视节目。第四种是内容归类法:少数民族电视,是指在电视宣传中用汉语、外语介绍中国少数民族,介绍中国共产党民族政策的节目。

本章中少数民族电视节目的范围包括,多在少数民族地区播出的,反映少数民族精神、文化、心理和生活的电视节目(播出语言为汉语或少数民族语言)以及翻译为少数民族语言后播出的所有电视节目。我们所讨论的少数民族电视节目,也就是通过本地区的优势资源和民族特色的文化为主要节目内容和形式,在创新中巧妙融合少数民族文化元素。通过少数民族电视节目不仅可以凸显本民族的优秀传统文化和民族特色,还能丰富本民族群众的精神文化生活,对促进民族地区电视行业及社会经济都有着不可忽视的作用。积极地探讨少数民族地区大众传媒的特性和发展概况,着力发展少数民族特色节目与栏目,能够弘扬和有效传播本民族优秀传统文化的精华部分,从而达到长期的传播方式回归文化本身。

二、少数民族电视节目的作用

电视作为一种现代传媒技术手段,在传播民族文化方面有着得天独厚的优势。首先是对外传播方面,电视将民族地区原生态文化向更广阔的范围有效传播。富有民族特色的少数民族电视节目是我国少数民族地区的主要节目内容和重头戏,其他地区的受众通过收看少数民族电视节目可以了解少数民族的文化。其次是民族地区的内部传播。比如青海藏语卫视主要是用藏语进行节目的播出和对外传播,它的受众也主要是面向安多藏区,所以在节目的设置过程中会充分考虑安多藏区的受众。电视跟其他传播方式相比较有着明显的优势,我国的少数民族地区大多是一些边远、落后的地区,人们受教育程度相对较低。相比较报纸和广播,电视有着声像合一、门槛低的优势。而互联网在这些地区的普及率很低,对操作者有一定的技术和知识要求。所以电视成为了在民族地区进行民族文化传播最有效的手段。民族文化在通过电视传媒进行着行之有效的传播活动,在一些电视节目的制作过程中承载优秀的民族文化,能达到良好的社会效应。

就传播本质而言,少数民族电视媒体担负了更加重要和突出的宣传使命。它的政治符号化程度比信息符号化程度更为明显,已经成为宣传党和国家的民族自治政策、维护国家统一和民族团结、开展对外宣传的重要手段。

(一)加强祖国统一和民族和谐

2005 年人口普查数据显示,我国少数民族人口已经达到 1.23 亿,占全国总人口的 9.44%。我国少数民族大多地处边疆,电视作为党的思想宣传战线的重要力量,作为建设有中国特色社会主义文化的重要阵地,肩负着“以正确的舆论引导人"的重大责任。少数民族电视可以使广大少数民族群众迅速及时地听到党和国家的声音,使他们更加关心祖国和民族的命运,从而增强中华各民族之间的凝聚力,促进边防巩固、祖国统一和民族和谐。

(二) 促进民族地区经济的发展

少数民族地区地域辽阔,交通不便,经济欠发达。几十年来,少数民族电视及时准确地把党中央和各级政府的声音传送到边远地区,使广大干部群众迅速了解改革开放的形势、方针和政策,同全国人民一起走上改革开放的道路。特别是进入21世纪以来,少数民族电视事业得到了迅速发展,电视更多地走进了少数民族寻常百姓家。内地改革开放的新思路、脱贫致富的好办法以及许多新知识、新观念在民族地区广泛传播,极大激发了广大少数民族群众走向现代化的热情。这种热情转化为经济发展的巨大动力,使党中央的方针政策在民族地区得到落实,与内地经济发展的差异正在逐步缩小。在这一伟大的历史变革中,少数民族电视功不可没。

(三) 成为少数民族群众的精神食粮

随着物质文明的进步和经济的发展,人民生活水平的提高,民族地区广大群众对精神文化的需求日益增长,对电视的期望和依赖程度越来越大。特别是在边疆民族地区,由于地广人稀,交通不便,广大少数民族群众的文化生活单调贫乏,因此电视成为活跃他们业余生活的主要渠道。他们通过电视,可以收看文艺节目、中外电影、电视剧,了解世界各地的信息等等,这种需求正在以空前的速度增长。电视给各族人民带来了欢乐、知识和信息。也正是由于这个原因,党中央、国务院一直十分重视少数民族电视事业的发展,不断出台政策、增加投入,促使少数民族电视健康快速发展。

(四) 作为对外宣传的"桥头堡"

纵观当今世界,西方国家都在充分利用影视的影响占领海外传媒市场,以求扩大其对外宣传的影响力。我国少数民族地区大都有着特殊的地理位置,与多个国家为邻。由于历史的原因,一些民族跨境而居,邻国又有相当数量的人与我国境内的民族使用同一种语言。多年以来,西方势力一直把我国少数民族地区作为"西化"、"分化"中国的突破口。例如,在西藏就可以听到22个国家及一些地区共70多个频率的广播节目,其中20多个频率是用藏语播出的。面对西方媒体强势压境的严峻现实,让中国的声音和形象传播出去,粉碎"西强我弱"的舆论影响,是少数民族电视不可推卸的重任。近几年来,随着少数民族电视覆盖面积的扩大以及藏语卫视、维吾尔语卫视、哈萨克语卫视、蒙古语卫视、朝鲜语卫视等多家少数民族语言卫视的上星，少数民族电视在扩大我国的国际影响，宣传我国社会主义现代化建设伟大成就等方面显示出了巨大的、不可替代的作用。它们已经成为一个向世界展示中国的窗口，一座中国与世界相互沟通交流的桥梁，一个对外宣传的“桥头堡”。

我国少数民族电视已经取得了巨大进步，尤其是在“十五”计划期间，电视的产业总量有了很大增长，覆盖率也大为提高。但是，少数民族电视在节目质量和人才建设方面还有较大的提升空间。经过近50年的发展，我国少数民族电视已经形成了一个较为完整的具有中国气派和民族特色的宣传体系，它是人民电视事业的重要组成部分，是党和政府解决民族问题的重要舆论阵地。同时它也在周边国家地区产生了一定的影响，成为它们了解中国的一个“窗口”，发挥着友好“使者”的作用。虽然少数民族电视在发展的道路上还存在一些问题，但它在我国精神文明建设中的作用是无法取代的。

三、少数民族节目风格分类与地域特色

（一）少数民族节目风格分类：

1. 旅游、风光类

主要介绍少数民族地区风土人情、名胜古迹和探索民间趣事等内容。如西藏卫视《西藏旅游》、新疆卫视《丝路新发现》。

2. 资讯、纪实类节目

这类节目包括宣传党和国家对少数民族地区的新政策与法规、资金投入和扶持力度以及报道少数民族地区发展状况等内容。如《西藏新闻联播》、广西卫视《壮语新闻》、青海藏族卫视《藏语青海新闻联播》等。《藏语青海新闻联播》用纯藏语播报，内容涉及青海省政治、经济、文化及社会生活的方方面面。

3. 综艺、文化类节目

主要是利用本土的人文和地缘优势，对民族地区的文化、娱乐等资源进行有效的整合和包装的节目。如青海藏语卫视《金色童年》、《青春风采》；西藏卫视的《七色风》；新疆卫视的《综艺丝路行》、《掀起你的盖头来》等。

（二）少数民族地区电视节目的地域化特色

少数民族地区的电视节目坚持地域化风格，与少数民族地区特有的人文、历史、地理、政治条件都有着密切的联系。在节目内容与形式的创新中巧妙地融合少数民族元素，无疑是少数民族节目地域化的一大亮点。

第一,国内目前的少数民族节目还存在较大的发展空间。因此,大量吸收和借鉴各省市优秀频道和节目的经营理念是少数民族节目发展必须迈出的一步。同时,少数民族节目在树立自己品牌形象时也有较大的地域优势,面对行业内的激烈竞争,少数民族节目完全能够以现今的节目形式和理念为框架,吸收进大量少数民族地区特有的风格和节目内容,从而吸引对应区域的受众。

第二,电视媒体作为少数民族地区重要的媒介之一,在宣扬少数民族文化、促进各民族交流方面有着义不容辞的责任。因此,少数民族地区电视节目应当在节目内容和节目的文化构成方面,充分将其地域化理念融入其制作思想当中。这样一来,少数民族地区的电视节目不仅符合国家的政策,更契合受众的需求。

第三,少数民族地区的电视节目的受众定位是清晰明确的,主要受众是其所在地区的少数民族。因此电视节目在审美风格和表述方式上也就应切合该地区的实际情况,真正做好地域化,使之充分"接地气"。

在少数民族节目注重地域化文化内涵的同时,节目制作者还要用更加开阔的眼光去审视少数民族文化在世界中的地位。在当今的社会环境下,如果少数民族节目仍一直固守本民族的一切传统,一味地宣扬和传播着祖先传承下来的一切习俗,不做适当的扬弃,就不能做到与时俱进,不能与其他民族同步发展,不能与世界先进文化接轨。能够被时间所保留下来的应当是积极健康、对当代社会有利的民族文化精华,而对于落后的习俗和制度,也应辩证看待。

第二节　少数民族电视的发展轨迹

新中国成立以后,在党和国家的高度重视下,我国少数民族电视事业从无到有、从小到大,不断积累、不断发展,已经成为广大少数民族观众日常生活中不可缺少的一部分。回顾我国少数民族电视走过的路程,基本可以分为三个阶段。

一、培育期(1960—1983)

我国少数民族电视诞生于20世纪60年代,起步时间基本上与内地省份大致相同。

内蒙古电视台筹备于1960年4月,后来因为各种原因被多次中断,直到1969年10月1日开始试播。1971年7月,内蒙古电视台设立电视发射塔,覆盖范围扩大到呼和浩特周边旗县,并开始用电影摄影机拍摄新闻片。1979年5月1日,内蒙古电视台开始播出彩色电视节目。1983年1月,内蒙古电视台可以直接收转中央电视台节目,从此结束了依靠传递录像带转播的历史。

云南电视台于1959年开始筹建,1961年12月31日实验播出,覆盖面积仅限于昆明地区。不久,云南电视台扩大了发射功率,并陆续在昆明、大理、楚雄、个旧5个市、地、州建立大功率骨干台,在一些县建立小功率差转台,并采用电视录像转播等综合技术解决大范围覆盖。

新疆电视台筹建于1960年10月,经过10年准备,于1970年10月1日用维、汉两种语言试播。1972年正式使用"新疆电视台"台标播出。1976年,每周各播出两次维、汉两种语言电视节目。1977年5月,开始从北京航寄中央电视台节目录像带在新疆电视台播出。1982年,实现了两种语言电视节目分频道播出彩色节目。

广西电视台于1970年9月15日成立,10月1日开始播出黑白电视节目。1972年9月30日,由广西50多个单位协作组装的黑白电视转播车交付使用,可到现场转播文艺演出、体育比赛等,丰富了电视节目的播出,每年可以实况转播40多场(次)。

贵州电视台在1959年就已经开始筹建,经过一年多调试后成功运营。1962年,根据上级调整精神,该台下马。1966年5月,贵州重新筹建电视台,1968年7月1日建成开播。

宁夏电视台于1970年筹建,同年10月1日正式播出。当时自办节目很少,以播放电影为主。

西藏电视台于1976年9月开始筹建。经过一年多的筹备后,1978年5月1日,成功试播黑白电视节目,拉萨人民首次看到了电视,填补了全国最后一个没有电视转播省区的空白。

吉林延边电视台于1977年12月31成立,它的前身是延吉电视转播台。

这个阶段,我国民族地区还有一批地、县、旗的电视台先后创立:1971年包头电视台创办,1973年呼伦贝尔电视台创办,1977年四川阿坝藏族自治州电视台创办等。民族地区电视事业的诞生,为我国少数民族新闻传播事业又增添了一个年轻的伙伴,少数民族电视事业开始了从无到有的飞跃。

二、发展期(1984—1997)

1983年,中共中央在批转广电部根据第十一次全国广播电视工作会议向中央所做的《关于广播电视工作的汇报提纲》的通知中指出:"广播电视是教育、鼓舞全党、全军和全国各族人民建设社会主义物质文明、精神文明的最强大的现代化工具,也是党和政府联系群众的最有效的工具之一。"通知号召全国广播电视工作者为建设具有中国特色的社会主义广播电视而努力。这些重要的指示和决定，对1983年以后少数民族广播电视的迅速发展起了决定性的作用。各少数民族自治州、自治县、自治旗先后建立起电视转播台。不久，大都在转播台的基础上建成电视台，使用汉语和当地民族语言播出电视节目。

1985年，对西藏电视而言，是一个转折点和里程碑。经过近10年的筹建，1985年8月20日，在西藏自治区成立20周年前夕，西藏电视台正式成立。1989年11月1日，建成西藏卫星地球上行站，使地、县转播站能够同步播出西藏电视台的节目。1996年2月8日，国务院批准在西藏建设600座乡级太阳能广播电视卫星接收站，所需资金全部由国家计委专项下拨。

1983年底，内蒙古电视台为蒙、汉两种语言各自单开频道播出，并且能够保证每天都播出。在边远地区，先后建立一批卫星地面站，可以直接收转中央电视台节目。到1991年，电视覆盖率已经达到占全区总人口的76%，并且还覆盖到邻近的俄罗斯和蒙古国部分地区。

新疆电视台于1984年4月18日，开始通过卫星转收中央台节目。1985年9月22日，每周一次试播哈萨克语电视节目；从1987年10月12日开始，哈萨克语节目单独开辟了一个频道。从1986年7月1日起，新疆电视台建成上行站，通过国家卫星向全疆传送维、汉两种语言节目；1989年2月20日，哈萨克语节目实现了卫星传送。1997年8月28日，新疆电视台通过租用亚太IA号卫星，采用数字压缩技术，实现了维吾尔语、汉语、哈萨克语三种语言的卫视节目分频道上星播出，覆盖人口达到7.5亿。作为新疆维吾尔自治区重要的新闻传媒，新疆电视台始终坚持正确的舆论导向，把“精办栏目，多出精品”作为工作的落脚点，把“贴近实际，贴近生活，贴近群众”作为办好电视节目的方针。努力为各族群众奉献丰富多彩的电视节目，为促进自治区的经济发展，维护社会稳定做出了重要贡献。

云南电视台、贵州电视台、广西电视台等也有了相应的进步和变化。在这个阶段，绝大多数民族地区的电视台，特别是自治区、省、地、州、盟的电视台都单独开辟了一个频道用于专门转播中央电视台一套节目。在听不懂汉语的民族地区，电视台用本地区民族语言译播或译制中央电视台《新闻联播》及其他主要节目。截止1998年，各地办有少数民族语言电视台达141家，少数民族电视人口覆盖率达到74%。一些少数民族电视台的民族语言节目还通过通讯卫星传输，辐射到周边国家。

三、加速期(1998年至今)

20世纪末21世纪初，随着国家“村村通工程”、“西新工程”、“西部大开发工程”等的实施，为少数民族电视的快速发展提供了强劲的动力，具体表现在以下三个方面。

（一）基础设施逐步完善

从1998年到2003年，民族地区基本实现了已通电行政村的广播电视“村村通”。从2004年开始，“村村通”工程第二阶段目标是实现已通电的50户以上自然村的广播电视“村村通”。在国家政策的支持下，各少数民族地区的“村村通”第二阶段工程取得很大进展。近几年，部分省、自治区已经开始了第三阶段的“村村通”建设，即实现已通电的20户以上自然村的广播电视“村村通”。在基础设施建设方面，“西新工程”为西藏、新疆等地的广播电视基础设施建设做出了重大贡献。“村村通”工程和“西新工程”等重点建设工程的相继实施，使我国少数民族地区的广播电视覆盖率大幅提高。截止2006年，新疆电视人口覆盖率已达到92.78%；内蒙古提高到91.15%；青海为92.5%。这些数据已越来越接近全国电视人口95.81%的综合覆盖率。

（二）对外宣传的良好渠道

经过几年的加速发展，我国少数民族电视的对外覆盖能力得到了加强，一些少数民族语言节目对邻近国家和地区的影响力正在扩大。“村村通”、“西新工程”在加强这些地区电视的基础设施的同时，还提高了节目质量，加强了对内和对外的覆盖面。“西新工程”的重点是加强新建和扩建发射台等基础设施建设，从而使无线信号得到加强，电子对抗能力得到提高，节目时间得到延长。这些基础设施的建设，使得电视节目的境外覆盖能力增强。内蒙古电视台的蒙古语卫视频道是世界第一家蒙古语卫视频道，它通过“亚洲二号”卫星传输覆盖我国全境和亚太53个国家和地区，已在蒙古首都乌兰巴托全程落地。此外还覆盖了俄罗斯部分地区和日本、澳大利亚等国家和地区。新疆电视台哈萨克语卫视频道已经在哈萨克斯坦正式播出。另外，云南卫视完成了在越南胡志明市的落地；广西卫视在东盟部分国家落地，并开办了多档对外宣传节目。

（三）数字化进程加速

我国少数民族地区有线电视的数字化工程也于近年开始启动。截至2006年11月，广西全区各地级城市及部分县（市）共160万户完成有线电视的数字转换；截至2008年底，云南已经完成有线电视数字转换用户150万户；截至2009年6月，西藏已完成有线电视数字转换用户37540户。

(四) 地方少数民族电视百花齐放

1. 西藏卫视

西藏卫视现有电视台自办2套节目。一套节目通过卫星传送;一套节目覆盖拉萨市区,可收视人口40万人。自办节目均用汉语和藏语播出,每周播出126小时,日均制作节目1.5小时,转播2套节目。均通过卫星覆盖,平均每天播出30小时,拥有观众上千万。第一套节目(西藏卫视)在当地8频道播出,并通过卫星传送。第二套节目在12频道播出,重播西藏卫视主要栏目。现有4个播室,采、编、播均使用模拟设备,从播控中心到卫星上行站和发射台采用光缆传输。在技术上将向设备数字化、制作多媒体网络化、播控自动化、发射固态化的方向发展。主要栏目有《西藏新闻联播》、《在西藏》、《西藏旅行》、《七色风》、《西藏诱惑》、《西藏风情》等。

《在西藏》是一档讲述西藏人文地理的栏目。《西藏诱惑》栏目是西藏电视台从2010年12月1日开始正式开播的具有西藏特色的特色化栏目,是西藏电视台首次尝试制播分离的栏目。《西藏诱惑》共设定了5个子栏目,分别是《西藏往事》、《藏地密码》、《经典西藏》、《西藏漫游》、《藏地飞鸿》。分别定位于名人名家对西藏工作、生活和情感往事的回顾;西藏人文地理、历史文化、悬疑事件的探秘;对西藏自然、历史、民俗和经济社会发展变迁的情节化、故事化叙述;西藏旅游景点、旅游线路和旅游服务的展示;文化名人和内地人士对西藏文化的深度体验。节目形式包括访谈类、探索类、人文地理类、旅游类和外拍真人秀,全方位展示西藏特有的元素。《西藏风情》主要介绍西藏地区的历史、文化、民族、风俗和旅游景点等,同时还会介绍一些与西藏相关的知识,以此向现今的人们展示西藏的风采以及西藏人民的形象,以方便世人更好地了解西藏和西藏人民。《西藏旅游》是一档旅游资讯节目,该节目主打时尚的风格，张扬独创与体验的个性，将西藏著名旅游景点一网打尽。为观众提供科学的旅游路线和最佳进藏旅游的时间，为广大热爱旅游的观众提供最新的资讯。

现在普遍认为，能够最先冲出亚洲、走向世界，进入西方主流媒体的中国电视产品可能是电视纪录片。这一信号是西藏电视深度开发西藏独特文化资源的途径之一。西藏电视在20多年的发展历程中，在专题片、纪录片的创作方面积累了一定的经验，获得了一些成功。如王海兵的纪录片《藏北人家》获1991年四川国际电视节最佳纪录片“金熊猫”大奖、1992年入围法国国际音像节（FIPA）、2009年入选30年中国纪录片30部经典作品；《古格遗址》获1991年四川国际电视节最佳纪录片金熊猫提名奖、全国电视社教节目文化类二等奖。《昌都喇嘛》获1991年四川国际电视节最佳纪录片“金熊猫”提名奖、全国电视外宣节目荣誉奖。再比如《西藏的诱惑》、《雪顿·西藏》、《西藏一年》等都是非常成功的以西藏为题材的纪录片。因此，西藏电视应积极研究当前国内、国际电视专题片、纪录片的整体趋势和市场要求，加大对这一领域的开拓，以此来打开国内、国际影视市场。

除了藏族题材的纪录片、专题片外，少数民族题材的电视剧也是可以深度开发西藏独特的文化资源的一大领域。从题材的艺术价值来看，少数民族题材能够营造视觉奇观，建构传奇故事。少数民族电视剧不仅可以表现他们独具特色的民族服饰、民族饮食、民居建筑、民族歌舞、民族工艺、婚姻习俗等，还可以表现神秘悠久的民族文学、原始古朴的宗教信仰、天人合一的民族哲学等。通过建构具有民族文化意蕴的影像细节、塑造少数民族人物形象的个性特征来表现其民族精神。如2013年1月9日在中央电视台八套播出的大型历史题材电视剧《西藏秘密》受到了众多观众的喜爱。该剧根据郭晓冬饰演的西藏活佛“扎西”为核心人物，以藏人说藏事的方式展现三四十年代西藏种种鲜为人知的日常生活原貌，体现扎西为推翻西藏农奴制度做出重要贡献的传奇一生。

2005年是西藏电视台创办二十周年纪念日。2005年初西藏卫视全新改版，实现数字化播出。为了配合自治区成立40周年大庆，西藏电视台精心策划了一系列优秀节目，同时在藏汉两个卫星频道和有线频道播出。大型西藏史诗电视歌舞晚会《向着太阳》和大型报道《西藏40年》是西藏电视台为四十年庆典推出的大型献礼节目。《西藏40年》通过典型事例和人物故事反映了西藏在共产党的领导下从黑暗走向光明，特别是反映西藏在中央第三、第四次西藏工作座谈会以来的发展，展示西藏40年来在经济发展社会进步等方面取得的伟大成就和巨大变化。

2. 广西卫视

广西卫视既是党宣传思想的重要阵地，也是面向全国乃至海外展示广西形象的重要窗口。运用广西、中国－东盟、10＋3等独特的区域资源打造独有的民族特色、“东盟”特色和时尚特色，取得了全国性品牌知名度高和媒体影响力大的效果。广西电视台获评为国内“2006年度十大创新电视台”和“2006年度最具投资价值媒体”。

2004年广西卫视成了少数民族电视关注的焦点。2004年，广西卫视率先采取了差异化的战略定位，提出打造全国首家“女性特色的综合频道”的理念。全天收视从2004年全国前8位提升到2005年前7个月在全国前6名。名牌栏目《时尚中国》、《寻找金花》、《唱山歌》收视率一直都很好，取得了巨大的社会效益。广西卫视的成功实践是民族卫视寻找民族文化资源与现代电视传播整合的全新尝试。

2010年，广西卫视全面升级，以“广西卫视 美丽天下”为定位，凸显民族、时尚、东盟等独特资源，以“发现美、创造美、分享美”为频道核心价值诉求，不断扩大品牌影响力，力争打造国内独具美丽特色的电视播出平台。新推出的《一声所爱·大地飞歌》2012民歌大赛、《老赵会客厅》《挑战名人墙》《走南闯北广西人》等节目与原有的《收藏马未都》《警戒线》《时尚中国》一起尽显文化、娱乐、健康元素。

《收藏马未都》是广西卫视原创的一档国内知名大型文化脱口秀栏目，2010年5月8日首播，由著名收藏家、观复博物馆馆长马未都先生解读历史，鉴定藏品，寓教于乐，深入浅出，活灵活现。现为每周六22点06分播出，由马未都、李嘉、李朝珍主持，它紧扣热点，讲究互动，突出大众化，打着明星牌。马未都先生“借器说事”，以其特有的风格向大家讲述中国的历史文化。节目在内容上旗帜鲜明地表达了不说市场、不估价的“文化说事，明白做人”的文化价值取向，在娱乐风大行其道的今天，节目具有丰厚的文化内涵、节目风格大气幽默、悬念迭出，表达了广西卫视平台助力传统文化传播的自办节目理念，开拓了创新广西文化产品的新思路。《收藏马未都》栏目堪称是一部音画诗、影像志，是一份珍贵的历史文化财富，它的记述与思考，将引领着人们考证过去，思考现在，憧憬未来。

《走南闯北广西人》是由广西区党委宣传部、广西区广电局、广西电视台组织创作，于2012年5月6日起在广西卫视播出的一部纪录片。它旨在推动广西文化大发展大繁荣，彰显广西精神，对增强文化自信和文化自觉发挥更大的作用。拍摄对象为当代广西人、广西籍或广

西出生代表性人物。既有精英人士,也有草根百姓,以寻访广西人的创业故事,展现中华儿女的华彩篇章为主题。重点讲述其艰苦创业、感人励志的人生故事,展现当代广西人从壮乡走出,突出他们身上体现出来的"团结和谐、爱国奉献、开放包容、创新争先"的广西精神。

2013 年,广西卫视在 2012"一声所爱 · 大地飞歌"创造的良好口碑基础上,继续打造 2013"一声所爱 · 大地飞歌"新民歌音乐季,并推出了大型身份识别类节目《猜的就是你》、互动益智节目《升级你的家》及生活服务类节目《健康生活大调查》,打造更加立体的节目带。

《一声所爱 · 大地飞歌》是广西卫视 2012 年重磅打造的国内首档大型新民歌选秀节目。它一改往常民歌大赛的传统风格,全新引进欧洲节目模式,融合经典中华民歌以及令人震撼的独特舞台设计使民歌的内涵不断延展。节目宗旨为选最好听的声音,唱最动听的民歌。《一声所爱 · 大地飞歌》由快乐之父汪炳文领衔制作,高晓松、蔡国庆等重量级明星担任导师及演出嘉宾。最终优胜选手还能登上南宁国际民歌节开幕式晚会《大地飞歌》的舞台,与国内外巨星同台演出。

2014 年广西卫视为中国公益慈善提供了一种全新模式的探索,打造出一档全透明、最放心的公益道德建设栏目。全国首档美丽乡村公益节目《第一书记》与观众见面。

《第一书记》节目倡导的是"扶贫先扶志"的新型扶贫投资公益理念。节目针对当前老百姓对于公益存有质疑的心理,原创了独特的道德建设节目形态。以广西全区选派的 3000 名扶贫"第一书记"为主角,采用外景拍摄和演播室录像相结合的方式,展示他们工作中如何寻找脱贫致富的项目。邀请该名书记来到节目现场,直接与 100 位企业家和爱心人士面对面接触,为产业项目寻求捐助,并借助广西卫视这个全国优势平台,将所在村庄的项目向全国进行推荐,同步接受全国电视观众的线下捐助。

同时,受帮扶的村子里还有一些需要帮助的个人,他们有可能是留守儿童、孤寡老人和失去劳动力的残障人士。作为全新的慈善公益模式,《第一书记》节目所关注的不仅是个人的需求,更致力于促进企业和农村项目之间的沟通交流，注重的是产业项目的扶持能否实现整个贫困村的可持续性发展。节目倡导的公益慈善不再是单纯的"输血"治疗，更重要的是要为受捐助群体建立"造血"项目。

近30年来广西电视台已有200多个节目和栏目获国内外大奖，其中形象宣传片《山篇·水篇·海篇》获美国莫比广告大赛金奖，新闻专题《南丹"7·17"事故初探》获中国新闻奖一等奖，《猴王》《漓江渔家》《海边有片红树林》获四川电视节国际纪录片金熊猫奖，《大家庭》先后获广州国际纪录片大奖和上海电视节"白玉兰"国际纪录片评委会大奖。

广西形象宣传片《山篇》

广西形象宣传片《水篇》

广西形象宣传片《海篇》

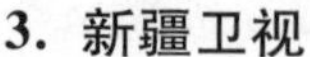

3. 新疆卫视

新疆卫视于1970年10月1日开播，确定了“以宣传为中心，以多民族语言电视事业共同发展为目标，创办中国独具地域特色和民族特色的电视台”的办台宗旨。1986年7月1日，新疆电视台维吾尔语、汉语节目正式上星传输，成为全国第一家上星播出的省级电视台。1993年8月1日，实现了维吾尔语、汉语、哈萨克语三种语言的节目每天分时段上星播出16个小时。1997年8月28日，新疆电视台通过租用亚太IA号卫星，实现了维吾尔语、汉语、哈萨克语三种语言的卫视节目分频道上星播出。新疆卫视是新疆维吾尔自治区第一个卫星电视台，是新疆维吾尔自治区重要的新闻传媒。

(1) 汉语频道

新疆卫视汉语频道是一个以汉语新闻为主的综合频道。推出专栏节目《社会全接触》《丝路新发现》《农牧新天地》；资讯节目《国际空间站》《财富资讯》《财经新视线》等。它还集结北京、新疆两地传媒力量，精心打造周末综艺节目《花儿为什么这样红》《掀起你的盖头来》；娱乐点评节目《娱乐榜样》纪实栏目《紧急营救》；还包括品牌栏目《记者调查》《真实世界》《一千零一夜》《综艺丝路行》等。

■■

根据新疆自治区党委和政府提出的快速增加农牧民收入、发展现代农业和积极建设新农村的要求，《农牧新天地》紧紧围绕农民增收致富和新农村建设的主题，为农牧民创业致富支招出点子。帮助农牧民解决实际困难，为城乡搭建沟通的平台。该栏目的亮点是新颖亮相的主持群，主持群中既有两位青春靓丽的主持人，还特意请来了嘉宾主持，一个是幽默睿智的“买买提”大叔，一个是憨实可爱的村姑“傻妞”，他们在一起，以轻松活泼的方式带领观众共同领略乡村的魅力。

《真实世界》为编辑性纪录片栏目。节目源来自全国的优秀纪录片，内容涵盖社会、历史、自然等等。自2000年开播以来，迄今已播出了近三百五十余期节目。栏目以“真实、真挚、真我、真色彩”为宗旨，通过合作交流，将一部部优秀的纪录片呈现在观众面前。许多新疆本土创作的优秀纪录片更是通过这个窗口被大家所认知，其中有很多是多次荣获国内外重要奖项的佳作。《真实世界》始终坚持把选择具有反映民族文化特质与世界意义的纪录题材，传播具有较强文化性、观赏性的真实节目内容作为己任，力争为观众奉献更精彩的节目。

《丝路新发现》以独特新颖的视角解读神秘传奇的丝路文化。在新疆这块古老土地上有许多的神秘文化遗存和不解之谜：阿尔泰山青河一带的麦田圈型的古巨石堆，富蕴大岩洞中的神秘天象图，哈巴河多尕特石洞中的史前飞行器岩画以及北疆的神秘魔幻大三角和历史文献中的独目人……新疆的自然之谜也不胜枚举。《丝路新发现》将走进民间，对新疆远古神话传说、古迹疑云、神秘地貌、自然奇观、奇特物种等多种神秘文化现象进行独特的解读。通过形象生动，悬念跌宕起伏的民间传奇故事，展现神秘的西部文化。

2012 年，新疆电视台卫视频道掀起了前所未有的改革浪潮。新疆是民歌歌舞圣地，文艺人才济济，需要一个更具特色的展示舞台。在此环境下，新疆卫视隆重推出一档大型周末综艺栏目《掀起你的盖头来》。该栏目在周末黄金时段打造一档以老歌为切入点，全新演绎经典歌曲，解密老歌背后的故事，是一档展示新疆独特的歌舞、民风、民俗等内容，集娱乐、艺术、竞技、互动性于一体的综艺节目。节目所选取的歌曲大都是脍炙人口的经典传唱，具有时代背景、主题故事、民族特色等众多元素。节目融合了时尚、娱乐、文化、竞技等众多表现元素，并诚邀专业音乐制作团队，根据 6 位选手的个性特点、声线特质，对主题歌曲进行全新编曲。运用多种现代音乐元素，以全新方式演绎经典，展现新疆包容并蓄的文化魅力，让经典再次焕发耀眼的生命力。

（2）维语频道

新疆卫视维语频道是一个维语新闻为主的综合频道，是一个服务于全疆乃至周边国家懂维吾尔语的众多观众的上星频道。频道是以编译中央台和新疆台新闻类和专栏节目为主导，以自办社教类、综艺类栏目为支撑的新闻综合频道。

（3）哈语频道

新疆卫视哈语频道是一个以哈萨克语新闻为主的综合频道，于 2002 年元月组建。频道哈语编辑部译制中央电视台的“新闻联播”，“国际时讯”等五档新闻、专题类节目，平均日译播量 83 分钟。频道开办《夏乐哈尔》《夏热法特》《农

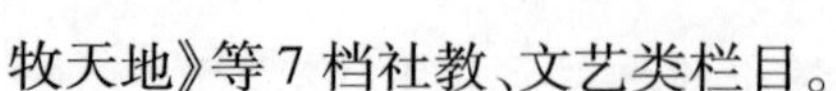

牧天地》等7档社教、文艺类栏目。

新疆电视台利用新疆歌舞文化的特点把歌舞融入频道建设，使频道充满歌声与舞蹈的律动成为一个特色频道的典型。2004年新疆电视台卫视一套实行24小时播出并且在原有落地基础上，又实现在沈阳、香港和澳门的落地。2005年10月，新疆电视台和自治区旅游局联合摄制的12集大型系列旅游文化艺术片《魅力新疆》，以丝绸之路为主线展现了新疆丰富多彩的自然和人文资源。新疆卫视的魅力目前已经超越国界辐射到一些中亚国家。

新疆卫视　维语频道

新疆卫视　哈语频道

4. 内蒙古卫视

独一无二、不可替代的民族风情和地域特色决定了内蒙古卫视的节目选题和内容。内蒙古电视台开办七套节目，即：蒙古语卫视频道、汉语卫视频道、新闻综合频道、文体娱乐频道、经济生活频道、影视剧频道、少儿频道。

文体娱乐频道作为内蒙古电视台第一个专业化频道，频道风格定位为“青春、动感、时尚”。它的节目内容、拍摄方式、包装形式以及对时尚事物的敏感是超前领先的，在炫美的画面和带有时代烙印的语言中涵盖着一个年轻频道的梦想。周播节目《新人快快红》是内蒙古唯一一档发掘本土演绎人才的娱乐真人秀节目，已经使近千名怀揣梦想的年轻人登上了绚丽的舞台，走出了迈向成功的第一步。《草原音画》将“歌海舞乡”的迷人歌舞拍摄成优美的MV，让民族歌舞的迷人风采感染着世界。其中《草原颂》系列代表了内蒙古音乐视听节目的最高水准，得到了盛誉无数。《点击文体》作为节目预告类栏目成为了频道的动态风向标，频道新开播的《节日》和《文体快报》两档节目，从大型节日文艺演出和文化、体育、娱乐资讯方面给频道节目以有机的补充，更使文体娱乐频道锦上添花、光芒四射。

内蒙古汉语卫视也在努力寻找自己的特色之路。要形成人无我有的特色,就必须紧紧抓住草原文化和民族文化特点树立自己的文化品牌。根据这个思路,内蒙古电视台整合内部资源,将过去分散在各个部门的《草原往事》《北国纪事》《探奇》《顶级探访》《蓝色之旅》《音乐部落》《草原文明》和《草原音画》栏目统一划归卫视节目中心管理,并从2004年5月起将这些栏目统一包装并冠以《蔚蓝的故乡》大栏题。

《蔚蓝的故乡》在内蒙古汉语卫视的黄金时段播出,并提出"风情北方,英雄草原,这里是蔚蓝的故乡"的口号。《蔚蓝的故乡》是一档宣扬草原文化的电视节目,它的娱乐功能基本已经淡化了,更多放在了弘扬草原文化的寓教功能上。节目依托内蒙古独特的草原文化资源,以雅俗共赏的方式、新鲜独特的选题视角、平实的语言表述和现代的包装手段,全面展现草原风光和民族风采。节目中既有生动的故事,又有感人的细节同时还有丰富的情感及精彩的语言,吸引力和感染力强。如今,《蔚蓝的故乡》已经在全国各地形成了相对固定的观众群,影响越来越大,品牌效应越来越明显。

5. 云南卫视

云南电视台于1969年10月1日正式开播,现拥有七个频道,即:云南卫视、经济生活频道、旅游民族频道、体育娱乐频道、影视剧频道、公共频道、少儿频道。经过40多年的发展,云南电视台在宣传上已形成了以新闻节目为骨干,社教、文体、娱乐节目设置较为合理的格局。除新闻和各类专栏节目外,云南卫视每年还可制作几十部(集)电视剧和制作一大批综艺晚会和体育竞赛节目。综艺晚会和竞赛节目大多能做到直播,很受观众欢迎。多年来,云南卫视把提高节目质量作为一项重要工作来抓,每年都有一批获国家和省级优秀节目奖。其中,专题片《关肃霜》获得全国"五个一工程"奖。纪录片《最后的马帮》、《使命》、《东方之光》拍摄完成后,中央和地方的领导、专家对它们高度评价,一个地方台的大手笔让世人对云南电视台的实力大为称叹。这一大批精品节目让广大观众看到了一个实力日趋雄厚的云南卫视。其中优秀栏目包括《经典人文地理》、《自然密码》、《旅游新时空》、《新看点》等。

云南电视台全力打造的早间节目《新看点》,于2011年2月正式在云南卫视播出。《新看点》栏目既是云南卫视改版创新的重头戏,也是云南电视台服务桥头堡建设的新举措。这一栏目围绕服务桥头堡建设的定位,立足云南的地理区位优势、生态环境优势和旅游民族文化优势，重点关注桥头堡建设、生态环保、文化旅游等方面的选题，努力打造“特色突出有亮点、面向全国有看点”的特色早间节目。以清新的风格展现出云南的地理区位、生态环境和旅游民族文化等优势，并对南亚、东南亚各国的历史文化、风土人情等进行全方位的介绍。

《民生大议》是云南卫视2010年推出的一档大型电视民生抗辩节目。节目为升级版脱口秀节目，完全突破《实话实说》所形成的“软性访谈”格局。每期有一位公民作为提议人提出具有全国意义的民生大议案，作为节目核心话题。两位社会嘉宾作为附议人组成现场的提议阵营，接受评议席七位评议人的质疑。双方就《提议案》展开现场辩论，精彩剖析观点，展示个人魅力。评议席由各种身份的社会名流、百姓代表构成。节目既有思想内涵性，又有趣味观赏性，是全国首个以民生权益为主体内容的抗辩性节目。

《民生大议》的节目亮点主要有四点：第一、大牌主持人倪萍组织《民生大议》，100名观众聆而质之，议而决之，彰显社会大视野，民生大情怀；第二、多元声音现场激烈辩论，深化社会民生焦点问题，引领价值判断与人文思考；第三、设置“提议席”、“评议席”和“观众席”，使社会公众话语权更具形态感，观点表达层次丰富，大情感小细节形成丰满的感召力；第四、搭建社会互动平台，形成“大民生”节目势态，以“提议案+辩论+聆议+投票”的方式，形成独特的节目特征和广泛的社会影响力。

2004年10月，云南电视台在晚间23点开办了50分钟的纪录片栏目《经典人文地理》。这是一个展现古老传统，多元文化交流、融合的电视栏目，搭建了一个播出中外优秀纪录片的平台，填补了中国省级卫视频道没有播出纪录片窗口的空白，同时也进一步扩大了云南纪录片在全国的影响力。节目内容涵盖了国内外的经典历史事件、地理发现、生态环境、人与自然、动物世界、科学探秘、凡人小事等，涉及历史学、文化学、社会学、人类学等各个方面，以“传承古老文明，融合多元文化，担当社会责任，实现人与自然和谐统一”为栏目宗旨。它主要以人文地理的理念和观点，以更为巧妙的方法和角度向更广阔的地区和高端受众讲述云南，直接促进世界对云南的了解。《经典人文地理》肩负着“西部的眼睛”这样的原始使命，更承担着与时俱进、关注当下、感应时代的社会责任。一方面把国内外优秀的纪录片通过栏目进行大众解读，引导大众享受高品质纪录片带来的精神享受；另一方面，也让平凡人拥有纪录片式的话语权，把平实的素材和事例经典化、优质化。

2012年8月，《经典人文地理》栏目再度被国家广电总局评为优秀纪录片播出栏目，与中央电视台《探索发现》、北京卫视《档案》栏目一道，成为国家广电总局重点扶持的电视纪实栏目。

6. 青海卫视

青海卫视于1997年1月1日上星，是青海省以及青藏高原上最重要的电视媒体之一。青海卫视立足青海，以青藏高原独有的生态和文化资源，打造自身地域品牌和文化个性。青海卫视已成为以新闻节目为主，电视剧、文化节目为辅的全新频道，是外界了解青海，展示青藏高原经济发展的窗口。青海卫视已在全国35个中心城市、近百个地级城市落地，覆盖人口达5亿之多，是全国重要的媒体之一。2013年10月28日青海电视台藏语卫视综合频道试播成功，标志着青海省及周边地区约260万使用藏语安多方言的广大藏族群众有了他们能够听懂的母语电视节目上星播出。

2010年3月27日，青海卫视和湖南卫视正式签约组建新公司——湖南绿色创意文化传媒（现名：青海绿色创意文化传媒），为青海卫视提供节目源。2010年5月26日，青海卫视进行了全新的改版，并启动了多档节目，以全新的面貌在广大电视观众面前亮相。全新的节目包括王牌节目《花儿朵朵》《我是冒险王》《时尚健康》《牵手》《丁点真相》等。同时，青海卫视启用全新“水滴”主题台标，新版台标融合了空气质量显示器功能，如果青海首府西宁地区空气质量不能达到优良等级，台标就会变为灰白色，反之为青绿色。青海卫视2012年12月与湖南卫视终止合约，并于12月底与中央电视台签约合作。2013年青海卫视官方网站已改版，5月青海卫视全新改版。其中，特色节目《花儿朵朵》《幸福来敲门》《老爸老妈看我的》《时尚健康》《时尚旅游》《时尚家居》《天天低碳》《大美青海》为广大观众所喜爱。

7. 宁夏卫视

宁夏卫视创立于1970年10月1日，1971年1月1日正式播出，1980年开始播出彩色电视节目。1998年9月9日，宁夏卫视正式播出。2003年4月1日，宁夏卫视（无线）、宁夏有线台实施合并，合并后的宁夏卫视自办宁夏新闻综合（卫视）、宁夏公共、宁夏经济生活、宁夏影视四个频道。2010年2月，宁夏卫视与上海广播电视台第一财经频道达成合作协议，将宁夏卫视与第一财经并机直播，宁夏卫视只保留两个半小时的自办节目和转播新闻联播节目。

宁夏电视台自办的四个频道全天播出74小时，其中自制节目12小时，开办有新闻、经济、社教、少儿、文艺、纪录片、综艺、电视剧等类节目，自办栏目16个。近年来，宁夏电视台牢固树立精品意识，节目质量不断提高。先后有电视剧《喊叫水》、《公家人》，电视文艺晚会《花儿正飞向新世纪》、电视专题片《中南海连着西海固》、《塞上江南、再放异彩》、电视纪录片《跨越时空的文明》等50多部作品获飞天奖、星光奖、中国电视奖、金童奖、骏马奖、五个一工程奖等奖项。

宁夏广播电视总台公共频道的前身是宁夏电视台，创办于1971年。频道开办有时政新闻、新闻评论专题、各类专栏，同时兼顾生活、文化和娱乐及中国国内外的精品电视剧和综艺类节目。其中《新时空》《塞上乡村》《职场职外》是它最具特色的节目。

《新时空》栏目是宁夏广电总台公共频道于2007年8月28日推出的一档电视新闻杂志栏目。栏目宣传词为“新闻每天发生，视角各有不同。栏目由《故事驿站》、《DV日记》、《我在现场》和《时空视角》四个板块构成。栏目围绕公共频道“新闻综合频道”的定位，突出节目内容的贴近性和形式的新颖性，努力形成自身的特色和优势。

《职场职外》是一档全面记录人们在求职和职场中奋斗经历的纪实性栏目，由《人在职场》和《职场内外》两个板块组成。《人在职场》是一档讲述大学生就业、下岗失业、失业人员再就业或在职人员工作中的故事板块，记录人们奋斗经历的点点滴滴，将人物故事和社会背景有机穿插组合、呼应，以人物为主线，政策帮扶为主干，构建和谐社会为背景枝叶，构成本板块的节目大树。《职场坐标》是解读政策法规，传递职场信息，引导人们用好政策、维护权力的板块。第一时间传达与人们生活和工作息息相关的政策法规。

宁夏广播电视总台卫视频道由亚太1A卫星覆盖全国及东南亚、南亚地区。在对《经典剧场》《星光剧场》《早间剧场》《休闲剧场》4个电视剧场进行类型化、对象化打造的同时，新增了以欧美经典电影为内容的《海外影院》，并推出大型日播节目《印象宁夏》。

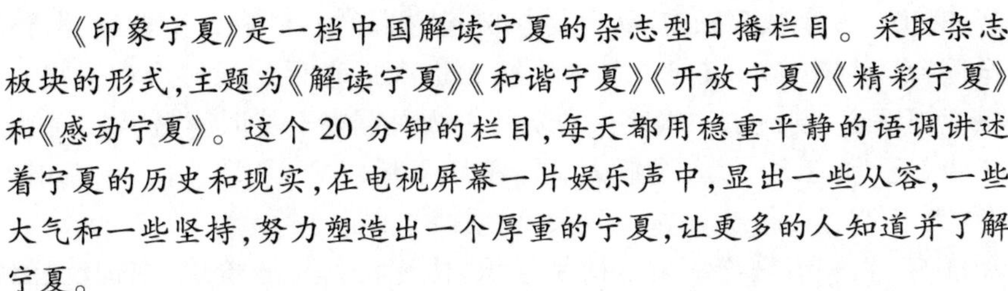

《印象宁夏》是一档中国解读宁夏的杂志型日播栏目。采取杂志板块的形式,主题为《解读宁夏》《和谐宁夏》《开放宁夏》《精彩宁夏》和《感动宁夏》。这个20分钟的栏目,每天都用稳重平静的语调讲述着宁夏的历史和现实,在电视屏幕一片娱乐声中,显出一些从容,一些大气和一些坚持,努力塑造出一个厚重的宁夏,让更多的人知道并了解宁夏。

影视频道是以播出优秀国内外电影为重点,以文化、娱乐、资讯节目为主的专业化频道。2006年经过全新改版,推出以服务为主线,“电视+电影+娱乐”的基本播出框架,传递最受人们关注的优秀影视剧及最新影视专业资讯,搭建文化娱乐平台,拥有更广泛的收视群体。《绿色宁夏》《周末旅行家》《想唱就唱》《老王茶馆》《影视金曲》为该频道特色节目。

《绿色宁夏》是感应时代发展的呼唤、响应自治区政府的号召,全力打造、隆重推出的一档大型专题类电视栏目。栏目内容紧贴民众生活,强调与百姓互动,以节能环保、宜居生活、风尚出行、健康消费等为主题服务于宁夏观众,让百姓关注生态资源,推崇品牌产品、共筑和谐宁夏。《周末旅行家》介绍宁夏旅游景点,宣传宁夏旅游资源。通过主持人和节目参与者生动地向观众提供景区信息,介绍景区娱乐服务设施及相关的人文历史资料。《想唱就唱》大众参与,百姓关注,打造宁夏本土明星,为追梦人提供展示舞台。《老王茶馆》以个性化、通俗化、大众化的形态反映百姓故事,以诙谐轻松形式介绍百姓生活、文化、娱乐,服务社会各阶层。

8. 贵州卫视

贵州卫视建台于1968年。1998年贵州卫视面对严峻的竞争形势,提出“以节目为本,靠改革发展”的工作思路和实现跨越式发展的奋斗目标,率先在全国同行业中实行全员聘用制和干部竞聘上岗。并以此为突破口,拉开了财务制度、节目生产制度、广告经营制度改革的序幕。经过不断努力,取得了显著的成效,初步形成了符合电视业发展要求,适合台情实际的内部运行新机制。

贵州电视台自1968年创建以来,已经拥有一个卫星频道(新闻综合频道)、6个地面频道(公共频道、影视文艺频道、大众生活频道、第五频道、科教健康频道、经济频道）、2 个数字频道（天元围棋频道、摄影频道）和 2 个购物频道（家有购物全国台、家有购物 2 台）。其中围棋频道入选世界纪录协会中国第一家专业围棋电视频道，创造了中国之最。贵州卫视是国内上星时间最早、覆盖范围最广的省级卫星频道之一，通过亚太 1A、鑫诺卫星以模拟、数字两种方式同时传送，构建更多严密的覆盖网络。

2011 年，贵州卫视继续秉承精品意识，构建栏目核心价值，在传统栏目《论道》《取证》《真相》《亮剑》持续升温的同时，推出多档全新栏目。其中包括家庭情感类节目《婆婆吉祥》《家和万事兴》《男婚女嫁》以及周末大型冲关竞技真人秀节目《最强喜事》《山寨传奇》等。构建了以周间甜蜜生活秀、周末大型栏目带为主的全新节目体系。

2007 年 5 月 16 日，博鳌亚洲论坛秘书长龙永图以嘉宾主持的身份走进贵州电视台演播厅，掀开大型对话节目——《论道》的序幕。正是由于被媒体界誉为中国第一位“高官主持人”——龙永图的加盟，激活了走过多年已略显疲惫的电视谈话节目，在泛娱乐化的趋势中另辟蹊径，开创了“话语领袖”介入媒体、引领舆论的新时代。《论道》是一档演播室谈话节目，自创办以来一直致力于用普适的、主流的价值观去进行思想启蒙和价值引导，用高端嘉宾的“话语权”，引领众说纷纭的社会舆论。节目所“论”皆为主流文化，热点问题，以其高起点和高追求，用电视的方式纵论发展之道与和谐之道，其创新的勇气与智慧，值得媒介同行借鉴。

《真相》栏目是贵州卫视自 2010 年起重点推介的一档故事讲述式纪实类栏目，是贵州卫视有着固定收视人群和高收视排位的一档品牌节目。栏目通过著名演员马跃的讲述、视频短片、案件现场展示、歌曲演绎、证据链展示等多种方式揭示案件真相。题材多为国内关注度极高的刑事侦查案件，并从众多的案件中选取很有意义的案例，向观众介绍案件的侦破过程。栏目素材全都取自于事件发生的真实现场，通过 VCR 大量展示这些难得的、真实的原始影像资料，给观众最直接、最震撼的视觉冲击。同时，结合目击者、当事人的采访，使故事更生动、更引人入胜。

《真相》栏目推出以来，凭借独特的演播室设计、成功的题材选择及独特的推理想象，迅速在业界取得不俗的业绩。与此同时，《真相》也承担起了电视节目应有的社会责任，在层层剥开真相的同时，加入律师、心理学家、社会学家对故事深入解读，引发观众对正义、价值观的思考，倡导正确的舆论导向。

贵州卫视《真相》

在经历了艰难的模仿与摸索之后，少数民族电视已经进入了独立创新与自主发展的历史时期。在对重大事件的报道中，少数民族电视人日益成熟，队伍壮大，少数民族电视人已取得了不小的成绩。在 2005 年第六个记者节时，中华全国新闻工作者协会对做出突出成绩的 72 名新闻工作者进行了表彰，并授予“全国优秀新闻工作者”荣誉称号。其中就有不少获此殊荣的少数民族电视工作者和为少数民族地区工作的电视人。

中国是个多民族国家，少数民族电视事业是中国电视事业不可分割的重要组成部分。它不仅给我们带来了丰富多元的文化，更重要的是凝聚了全国各族中华儿女的力量。

案例分析：青海藏语卫视节目与民族文化传播

一、青海藏语卫视节目的发展现状

（一）自办栏目增多，藏语节目比例提高

1984 年起青海电视台第一次开设藏语类节目，只有时长很短的几个编译的藏语类节目，还完全没有设立藏语频道。从最起初的藏语编译部到藏语部和藏语中心的开设，再到藏语卫视的自立门户，经过了几

十年的建设和发展历程。如今青海藏语电视台已从地面频道发展成卫视频道，是全国唯一的用藏汉双语播出电视节目的全新频道。

近年来，青海藏语卫视进行了全面升级改版，开始注重节目质量及提升栏目的定位。无论从整个频道的定位、制作、包装宣传，还是片头、片尾的设计和统一色调，各方面都具有民族特色，形成藏族文化浓郁的频道整体风格。自办栏目有《藏语新闻联播》《名家讲坛》《论坛》《致富之路》《雪域足迹》《生活视线》等。除此之外，每日奉献编译的剧场栏目，满足了受众的观影需求。2009 年青海藏语卫视藏语节目比例提高至 50%，使首播、重播藏语节目达到 16 小时。在全省乃至藏区范围内构建起了以藏语节目为主体的卫视频道。

（二）藏语卫视的覆盖范围扩大，舆论引导力增强

随着青海藏语卫视节目播出量和播出时长的增加，信号的传输和覆盖区域的扩大，使藏语节目在藏区的舆论引导力、影响力逐渐得到加强。在城镇以有线网络传输为主，而在偏远的牧区和乡村以农牧民自行购买的卫星接收器观看，并推行了西部村村通工程，基本上保证了青海藏语卫视信号的有效传输和接收，为藏语电视受众提供良好的技术保障。

目前黄南地区电视综合人口覆盖率达到 90.8%。结合该地实际，青海省同仁县政府从 2010 年开始推广直播卫星公共服务户户通工程。户户通工程采用直播卫星接收方式，实现有线电视未通达农村直播卫星公共服务的全覆盖；同时，组建了地面数字电视覆盖网。通过直播卫星加地面数字电视的双接收方式，实现了全乡卫星直播公共服务有效覆盖，让广大有线网络未通达地区农牧民群众收听收看到丰富优质的广播电视节目。不仅满足了该地群众收看省、州藏语电视节目的需求，而且还满足了群众的文化需求。

我国的少数民族地区大多是一些边远、落后的地区，居民受教育程度也比较低。电视与其他传播媒介相比较也有着明显的优势。如纸媒传播受到文化程度和地域条件的限制（该地报纸没有销售渠道很难在市场上买到，大多是由政府部门机构订购）。互联网在这些地区的普及率也很低，并且它对操作者有一定的技术和知识要求。因此，电视成为了民族地区进行民族文化传播最有效的手段。

二、青海藏语卫视藏语类节目的受众特点分析

受众是电视媒介的主要接受者和主导者，电视节目的内容和形式往往是受观众的反响、喜好等因素的影响。稳定的电视受众群体，必然对藏语卫视的发展带来多重保障。但受众这一群体具有多样性和复杂性，不同性别、年龄、地域、文化程度等的差异，各自喜爱的节目类型和风格也是各有不同。

由于我国人口分布的特性，民族间频繁的交流来往密切，藏语卫视也越来越受到藏族受众和其他非藏族受众的关注。青海藏语卫视的受众特点具有以下特性：

（一）受众群体的相对稳定性

青海藏语卫视的受众群主要包括两种：一是长期居住在农牧区的藏族受众群，主要分散在偏远的乡村地区，他们是青海藏语节目最大的接受主体。由于节目主要是以藏语播报和放送，且贴近广大农牧民的实际生活状况和信息文化水平，因此他们对该卫视具有较高的关注度和认同感。第二类是居住在市县地区的受众群，主要是以藏族干部和学生为主体，他们也是藏语栏目最忠实的观众。

（二）受众年龄跨度较大

各个年龄段的受众群，对于节目的形态和喜爱度会有所不同。由于受到生存环境和农忙时节的影响，他们观看节目的时段大多都是晚间时候。青海藏语卫视的自办节目多半也是在这一时段放送，全家男女老少围坐在电视机旁收看用本民族语言播出的电视栏目。其中比较热衷的节目是，展现经典藏族艺术文化的《吉祥金桥》栏目和藏语译制的电视剧场栏目。

具体来看，中老年段的受众群体，由于受到传统文化的影响，比较喜爱贴近生活的栏目、原生态的歌舞及文化记录片等；儿童喜爱的栏目如《快乐英语》《金色童年》《动画城》等具有童趣的栏目。

（三）受众居住环境与受教育程度成为节目选择重要原因

农牧区受众选择电视是获取信息的主要渠道，在观看藏语频道的节目是无须看字幕，就能一听便知、一看便解。被调查的受众在电视使用与接触上也有所不同，由于受到经济和收视条件的制约，农牧民受众只能在农闲和晚间才有时间观看电视。

受众群的复杂性和文化水平的差异性，也形成了他们不同的观看喜好和偏向。居住环境和受教育程度不同，导致他们所追求和喜爱的节目内容、类型及栏目形式等都各有不同。如在农牧区的受众群体，他们最喜爱的节目如《大众剧场》《生活视线》和综艺晚会等。而居住县

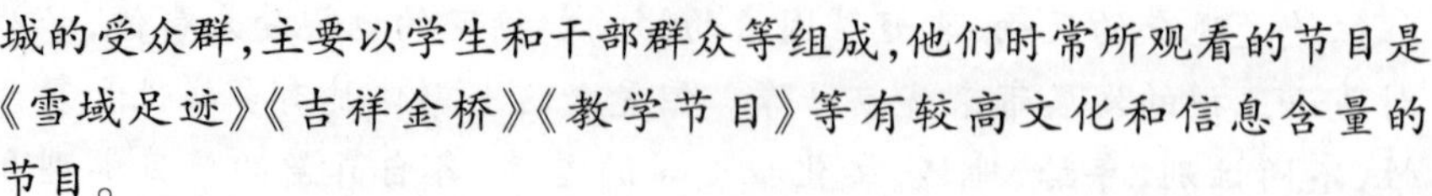

城的受众群，主要以学生和干部群众等组成，他们时常所观看的节目是《雪域足迹》《吉祥金桥》《教学节目》等有较高文化和信息含量的节目。

传播学的"共同经验论"中提出，接近和反映大众生活的节目是最容易被理解、接受和认同的。此时，传播者与受众之间的信息传递沟通活动效果最好。为了满足不同受众群的喜好，青海藏语卫视不断开设和增加相应的栏目，注重栏目的质量和数量，尽量满足了广大电视观众的需求，在省内及藏区都赢得了良好的口碑和反响。

三、藏语频道的特色栏目对藏族文化传播的意义

（一）通过藏语纪录片或专题片传播民族文化

少数民族电视纪录片和专题片，可以把民俗民风和文化特色作为栏目主线，用电视画面来展现民族文化的精髓，打造特色鲜明的少数民族卫视。如青海藏语卫视中以藏族传统历史文化作为节目的题材和第一手资料，拍摄了重大民俗民风的系列专题片、纪录片，制作出一批具有民族文化含量的专题节目。例如青海省黄南州热贡地区的民俗活动"六月会"，是以当地盛大的集民俗、宗教、文化为一体的节日活动。为展现当地这一特色的民俗文化活动，当地电视台拍摄了《人神共舞》的专题片，不仅有效地传播了藏民族文化，吸引了众多国内外学者的关注和研究。为展现藏族"神箭"这一特有文化，青海藏语卫视特别拍摄了《神箭之舞：达顿》的文化专题片，深入当地拍摄精彩镜头，通过群众自发组织的射箭活动来表现该地不一样的文化特色，原汁原味地呈现出这一特色的民族文化。

（二）以藏语特色栏目凸显藏民族特色文化

特色栏目必须努力服务于观众的"特色观"，突出鲜明的民族地区性的特色、民族文化特色和时代发展的特色。藏语卫视设置的各个栏目具有不同的特色，内容形式也各有不一。通俗易懂的节目给观众带来直观的收视效果和完美体验，丰富的栏目内容和富有民族特色的节目形式，得到了广大农牧民的青睐和喜爱。

目前，青海藏语卫视自办的藏语栏目有十多个，其中有新闻资讯、社教文艺、少儿和生活服务等节目类型，栏目各自都具有民族特色。藏语卫视以其鲜明的时代性和独特的地域文化性，形成了青海藏语电视台鲜明的的创作风格和特色栏目。

青海藏语卫视自办栏目列举

栏目名称	播出时间	节目形态	栏目简介及特色
《青海藏语新闻联播》	每天晚间 19:30／23:53	新　闻	以新闻播报的形式传播青海地区政治经济、社会文化、科教、医疗卫生事业的建设和发展，是了解青海各项事业的窗口
《雪域足迹》	19:00(周日)	访　谈	与藏族艺术家以访谈的形式用平民化的独特视角，来和观众共同分享人生足迹和人生感悟
《名家讲坛》	7:36(周一、周四) 19:00(周三、周五)	教　育	以课堂的形式来传播和弘扬藏文化与佛教经典、藏民俗文化及其理论和格言故事的演绎等
《生活视线》	19:58(周五)	服　务	以情景剧的节目形式再现藏区各种社会现象和市场动态信息，为藏区群众带去第一手的服务咨询

各个栏目针对藏区群众的实际，不断推陈出新、优化节目内容，使藏语卫视的节目最大限度地贴近藏族同胞和藏区群众生活。青海藏语频道可以说是一朵盛开在雪域高原的雪莲花，也是了解安多农牧区藏族生活和文化的一个重要窗口。

1.《雪域足迹》——了解藏族艺术家的窗口

这档栏目是以谈话的形式为主。栏目特邀在民族音乐、舞蹈、艺术文化等领域享有知名度，对藏族艺术发展做出突出贡献的藏族艺术家做客演播厅；立足于文化关注和人文关怀，以平民化的独特视角，与观众共同分享艺术家在自己的艺术历程中的人生感悟和故事。

如某期栏目邀请的嘉宾是格萨尔传唱艺人多杰才旦，他在节目中向大家介绍了藏族格萨尔史诗的历史渊源和民族文化。格萨尔史诗作为藏族优秀的鸿篇巨制，一直受到国内外专家学者的关注和研究。多

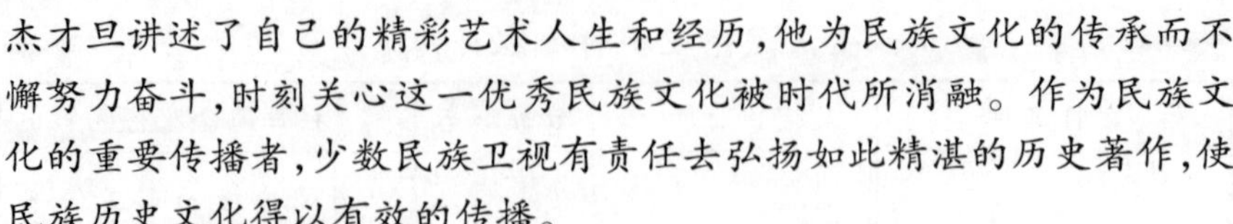

杰才旦讲述了自己的精彩艺术人生和经历，他为民族文化的传承而不懈努力奋斗，时刻关心这一优秀民族文化被时代所消融。作为民族文化的重要传播者，少数民族卫视有责任去弘扬如此精湛的历史著作，使民族历史文化得以有效的传播。

2.《名家讲坛》——促进藏族文化有效传播的课堂

青海藏语电视栏目《名家讲坛》主要是以课堂授课的形式来传播及弘扬优秀民族民间文化。栏目主要邀请一些资深专业人士、德高望重的文人及藏文化研究者等，开展不同内容的学术系列讲座。如藏语文学、藏民俗及其理论、藏文化与藏传佛教、吐蕃史、格言故事演绎等。这种一对多课堂式的节目传播风格，突破了演播室那种较为固定的模式，把栏目拍摄地点搬到简易课堂当中，跟受传者面对面进行民族文化的讲解。

通过这种参与互动的教学方式，不仅可以使受众进一步了解藏族灿烂的文化，而且对于本民族文化的弘扬和传播方面都有重要作用。

3.《生活视线》——捕获藏区生活动态的平台

此栏目作为生活服务类节目，对藏区广大群众的社会文化生活方面起到了指导参照的作用。借此栏目可以得到无法获取的社会动态和市场信息。农牧民根据节目内容对社会市场环境有了新的认识，不再像从前一样的盲从和毫无目的性。

栏目经常以社会生活中的普遍现象和大众反映的热点信息作为栏目主线，用情景剧的形式来演绎和再现，给观众呈现通俗易懂、简洁明了的节目内容。对于当地受众来说，该栏目是他们了解藏区社会生活的好帮手和服务之窗，拓展了藏区群众人生视野和生活观念。《生活视线》通常由两名穿着藏族服饰的女性担当主持，并使用藏语（安多方言）来进行节目主持。藏族服饰作为民族特有的符号，它是藏族受众日常生活中最具代表性的标志。它和节目中富有藏族特色的语言、文字等，增强了观众的民族文化的认同感和民族归属感。不管是节目中台下的参与者，还是电视机前观看的受众，这种身临其境式的参与提高了传播效果。

同时在广告方面，栏目非常注重对藏族地区本民族品牌的推广。在栏目间隙或者是片头、片尾，植入具有藏民族品牌特性的企业广告和生活产品等。如久美藏药集团同栏目之间的合作伙伴关系，再比如推广几种不同品牌的藏族服饰，展现了民族服饰的时代发展趋势。

（三）以民族民俗活动为契机有效传播民族文化

民俗文化作为藏族文化极有特色的组成部分，也是民族文化的重

要表现形式。藏族民俗文化主要包括:民族服饰、建筑、文学艺术、宗教活动、节日庆典等。

例如,青海藏语卫视的重头戏——藏历新年晚会,每年都会有崭新的晚会主题以突显时代特色。晚会的参与面越来越广、节目形式越来越新颖,能吸引大批的藏区观众。丰富、灿烂的民族文化特色,给广大观众奉献出了极富有藏民族文化艺术气息的视听盛宴。晚会的主持人,以三大藏语方言区的主持人和汉语主持人共同担当。因此,即便是非藏族观众,同样也会感受到民族文化浓郁的节日气氛。藏语卫视以藏历新年晚会为契机,不仅丰富了节目内容,而且还有效传播了藏民族文化。

青海藏语卫视的藏语特色栏目,应当注重并兼蓄民族性和地域性特色。在顺应时代发展趋势的基础上创新节目内容、优化节目形式、寻找节目亮点挖掘特色栏目。青海藏语卫视除了要满足安多方言区农牧民娱乐、了解新知的需求,努力宣传党和国家的政策之外,更要肩负起传播本民族优秀文化为己任。达到民族文化的传播与节目的长远发展并重,形成具有民族品牌特色的电视媒体,为少数民族文化的传播做出应有的贡献。

参考文献

[1] 黄晓强.少数民族地区电视节目发展策略——以内蒙古卫视《蔚蓝的故乡》为例[J].今传媒,2011,(5).

[2] 岳广鹏.对我国少数民族电视发展的思考[J].中央民族大学学报 ,2010,(3).

[3] 白润生,邱晓琴.少数民族电视：异彩纷呈[J].中国广播电视学刊,2006,(2).

[4] 宁丁.打造民族文化品牌栏目的思考—从《蔚蓝的故乡》栏目说起[J].中国广播电视学刊,2005,(3).

[5] 高晓虹.《收藏马未都》的文化魅力[J]. 视听,2012,(10).

[6] 黄晓强.少数民族地区电视节目发展策略——以内蒙古卫视《蔚蓝的故乡》为例[J].今传媒,2011,(5).

第七章 谈话类电视节目形态解析

第一节 谈话类电视节目的界定与特性

一、谈话类电视节目的界定

谈话类电视节目源于美国,电视史学家一般都把美国 NBC 电视台 1954 年推出的《今夜》看作是谈话类电视节目先河的栏目。在我国,谈话类电视节目一般被认为是以 1993 年上海东方电视台的《东方直播室》为开端。1996 年中央电视台开播《实话实说》后,迅速在我国掀起谈话类电视节目的热潮,成为了当时中国影响最大的谈话类电视节目,其直接借用了美国著名的《奥普拉脱口秀》形式。

谈话类电视节目是将人际间的口头传播引入电视屏幕,并将这种传播方式本身直接作为节目的主要内容和形式的节目形态。《电视百科全书》中关于"谈话类电视节目"的定义是:一种围绕着谈话而组织起来的,须在严格的时间限制内开始和结束,且要保持话题的敏感性,以便能提起广大观众兴趣的表演。

谈话类电视节目一般是在固定谈话场所举行,由主持人、现场嘉宾和现场观众围绕某一公众普遍关注的政治、经济、文化、社会、人文等话题展开轻松和谐、平等民主的群言式的交流对话,以期达到某种传播效果。"对话"是访谈节目的本质性特征。谈话节目的核心就是主持人与嘉宾之间围绕一定的主题进行环环相扣、逐步深入的交流。

二、谈话类电视节目的特性

(一) 人际直接的交流互动

谈话是作为行为主体的个体之间的相互交流最有力的方式,它能调动人的整体感知,人们能在其中获得超越语言之上的亲密感觉。谈话是人与人的社会关系的直接体现,也是最为人性化的交流方式之一。

在电子和数字技术的支持下,谈话类电视节目具有最符合电视本质的传播状态。它能够以人作为传播符号,以谈话现场的图像、声音作为传播符号,将谈话的完整状态加以保留、物化、传递,以人际交往的即时互动构成节目内容,满足并延伸了人们面对面谈话的愿望。同时将人际传播和大众传播有机地结合在一起:经由电视传媒的放大,创造了一种广域的人际传播空间,成为现代社会里的人与人、人与世界建立联系、加强沟通的重要渠道。

谈话类电视节目中的人际互动,具体表现为主持人、嘉宾及受众之间的互动。这里的受众包括现场的受众及电视机前的受众。在一些综艺娱乐类谈话节目中,主持人经常会和嘉宾一起做游戏,嘉宾也会有才艺展示等。在辩论类谈话节目中,现场与场外的观众的参与互动性都很强。如凤凰卫视的《时事辩论会》、《一虎一席谈》等节目,观众都可以通过各种方式参与到话题的讨论中来。

(二) 谈话节目"场"的建构

第一,谈话类电视节目能保留谈话的完整性和动态性,进行"场"的传播。所谓"谈话场",就是将谈话节目中主持人、嘉宾、观众的谈话现场和谈话环境看成一个各种信息多向流动,不同思想相互碰撞的"场"。谈话的过程实际上是一个人际传播的过程,而任何传播活动必然要依赖于一定的时空环境,也就是说它必然要以某种形式存在于一定环境中。在电视谈话类节目中,空间环境就是节目拍摄的场所。从时间层面上看,每一期谈话节目中所包含的内容,传递的信息都是在这期节目的时间中逐步传达的。

第二,"谈话场"的基本构成是谈话的参与者。具体包括主持人、嘉宾和观众。在谈话节目的现场,通过语言的交流,主持人、嘉宾和观众或讲述一个故事,或就某一话题进行讨论,发表评论。这些参与者是谈话节目中的话语主体。有了话语主体,谈话才可能存在,内容才能得到表达。

第三,"谈话场"是在刺激因素的作用下,通过信息交流形成的。有了时空环境,有了话语主体,"谈话场"还需要通过相互之间信息和情感的交流建立起来。这个交流不是简单地输出信息,而是双向或多向的互动。这个互动的过程也是话语主体之间相互影响,相互作用的过程。

(三) 强烈的现场感与纪实性

谈话类电视节目是在严密环节设计,基础上的即兴发挥。人的谈话具有动态性和偶发性,谈话类电视节目以现场的特定空间最大限度地刺激了人的交往欲望,人的智慧、情感,都会在语言中展现。谈话节目中大家感兴趣的话题和主持人的适当引导,引发了现场嘉宾及现场观众的临场对答,加速了谈话中的动态的情感碰撞,激发出了人最本质的内涵,强化了人际交流互动中的张力。而这种临场发挥的内容恰恰是最具有纪实性的,也会让观众有强烈的现场感。如在《相约夕阳红》的一期节目中,观众中有一位老太太夸作为现场嘉宾的老先生幽默,老先生以与年龄不相称的动作,敏捷地跳起来,几个箭步跨过场地,扑到现场观众席与她热烈握手,全场为之鼓掌。

(四)综合多种信息渠道

现代传播技术的发展使得谈话类电视节目能够在谈话现场插入多重信息渠道,进行系统化结构。如多视窗、叠加字幕、图表、三维动画,数码合成等;利用大屏幕插入图像、文字,利用电脑引入场外信息和观点,参与现场讨论等。让多路素材融汇于具有实质意义的谈话现场中。

目前虚拟演播室技术的发展又为谈话类电视节目开拓了新的信息结构方式,如在《锵锵三人行》中运用虚拟演播室技术,不但提供了一个多维的碳化空间,还随时插入谈话所涉及的影像和文字资料,还可以将世界各地的嘉宾、观众及各种动态资料集结在一个电视空间里。使谈话方式更为活跃,人物的交流有超越时空的互动性。

第二节　谈话类电视节目的分类

谈话类电视节目在发展中衍生出不同的形态,我们从不同的角度可以将其划分为不同类型。本书将其划分为以下几类。

一、新闻讯息类谈话节目

就某一新闻或专业话题与嘉宾进行访谈,以信息传达为目的的谈话节目。这种节目多在演播室或某个特定场所进行,基本形态为主持人、嘉宾的访谈,辅之相关的新闻资料。可以是二人访谈,也可以是多人访谈。现场嘉宾选取多是新闻的发布者、执行者、专家以及当事人,强调准确性、权威性、贴近性。除了邀请到的现场嘉宾以外,通常还会通过电话连线等方式邀请其它场外嘉宾参与讨论。

例如,中央电视台的《环球视线》《新闻 1 + 1》《对话》《面对面》《高端访问》;凤凰卫视《一虎一席谈》《时事辩论会》等栏目。《环球视线》是中央电视台一档晚间国际时事资讯类栏目,挑选当天最为重大,最具影响力的国际新闻事件,或动态进行重点分析、评论,并辅以大量详实咨询和各方观点,揭示事件本质,让世界听到中国的声音。《对话》是中央电视台财经频道的一档高端访谈节目。节目每次时长60分钟,每次节目由突发事件、热门人物、热门话题或某一经济现象导入,捕捉鲜活经济事件、探讨新潮理念、演绎故事冲突,着重突出思想的交锋与智慧的碰撞。《对话》通过主持人和嘉宾以及现场观众的充分对话与交流,直逼热点新闻人物的真实思想和经历,展现他们的矛盾痛苦和成功喜悦,折射经济社会的最新动向和潮流,同时充分展示对话者的个人魅力及其鲜为人知的另一面。《面对面》是中央电视台的一档长篇人物专访节目,秉持新闻性、权威性、关注度、影响力的诉求,用对话记录历史,以人物解读新闻。进入《面对面》的人物都是重量级的,他们中有新闻事件中的焦点人物,有新闻话题中的权威人物,有时代变革中的风云人物,有备受关注的公众人物。节目希望能够以更人文的态度关注社会,以更开放的视角关注中国。在这个分类中,有以新闻事件作为讨论话题的,也有人物专访。人物专访根据所选嘉宾以及所讨论话题的不同,可根据其严肃性或娱乐性划分至不同类别中。

《环球视线》

《对话》

这类节目通常有清晰的主题和线索,以某一事件或者某个人为脉络,进行传播讯息性的访谈。比起综艺娱乐类、情感交流类的谈话节目具有一定严肃性、政治性的色彩。受众在观看这类节目的同时,能够获取一定的信息,增长知识、拓宽眼界,具有一定知识信息普及功能。

二、综艺娱乐类谈话节目

这类谈话节目是以愉悦身心、缓解压力为主要目的。它以谈话为载体,加入较多的综艺和娱乐的成分,受到了广大观众的喜爱。这类谈话类电视节目的产生和兴起是社会文化、经济发展的共同产物。在社会转型中的受众渴望关注和交流,人们需要通过宣泄来寻找与自己有相同感受的群体,从而产生一种集体归属感。

综艺娱乐类谈话节目又可以分为以下三种类型。

第一类是综艺娱乐类谈话较为传统的形态，也是我们目前看到最多的。节目谈话主题、访谈嘉宾本身通常具有娱乐性，以娱乐事件或明星人物为谈话内容的节目。节目中请到的嘉宾主要为演艺圈明星或文化界名人等，常通过名人访谈、明星访问的形式建构节目，话题丰富、气氛轻松。这种谈话节目形态较为固定，被总结为"一个主持人 + 一个嘉宾 + 一个沙发或几把椅子 + 一个大屏幕 + 一群观众"的模式。节目录制现场营造出较温馨的氛围，录制现场常常传出的笑声仿佛只是久违的朋友间的一次家庭聚会而绝非严肃的访谈。典型代表如中央电视台综艺频道的《艺术人生》《首席夜话》；凤凰卫视的《鲁豫有约》、安徽卫视的《非常静距离》、重庆卫视的《超级访问》、内蒙古卫视《马兰花开》等。

第二类综艺娱乐类谈话节目综合了文艺、游戏、竞技等娱乐元素，使节目内容更多元化、更具可视性，是此类谈话类电视节目发展的新阶段。它通过凸现嘉宾和主持人的个性，在节目中制造悬念，实现主持人、明星嘉宾、场外嘉宾、现场观众的互动。典型代表如台湾的谈话节目《康熙来了》，节目中包括了八卦讨论、女明星卸妆、搜查女明星的包包、话题辩论、台湾美食介绍、舞蹈大赛、交换礼物、明星专访、探访明星家等等环节。再比如湖南卫视寓教于乐的《天天向上》，以游戏、即兴短剧为主，把标准的世界礼仪通过幽默的形式轻松传递给每一位观众。节目的主题固定为世界礼仪知识，其中包含了公益性、教育性、知识性，再加上脱口秀固有的娱乐性，将礼仪道德融于综艺娱乐的形式来传播中华文明。

第三类综艺娱乐类谈话节目以演讲类、个人脱口秀类的形式呈现。如《壹周立波秀》的"海派清口"，插科打诨，既娱乐大众又针砭时弊。《壹周立波秀》借鉴了美国著名的脱口秀节目——《深夜秀》的节目创意。由周立波表演的脱口秀和嘉宾的现场访谈两部分组成，其中，脱口秀部分包括开场舞蹈、词汇解说、新闻盘点、歌曲改编和立波梦话等几个板块组成。其表演内容涉及社会的热点、焦点，具有时效性、新闻性和社会性。节目很好地还原了美国深夜脱口秀节目的特色，并成功地进行了本土化的移植。再如中央电视台的《开讲啦》栏目，是中国首档青年电视公开课。每期节目由一位名人倾情演讲，分享他们对于生活和生命的感悟。每期演讲嘉宾选择的主题，均为当下年轻人心中的问号，讲述青年最关心、最困惑的话题。节目每期有八至十位来自全国各大高校的青年代表，向演讲嘉宾提问互动，300 位大学生作为观众现场分享这场有思考、有疑问、有价值观、有锋芒的思想碰撞。

《鲁豫有约》

《非常静距离》

《天天向上》

《开讲啦》

三、专题对象类谈话节目

这是针对特定的观众群体或某一类社会内容而专门开设的谈话节目。其特点是对象性强，话题专一，有品位和内涵。如财经类谈话节目，广东卫视的《郎经财眼》，邀请财经媒体人、专家学者以及企业家担当常任嘉宾，并以三人聊天的方式实现经济学"生活化"、"媒介化"；由第一财经传媒开办大型财经深度访谈节目《头脑风暴》、上海东方卫视的商业脱口秀《波士堂》等。法制谈话节目，如南京电视台《有请当事人》、中央电视台社会与法频道的《夜线》；体育谈话节目，如中央电视台体育频道曾经的《五环夜话》，紧跟体育焦点、热点，嘉宾中专家众多，明星云集，也有各行各业的体育爱好者参与话题讨论；老年谈话节目，以"老有所养、老有所乐、老有所成"等老年话题为内容，如《相约夕阳红》；女性谈话节目，以女性关注的婚姻、家庭、社会地位等话题为内容，如山东卫视关注都市女性精神世界的谈话栏目《天下女人》，用熟悉的生活与事例来微言大义，给女性朋友的精神家园不断地供给优质原料，从中找到理想与现实的平衡；儿童谈话节目，如上海东方电视台少儿栏目《欢乐蹦蹦跳》的儿童谈话类电视节目《童言无忌》等。

四、情感沟通类谈话节目

这类谈话节目以个人困境或失调的人际关系为切入点,关注人物的情感,强调平等交流,通过沟通交流阐述一定的现象和观点。这类节目重视的不是权威性,而是公众参与性,以及正常人际沟通所产生的放松感和愉悦性,是高科技时代对人们交往的一个良好情感补偿。如中央电视台社会与法频道的《心理访谈》。《心理访谈》栏目以个案出现的心理压力、心理危机、心理困境为切入点,探讨出现问题的原因和如何应对的方法;栏目以心理视角解读个案故事和社会事件,从心理科学的角度以通俗的方式在大家有相似经历或能产生共鸣的故事中帮助人们认知自己的情绪、心理和行为并能够给予适当的方法和建议。每期节目都有具体的当事人到场,他们把生活中经常遇到的一些难题,如夫妻关系、亲子教育、人际交往等向主持人倾诉,专家则从心理学、社会学等各学科的不同角度,帮助人们认知、梳理、管理自己的情绪、心理和行为,并给出有大众借鉴意义的建议,以帮助公众提高生活质量,促进家庭和谐。

各地方台也有大量这类节目播出,如江西卫视的《金牌调解》,每期会邀请一对(或多个)有矛盾的当事人进入演播室,主持人和人民调解员现场为当事人排忧解难,通过节目告诉观众面对纠纷的智慧和解决矛盾的艺术。节目中体现了人文关怀和心理疏导,融合了法庭辩驳元素,通过舞美、灯光、镜头等诸多表现手法,给更多普通民众的情感提供不一样的诉求平台。再如上海生活时尚频道的《心灵花园》、重庆台的《情感龙门阵》、陕西卫视的《家庭问题》、贵州卫视的《情感方程式》、江苏卫视的《人间》、湖南卫视的《8090》、上海东方卫视播出的《幸福魔方》、贵州电视台的《人生》……

情感沟通类谈话节目关注社会、家庭、婚姻、情感,通过讲述普通百姓的情感生活,发掘事件背后的情感故事,揭示平凡人惊心动魄的情感遭遇,把生活中的情感故事真实地反映出来。这类节目为现代都市人提供了一个心理倾诉,是解决人们情感困惑的平台。节目中有的不仅仅是简单的倾听,展现的同时还对故事内核进行理性的分析,传达人性真、善、美,给予正确的价值观的引导。

第三节 谈话类电视节目的元素构成

根据传播学的一般理论,传播包括三个基本元素:传播者和接收者、传播环境、传播内容。对于谈话类电视节目而言，其基本要素相应地包括主持人、现场嘉宾、现场观众、环境、话题。其中主持人、话题是综艺谈话类电视节目的必要条件。

一、主持人

谈话节目是真正意义上的关于主持人的节目，节目的风格很大程度上取决于主持人的风格与魅力。对于谈话类电视节目来说，主持人是节目的核心元素，主持人若不得力，节目的档次、品位就会被拖下来；反过来，主持人得力，就有助于提高节目的档次和品位。主持人风趣的语言、突出的个性、广博的学识和深刻的见解能够使观众继而对这档谈话节目产生很深的印象。

在实际的操作中，主持人身兼谈话者、组织者和传播者，使之三位一体。具体来看谈话类电视节目主持人承担的这三种角色：第一，虽然主要处于在现场嘉宾和现场观众之间穿针引线的位置，但主持人本身就是一个谈话者；第二，不论是否有现场观众，即使一对一的访谈，谈话类电视节目主持人都是现场的组织者。一方面要主导节目，引导话题，另一方面要作为现场嘉宾和现场观众之间的桥梁和纽带，拉近彼此之间的距离，产生亲近感，创造良好的沟通氛围；第三，作为节目的形象代表，主持人是媒体对外的传播者。这种角色如何才能充分地协调好、使用好，而且没有痕迹，平稳流畅地转换，对谈话类电视节目主持人来说是十分重要的。一个个性鲜明、风格独特的主持人是一档栏目成功的重要因素。许多谈话类电视节目是以主持人的名字命名的，譬如《一丹话题》、《小崔说事》、《鲁豫有约》、《可凡倾听》、《张越访谈》、《一虎一席谈》等。在整个节目过程中，主持人的名字反复多次出现，以强化其在观众心目中的地位。主持人相当于节目的商标，主持人的风格往往就是一个栏目的形象，主持人的个性决定了节目的个性，主持人的知名度决定了节目的知名度。

在谈话类电视节目中，主持人首先要做的是倾听者。有人曾经这样评价美国“谈话节目皇后”奥普拉：“广播电视的访谈者通常只是提出问题，却不认真回答，他们的心思放在其他事情或是下一个新问题上。但奥普拉却仔细地倾听嘉宾们的谈话，并借助谈话的内容把主题步步引向深入。这就是她适应当今时代的风格。”主持人需要在情感上倾听嘉宾的心声，也需要在实际谈话内容上理解与把握嘉宾谈话的要旨。这种专注倾听不仅表现在态度上，也表现在对嘉宾谈话内容完整度的尊重上。其次，主持人需要对谈话思路有总体的把握，深入把握节目的定位与主题，从总体上驾驭谈话的方向，把握舆论导向。在与嘉宾的交流中，主持人要无痕迹地引导嘉宾按预先设定的思路走下去，把嘉宾的想法和故事自然而然地展现给观众。对于表达能力强的，以及不善言谈的嘉宾需要有不同的对待策略，既要想办法调动对方的积极性参与到谈话中来，要注意话题的引导、节奏的把握，不要让嘉宾跑题。

主持人作为一个重要的链条，不仅是节目流程的推动者，还要在节目中尽量凸显个性化的谈话特点，形成独特的风格，甚至成为节目的符号，为节目最终的完善锦上添花。他在节目中不是一个简单的对话符号和工具，需要有自身的语言风格和表达特点。如《杨澜访谈录》的主持人杨澜，《实话实说》的主持人崔永元、《鲁豫有约》的主持人陈鲁豫等，他们每个人都有着自己独特的风格和特征，这也在很大程度上造就了谈话节目的风格。

作为对话者，主持人必须是一个成熟的交流者，掌握一定的人际交流技巧，才能为嘉宾创造一个轻松愉快自由的谈话场，给观众一种舒适、清爽、放松的感觉。一个主持人在节目中的优秀的人际交流能力，才能够给观众留下深刻的印象，并形成栏目的独特标识。主持人要以平和的心态、平视的角度进入谈话场，并代表观众思考和提问。

二、现场嘉宾

谈话类电视节目成功与否的另一个关键因素是现场嘉宾的选择。现场嘉宾分为来到演播室现场的嘉宾和电子屏幕上的嘉宾两类。如在《鲁豫有约》中，节目所选择的嘉宾都是有故事的人。她的采访范围不局限于演艺明星，而是集中于社会各个阶层，各个领域。《鲁豫有约》的制片人说他们想做的是全方位的访谈。有当下的知名人物和事件，有另类脸谱的普通百姓。有政要，也有历史人物。节目关注的是人物的命运和人生的精彩。

嘉宾的主要职能是围绕话题与主持人、其他嘉宾、场内外观众交谈。作为节目的主要谈话者，现场嘉宾发挥得如何直接影响节目的质量。因此，在选择嘉宾时需要考虑：一是现场嘉宾是否有“谈资”，主要从权威性和直接的关联性两方面考虑。具体考察嘉宾所掌握事实的多少，并对该话题具有权威性的发言权或对该事件有较全面的认识或亲身经历的感受，以及对事件是否有独到的观点。嘉宾分析事件的角度、对事件相关因素和同类事件之间内在联系的把握能力是形成独到看法的决定性因素。如在新闻谈话节目中对时事发表评论的评论员；在财经类、军事类等专题类谈话节目中请到的专家；某个新闻事件中的当事人等。第二个要考虑的是现场嘉宾是否有“谈品”，即在节目中能否顾及交谈者，而不是一味地表现个人，搞“话语霸权”，同时也不能持有过于极端的观点。第三个考察点是现场嘉宾是否有“谈技”，即是否有较强的语言表达能力，包括说得是否有逻辑、有道理，语言表达是否简练、清晰。很多情况下嘉宾的选择还要考虑是否具有个性。为了让节目的可看性更强，如果现场不只一位嘉宾，选择的现场嘉宾尽量不要都是持有相同或相近观点的人,应该能够代表几种不同的观点或立场。这样在谈话过程中才可能对话题从不同侧面和维度谈得更加深入具体。既能够在嘉宾相互交锋中带出更多的戏剧性,又能够让观众对某一事件有更多元化的认识。如《一虎一席谈》中,有一期关于"先跑老师该不该受到指责"的话题讨论。节目中请到了新闻事件的主要人物范美忠、范美忠的同事吴礼明、范美忠所在学校的校长——都江堰光亚学校卿光亚(电话连线)、心理咨询师吴悦、评论员郭松民、国务院关心下一代专家委员会副主任林格、社会学家周孝正这几位嘉宾。这几位嘉宾分成了两大阵营,有对范老师表示理解的,也有极力反对、指责他的做法的。对于"范跑跑"这个在当时关注度极高的人物以及他的行为,这些嘉宾各自有着不同的观点。这期节目让观众对范美忠这位老师,对他所涉及的"范跑跑"事件,应该有了更全面的认识与更深入的思考。

三、现场观众

现场观众是活跃谈话节目气氛、丰富现场谈话层次的重要元素。有的谈话类电视节目中有观众参与,一些则没有。在有现场观众参与的谈话类电视节目中,现场观众是节目的元素之一,而不是可有可无的看客和摆设。现场观众的主要职能有:现场观众的出现可以增强谈话的现实感,营造和烘托现实的谈话氛围;现场观众参与到谈话现场,与嘉宾和主持人进行交流,丰富了谈话的层次;给予及时反馈,为节目起到补充、调节的作用。

节目中的谈话不仅仅是主持人和嘉宾之间的信息交流,它最重要的作用是将节目反映的信息传达给第三方——节目的观众,以达到影响观众的作用。因此谈话节目中的互动不仅是主持人和嘉宾之间的互动,还有主持人和在场观众的互动,嘉宾和观众的互动以及主持人和嘉宾之间的谈话内容和观众的互动。如在《一虎一席谈》栏目《"先跑老师"该不该受到指责》这期节目中,现场观众除了可以直接参与到话题的讨论中,发表自己的意见以外,观众手中都有一个纸牌,纸牌上写着"支持"、"反对"或者是表明态度的表情图案。在嘉宾发表意见时,观众可以随时举起纸牌来表明自己的态度。在《小崔说事》的一期节目中,请到的嘉宾是海派清口的创始人周立波。节目一开始,谈论的第一个话题就是周立波当年十五岁就考上了中国滑稽剧团。主持人崔永元从台下请了四位嘉宾来扮演考生,周立波担任考官,模拟了一次招考滑稽演员的过程。现场观众的参与起到了谈话节目中暖场的作用,很好地带动了现场的气氛。

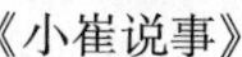
《小崔说事》

《一虎一席谈》

四、话题

话题指的是在谈话节目中具体的谈话内容或范围。要根据节目的设定指向，选择既可以激发谈话者的积极性，也能调动电视观众兴趣的话题。

话题的设置，对谈话类电视节目的成败同样有着至关重要的意义。话题的设计首先要符合栏目的定位，如考虑到栏目的风格、形式，以及受众等。其次，话题的选择应该具有时代感，能够贴近公众生活、贴近现实。话题可以是公众普遍关注的社会热点、焦点问题，也可以是某类公众棘手的期待解决的问题。如《实话实说》中曾经播出的《老易想干事》谈论的话题是关于科技人员和企业家如何打交道；科学家、发明家的成果有什么途径进行产业化。中央电视台《讲述》栏目曾经播出的《小舞星的成长探戈》中关于孩子成长过程中家长如何引导他们接触社会，正确地认识社会。此外，所选定的话题还应该是能够讨论起来的，围绕这一话题能够产生出不同的观点，强调的是思维的多元性和思想的交锋性。从《鲁豫有约》长期以来的被访嘉宾，我们可以总结出其谈论话题的几种类别：当下的热点新闻人物；文化名人和演艺界的明星；边缘另类人群；见证历史的焦点人物；经历人生重大变故的普通人等。围绕着这些不同的话题关注的中心就是被访人物背后鲜为人知的故事，节目让观众分享嘉宾的喜怒哀乐、人生经验。无论透过个体经历折射出历史、文化、社会变迁的“历史性”选题，还是蕴含当下社会生活中时尚热点的“现实性”选题，《鲁豫有约》都会以小见大，从个体人物身上寻找到其在社会大背景下的意义。

在话题展开的过程中，谈话节目需要用不同内容的谈话材料来做支撑。在选择这些材料的时候，需要考虑到它们的新鲜性、冲突性、故事性、情感性等特征。谈话材料也需要用不同的形式展现出来。如通过主持人或嘉宾言语的讲述；通过嘉宾或观众的游戏与表演来还原事件，如在《康熙来了》等娱乐类谈话节目中经常出现，起到活跃气氛的作用；通过视频短片来讲述故事或做人物介绍；通过视频或电话连线引入其他嘉宾参与讨论等。如在《杨澜访谈录——赵薇：我只是时代的沧海一粟》这期节目中，就用视频短片间隔了不同的谈话话题。开篇先以热播电影《亲爱的》导入话题，然后通过《致青春》短片的介绍，谈到赵薇从演员到导演的转变以及她对人生的态度。接下来又通过短片向观众介绍了赵薇的家庭，引入家庭生活与工作如何平衡的话题。最后通过视频短片介绍了赵薇的新片《致我们突如其来的爱情》，向赵薇表达美好的祝福。

五、谈话环境

谈话类电视节目的谈话环境指谈话场所。大多设置在专业的电视演播室，也有设置在专业客厅、书房、茶馆、酒吧甚至户外等其他场所。总的原则就是谈话类电视节目的谈话环境设置要做到形式与内容的协调一致。如比较严肃的谈话节目，环境设计应尽量体现简洁大方；娱乐性的谈话节目，现场布置可以动感活泼。现代传播技术的发展为谈话类电视节目带来时空交错的虚拟演播室，使身处异地的主持人、嘉宾和受众能够进行人际传播，这大大地丰富了谈话环境。

改版前的《鲁豫有约》往往选择的采访环境是被访者的工作地或相对熟悉的场景，这样可以更好的还原嘉宾的工作环境，嘉宾也在聊天的时候更加自如。改版后的节目设置在演播室中，主持人和嘉宾坐在一只黄色的沙发上，犹如回到了自己家的客厅，让人觉得很放松也很温馨。《锵锵三人行》中，节目也是在演播室录制，主持人窦文涛和两位嘉宾围坐在一张圆桌旁，三个人边喝茶边聊天。中央电视台的谈话栏目《当代工人》将谈话的环境安排在了生产第一线，镜头对准普通劳动者，报道他们生产劳动的闪光点，展现他们的心路历程。开播以来一直以“关注工人的生活，关注工人关注的生活”为栏目宗旨，在工人当中树立了良好的口碑。获得第十九届中国新闻奖电视访谈类一等奖的作品《走近史上最牛救援队》，节目拍摄的现场是在山东莒县洛河镇东皂湖村。由于节目中的嘉宾都是该村村民，讲的是这几个村民参与抗震救援的事情，因此谈话场所安排在这里和节目的主题非常贴切。

《锵锵三人行》

《当代工人》

谈话类电视节目在我国经历了二十多年的发展，随着观众收视心理的成熟与电视发展的竞争，很多谈话类电视节目都面临着困境，如话题单调、缺乏个性、开放度不够、形式单调等。面对激烈的竞争，要求未来的谈话节目从抢占空地阶段进入对社会心理的切实满足阶段，多层面完善自己，真正构建一个大众话语空间；打造更多电视谈话的品牌栏目，更好地向受众展示社会思潮与个性观点，达成个人与社会的良性互动。

首届“科讯杯”电视节目策划大赛优秀作品

《有话好好说》

——“相约腿哥”谈话节目拍摄方案

一、节目名称：《有话好好说》

二、本期话题：《“相约腿哥”——关注在校大学生创业尝试》

三、邀请嘉宾：“腿哥快送”负责人　马存林（西北民大2009级新闻专业学生）

《就业视窗》报编辑　杨杰（西北民大2011级新闻专业学生）

社联文艺部部长　张倩（同上）

学生消费者代表　宁鹏（同上）

四、工作人员安排：（略）

五、背景介绍：

2012年全国大专院校应届毕业生699万人，2011年未就业的应届毕业生还有120万人，2012年全国失业人数约为3400万人，而同期国内新增就业岗位仅2300万个。日前教育部长袁贵仁在接受媒体采访时表示，受国际国内经济形势影响，今年高校毕业生就业形势依然严峻。教育部和发改委近日联合下发通知，要求各地高校与用人单位采取积极应对措施，切实做好今年高校毕业生的就业工作，同时继续鼓励大学毕业生自主创业。

“腿哥”快递始于2009年3月，由西北民族大学2009级新闻学专业学生创办。主要通过网络和电话下单，面向师生提供送货上门的校园快递服务。“腿哥”快递因其服务快捷便利，受到师生欢迎。该公司在短时间内得到了迅速发展，“腿哥”已成为校园口碑品牌。

六、故事介绍：

随着手中最后一单外卖的送出，小X完成了今天所有的外送任务。看看时间，他毫不犹豫地骑上自行车，因为他必须要尽快赶到校外的仓库去，十分钟后他将与“腿哥快送”的其他二十名队员一起结算今天的收入。这样简单却又枯燥的工作，他和自己的团队已经重复了一年，至今他依然能清楚地记得创业之初的种种困难，经历过缺乏资金的窘迫，遭受过同学的嘲讽、顾客的刁难，吃过管理经验不足的亏，遇到过队员灰心甚至退出的困难等。庆幸的是他们依然获得了成功，看着现在“腿哥”的运营状况，他由衷地感谢那些鼓励他们的师长和坚持下来的队员，也很珍惜如今“腿哥”积攒下来的人气和口碑。最近他们的创业团队正准备搞一个周年庆促销活动，以期回馈顾客并巩固市场。

七、节目流程：

引子(3 分钟)

1. 讲规则、录掌声。

2. 播放 2 分钟开场视频(略)。

第一部分(5 分钟)

1. 主持人出场，介绍本期话题背景(就业形势)。

2. 介绍嘉宾《就业视窗》主编，嘉宾出场并与主持人和观众打招呼。

3. 展开讨论：

1）主持人与嘉宾在全国高校毕业生就业问题的基础上就今年我校毕业生就业情况展开讨论；

2）引出毕业生自主创业的话题，分析毕业生创业的困难；

3）主持人抓住毕业生创业困难点的经验这一点，引出大学生在校时就尝试创业，嘉宾与主持人共同举例说明；

4）主持人从在校创业的学生中抓出“腿哥”，引导播放 2 分半钟“腿哥”故事片(略)；

5）杨杰退。

第二部分(12—15 分钟)

1. 主持人简单介绍马存林后，马出场并与主持人和观众打招呼。

2. 主持人引导马介绍“腿哥快送”(创办时间，人员，规模)，描述运营现状。

3. 主持人提问创业动机，创业中遇到的困难(初期，中期，现在)。

4. 邀请马描述创业初期的软硬件条件，做了哪些准备，有没有评估调研过，之前有没有开店经验(人员，资金，仓库，实体店，规章制度，进货渠道，前期经验等)。

5. 提问“腿哥”与校内超市,学生宿舍小卖部相比具有哪些优势。

6. 提问怎么看待“腿哥现象”,为什么模仿者均未成功。

7. 追问担不担心未来被潜在对手击垮,如果出现有力竞争者,是否愿意培养新客户,开发新市场(兰大),邀请加盟者,扩大实体店,等等。

8. 提问如何协调内部成员关系,提高服务质量和效率。

9. 主持人提问“腿哥”会不会因为毕业中断,表明消费者对“腿哥”的依赖和期望;请出消费者代表(主持人提示两位代表带着心声和问题来的)。

第三部分(12—15 分钟)

1. 主持人邀请消费者代表上场,张倩、宁鹏上场并打招呼,自我介绍。

2. (主持人问学生代表)(主持人问张、宁)有没有留意过在校大学生的创业情况,对于你们了解到的情况您们又是怎样看待的?

3. 您最初对腿哥的印象是什么样子的? 从腿哥出现到现在对其印象是否有过变化?

4. (主持人问学生代表)“腿哥”模式的成功不免引起其他同学的羡慕,你们是否也曾想过或尝试过相关创业活动?

5. (主持人问学生代表)如何看待“腿哥快送”在学校的兴盛,对他们这种创业形势持怎样的态度? 或者是否对他们的发展有什么样的建议?

6. (学生代表对话腿哥)张倩和宁鹏:

张倩:1) 腿哥快送并不能送到女生宿舍楼内,为何有这种情况?

2) 是否有应对方案?

3) 不能送到女生宿舍楼内部,那对于女生消费者来说,腿哥快送就与外卖哥相同,都要去楼下去取,您认为腿哥与外卖哥相比的优势在哪里?

4) 腿哥现在发展的形势很好,当初想到做腿哥快送的时候,您是有过整体的规划来引导您的事业向一个方向发展,还是说“走一步看一步”呢?

5) 听说,腿哥创始人毕业后仍然将继续自己的这份事业,那是打算以后都要留在这里,并把腿哥作为主业吗? 你的家人对此是什么态度呢?

宁鹏:1) 我想问您一个问题,就是你们的进货渠道是否正规,如何保证商品质量?

2) 我想问一下腿哥,怎么会在还未毕业的大四就想到要创业呢?三百六十行,为什么您就想到了快送这一行业?

3) 你们的员工有没有和顾客发生过争执? 如何与顾客沟通?

7. 主持人引导播放3分钟对学校师生的采访视频(略)。

8. 主持人提问腿哥怎么看学校领导和师生在视频中的表态。

9. 主持人提问"腿哥"今后的目标和打算。

10. 腿哥阐述目标时片尾曲渐起,字幕从下至上滚出,同期声渐淡直至消失,画面定帧直至字幕结束,显示日期。

《相约"腿哥"》录制现场

八、基本预算:(略)

参 考 文 献

[1] 李和平,钟兰辉. 浅析“谈话场”对电视谈话类节目的价值[J]. 今传媒,2012,(2).

[2] 边力. 谈话类电视节目主持人的角色把握[J]. 青年记者,2011,(6).

[3] 张意. 我国谈话类电视节目研究[D]. 广州:暨南大学. 2007.

[4] 王蕊,李燕临. 电视节目摄制与编导[M]. 北京:国防工业出版社,2007.

[5] 李燕临. 电视编导艺术[M]. 北京:国防工业出版社,2011.

第八章　法制类电视节目形态解析

第一节　电视法制节目概述

法制类电视节目是20世纪80年代左右兴起的一种全新的电视节目类型，至今为止都是电视节目中较为受欢迎的一类电视节目。法制类节目的根本意义在于普法，不断地向受众宣传法律知识。其形态也从原始的说教式传播趋向于寓教于乐式的传播方式，同时也更能满足受众的普遍需求。可以说，法制类电视节目已经成为我国法制建设中不可或缺的一个重要组成部分。

一、法制类电视节目的界定

电视法制节目是指以电视为载体，借助电视的传播、创作和表现手段，以宣传法律和为受众进行相关法律服务为主题，以法制与社会生活的方方面面的密切联系为切入点的各种形态的节目。

二、我国法制类电视节目的发展历程

（一）萌芽期（1978—1984）

1978年底十一届三中全会之后，我国的电视踏上了改革之路。这一时期法制节目涉及的法制内容较少，其功能主要是为了配合政治宣传，政治色彩比较浓厚。最典型的例子就是对四人帮审判的电视直播。

（二）开创期（1985—1993）

1985年6月，中宣部、司法部制定了《关于向全体公民基本普及法律常识的

五年规划》，明确要求“报刊、广播电台、电视台都要有专人负责，办好法制宣传栏目”。同年，上海电视台筹办的《法律与道德》栏目开播，标志着电视法制节目的诞生。

（三）成长期（1994—1998）

1994 年 4 月，电视法制节目委员会成立，各台交流逐渐增多。地方台开创庭审节目，中央电视台法制节目脱颖而出。品牌意识增强，细分化法制节目出现。

（四）繁荣期（1999 年—至今）

1999 年起，全国的电视法制节目市场风起云涌，出现了一大批“新鲜出炉”的法制节目。其中最具代表性的是中央电视台以“记录中国法治进程、守望社会公平与正义”为宗旨的《今日说法》；关注百姓身边的法律故事，以独特的新闻视角和第一时间的现场报道、真实记录的鲜活案例，帮助广大观众学法、守法、用法的《法治进行时》。

三、法制类电视节目的分类

随着电视法制节目的成熟和繁荣，其节目形态也更加丰富多彩。目前法制类电视节目可分为以下几类。

（一）资讯互动类法制电视节目

从早期的电话互动，到现在的短信平台互动和网络留言互动以及微博关注等方式，资讯类互动电视节目也开始和各种形式的法制节目编排在一起。以重庆台《拍案说法》为例，节目着重选取贴近平民生活、情景曲折的案件，使老百姓可以很轻松地获得符合自身需求的法律知识。同时栏目也注重与观众的互动，在栏目的结尾，节目会播出栏目组的热线电话以及栏目的官方微博，方便观众通过观看栏目后联系实际，向栏目组提供线索，很好地达到了电视传播媒介与受众的互动的目的。

（二）专题类法制电视节目

这种类型也可称为案例说法类。在法制电视节目的众多形态中，专题类法制节目深受观众的喜爱。专题类法制节目融入了专题片的表现手法和法制节目的功能性作用，展现给观众的是一个又一个细腻而真实的故事。故事结构往往是设置悬念，然后解决悬念。完全能把观众带入到真实的场景再现当中，展开故事的高潮,然后结尾处点睛,充分体现出节目的完整性、悬念性和功能性。如中央电视台《今日说法》等。这一类节目的优点在于突出了人文关怀,从一些类似的案件中找出蕴含在背后的本质,与我国法制化建设连接起来,提出建设性的意见与建议。同时也通过讲故事的方式,给予观众思考的空间。

(三)谈话类法制电视节目

1996年中央电视台推出了一档大型谈话类节目《实话实说》,接着便涌现了一批谈话类电视节目。比如中央电视台《法律讲堂》,通过专家主题讲座加背景简介的形式,讲述相关法律法规所蕴含的法理及立法背景、中外司法史话。寓法理和观点于故事中,贴近生活,贴近百姓。

(四)现场庭审类

庭审类法制电视节目的雏形是1980年。该类法律节目通过现场直播个案审判过程,直观地表现法律程序,并具有舆论监督的直接作用。多半讲述的是民事纠纷案件,让原被告双方走进法庭当面对质,阐述案件的原委,最后由法官对案件进行审理和定夺。由于节目形式的平民化,深受百姓的喜爱,节目中的案件多半是真实案件改编。节目中的法官就是现实生活中的真实的法官或者法律界的资深人士,所以节目具有一定的参与性、可观赏性和权威性。以天津卫视的《今日开庭》为例,节目以模拟法庭的形式,在婚姻、继承、民事纠纷等方面讲述案件。节目会邀请特邀嘉宾,大多数是来自经验丰富具有一定权威性的律师,由律师对案件进行深度解析,直观整个法律程序。

(五)法制娱乐节目

它是把法律案件、知识、问题以娱乐化的方式来讲述,把宣传与教育融入娱乐之中,以大众喜闻乐见的形式传播法制内容,在轻松幽默的娱乐氛围中吸引受众,引导受众参与和思考。

(六)法制记录类

它是以纪实手法拍摄制作的法制节目,它讲求真实的时空塑造,原生态的展示事件与事件中的人物动作语言。强调创造者对生活尽可能少的介入和影响。如中央电视台的《天网》。

四、法制类电视节目的特征

随着我国法制社会的发展,法律观念越来越深入人心。从中央到地方各级电视台纷纷开办法制电视节目，这种电视节目从无到有，从雏形到逐渐成熟，发展到了如今这样一个前所未有的规模、水平和影响力。法制类电视节目的目的就是通过法律严肃的层面释放出隐藏在背后的人文关怀，它应该不仅满足于对客观事实的报道，更应该激发观众对法律的深刻思考，唤醒受众的法律意识。

面对这样的一个目标与要求，如今的法制类电视节目已具有如下几个基本特征。

（一）真实性

法制类电视节目对法律事件的报道必须遵循客观真实的原则，不能因为受众喜欢悬疑、暴力、色情、娱乐等原因就歪曲案件事实。包括事件发生的时间、地点、人物都要求确认无误，节目制作者必须在节目制作的前期进行细致的采访，通过与警方的配合获得第一手真实的资料。在后期的制作过程中，即使个别环节没有画面或者材料的支持，也不能随意捏造和臆测，而要通过内部的逻辑关系将材料联系起来。这是法治节目区分于剧情类电视节目的特点。无论是主持人、评论员还是嘉宾在讨论案件时都应以尊重客观事实为基础，还原案件的真实面貌，避免对受众造成误导。

（二）教育性

电视法制节目主要通过普法宣传、法律服务、监督立法、司法和行政体过程中出现的问题等方式影响着社会的行为规范、社会心理的调整。法制节目注重宣传法律知识、普法，使受众提高法律素质。法制节目具有难得的题材优势，它所报道的大多数案例或可能发展为案例的事件，都是生活的非常态，所反映的内容大多是涉及到违法或犯罪等社会阴暗面或丑恶现象。而这些社会的非常态是老百姓不太了解又不常见到的，但又与自己的生活密切相关。法制类电视节目的一个重要意义就是通过对案件的报道，宣传社会主义的法律制度，普及老百姓的法律知识，帮助人们学习和增强法律知识，引导每一位公民学法、用法、知法、懂法。

（三）阐释性

阐释性是电视法制节目突出法理、深入报道的保证。它是指法制节目对法制事实、案件过程及法律问题的多层面的辨析和阐释，向受众解释清楚案件发生的社会根源，揭示犯罪分子的犯罪动机。与西方电视传媒商业利益驱动不同，在我国，电视法制节目最重大的使命不是介绍传奇故事，而是它能够宣传和普及法律知识、震慑犯罪、澄清有关法律案件带来的社会危害等。法制电视节目除了关

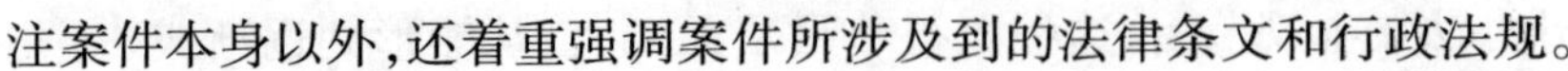

注案件本身以外，还着重强调案件所涉及到的法律条文和行政法规。

（四）人文性

电视法制节目保持旺盛生命力就必须有法律文化的支撑，以现代法制理念作为法制宣传的主旋律；将人文思想和法律的理性贯穿于节目的内容和风格之中，创作出思想性、艺术性与大众化相结合的好作品。法律的终极目标是维护人的合法利益，追求公平公正。电视法制节目创作的目的是要透过法律威严的一面释放出其理性温情的人性光芒。具体到创作上，节目不能停留在对现成事实的处理表层，还应深入到剖析、揭示与法律事件相关的政治、经济和社会成因，这样才能升华主题，使单一的法律事件富有文化内涵。

（五）故事性

从案例中来，案例本身具有的矛盾和冲突、人物命运的转折使这类节目具有很强的故事性和可视性。法制电视节目报道中一般都存在两条主线，一条是以核心人物的活动为主的内在叙事线索，另一条是以案情进展为主的外在叙事线索。在该类节目的报道中，往往更强调各种叙事技巧：如情节和悬念的铺张、冲突矛盾的放大、渐进转折的推进、危机高潮的释放等等。

（六）时效性

基本上是对新近发生或者正在发生的社会热点法治事件的报道，对于一些重大的法制事件，它可能跟新闻同步播出。

五、法制类电视节目的功能

法制类节目因其对社会矛盾的直接关注，对现实生活冲突性的反映，对于广大公民的权利、义务以及社会安全、公正的广泛探求，受到观众超乎寻常的期待和欢迎。

（一）在法制建设中承担着多样的社会功能

法制类电视节目具有深刻的社会功能，能够辐射到社会生活的各个层面，直接影响到社会成员的行为方式、思维方式、文化道德规范、社会心理以及社会组织的结构等。法制类节目在我国法制建设中所发挥的工具性价值与功能是不可忽视的。

（二）法制类电视节目具有导向性作用和造势功能

法制节目在短期内能造成较大的舆论声势，能够起到普法的作用。法制节目蕴含着极其丰富的信息，不仅包含对法律规定以法律程序的解释和演示，还包含对法律运作中的种种障碍、阴暗面和问题的揭露。

法制类节目在普法、传递信息的同时，也培养了受众的法律意识。法制节目通过对法律实质和内容以及运作情况的展示，在一个发展和动态的过程中不断促进社会主流意识的形成与提高，由此培养民众构建法治社会的基础工程。

（三）法制类电视节目具有实用性功能

在宣传法律法规的同时，兼具服务和信息提供功能。法制类电视节目还可以成为社会各阶层和公众表达与交流的场所，以及国家、法律与民众之间的沟通渠道。相对于单向的信息提供和获取，交流与对话体现的是一种双向或多向的互动关系或功能。

综上所述，法制类电视节目适应了社会的多元化需求，是我国法制建设中的一种重要工具或手段，承担着特殊的社会功能。法制类电视节目是电视媒体作为独立的主体直接参与法制建设进程的一种活动，这种活动能够对法制建设产生重要作用。

六、中国法制节目发展的生态环境

（一）特殊社会背景环境

我国正处于社会转型时期，法制类电视节目成为政府促进法治化的进程中动员社会的重要手段。将枯燥的法律条文融入鲜活的案件中，以一种大众乐意接受的方式进行普法教育，这是中国电视法制节目在一定历史时期内存在与发展的直接和外在的支撑力。

（二）公众的急切需要

公众的需要为电视法制节目的持久发展提供了内在动力。人们对种种失范状态下的社会现象产生不满时，对法律的依赖心理和对舆论监督的要求也使人们把目光投向影响巨大的电视法制节目。

（三）独特的文化背景与接受心理

我国的文化传统强调寓教于乐。对于普通的民众来说，接受严肃的法律条文可能有一些困难，这就促进了法制节目的进一步创新。创新型法制类电视节目也既具有传播主流的意识形态的功能，又可以让观众在娱乐的同时潜移默化地接受节目所传达的法律知识，可谓一举两得。

第二节　电视法制节目发展趋势与困境

一、法制类电视节目的发展趋势

随着经济水平的不断提高,群众的精神需要也不断增强,对法制类节目的要求也越来越高。为了满足受众的普遍需求,提高收视率,我国的法制类节目具有以下几种趋势。

(一) 娱乐化趋势

一个法制类节目能否引起受众的观看兴趣,主要在于其选取的内容和表现的手法是否符合大众的口味,吸引大众的眼球。这就使法制类节目更趋向于娱乐化,趣味化、幽默化。以凤凰电视台的《文涛拍案》为例,节目以民间传奇的演说风格贯穿始终,对国内以及国际上的大案、要案、重案、名案等进行演播,使整个节目的氛围十分轻松。

(二) 故事化趋势

在众多不同类型的法制节目中,以"讲故事"的方式最为受欢迎,它改变了以往以纪实和报道的叙述方式,转而以讲故事的方式叙述法律案件,使节目更具有可视性。重庆电视台的《拍案说法》栏目,是我国第一个在黄金时间播出的法制类节目,其主要的优势就在于节目的可视性。《拍案说法》节目以新的发展思路,在案件的故事化演绎中融入法的精神,"情景再现"的变现手段大大增加了节目的吸引力和可视性,弥补了以发生过的案件没有新闻现场的缺失,让观众在轻松看"剧"的同时知法、懂法、运用法。同时故事化趋势下的法制类节目能增加法制报道的人情味,深化报道的意义。

(三) 多样化趋势

传统的法制类节目中千篇一律的记者采访、原始影像采集、后期人员编辑、主持人点评的这种模式,已经不能满足受众不断上升的心理需求。因此法制类节目以创新的形式,加入多种表现技法,如电影电视中的音乐、影视视频、动画等使节目更加多样化,让法制类节目的可看性更强,更能被受众所接受。

二、法制节目目前存在的问题

法制节目在蓬勃发展的同时,也出现了同质化现象,其内容和形式存在以下一些不容忽视的问题。

(一)过分夸大了客观记录功能

客观记录功能在法制节目中充分的运用,让节目获得了很高的收视率。正因为如此,一些法制类节目为了迎合受众的猎奇心理,对犯罪分子的作案细节,如手段、工具进行细致的描绘,向受众传递了许多负面信息。"真实再现"这种对案件的叙述方式,使潜在的犯罪群体很快地学会犯罪过程,也使得观众在收看此类节目后内心增长恐慌感。

(二)题材过于单一

刑事民事案件的报道不断增多,而对于行政法、合同法、国际法等方面话题关注较少。为了追求轰动效果,关注大案要案,忽视了许多虽小但有具体意义的案件。

(三)表现形式较为单一

虽然我国的法制类节目有好多类,但是其基本形式主要还是以案说法、纪实性的现场侦探类为主,通过讲故事和真实再现的手法讲述案件,达到对观众的普法的目的,使得法制类节目同质化现象较为严重。

(四)未建立法律作为完整的体系理念

现存的很多法律类电视节目过分注重案件的情节,把重点放在怎样才能更吸引受众的眼球,提高节目的收视率。节目往往注重事实阐述而轻评论,讲述完案例后,用某些法律条文去套具体的案例,进行简单的分析。对发生的社会背景、犯罪嫌疑人的犯罪动机和心路历程等深层次的东西挖掘不够,媒体的功能只停留在传播法律知识上,而对法律作为一个完整的体系和系统本身关注还不够。

(五)过于重视法律的惩戒功能

目前很多法律节目传达的都是犯罪分子受到法律的惩罚,强调的是法律在惩罚上强制功能的一面。在对法律维护和保护公民权利上的功能宣传不够,使人们加深了法律的惩戒功能而忽视了人文作用。

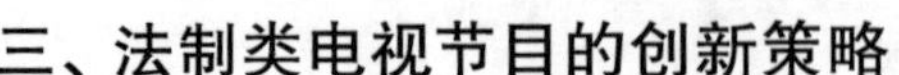

三、法制类电视节目的创新策略

(一) 题材、形式上的创新

从题材上来看,国内的法制类节目关注民事、刑事案件较多,对于行政法、国际法等方面话题关注明显不够。在这方面可以拓宽对国内外的大案要案的报道,加强对历史的延伸,结合老百姓普遍关心的问题,进行新的整合,体现法律类节目的厚重感和历史感。从形式上看,我国的法制类节目以案说法、纪实类的法律节目方面已较为成熟。在这种模式下,可以多一些益智互动类的,真实体验类等,添加新的节目样式,调动电视的多种元素。

(二) 加强节目的深度报道

一些法制类节目往往只重视对案件的阐述而忽略了挖掘案件背后的社会环境和犯罪人的心理因素等等。对一个事件的报道,不能只是就事论事,应该把这些事件和政治、经济、文化、道德等等因素联系起来,层层深入报道,冷静地思考案件的过程,去找寻案件发生的原因。

(三) 加强人文关怀

人文关怀,实际上是一种责任,它对记者和节目创作人员提出了更高的要求。新闻记者在采访的时候除了要具备基本的法律知识和素养外,还要增强一种社会责任感。关注人物的内心世界和人物的背景,犯罪的心理活动等,尽可能地揭示他们的内在逻辑,不仅可以使观众产生心灵的震撼,也更能做到以案警世的效果。

我国的法制节目是在逐渐探索中发展起来的,由于我国的法制环境尚未完善,使法制节目需要进一步的改进和创新。而如今,我国正致力于建构和谐社会,法制节目应该在这种大环境下起到模范带头作用,明确大的方向,理清思路,调动各种有效方法,生产出百姓喜欢的电视节目。

案例分析:重庆卫视《拍案说法》

在众多优秀法制类电视节目中,重庆卫视的《拍案说法》节目在形式创新方面尤为突出。《拍案说法》在2000年6月19日在重庆电视台正式开播,是全国第一家在晚间黄金时间播出的法制类节目。它一直以"主题故事化、故事人物化、人物细节化"的创作主旨发展,并运用独特的表现手法和新颖的话语方式,吸引观众视线。

一、叙事模式的独特性

无论是改版前后的《拍案说法》，其叙述风格都是悬念性与故事性的结合。栏目在题材的选择上多以情节曲折、故事性较强的案件为主。这种故事化的叙事理念更容易贴近观众，取得良好的传播效果。在表现叙事模式的独特性方面，大多从以下几个方面入手。

（一）语态的通俗化

法律是维护社会秩序的强制性规范，它秉承着公正、权威、严肃的特点。但电视并不是法庭，法制节目运用电视这个被大众广泛关注的传媒为传播手段，来表现法的精神，社会的人性。因此它应当是法律的理性内核与电视的感性外壳这两者的有机结合。

用感性语态来表现理性的事实，这是《拍案说法》的一大亮点。主持人以极为通俗化的语言表达风格叙事案件的起因、经过、结果。尽最大可能地将案件中的法律知识以大众最易懂的方式表现出来。相比枯燥的法律条文，老百姓更愿意接受这种普法的形式。以2012年5月7日的节目《疯狂的蓝宝石》为例，节目先播放一段热播的电影《疯狂的石头》片段，引出这期节目的主题，这使得法制节目变得更加具有可视性，吸引观众对本期节目产生浓厚的兴趣。接着，由主持人抛出一个个具体的悬念，层层递进，最终找出真相。整个过程都以大众最易接受的语态讲述，好似置身于一个偌大的说书场。节目的最后以观众能接受并理解的方式，阐述与本期节目相关的法律条文。

（二）叙事的艺术化

1. 设置悬念

首先，在栏目开始时，先由主持人抛出一个结构性的悬念，也是一个贯穿案件始终的悬念，它的作用在于建构节目的一个整体框架。其次，在案件进展的过程中，通常有较多的小悬念，这些小悬念起到推动故事情节、铺垫案件背景等作用，使案件的叙述具有紧迫感。在20多分钟的节目中，《拍案说法》不断穿插兴趣元素，快节奏地进行叙事的转换，通过人物传奇化、冲突集中化和故事悬念化，使整个栏目在一种紧张和快节奏的呈现中。展现了真实场景中的人物命运，满足了观众心中“为什么”和“后来呢”的双重期待，这也正是观众沉浸于该栏目叙事中的根本原因。如“接下来会发生什么？”、“警方追捕到凶手了吗？”“这到底是因为什么？”等这样的悬念起伏，接连不断的疑惑，使观众们的心被至始至终地吸引着，对节目始终保持着很高的热情和关注度。

2. 叙事结构

《拍案说法》栏目在叙事结构上也可谓是匠心独运，为了使老百姓更加理解案件的进展，栏目通常会运用到插叙和倒叙的叙事手法。如2012年5月8日的节目《被流言蛊惑的女人》，在节目的开始，主持人为观众展现了一张照片。一位"被流言蛊惑的女人"，身穿囚衣，目光呆滞，神情恍惚。由于邻里间的流言蜚语，她寝食难安，甚至到了杀人泄愤的地步。这就是片头她为什么身穿囚衣的原因。栏目很好地运用了倒叙的手法，首先把案件的结局展现给观众，使案件更加曲折，悬念起伏，引人入胜。再如2012年5月24日的节目《被毁容少女周岩的重生之路》，花样少女拒绝男子求爱之后，惨遭男子毒手，导致面部严重毁容。节目在正常的叙事顺序下，运用插叙的表现手法，穿插少女被毁容之前的照片以及日常生活，与被毁容后的状态形成强烈对比，对情节也起到了补充和推动的作用，使案件脉络更加清晰，情节更加完整。

3. 情节冲突

"真实再现"叙事手法下的《拍案说法》，离不开故事情节的演绎。案件中的矛盾冲突，是节目塑造鲜明人物形象，展现案件主旨，推动案件走向高潮的重要支撑。《拍案说法》中的情节冲突包括了人与人之间的冲突、人与事之间的冲突以及人与自然的冲突。2012年5月2日的《寒夜中的117只熊掌》就是人与自然矛盾的充分表现。随着人们的饮食消费能力和要求的改变，熊掌变成了一道昂贵的美食素材。在黑色利益链条的驱使下，走私偷渡熊掌成为犯罪分子牟取利益的手段。在警方的连夜追捕下，117只价值58万的熊掌浮出水面，这意味了20多头熊被盗猎者捕杀。正是因为有人经营和消费野生动物，才使得人与自然的冲突日益严峻。节目的最后主持人也呼吁观众，"没有买卖就没有杀害"，愿人们可以和大自然和谐相处。

4. 人物塑造

《拍案说法》栏目在对案件进行分析时，注重对案情中人物的塑造，无论是犯罪人还是被害者以及采访到的人物，都以肖像描写、心理描写、语言描写、动作描写等手法，来烘托某一案件的氛围，使案情更加曲折与生动。以2012年5月30日的节目《如此赡养》来说，节目对一位九旬的老人无人赡养的凄惨情景做了这样的描述：她独居，不仅枯瘦如柴，浑身发臭，而且趾骨外露，甚至腿上和身上长满蛆虫，靠着一床发黑的棉被来覆盖身体。这样的描写不仅突出了老人的惨状，同时也在观众的心中留下了疑问。同时节目也对老人的子女进行了语言与动作上的描写，节目采访到老人的三个子女，三人就赡养老人方面互相推脱，动作也异常暴戾，栏目组也对三个子女的生活环境进行了描述，显示出三人的经济条件并不好，这些都从侧面描写了老人无人赡养的原因。这样，观众在理解案件的时候就更加明了。

（三）视听语言的特色化

《拍案说法》栏目非常注重从文字、解说、同期声、色彩、光线、构图等角度来提高节目的可视性。一方面，演播厅内以冷色调为主，黑色和暗红色为主要背景颜色，整体风格给人以严肃、严谨的感觉。而且，对于光线的运用，也只是仅仅打在主持人的身上，整个布局都使人感到冷峻严肃。“拍案说法”四个字，唯独“拍”字用了正红色，给人以警醒、警示的作用。另一方面，节目中会穿插会令人毛骨悚然的节奏和音效，配合要表现的内容，使声音与画面有很好的融合，达到堪称完美的效果。以2014 年2 月7 日《打伤岳母的女婿》这期节目为例，案件中在提到岳母惨遭女婿多次打伤的时候，镜头画面变暗，并配有低沉和带有震撼感的音乐，解说员改换语调，以一种悲愤的语气作为旁白。

《拍案说法》

（四）选题视角的平民化

在市场经济深入发展的今天，人们逐渐意识到，依靠法律解决现实生活中遇到的问题是最合理、最有效的办法。《拍案说法》节目则很好地解决了这一问题，节目在题材的选择上多数以贴近百姓生活的、具有一定前瞻性的法治题材为主。下表中显示了2012 年的20 期节目中的标题。

5.1	5.2	5.4	5.7	5.8
母亲摔死亲生女儿	寒夜里的117只熊掌	双尸命案中的迷局	疯狂的蓝宝石	被谎言蛊惑的女人
5.9	5.10	5.11	5.14	5.15
祖坟里的秘密	谜案追踪，离奇的火灾	救人命的猪皮	寻找出走的老伴	暗战街头，反扒精英
5.16	5.17	5.18	5.21	5.22
暗战街头，铿锵玫瑰	暗战街头，天下无贼	究竟谁是内鬼	老虎冲出牢笼的背后	网络女友布下的陷阱
5.23	5.24	5.25	5.28	5.29
小巷命案侦破始末	被毁容少女周岩的重生之路	“医生下跪”事件追踪	追凶十一年（上）	追凶十一年（下）

《拍案说法》节目意识到不应在节目中一味地灌输法律条文，更重要的是“引导”，即通过对所报道的法律事件来起到引导受众建立起法制理念和了解法律知识的作用。因此，节目从普通人的视角观察法庭审案、了解案件经过、评议判决结果，改变了以往刻板、生硬的说教形象。

二、表现手法的多样性

《拍案说法》在表现上融入了电视的纪实手法，充分将电视的纪实特征与法制故事巧妙地结合了起来。

在对故事的讲述当中，《拍案说法》既有当事人的采访，也有对目击者的回顾，也有通过对相关历史材料和背景描述，还原案件的最原始面貌。节目大量运用真实再现的手法，进一步提高了案件的真实度，使观众有一种身临其境的感觉，将一个个鲜活、生动、立体的案件呈现在受众的眼前。例如，以2012年5月1日的一期《母亲摔死亲生女儿》为例。节目的开始，由主持人抛出一个早期案件，被称为“最狠妈妈”的女子，喂三个孩子喝下毒药、自己自杀的图片，引出本期的“摔死女儿的妈妈”。接着对案件进行了现场还原，对当时的环境进行了情景演绎，使观众更直观理解案件的经过。随后，对事件的当事人进行了公开的庭审。节目通过对当时庭审的记录，对当事人的采访，分析“妈妈”的心理活动，对整个事件的背景、原因进行了梳理，将记录的整个案件与法律紧密地联系起来，达到了从法律中表现故事，在故事中渗透法律。

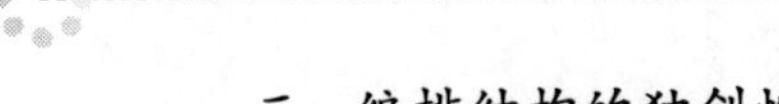

三、编排结构的独创性

《拍案说法》栏目首创的"章回体"编排结构也可谓匠心独运。它打破了观众对法制节目的刻板印象,主持人以说书的形式按照剧情的发展脉络和事件的逻辑顺序,对案情的分析娓娓道来。栏目借用了我国明代著名小说家冯梦龙"三言二拍"的名字与叙事技巧以及我国传统的评书讲述模式,创新出"悬念设置——故事讲述——评论收尾"的结构模式。同时借用"一刻拍案"、"二刻拍案"、"三刻拍案"的形式,将栏目划分为三个部分,进行章回体编排。三大悬念层层深化,每个阶段又有适当的停顿,刺激了观众的收视兴趣。最后由主持人对故事进行总结,对法律条文进行解释和说明。这种整体结构的巧妙安排和精心的设计十分独特,契合了观众的需求,迎合了大众的需求与口味。

四、知识阐释的权威性

《拍案说法》也会根据内容需要,邀请嘉宾及专家对案件进行分析、解读。在所检测的节目中,有8期节目邀请了法学类嘉宾,其中大部分为高校的学者,这样既提高了节目的权威度,又使节目具备专业性。同时,栏目组也根据具体案件的不同,邀请不同方面的专家,比如心理学家、管理学家、医学专家、媒体等非法学专家。另外也有几期节目邀请律师作为嘉宾。由此可见,《拍案说法》在嘉宾邀请方面也同样表现出灵活性与多样性。

《拍案说法》作为法制类电视节目中较为典型的案例,开始了我国法制类节目从单纯的克隆发展到自主创新的阶段。该栏目立足于本土文化,创新出具有本土文化气息的电视节目新形式。同时,也将娱乐因素融入到节目中去,使法制类节目更"好看",更吸引观众。《拍案说法》无论是在形式上还是内容风格上,都独树一帜。叙事手段的独特性、语言的通俗性、案件的经典性、主持人语言的特色性等都是《拍案说法》走红的重要原因。了解受众的需求,迎合大众的口味,创受观众喜爱的电视法制节目,《拍案说法》在法制类电视节目中影响深远。

法制节目推动了我国的法制化建设,同时随着我国法制化建设的不断完善,法制类节目也会向更加专业化的方向发展。法制类节目新的发展态势,不仅要具有媒体的舆论监督作用,还要成为社会的调和剂,为社会的弱势群体提供一个可以寻求公正的平台。法制类节目会向更专业、更完善的方向发展,它还有很大的空间等着人们去开拓。

参考文献

[1] 杨汶锦.解析重庆卫视《拍案说法》的特点[J].青年记者,2012,(7).
[2] 黄媛媛.电视法制类节目的故事化包装[J].采编经纬,2009,(11).
[3] 尚小虎.电视法制类节目的创新与展望初探[J].东南传播,2010,(2).
[4] 孙燕妮.论法制类节目的质量优化[J].现代视听,2011,(4).
[5] 陈寒冰.从纪实性和现场感谈法制类节目的创新[J],声屏世界,2005,(8).
[6] 尹力,张小琴.论中国电视法制节目的文类概念与文类特征[J].现代传播,2003,(10).
[7] 李黎玥.电视法制类节目制作之我见[J].新闻研究导刊,2011,(9).
[8] 辛军.法制类节目莫忘以“小”见“大”[J],中国广播电视学刊,2005(7).

第九章 电视纪录片形态解析

纪录片是记录真实生活流程，撷取真实生活场景，并以此触动情感、引发思考的非虚构的表现形态。它具有真实性、思想性和艺术性的主要特征。以社会学、传播学的观点看，以纪实而非虚构的手法解释历史、记录现在、预测未来的纪录片，由于审视并再现了自然界和人类社会生活的多个方面，无疑成为推动人类文明发展的一种重要传播方式。首先，纪录片是对社会或自然界中的对象（现象）进行记录，表现非虚构内容；其次，要求真人真事，不允许虚构；第三，在客观记录中表现创作者的理解与认识。

近年来，中国国内掀起了纪录片创作的热潮，拍摄的纪录片数量急剧增加。同时，据2012年《中国纪录片蓝皮书》指出，未来两三年，中国纪录片行业将迎来整体上升、多因素复合影响、理性化发展的新阶段。以社会学、传播学的观点看，纪录片由于审视并再现了自然界和人类社会生活的多个方面，无疑成为推动人类文明发展的一种重要传播方式。

纪录片是高品位的影视形态。正如英国电影导演格里尔逊所说，虽然“我们把所有根据自然素材制作的影片都归入纪录电影范畴”，但是“纪录片”这个称谓还是只应“留给高层次的影片”。纪录影像不但“拥有认知世界和自我的强大功能”，还是“富有启发性的艺术，是富有文化内涵的艺术”。对于中国纪录片来说，民族文化是中国纪录片精品的特质、是中国纪录片之魂。民族文化是从人类内部衍生出来的传统文化，是自视人类民族思想文化的“窗口”，是纪录片最能打动观众的闪光点。与此同时，纪录片也以其独特的视角和创作方法，反观历史、繁荣文化，从而赢得了广大观众的青睐。因此，研究以民族历史文化为题材来源的纪录片成为了当前业界和学界的重要课题。

第一节 纪录片的题材

所谓的题材就是指创作者从客观现实或历史资料中选择出来组成作品的材

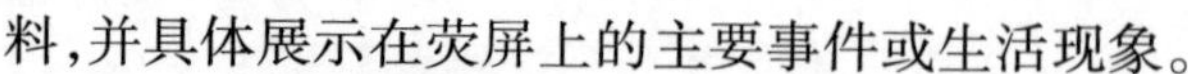

料，并具体展示在荧屏上的主要事件或生活现象。

一般来说，现在纪录片的题材概括起来主要有社会题材和自然题材两大类。

一、社会题材

社会题材就是指那些同人们的社会生活联系紧密、同历史或现实有直接关系的题材。社会题材纪录片的特点是：具有较强的时代性、新鲜性、历史性、复杂性和人文性及感情化。

（一）时代性

社会的结构形态、价值体系，人们的生存状态、精神世界，都处于一种动态之中。纪录片要去关注、见证这种时代的变迁，记录这种大的时代背景之下人们的生活境况、情感经历以及精神追求；记录我们的民族、我们的文化在世界性的潮流面前的处境和走向。

中国当今的社会可谓风起云涌，各行各业、各个方面都在经历着不同层次的变革。因为处于社会转型期的大背景当中，人们居住的地理环境、工作单位、社会地位等都经常会改变、迁移和流动。原先的价值观念、道德体系都在进行重塑，可供人们选择的机会更多了，同时危机感也增加了。纪录片工作者应该着力去展示这种特定背景下的社会现实和人的生活状态及内心世界。例如，纪录片《社会时代》以中国社会转型为背景，讲述了政府、市场、环境等不同组织对社会治理的创新与探索。

大型纪录片《社会时代》于2014年9月在北京电视台三个频道播出。共分为6集，每集讲述的都是城市化进程中的不同主题：《城市化》、《幸福圈》、《活力源》、《社工情》、《公益行》、《和谐梦》，分别从城市发展、基层街道社区、社会组织、社工、社会公益组织、特殊群体服务和完善基层民主自治6个视角来讲述社会故事、反映时代变迁。

《社会时代》总策划、总撰稿人宋贵伦介绍，3年前之所以决定拍摄这部纪录片，是因为现在进入了社会全球化时代，大社会的时代背景要求我们要反映、适应、紧跟这个社会时代。党的十七大后，我国把社会建设放在了突出的地位，通过纪录片这种生动形象的方式对我国整个社会的变化做总结、梳理，也是必要的。

《社会时代》每一集都展现三四个具体的人物故事，通过人物挖掘其背后的群体，最后由中国人民大学、北京师范大学等高校的专家及管理者进行精彩点评。在纪录片中，不仅可以看到20世纪90年代初来

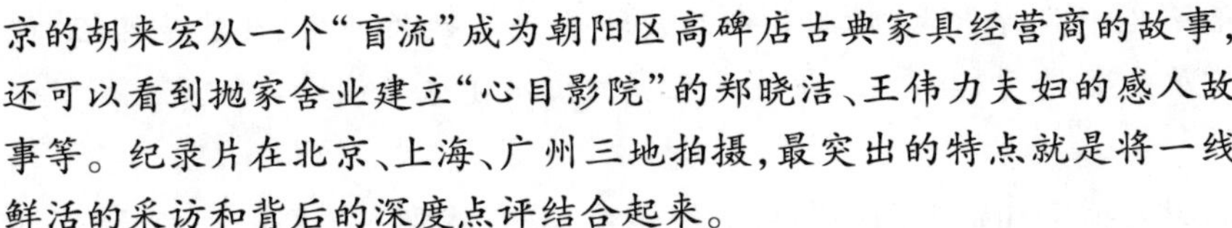
京的胡来宏从一个"盲流"成为朝阳区高碑店古典家具经营商的故事，还可以看到抛家舍业建立"心目影院"的郑晓洁、王伟力夫妇的感人故事等。纪录片在北京、上海、广州三地拍摄，最突出的特点就是将一线鲜活的采访和背后的深度点评结合起来。

（二）新鲜性

新鲜性是指那些人们不熟悉，又普遍感兴趣的不平常的事情或事情的某一方面。

1. 从陌生中体现新鲜

选择人们不知道的或从来没有注意的事情做题材，有很强的新鲜感。如王海滨的三部曲——《藏北人家》、《深山船家》、《回家》；孙增田的《最后的山神》、《神鹿啊神鹿》等。

2. 从新的视角中体现新鲜

纪录片创作的题材虽然很丰富，但是类型还是有限的。因此，同类题材、相近人物的纪录片如何找到不同的视角，给人以新的内涵、新的意味，纪录片创作中如何开拓题材，成为值得探究的问题。如《英和白》中张以庆导演通过一个主客观视角，去观察熊猫的吃、拉、娱乐、生理需求等，体现了一种人与动物的和谐生存。同时也揭示了人与动物孤独的心理状态。在他的作品《幼儿园》中，是以成年人的视角去关注这一群幼儿园里的孩子，展示孩子们看待这个世界的方式、方法和感受。再如纪录片《龙脊》主题是表现希望工程却选择了偏僻小山村中几个孩子的求学生活，摆脱了俗套的救助式的表现。

《藏北人家》

导演李玉谈到当年自己在《东方时空》里的一个纪录片《姐姐》时，这样回忆拍摄的过程：一开始看到一名刑警一心为公、兢兢业业的工作，连家都顾不上，于是想拍他的奉献精神；拍摄过程中，他发现这名刑警家里有一对双胞胎的姐弟，就想把片子改成拍摄孩子成长的烦恼；后来，在两个孩子的打闹中，他发现了一个有趣的现象，姐姐总是处于受气的位置。编导思考过后总结出一个道理：这位姐姐是被任命的，与弟弟几乎同时出生，瞬间的命运安排决定了她的一生，既然是姐姐，就要承受委屈、担当责任，即使是几岁的小孩子也不例外。

如果要拍摄和别人同类题材的纪录片，需要找到一个新的视角：可以注入时代新的内容；深挖他人想挖但还没有挖到的材料；寻找他人想用但还没有用过的角度；可以换一种思考方式；也可以是采用不同的风格和形态。

如获得过第三届科讯杯全国大学生 DV 作品大赛特等奖——最佳题材奖的作品《无声世界的爱》（见图），它的选题角度也是经过了编导反复的思考最终定夺的。2005 年春晚，一群全部由聋哑人表演的舞蹈《千手观音》打动了亿万观众的心，当时很多媒体都对其中的演员进行采访报道。而这次的纪录片要表现什么不一样的东西呢？当时编导就想，在这个奇迹的背后一定会有一个创造奇迹的人。大家就顺着这个思路接着往下找。后来发现在这些演员中，有一位来自甘肃的演员叫刘鑫，在对刘鑫的采访中见到了他的指导老师费老师，是她让生活在无声世界里的孩子们能走进音乐的殿堂。这也就是后来在片子中出现的主人公费书环老师。最终这部片子就记录了这位特教老师和聋哑孩子之间这种深厚博大的爱。

通过这个选题我们就可以看到，当时大量的媒体都对准《千手观音》其中的演员，《千手观音》已经不算是一个新的选题了。但是这个作品就从另外一个角度对这个主题进行了开掘。当大家都看到舞台上光鲜亮丽的演员的时候，他们找到了一个新的角度——聋哑演员背后默默付出的指导老师。这样，这部作品不仅表现出了这些孩子身残志坚的奋斗精神，更突显了在特殊教育岗位上的老师所付出的艰辛和不易。

3. 从及时上体现新鲜

纪录片中可以体现新闻的及时性，把生活中刚刚发生的事情报道出来，直接触及社会最敏感的神经。

如纪录片《缘起》是一部采用纪实手法跟踪张艺谋电影《英雄》剧组,从北京到敦煌,从九寨沟到横店,历时四年拍摄的纪录片。《缘起》的片名出自导演甘露,影片字幕这样解释了片名的意义:"一部《英雄》的诞生,是来来往往的众生聚合的缘分。"以《英雄》影片的人物和制作为中心,讲述了从电影故事本身到场景、服装、美术、道具、音乐以及主创人员等一系列充满表现力的内容。"张艺谋怎样完成一部电影?怎样与剧组合作?他们都谈些什么?而且在他的整个拍摄过程中有没有一些想法的转变,这种转变又是由什么契机促成的"——这是纪录片最初的设想。美国时代周刊称:"《缘起》可能会开始一种电影记录的新模式","一部难得的纪录片"。导演甘露在总结时说:"如果说电影《英雄》成就了《缘起》作为一部纪录片的精彩,那么这部纪录片也给了《英雄》从主题到内容的一次拓展、一次延伸……"《英雄》拍摄期间,摄制组在共同生活中逐渐与整个剧组融为一体。比较特别的是,《缘起》中没有任何解说词和采访,剧组所有人对DV镜头的存在毫不在意,这令它看起来极为真切和自然。

(三)历史性

1. 正在消失或即将消失的人类文明

如某种生活方式、某些事物等,也对记录人类文明史有着不可忽视的意义。例如纪录片《三江源》、《最后的山神》、《船工》、《黄土地上的四合院》《最后的渔村》等。

纪录片《三江源》

纪录片《黄土地上的四合院》

2. 对人类发展产生过重要影响,有历史意义的事件与人物。

如纪录片《圆明园》、《故宫》、《复活的军团》、《百年南京》、《母亲河上百年桥》等。

纪录片《圆明园》中第一个出彩的地方应该是它的特效。影片最大的亮点是几近完美的电脑技术,以绚丽的三维动画将一座恢弘壮阔的圆明园呈现,加入与真实演员相结合的拍摄手法,让观众好似游历其中。

纪录片《圆明园》

第二个出彩的地方就是其解说词。解说词带领我们了解了圆明园从蓝图到被焚烧的过程,在这当中也贯穿了整个大清帝国从鼎盛走向衰败的历史过程。但是我们没有感到一点枯燥,反而觉得很吸引人。解说词压缩了历史时间和空间,完成了话题的转换。

好的纪录片是完美的解说词和画面的有机统一。就纪录片而言,纪录片解说词是对纪录片画面内容的文字解释和说明。解说词的主要作用包括:一是发挥对视觉的补充作用,让观众在观看实物和形象的同时,从听觉上得到形象的描述和解释;二是发挥对听觉的补充作用,即通过形象化的描述,使观众感知故事里的环境,犹如身临其境,达到情感上的共鸣。在纪录片《圆明园》里面,制作者别具一格的采用了主客两条线索解说词来对纪录片进行讲解和叙述,即旁白和西方传教士郎世宁和英国随军牧师麦基的口述(主客观结合的解说词的叙述方法)。这样可以明显增强现场感和记录感,更有形式感,而且两人均是天主教徒,有着更多的可信性和真实性,令人信服。尤其是对于外国人看来,这样做让他们知道,这并不是虚构的电影而是真实的纪录。

《圆明园》中还使用了通过演员扮演还原历史的创作手法。纪录片中演员扮演人物与故事片是有区别的，前者是通过模拟历史来再现历史，所以在镜头运动、拍摄方式等方面，都有特殊之处，不会影响到影片的真实性表达。为了保证影片的真实性，主创人员查找了现存于法国国家图书馆的乾隆时期的《圆明园四十景图》、皇家密档、英法联军从军人士的通信和日记等大量史料和档案。

《圆明园》达到了将纪录片和故事的统一，真实和虚构的统一，解说词与画面的统一。无论多少年之后，我们今天看到的《圆明园》都是非常具有丰富史料价值的艺术品。

有着“黄河上游明珠”之称的甘肃省会兰州，是一座具有两千多年悠久历史的古城。兰州是黄河唯一穿城而过的省会城市，地处白塔山南面的中山桥，是万里黄河上第一座真正意义的桥梁，被称为“天下黄河第一桥。”纪录片《母亲河上百年桥》是为了纪念中山桥的百年华诞而创作的。中山桥是兰州市的标志性建筑，在我国近代桥梁史上具有重要的历史地位和文化价值。一个城市有一个城市的文脉，一个城市的文脉就像人身上的气脉，一旦斩断，永难再续。虽说人有新陈代谢，城有拆迁改造，但代表城市精气神的事物还是应当存留的。岁月流逝，百岁的中山桥之所以能历时近百年而雄姿依旧，离不开兰州人民对它的珍爱与保护长达百年的相依相伴。纪录片中既通过影像资料、图片资料、学者采访等内容回顾了当年建桥的历史、与中山桥相关的重要历史事件等；同时介绍了现在的中山桥对于人们的重要意义。它已经深烙在兰州人的心上，成了抹不去的记忆。

（四）复杂性

1. 曲折的人物经历

主人公的经历充满了戏剧性、丰富曲折，人们的情绪也跟着他的命运跌宕起伏。例如：浙江电视台《家在何方》、山东电视台《壁画后面的故事》、蒋樾《彼岸》；《留学生的生活》等。

2. 深刻的思想内容

别林斯基曾经说过:“如果艺术作品只是为了描写生活而描写生活,没有任何发自时代的主导思想的强烈的主观冲动,如果它不提出问题或回答问题,那么这样的艺术作品就是僵死的东西。”纪录片不应只是对生活现象的简单罗列,看似平凡的小事能够蕴含着深刻的生活哲理,哲理在这里不形于色,但给人实实在在的启发。例如:康健宁、高国栋《沙与海》反映了人类在大自然面前虽然渺小,但永不言败的抗争勇气。孙增田《最后的山神》,国际评委对此片的评价是“出色地反映了人类的特征及全人类基本相似的概念”、“有助于本国的发展”。《北方的纳努克》反映了千百年来不变的人与自然之间的对立,人们乐观积极抗争的精神。

3. 广泛的涉及面

许多方面的内容组合在一起构成一个题材,或一个题材涉及广泛的范围。如日本电视专题节目《水俣》表现了工业对环境的破坏;刘效礼《望长城》凸显了长城两边的文化主题。

(五) 人文性

题材的人文性是指题材的性质应该蕴含了人类普遍的生存价值和道德意义,应该引起人类普遍的情感体验和审美感受。

纪录片应该以人为核心,反映人的生存状态、人的性格与命运、人与自然的关系以及人对宇宙和世界的思维。其主题往往指向更为深层和更为永恒的某些方面的内容。

1. 关注普通人

普通人的状态是一个国家老百姓的基本生存状态,他们往往能更真实、更深刻地表现一个民族、一种文化的本质。通过小的人物和事件表现社会大的背景。

尽量采用多视角、多层次的思考方式和创作方法,从生活细节中挖掘平常被人们忽视或者遗忘的点滴闪光点。通过镜头将闪光点放大,发现和展示事物本身以及生活的丰富和多面性,给受众以更多的空间思考,让他们来参与影片的审美赏析过程。

例如,纪录片《西藏一年》、《老头》、《黄河义工》、《拉车的狗伙伴》等。

■■

纪录片《老头》讲述的是一群老头的现实生活,当然它不单是反映他们的生活,而是在反映目前的一些的社会现实。纪录片的镜头对准了北京城里一群扎堆聊天的老头,他们在居民楼前的空地上每天见面,用聊天排解退休后的单调。老头们大多为工厂奉献终生,而今只有嘲弄岁月的残酷,从中得到一些宽慰。本片获 1999 年日本山形纪录片电影节亚洲新浪潮优秀奖,2000 年巴黎真实电影节评委会奖。

《西藏一年》是一部五集的电视纪录片,以西藏第三大城镇江孜为拍摄地点。摄制组在那里生活了一年,以田野考察的人类学方式,跟拍了八位普通藏族人一年四季的生活、劳动,包括诵经、婚恋、庆生等生活的方方面面。他们都出生在江孜的农村,分别是:妇女干部、乡村医生、饭店经理、三轮车夫、冰雹喇嘛和包工头。江孜的农村,人们还保持着传统的生活方式,但是现代的科学观念也在改变着这里的传统思维方式。镜头细腻而准确地捕捉着这些普通人的生活和信仰,用真实精致、充满热情的诗意画面和激情文字,叩开了西藏普通百姓在改革开放中的喜怒哀乐和理想追求,以及他们面对飞速变化生活时的困惑与选择。作品 2008 年率先在英国广播公司(BBC)等西方 40 多个国家的主要电视台播出。通过对几个普通人物的记录,还原了一个真实的西藏,得到了各个层面的认可。

《黄河义工》这部作品的选题背景是这样的(见图):在黄河边上有这样一个群体,他们常年驻守在黄河岸边,靠羊皮筏子和快艇带来的微薄收入维持生计。此外还默默承担起搭救落水者的义务。据统计,在黄河兰州段上,现在主要有三个救助点,共有三十多位黄河义工,每年救助的落水者大概有三百多个。很少有人注意到这样一个群体,也很少有媒体把目光投向他们。目前他们也没有获得任何社会荣誉和精神奖励。

编导在报纸上看到有关黄河义工的报道后很受感动。没有人对他们的行为做出肯定,很多被救上来的人不但不感谢他们还责难挖苦他们,他们的内心肯定会有挣扎和矛盾。所以就希望能够挖掘出这些内容来。究竟是什么一直支撑他们从未放弃,默默践行着“舍己救人”的行为。而在整个拍摄和采访的过程中他们知道了,就是凭着一份做人的良知,“见死不能不救”这样一个最简单的道理。但就是这样一个最简单的道理,在这样一个什么都讲究物质和金钱的社会,又有几个人能做到呢?所以这部片子就是想表达出这个社会还是充满着温情,还是有很多值得感动的东西。

人们说纪录片做得好的人往往都有一份解读真实的信仰。你发现的这个选题很可能看起来并不光鲜甚至覆满尘土,但它却是你看待事物的眼光,以及对世界的筛选和解答。

2008年10月初，兰州黄河中山桥发生惊人一幕，一名男子跳河轻生，两名义工立即发动快艇前去营救……

纪录片《黄河义工》

2. 关注边缘题材

边缘题材是指政治上弱势的、无权势的；经济上落后的、不发达的；文化上少数的、可被忽略的；历史上正在消失的题材。它通常是一些不被大多数所认同的题材，是对与社会主流价值观有一些背离的特定群体或特殊现象的关注。例如《北方的纳努克》、《阴阳》、《八廓南街18号》、《最后的山神》等。

3. 关注民生

纪录片应该关注民生问题。民生不仅应该是许多纪录片直接关注的问题，也是纪录片思考的一个重要的逻辑起点和终点。特别是在社会的转型时期，民生的问题显得尤为重要。譬如，移民问题、土地问题、下岗问题、环境问题等，都与人民的生活息息相关，这应该是纪录片关注的不可忽视的一类题材。因为百姓生活的品质应成为每个文明社会追求的重要内容，也应该成为纪录片工作者所关注的重要内容。只有这样，纪录片才会有影响力，才会有力量，才会有魅力。

例如,纪录片《三峡移民》。中国的三峡工程令世人瞩目,除了工程规模、技术难度、工程效应以及环境问题以外,还有一个值得关注的问题是受工程影响的库区人们的迁移问题。在2002年的上海国际电视节上,国际评委一致把金奖授予记录、反映这一民生问题的纪录片《三峡移民》,显示出了他们人性视点和对于民生的关注。本片围绕移民过程中所产生的多重矛盾展开叙述,讲述了国家的移民政策、基层干部所作的艰难而细致的劝离工作、以及移民们的复杂心情。从故土难离,到舍家为国,最后迁往他乡,整个心路历程,可歌可泣。片子之所以感人,最为重要的原因是从情感和人性的角度去关注这一个特殊群体的命运。

(六) 感情化

对于某些带有情感色彩题材的纪录片拍摄,并不仅仅是记录,还应该融入自己的情感,从而使得画面有了灵魂和生命。这样的状态,只有到了融入所拍摄的人物或事件的情境当中,才有可能。当然,这种融入,应该是对事物本质的一种真实感受和还原,并不是一种主观的随意性。这时的摄影机似乎是作者身体的一个部分,作者会用它去触摸、抚慰拍摄对象。

(1) 感情化就是指内容本身含有比较丰富的人性因素和感情色彩,或者能突出表现人性和人与人之间关系的题材。

美国新闻学者麦克道格尔说:“所谓人类兴趣,或曰人情,指的是人对自己同类的关心,其中包括对他人的苦难、不幸的同情,对友谊的渴望乃至对人类,对人类进步事业的关注。”

(2) 需要强调的是感情化不等于老弱病残,不等于悲苦。

(3) 要拍出感动人的片子,编导自己要有一定的感情体验和创作冲动,否则很难拍出充满感情的好片子。感受最强烈的,也就是编导自己最被感动的或最想表现的。

例:《舌尖上的中国》体现的人文性与感情化

由陈晓卿任总导演的《舌尖上的中国》,被看作是一部“隔着荧屏能闻到香气”的纪录片,它的热播成为一个公共的话题和重要的文化现象。“我们将通过中华美食的多个侧面,来感受食物给中国

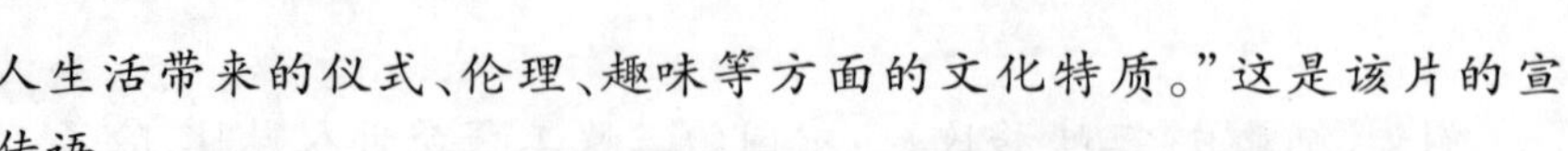

人生活带来的仪式、伦理、趣味等方面的文化特质。"这是该片的宣传语。

片中与美食交织在一起的华夏文化同样成了观众津津乐道的"滋味","不知不觉间,垂涎的口水与感动的泪水齐飞"。《舌尖上的中国》和大多数美食节目不同的是,它把纪录片的格调高雅与电视的市井百味结合在一起,不仅重"舌尖",更重"中国",通过美食这个窗口更多地看到中国人、人和食物的关系、人和社会的关系,把挖掘到的深层次的文化信息传递给观众。

该纪录片共分了七集,每一集有一个主题。包括食材、主食、转化、储藏、烹饪、调和、生态。《舌尖上的中国》在这七个主题背景下,讲述了千百年来中国人独特的饮食习惯,讲述了食物与人的故事。如《时间的味道》中给我们留下深刻印象的"虾酱奶奶";《厨房的秘密》,表面上展示的是水与火的艺术,其实是人与天地万物、人与社会之间的和谐关系;《主食的故事》村子里做的寿宴,大家分享美味,更是交流彼此之间交流情感的重要仪式,是美味更是人情。还有山里的母女、捕鱼的汉子、卖黄馍馍的老伯、云南的火腿匠人、兰州的拉面师傅、城市里的空巢老人……

它不仅是一部关于美食的纪录片,更是用味觉审美来关照我们东方人的生活价值观。贯穿纪录片的人文情怀更能引起大家的共鸣。在食品工业化时代,人们又从该片中找到了对传统美食的热情和敬意。这些味道,已经在漫长的时光中和故土、乡亲、念旧、勤俭、坚忍等等情感和信念混合在一起,真正是才下"舌尖",又上"心头"。

二、自然题材

自然题材是指以自然界为内容的题材,一般具有知识性、思想性和欣赏性的特点。它与那些以社会内容为题材的纪录片的最大区别是,它具有较高的审美价值、较强的形式感,用较高的艺术性给人以美的享受。如纪录片《野马之死》、《远去的老马》、《中国的金丝猴》、《峨眉藏猕猴》、《孤岛护鸟人》、《英与白》、《平衡》等。自然题材的主要特点包括以下几方面。

(一)知识性

增长知识是观众看电视的目标之一,此类纪录片应满足观众对知识的需要。如《美丽中国》——对我国珍贵动植物、独特的地貌等的知识介绍;《索尼世界遗产——泰姬陵》——将文化名胜与其相关背景知识结合起来介绍;《话说长江》——因丰富的知识含量,一些地方将它作为地理课辅助教材;《动物世界》向观众介绍了大自然中的各种动植物,使观众足不出户就可以了解和认识地球上生存的各种生命,认识自然对人类的影响。

《旅行到宇宙的边缘》是国家地理频道通过精妙的CGI动画技术带领观众从地球旅行到宇宙边缘(见图)。本片影像来源于哈勃太空望远镜,研究远距离天体的科学和历史。这个壮观的史诗般的宇宙之旅,把我们从地球带到月球,再到邻近的天体,飞越太阳系,到达离太阳系最近的恒星,然后穿越星云、银河系直到最远处——已知宇宙的边缘。

《旅行到宇宙的边缘》

《植物私生活》是BBC一部六集的纪录片,引领人们环游了植物神秘而又奥妙的世界。制作者带人们细看植物的游历,成长,成花及与其它植物和动物斗争求存,种种适应环境的奋斗历程。尝试用这种故事性、戏剧性的形式表现主题。主持人大卫爱登堡用手指轻轻弹一下白藤的茎部,镜头特写蚂蚁的活动,“这些蚁……啊!会叮疼人!我知道……噢!我知道要远远地避开它,森林其他生物一定也会敬而远之。”被蚂蚁叮痛的爱登堡认真地对着镜头说。活泼有趣的处理让人对动植物的共生现象印象深刻,使镜头因此充满了亲切与自然的温馨。

《植物私生活》

（二）思想性

此类题材的表现不能只局限于表面的对自然物的介绍上，而要尽量赋予它一定的思想内涵，或者同社会因素联系起来。如《探索发现——南极》——将臭氧空洞与人类对自然环境的破坏联系在一起；《哭泣的骆驼》——展现强大的母爱，人对自然的尊重，封闭传统与现代文明的碰撞；《帝企鹅日记》——表现爱与生命。

《哭泣的骆驼》讲述的是蒙古南沙漠中，一个游牧家庭迎来了一年中骆驼产崽的最繁忙的时期。一只母骆驼遭遇了难产，在牧羊人的帮助下，它艰难地产下了一头非常罕见的白骆驼。这只母骆驼拒绝接受这个可怜的新生儿，拒绝让它分享自己的奶水和母爱。如果这种情况继续持续下去，这只幼驼将会死去，为了拯救这只骆驼，牧羊人派出了自己两个年轻的孩子穿越危险的沙漠去寻找一名乐师，他是拯救这只小骆驼的唯一的希望。在最后的时刻，这名民族乐器演奏者被带来这里，有了他的演奏，一个原始的拯救幼驼的仪式开始了。随着悠扬的马头琴声和一名妇女充满爱意的歌声，这只母骆驼开始逐渐被感化，当幼驼被再次带到她的身边的时候，它也流出了泪水，并且开始用自己的乳汁拯救这只濒临死亡的幼儿。

纪录以蒙古人的角度，深入蒙古大漠贴近族人生活，把骆驼与人的生育起居拍得细致感人。《纽约时报》这样评论：影片中众多业余演员的表演却都能够引起观众的共鸣，这主要是因为影片感人的故事情节，简单但却干净清晰，没有添加任何多余的画外音或说明字幕，但确实非常容易让观众理解，尤其是影片的结尾，那个感人至深的场面抓住了所有人的心。对于一部纪录片电影来说，这是一部难得的佳作。

纪录片《哭泣的骆驼》

（三）欣赏性

以向人们提供视觉审美享受为主要的目标，强调影片的造型性。如：《帝企鹅日记》、《微观世界》、《爱尔兰风光》等。

纪录片《帝企鹅日记》

纪录片制作成功的首要因素取决于优秀的导演，其次便是需要优秀的摄影去实现并完成导演的艺术构思。纪录片因为有了故事，所以日趋好看。但我们在日常生活中记录的如古建筑、自然类题材就很难拍到人与人之间的那种一目了然的矛盾冲突和好看的故事。因此，这样的纪录片就必须在影片中增加观赏性元素。

法国人拍的《微观世界》，画面精美，视角独特。影片用最直接的方法记录了蚂蚁、毛毛虫、蜗牛等昆虫的生存状态。于是我们随着悠扬舒缓的音乐，得以重温蜘蛛捕食蚱蜢、蜗牛恋爱缠绵耳语、刺毛虫烈日大游行等一系列经典镜头。

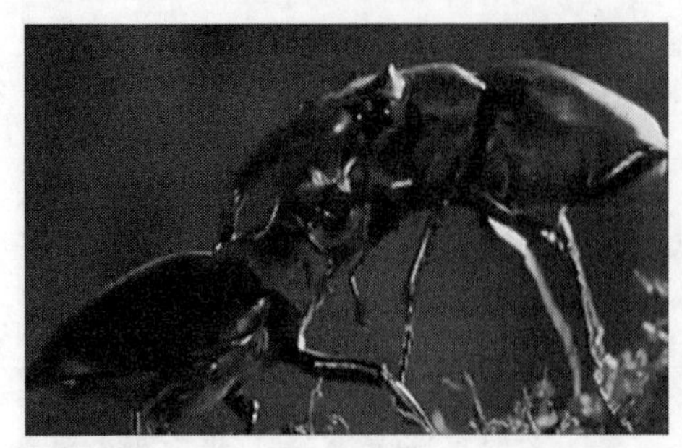

纪录片《微观世界》

《迁徙的鸟》是《微观世界》原班人马的新作。影片采用大量的航拍技术，真实地记录了大量野生候鸟的迁徙活动。通过影片我们可以感受到候鸟迁徙的艰难：行进间需要躲避猎人的捕杀、天敌的攻击、海浪的袭击、雪崩的吞噬。影片在讲述这种艰辛之余，还向观众展示了鸟类世界的昂然情趣。

这种观赏性表现如下：

1. 画面富于变化将有利于调动观众的视觉印象

我国的纪录片工作者在摄影创作中，一般都大量采用现场跟踪拍摄的方式进行纪实性创作，比较忽略纪录片的"故事化"艺术摄影方式。今天，电视观众由于受娱乐化心理因素的支配和影响，不太喜欢画面单调而缺乏变化、追求纯纪实而忽略艺术再现的创作粗糙的作品，他们对画面的审美要求和故事化要求都越来越高。因此，我们的纪录片摄影必须向电影和电视剧的摄影学习，并借鉴他们的艺术手法来完成故事化纪录片的摄影创作。这样的前期摄影所积累的具有丰富变化的画面，将大大有助于后期特别是对画面景别的处理。在每个场景拍摄时，应尽量做到多机位、多角度、多景别的画面拍摄，以便剪辑时画面外在节奏、内在节奏、情绪节奏的合理有效的利用。

2. 应特别关注"两极"画面的拍摄

为了强化和渲染"故事化"的效果，尽量多拍视觉反差大的"两极"（"近景"、"特写"和"大全景"）画面。如第22届中国电视金鹰奖最佳短纪录片奖和第7届四川电视节的"金熊猫"奖获得者——《萨马阁的路沙》，讲述的是黑白仰鼻猴（滇金丝猴）路沙一家的故事。片子中用全景、中景、特写巧妙地交待了这群黑白仰鼻猴的生存环境，同时又把路沙一家一年四季的生活故事紧密地结合起来，并且有效地控制了述事的节奏。在《萨马阁的路沙》开拍前的剧本创作中，导演在分镜头的画面提示要求中明确地做出了画面设计要求：用于交待环境的大全景画面约占全片的20%左右，作为过渡的中景画面占全片的大约10%，涉及动物及景物的近、特写画面应占全片的大约70%左右。更能适应观众的收视心理和收视习惯，同时也能使纪录片中的故事情节和被摄对象的形象更具感染力。"两极"画面的组合也会使视觉效果更具冲击力，从而为观众留下深刻而难忘的记忆。《萨马阁的路沙》导演说："我们知道其实猴子挺难抓拍的。两年时间里，摄制组八次进山。开始他们不知道猴子的习性，就花了很多时间跟在猴子后面跑，后来发现这样不行，他们就在当地护猴队员的指导下，开始搭窝棚，按照猴子的迁徙路线，搭了五十多个窝棚。大小就是一个人能蹲进去，能放一台机器。还得伪装起来不能让猴子看到，因为他们警惕性很高。没有窝棚的时候，摄像是在两百米以外，那些精美的特写画面根本无法拍到。搭建窝棚之后，最近的离猴子五十米左右，再加上能把长焦镜头推上去，就能拍到精美的近景特写。摄像几乎是吃喝都在那个棚子里，一个月不刷牙不洗脸不换衣服地工作。因为他们不想让猴子闻到陌生人的味道。美好的画面都是摄像付出太多得到的。"

纪录片《萨马阁的路沙》

3. 画面的影调设计有助于表达故事内容

不同的题材、不同的故事主角、不同的拍摄季节、不同的拍摄环境，给拍摄和后期剪辑造成一定的难度。导演说"动物的生存状态，往往只能用四季才能讲清楚。比如春天是发情的交配期，夏天怀了孩子，要猛吃东西补充营养，秋天也是吃果子什么的，冬天生小猴子"。而纪录片"故事化"的内容表达及情绪渲染的需要，要求导演和摄影对片子的影调做出总体的设计，这种影调的设计和实施是否到位会直接影响观众对节目的收视效果和收视心理。导演对《萨马阁的路沙》的摄影影调提出的具体要求是与黑白仰鼻猴的一年四季的生存环境和生存状态相符合的四种色调，如春天是嫩绿色、夏天是油绿色、秋天是黄红色、冬天是白色。用春、夏、秋、冬的四种自然界的色调来渲染和强化叙事段落之间的反差，也从艺术审美的角度配合了四季里发生的不同故事内容的叙述。

三、学生创作纪录片选题的技巧

（一）选题的重要意义

在纪录片的创作过程中，首先遇到的问题就是“拍什么”，也就是选题的确立。我们判断一部纪录片是否优秀，需要从多个方面来衡量。这其中，选题是一个重要的基础。只有确立了选题，才能使之后的工作更好地围绕它展开，做到有的放矢。并且这个选题决定了你接下来用什么样的形式或者手段来表达。过去人们常说：好的开始是成功的一半。有了一个好的选题，作品可以说也已经成功一半了。

选题在基础上决定了一部纪录片的品质。为什么这么说呢？因为通过选题，可以看出这部作品的一个基本格调和定位。同时观众通过你的选题也可以看出作者的人生观、价值观和世界观，观察出你的关注视野和兴趣所在。

（二）选题的原则

1. 具体性原则

纪录片大师约翰·格里尔逊根据自己的拍摄实践总结的关于选题的规律是：不要去处理概括的题材。也就是说，选择的题材最好是具体的。选题最终必须通过影视语言来表达，因此在选题时就必须充分考虑到什么样的题材具有可视性，应该尽量避免那种过分抽象和概念化的事件。可以将落脚点选择在一些具有代表性的个人或某件事上。

2. 小而精原则

学生在完成纪录片创作时，由于这个技术水平、硬件设备等方面条件的限制，一些过大的题目可能不太容易驾驭。小题目往往能做出有价值的大文章，更加容易深入和拓展，还容易在旧题材中发现新选题。因此，选择一个合适的选题可以保证拍摄的顺利进行。

3. 选题的重要环节

选题的基本步骤分为以下三步，分别是：发现、思考和开掘。下面我们来分别看一下这几个关键环节。

1）发现

纵观目前大学生纪录片作品，还是存在选题范围过于狭小的问题。很大一部分大学生纪录片作品缺少展示人对自然生存、对历史的思考。我们仍然应该扩展视野，努力去探寻那些被忽视的陌生的、新鲜的生活内容。比如西北民族大学的同学在第三届“科讯杯”DV 大赛中获得特等奖的片子《最后的夏季牧场》选题就非常新颖,探讨了人类与自然之间的关系。其中涉及到的环保与生态的问题与我们现在提倡的和谐社会以及科学发展观相吻合,非常具有现实意义。那么我们在平时应该如何发现一个好的选题呢?可以从以下几方面着手:

首先,要具有敏锐的观察力。能够从不断地运动、变化、发展着的事物中寻找适合到自己拍摄的具有新意的选题。

其次,要多看别人的作品。通过别人一些作品的题材往往可以激发出新的灵感和发现。

第三,平时勤于丰富自己的知识,培育社会责任感。

2) 思考

思考的过程,就是考虑对你发现的这个选题如何提炼,如何表述,从哪个角度切入能够表达自己的新看法、新见解、新观点,让人看后能感到耳目一新,能给人以启迪。我们说影视作品是有关作者灵魂的光与影。作为纪录片的创作者应该首先思考:我为什么要拍摄这部作品,为谁拍摄?拍摄影像的背后存在什么样的社会观念?我们应该思考如何使纪录片不仅仅停留在记录的层次上,而是提炼升华到审美层次上来。

3) 开掘

很多同学在选题的时候经常会遇到这样的困惑,就是发现一个选题之后,觉得这种题材过去已经有人拍摄过或者报道过。其实每拿到一个题材,大都是以往有过拍摄经验和我们欣赏经验的。那怎么办呢?其实这种现象在我们的新闻理论也体现,叫做二度开掘新闻源,形成独家视点和思考则同样可以体现"独家新闻"。纪录片创作也是一样,通过我们的再度发掘仍然可以创新视点,找到一个切入点和突破口,建构和开掘自己独特的选题角度。

此外,纪录片题材的选择还有一点需要考虑的是扬己之长。拍摄自己身边的事、拍摄自己熟悉、感兴趣的事。选择此类题材,有如下的好处:首先是易于进入状态。纪录片的拍摄往往会比较不易进入状态,有时候可能需花很长时间,才能与被拍摄对象达到较好的交流状态,进入正常拍摄。如果选择的题材是你所熟悉的,这段磨合的过程就可以大大缩短。其次,易于与人沟通。在纪录片创作当中,双方沟通融不融洽,会直接影响拍摄的成败。如果拍摄的是自己熟知的人,便于尽快的进入状态,较好地实现与人沟通,了解其所思所想,并抓取那些富有表现力的典型镜头。在感动自己的时候同时感动别人。

4. 主题的确立

如果说题材就是指纪录片选择什么事件、什么现象和人物等内容来进行表现，那么主题则是指纪录片的中心思想，它是创作者对生活、历史和现实的认识、评价和理想的一种表现。

真正能够让观众受到心灵感染、震撼，令人印象深刻的纪录片，其核心因素一定是好故事里所包含、所传达的好主题。作为编导，在挖掘和讲述故事时，一定要让观众明确、清晰地感受到故事所传递的主题是什么？要表达的思想理念是什么？能让普通观众引起共鸣和关注的好主题主要表现在以下几个方面：

1）主题具有新意

即根据不同的事件和人物讲述故事时，所表达的主题和提出的思想观念与众不同，具有独特性、新颖性，使观众具有新鲜感。

2）主题具有积极、健康、乐观、向上、令人鼓舞的社会传播价值

当下的社会正处于复杂的转型期，经济、文化、社会、环境、民生等各个方面充满着复杂的矛盾和变化，积极和消极的情绪共存。这个时代的纪录片所讲述的故事所传达的主题更应该是正确的道德伦理观、人生观、价值观、世界观，能对社会发展及促进和谐起到正面的、阳光的引导作用。

3）主题富于时代精神

不同时代的人们具有不同的思维方式、不同生活模式，因而发生不同的命运故事。老百姓最关心的是与自己生活密切相关的故事，与自己生活的社区、城市、环境变化的故事，我们在讲述这些故事的时候所表达的主题，一定要符合这个时代的大众所追求的心理诉求和精神，才能引起共鸣。

4）主题具有一定的深刻性

优秀的纪录片编导，总是能通过事件和人物的故事，传达给观众一些新的理念和思考，不论是对社会发展、人与人的关系、人与环境的关系，都能不断地提出一些大众关注的而又与众不同的新思想、新观念。这些作品在思想观念上的深刻性使故事在观众脑海里留下深深的烙印，从而潜移默化地影响观众的行为和社会的发展。

5）将主题视觉化

这个故事是视觉化的吗？如果不是你能将它视觉化吗？将故事主题视觉化。如大自然和野生动物纪录片节目的一个趋势是通过聚焦人性的主题来讲述自然界的故事。如《印度象》中女演员穿越印度寻找一只 7 年前偶然遇到的有点瞎的雌象。《帝企鹅日记》将动物置于拍摄的中心，讲述爱、失落和生存的具有感染力的故事，影片的主题就是帝企鹅，它们面临着来自自然界的艰难考验，南极大陆严峻无情的气候迫使它们不断前进。

英国纪录电影学派创始人格里尔逊认为，“纪录片不应该是对现实世界的

机械的记录，而是应该把一般人不容易观察透的现实描绘出诗的意境。"这就要求创作者具有观察世界、体会生活的深刻洞察力，严把选材关，在确定方向后应义无反顾地坚持，心甘情愿地付出。

随着越来越多的实践，视野里将会呈现更加多元的纪录片作品。更何况，无论是自然、科学、历史、人文，还是中国正处于社会转型期的时代大背景，都会给我们带来了取之不尽的题材空间。找到了这些选题之后，我们还需要对它进行思考和再度开掘，找到一个合适的角度对它进行表述。另外，在选题的时候把握住具体性和小而精的原则。从大处着眼，从小处着手。相信好的选题一定会使作品让观众感觉到在轻轻地触摸着他们的心灵，注入了对拍摄对象的深切关注。

附录一：纪录片《无声世界的爱》导演阐述

他们听不到一点声音，却能和着音乐的节奏翩翩起舞，他们说不出一个完整的句子，却能用曼妙的肢体把内心的喜怒哀乐表现的淋漓尽致。上帝给了他们一个残缺的身体，他们却交给了生活一份完美的答卷。

奇迹的背后通常会有一个创造奇迹的人，当我们见到他们的指导老师费书环，这个被学生亲切称为费妈妈的人时，我们心中产生了太多的疑问。我们迫不及待地想知道，她是怎样走进这些孩子的内心世界，又用什么方法使得这些生活在无声世界里的孩子们能走进音乐的殿堂，在国内外各种比赛中一次又一次地获奖；是什么力量支撑着她，让她在特教岗位上一干就是20年；在最困难的时候她动摇过吗，后悔过吗…… 太多的问题促成了这次拍摄活动。

2005年春晚《千手观音》

于是我们架起摄像机，走近她，穿越时光，在对她过去一滴滴汗水的解读中，来重现一个爱心创造奇迹的过程……

本片主要表现从事特殊教育的平凡教师几十年如一日地辛勤培养残疾孩子们，付出了比其他老师更多的心血。他们不光给孩子们传授知识，更重要的是告诉他们如何做人，帮助他们摆脱心理阴影，克服种种困难，让他们重新树立起对生活的信心，拥有自强不息的拼搏精神，活的比正常人更精彩。通过此片赞扬这些老师的无私奉献精神，他们

发自内心的爱着这些孩子，热爱自己的事业。他们是孩子们孤独心灵的拯救者，是孩子们残缺的世界中最美丽的风景和最动听的声音，而这些，也是特殊教育事业的骄傲。此外，借此片教育大家关心残疾人群体，帮助自己身边需要帮助的人们。

纪录片《无声世界的爱》拍摄心得

前几天翻阅一份报纸，在一大堆喧嚣的广告中发现了一篇报道，讲的是兰州有一个名叫刘鑫的残疾人舞蹈演员，他听不到一点音乐，舞却跳的特别好，甚至还受邀参加过2005年春节联欢晚会，于是我们便打算把他的事情拍摄成一个纪录片。

到刘鑫的工作的甘肃省残疾人艺术团时，我们碰到了他的老师，同时也是艺术团团长的费书环女士，简短的交谈之后，我们决定改变拍摄对象，于是就有了今天的这部片子。

由于当时是临时改变拍摄对象，而且拍的是一个事先完全不了解拍摄对象，所以一开始的时候，我们和费老师的配合并不是很好，采访所问的问题也仅仅流于表面。于是我们停了一段时间，先和费老师聊天，目的一是让她放松一下情绪，二是更进一步的了解她以便再次采访的时候问题的针对性能更强一些。后来我们发现，这一招果然起到了不小的作用。

随着对费老师了解的逐步深入，我们发现她的确是一个丰富的人。无论我们从她生活的那一个角度切入，都可以做成一部生动的纪录片，但为了避免片子的主题流于庸俗的赞颂，我们打算再做深入挖掘。因此，到下午再拍的时候，我们采访了好几个人，从不同的角度努力探寻作为一个普通女人，她在这个岗位上能取得如此成就的真正原因。于是她个性的坚强、演出时爱人儿子到场帮忙、学生们对她由衷的依恋等鲜活的细节依次浮现。我们的主题也就自然产生：家人的爱使得她对学生的爱真诚且深沉；这种爱激发了学生对她的爱，又促使她对学生更深的爱。一句话，爱可以创造奇迹。

这次拍摄使我们对几点有了更深刻的体会：一是在前期拍摄时通常会遇到许多意想不到的情况，虽然我们不能保证每次的拍摄都能做到十全十美，但充分的准备却可以将遗憾减小到最低程度；二是在采访时，不管你掌握了多少有关于采访对象的间接材料，正式采访前与其的充分沟通十分重要。考虑到电视的传播特点及被访者的感受，问题越形象具体越好。三是挖掘主题要力避陈规，尽量真正把人物真实的一面，生活真实的本质展现出来。

附录二:纪录片《母亲河上百年桥》拍摄大纲

画面	解 说
兰州地图 城市景观	历来就有“黄河上游明珠”之称的甘肃省会兰州,是一座具有两千多年悠久历史的古城。滔滔黄河穿城东流,南北群山对峙,她既是古代丝绸之路上的交通要道,也是有着众多名胜古迹和灿烂文化的历史名城。
白塔山上拍摄黄河坐缆车拍摄铁桥	兰州是黄河唯一穿城而过的省会城市,站在白塔山上鸟瞰黄河,千百年来它静静地流淌,显得内敛、宁静,又是那样慈祥、温柔,像一位善良可敬的母亲
“中山桥”特写全景 置身桥上,夕阳斜照,河面波光粼粼,远眺白塔山上白塔入云,近观母亲河穿桥而逝	地处白塔山南面的中山桥,是万里黄河上第一座真正意义的桥梁,被称为“天下黄河第一桥。”置身桥上,可远眺白塔山上白塔入云,可近观母亲河穿桥而逝,是兰州著名的胜景之一。中山桥是兰州市的标志性建筑,在我国近代桥梁史上具有重要的历史地位和文化价值。它是兰州市的名片之一,也是深处内陆的兰州人最早认识西方的历史见证。
中山桥近景、中景、全景 铆钉、铁条特写	说起中山桥近百年前的那段兴建历史可以说是堪称创举的。说它是创举,是因为它的建设发生在20世纪初中国积贫积弱的时代;说它是创举,是因为它是僻居西北、地瘠民穷的甘肃与西方人在自主、自愿前提下的第一次成功合作;说它是创举,是因为它的建设材料,包括一个铆钉一根铁条乃至建成后刷铁桥用的油漆,都是在当时国内极其落后的运输条件下从德国辗转万里运到兰州的;说它是创举,是因为它的建设是德、美两国工程师、华洋工匠与甘肃各界通力合作的结晶;说它是创举,是因为它的建成一举结束了黄河上游千百年来没有永久性桥梁通行的历史……
中山桥背景叠加滚屏字幕介绍“记载”部分 镇远桥铁柱照片 镇远桥铁柱近景、全景	早在洪武十八年,兰州卫指挥人佥事杨廉已经在中山桥的位置兴建了著名的镇远浮桥,据《大清一统志》记载:“镇远浮桥:在皋兰县西北二里金城关。明洪武五年,宋国公冯胜建于城西七里以济师,师还遂撤。用巨舟二十四,横亘黄河上,架以木梁。南北两岸为铁柱。以通河西甘肃等路,为往来要津。”此后500多年间,镇远浮桥始终以其扼守要津的重要地位,被誉为“天下第一桥”。现在仍矗立在铁桥南岸的“镇远桥铁柱”正是镇远浮桥500年兴衰史的唯一见证。铁柱重为10吨,直径0.61米,顶部为圆锥形,底部为方座。它是当时“镇远浮桥”位置的四根铁柱之一,又称将军柱。

（续）

画面	解　说
学者采访	讲述修桥历史
铁桥全景 桥墩特写 牌厦照片 铁桥两头两块石碑	就这样，经过华洋工匠的共同努力，中山桥在1909年8月19日竣工通行。历时两年，耗费白银30万两。这座桥南北走向，长234米，宽7米，4个桥墩深深地插在河底，稳稳地托住桥身。在铁桥南北两端立有大清宣统元年铁桥施工进入尾声时修建的中华传统式古建筑——牌厦。为永久纪念这一伟大工程，在铁桥两头立了两块石碑，记述了铁桥修建的始末。
“中山桥”特写 镜头拉开	1942年，为纪念孙中山先生，黄河铁桥改名为中山桥，沿用至今。中山桥不但见证了兰州百年的变迁，更见证了1949年8月26日兰州战役的胜利。
学者采访	讲述兰州战役的胜利
加固桥资料图片 中山桥上行人穿梭	解放后政府对中山桥进行了6次维护加固。1989年中山桥被列为市级文物保护单位。2004年，中山桥结束了近百年的通车历史，变成永久性步行桥。
母亲河黄河第一桥碑	1992年“首届中国丝绸之路节”时，市政府在桥南靠西处竖立了“母亲河黄河第一桥碑”，它记述了历史上在中山桥发生过的一些大事。这也是第一次将铁桥作为“中国对外开放的象征。”2006年5月，中山桥升格为国家级文物。作为黄河上唯一保存的近现代钢架桥梁，中山桥已集使用、历史和文物价值于一身。
七里河大桥、银滩大桥、西沙大桥、新城新黄河大桥、城关大桥、中立大桥、雁滩大桥、天水路大桥、东岗高速公路黄河大桥	随着改革开放的需要，黄河兰州段又兴建了十多座新桥。在不远的将来，拟建大桥还有七座。届时，黄河之上将呈现出“巨虹”如带、天堑顿成通途的壮观景象。兰州，已经成了一个名副其实的“桥城”，这些新桥与古老的中山桥相呼应，历史与现代并存。
导游带领中外游客，讲解羊皮筏子的制作	中山桥经历百年风雨后，已成为兰州历史和文化的象征性建筑物。她是古今“丝绸之路”的重要枢纽，在中国桥梁史上也占有重要地位。她对中西文化交流，巩固西北边防、增加民族团结、促进经济发展都起了很大的作用；她对抗日战争、解放战争、新中国建设以及今天的改革开放都做出了巨大贡献。

（续）

画面	解 说
桥下羊皮筏子和快艇穿梭来往	今天的中山桥焕然一新，五个银灰色拱形串成的桥身在明媚的阳光下发出耀眼的光芒，雄伟壮观。犹如一条白色巨龙卧在黄河上。桥下羊皮筏子和快艇穿梭来往，令人目不暇接。
拍照，喝茶，坐游艇、羊皮筏子的游人	中山桥一带挤满游人，有的忙着拍照，有的悠闲地喝茶，还有的坐游艇、羊皮筏子，享受太平盛世的幸福生活。黄河悠悠桥下流，白塔巍巍蓝天下，已成为兰州的标志性景观。
百里黄河风情线 博览园、体育公园、音乐喷泉、白塔山公园、近水广场、白云观、黄河索道以及群雕黄河母亲	以中山桥为轴，上游和下游就是让兰州人最为自豪的“百里黄河风情线”，也是目前中国最长的滨河大道，桥梁、水车、雕塑和羊皮筏子组成了与黄河文化有关的亮丽风景线。在长达百里的黄河风情线上，花草争艳，雕塑成群。中山桥、白塔山与黄河风情线浑然一体，构成一幅绝妙的天然图画。
夜晚的桥	夜晚的桥显得更迷人，它像绚丽的彩虹跨过黄河，光灿夺目；风情线上的米红灯光，华丽动人，如梦游仙境
中山桥下快艇穿梭	岁月流逝，中山桥明年就百岁了。她之所以能历时近百年而雄姿依旧，离不开兰州人民对它的珍爱与保护。长达百年的相依相伴，中山桥已经深烙在兰州人的心上，成了抹不去的记忆。它像一位百岁老人向我们娓娓诉说着她的沧桑她的辉煌她的昨天今天和明天。

第二节　纪录片的叙事

纪录片的感染力来源于事实而非虚构。这就要求作者不能随心所欲地创造故事，而是必须从现实生活的原始素材中去挖掘。因此纪录片制作者所致力的不是创造，而是选择和筹划那些能够表达自身的发现。纪录片的故事是建立在对素材进行创造性的安排而非创造性的发明之上。

从结构上来看,纪实叙事通过对生活中某一事实看似不经意的片断截取,将观众引到对现实存在的认识和思考上来;在叙事元素的使用上,应尊重时间、地点、人物、事件等客观的叙事元素,而不是根据情节化的需要去杜撰这些叙事元素。通俗地说纪录片的叙事,就是在一部纪录片里,创作者运用多种元素,将自己对生活中的某种感受表达给观众。

一、设计纪录片的结构

电视纪录片,以其独特的美学和社会学意义的结合,记录和表现人的历史和现实的存在状态,既是展示人物命运和事件发展的"轨迹",又是承载人物行动和事件发展的"框架",因此结构对于电视纪录片来说非常重要。在纪录片中,如果我们把主题比作用来统率全片的灵魂,那么结构的作用就是把无序的零散素材变成有序的叙事作品,叙事的成功与否很大程度上取决于结构。

所谓结构实际就是布局,也就是纪录片为了更好地体现主题思想,对其具体材料的组织和安排。因此结构需要反映事物的内在规律,服从表现主题的需要。具体来说,结构就是层次和段落,是过渡和照应,也是开头和结尾。

(一)结构分类

1. 线性结构

内容层次之间如果有比较鲜明的时间顺序关系、因果关系、递进关系,我们可以采用线性结构来组织全篇。其特点是,按事物进程的自然次序或认识事物的逻辑顺序来组织、安排材料,脉络清晰,结构单一,简单易懂。线性结构又可细分为以下三种:

1)单线结构

一个事件或一个人物按照时间顺序贯穿到底,没有枝旁蔓叶。

2)双线结构

具有两条明显可见的线索。根据两条线索的关系如下:

平行式:两条线各自独立平行发展。

交叉式:片子中的两条线会交叉在一起。

对比式:片子中两条线是各自独立发展的,不构成交叉关系,但又不像平行式那样没有丝毫关系,两条线可以构成一种对比关系。如1991年获得亚洲广播电视联盟大奖赛大奖的纪录片《沙与海》,通过生活在沙漠里的居民和生活在海岛上的一户渔民的生活交叉展开叙述,表现人的生存意识与抗争精神。

3)多线结构

片子中有三条以上的情节线或人物线。这些线索可以交叉也可以不交叉,但基本上每条线索都是贯穿到底的。如纪录片《远在北京的家》就是多线结构的代表:几个女孩子,一开始是在一起的,后来渐渐分开,有各自的命运。另外,多线结构也可以一开始有几个头绪,几条线,最后归到一起。再如纪录片《筑梦2008》也是用多条线索来构建主题的。

《筑梦2008》是2008年北京奥运会官方纪录片。以2008年北京奥运会主会场——国家体育场的设计竞赛、评选及建造将近七年的事件过程为影片的结构线索。穿插叙述一个普通的家庭、一个跨栏运动员、三个体操运动员、一组特警战士对奥运会的期待和为之付出的努力,描绘出一幅关于中国人民为准备2008年奥运会过程的全景图,影像化表达了"同一个世界、同一个梦想"的主题。《筑梦2008》用七年拍摄时间获得了长度,用丰富的线索和内容获得了广度,用生动的人物形象和细节获得了鲜活度,用梦想的主题和构筑梦想的努力付出获得了深度。

2. 板块结构

板块结构就是按照人物、时间、地域或主题的不同,将不同的内容分成不同的部分。部分与部分之间可以互无联系,也可以有起承转合的一种结构方式。又可以分为并列式板块结构和连接式版块结构。板块结构由于各板块独立成篇,互相之间的联系较松散,所以在叙事比较严密的单部纪录片中运用较少,而多出现在大型的系列纪录片中作为总体结构而存在。

1) 并列式板块结构

并列式板块结构,即版块之间是平行、并列或者对列关系的一种结构。

纪录片《黄河一日》是在中央电视台的组织下,以1995年3月21日这一天,从源头到入海口,黄河沿岸30个地方台同时开机拍摄,来记录这一天黄河两岸人民的生活状态。每处都是一个点,这是以空间为版块。

纪录片《我们这样的女孩》记录了费城南部四个少女的四年时光。这部片子在结构上采用了以时间为板块的方式,以每一年作为一个板块,在每一板块里又按照四条线来分别讲述不同女孩的故事,这就是以时间为板块。

电视纪录片《祖屋》也是采用并列式版块结构进行构建的。它分

为五个版块，每个版块都配有一个小标题，依次是“祖宗风水”、“耕读世家”、“族上人物”、“仁者爱人”和“红白喜事”。电视纪录片《江南》也是采用并列式板块结构，为了总体描绘江南地方文化，创作者选择了《丁山泥土》、《叩访天一阁》、《千年陈酒》、《老房子》等进行记录，构成了江南文化的总体意象。尽管几个版块都是围绕主题展开的，但是这几个版块彼此之间没有什么明显的外在的联系。

2）连接式版块结构

连接式版块结构，即版块之间是一个个连接下来的，带有一种时空的顺序联系。

电视纪录片《命运》就是按照连接式版块结构构建而成的。《命运》按人物来划分版块，采用上一个人物的内容即将结束时，或从对他的访问中，或从与他有关系的事件中引出下一个人物，进行结构叙事。连接式结构思维既保持了版块的相对独立性，又加强了版块之间的联系，使整部片子被分成若干个版块仍然能保持较为完美的整体性。

3. 圆形结构

圆形结构是指像拿圆规画圆一样，找到一个叙事的中心点或圆心，其他的事情都是由它衍生和辐射开去。创作者围绕它来展开所要讲述的人物和故事。如纪录片《远去的村庄》一片的圆心就是缺水问题，其他的素材和时间都是围绕这一圆心展开的。这种结构对于那些有着较多并列内容的作品较为合适。

4. 渐进式结构

渐进式结构是指各个结构单位的内容之间，通过层层递进、逐步深入的切入，保持一种前后相继的逻辑关系、时间关系、空间关系、程度关系的一种结构思维方式。

1）逻辑上的渐进

逻辑上的渐进结构最为常见，可以说逻辑上的渐进是结合了时间、空间、程度上的渐进。这仍然是“为什么”、“会怎样”的逻辑顺序，但答案源自对事物本质的挖掘，是对事物的原因——产生的先在性、环节性、过程性；背景——依存的大背景、大气候；功能——作用、影响、意义的追根究底。这样的叙事结构使复杂的叙事变得条理清晰、繁而不乱。

例如，大型纪录片《大国崛起》中第一集《海洋时代》，先提出“葡萄牙和西班牙如何在500年前雄霸世界”这个问题，然后对该问题的起因、背景做了大量的调查研究，最后得出称霸全球的原因。《大国崛起》中对每个国家的讲述都采用这种逻辑上渐进的结构：提出问题——寻找原因背景——解决问题——引发启示。这12集又一起作为“为什么会成为大国”这一问题的各个要素，回答了中国如何再次崛起问题。逻辑上的渐进注重事物之间相互制约、相互生成、相互决定的内在联系，这种结构常常使用在调查性纪录片中。

2）空间上的渐进

相对于空间上的平列，空间上的渐进重点是表达出渐进的过程，显示出构成元素之间的主次关系。空间上的渐进可以很好地反映事件发展的过程。

纪录片《阴阳》就体现了空间渐进结构思维的运用，它追求事件本身的现场完整原状，作品的画面内容基本上是一些普通人的纪事：第一节中的弯子出嫁的纪事，就由打水——合八字——割草——端水——婚前准备——拍婚照——结婚登记——做喜酒——送亲所组成。人物事件的产生也只是一种遭遇式的、突发性的，没有事先设置情节线索，或寻找一种框架去界定现场。这种在空间上渐进，随时间流发展的结构使观众更容易看到片中人物情感的发展过程，并随着摄像机的镜头深入到事件中心去。

空间上的渐进多用于记录在内部和外部都存在联系的同一个群体或同一个事件，围绕这一人物或是事件，在空间和时间上双管其下，挖掘事件纵深度。

例如，纪录片《幼儿园》，导演张以庆以幼儿园的一个班级作为个体，连续三年跟踪拍摄小朋友们在小班、中班、大班的生活实况。孩子们的成长过程在观众面前展开、放大，同时导演要表达的意义和价值也逐渐清晰和得到提升。再如《山里的日子》，由《回乡》、《冬闲》、《嫁女》、《农忙》、《收获》五个有内在联系的篇章组成一个完整的故事系列，记录了罗中立重返大巴山的经历以及邓友仁一家及其他乡亲们的一段生活，让观众从平实中看到生活的真谛。使用这种空间上渐进的叙事结构最好是具有张力的题材，否则，容易出现版块分散的现象，使得版块和版块之间因为缺乏必要的内在关联而使整部片子显得零散。

3）时间上的渐进

在纪录片中，事件按照时间顺序发展，事件上一刻的状态延续到下一刻，并影响下一刻。我们通过对事物发展状态的描述和分析，得出事物发展的规律、原理。

美国纪录片《篮球梦》，讲述的是两个美国少年如何为了实现他们的梦想——进入NBA打球这个目标奋斗四年的过程。随着时间的发展，逐步展现两个少年在生活上、学业上、训练上不断遇到的问题以及面临的选择。随着情节的层层深入，少年的奋斗精神和不断出现的"险情"吸引住我们，他们的遭遇在观众的身上得到回应，观众在少年身上看到个体的理想从种子到萌芽到长成大树的过程。

作为纪录片创作中最活跃的因素之一，纪录片的结构形式有无数种可能，很难说孰优孰劣，只有合适与不合适之分。因此，在着手规划结构时，创作者先要考虑影片各个内容层次之间的关系。各内容层次之间的关系主要有主次关系、并列关系、因果关系、转折或递进关系、时间顺序关系、相关对比映衬关系等。不同的关系可以采用各自不同的、与之相适宜的结构形式。

（二）设置作品的开端

开头是一部作品有机的组成部分。在一部作品中，它处于很重要的地位。好的开头能"先声夺人"、"引人入胜"。如果开头没有吸引力，观众会觉得索然无味，不愿再看下去，即使作品的内容很好，也不能传达给观众。因此，历代学者对作品的开头都十分重视。明末清初著名剧作家李渔在他的《闲情偶寄》中说，只有"开手笔机飞舞"，才能"把握在手"，形成"破竹之势"；如不得机势，则"文情艰涩"，"不如不作之为愈也"。

开端奠定了你纪录片中故事的基本信息，包括谁、什么事、在哪发生，发生什么。以新颖、别致、吸引观众为准则。可以有多种方式设置开端，如通过标题或其他印刷物揭示的；通过解说给观众提供足够的信息去了解他们所处的位置；用画面表示一个地点或标志的镜头等。如一个衣着优雅的女人在一间大而空旷的办公室里的长镜头告诉我们“这个女人是有权利的”；一位男子在地铁里读着《兰州晨报》他告诉我们他所处的位置；或者一个有名的地标——长城、黄河铁桥等等。还可以用定格摄影、动画来作为作品的开端。运用这些元素会给影片增加幽默或惊喜成分。例如，《超码的我》中卡通的运用。

纪录片《超码的我》

（三）作品的结尾

纪录片的结尾有多种方式，可以是对某一事件结果的讲述，做到首尾呼应；也可以通过解说词对主题进行升华；还可以是开放式的，把更多的思考留给观众。

二、叙事链与故事弧

叙事链这根链条就是故事的要素，它贯穿影片的始终，并推动影片向前发展。找到一个恰当的链条，以此为基点展开故事，你就可以根据一些需要制造一些迂回，如复杂的推理、角色的补充等。有时这些迂回能帮助埋伏会在后面需要交代清楚的信息，有时观众希望寻着这些迂回了解更多隐藏信息。你得找到这条链条并提醒自己在合理的时间范围内回归到正轨上来，否则那些迂回将会失去方向，甚至使影片呆板无趣。

例如，《超码的我》中叙事链是导演连续三十天只以麦当劳为食的经历，但是在其中包含了很多关于营养和肥胖的信息。《美国女儿越南妈妈》的叙事链是一个美亚混血女人和她的越南母亲重新团聚的故事，在影片中会了解到越南战争后期美国社会的变化和政治发展的历史。

故事弧指的是故事中人物经历了某些事件后观念发生变化的整个历程。

如:过度劳累的工作使主人公明白了应该把家庭放在首位;沉溺于网络游戏的学生因为某个事件的触动开始努力读书;一个宿舍关系很差的两个女生因为一件事情化干戈为玉帛;一支不被人注意的队伍夺得了比赛的大奖。在追求一个目标的过程中,主人公认识了他们自己以及他们在世界上的定位,而这些认识同时也在改变着他们,改变他们对目标的追求。在纪录片中故事弧往往很难被找到,决不能为了讲一个精彩的故事就假定自己了解角色的思想和感情。

三、前期采访努力寻找故事线索

纪录片的采访与别的电视采访有很多共通之处,但也有一些不同。纪录片采访可以是多种形式的:如正式的面对面采访,闲聊式采访;有设计好的程序性采访,也有随机采访;有出境采访,也有不出境的采访等等。

纪录片的采访功能也很多,如发现线索,了解情况;调查某个事件;求证某个观点;挖掘深层次的思想。对于采访所获得的信息,在片中可以用作解说、用做字幕或直接用作同期声。

在对拍摄对象进行前期采访过程中,导演一定要带着探索、发现有价值、有趣味的故事情节的心理和眼光进行深入采访,与被摄对象进行有效沟通,建立互信关系。纪录片只有建立在互信的基础上摄制才能进入最佳状态。并在对相关资料进行研究中也要努力寻找有意义、可挖掘、可发展的故事线索。特别要注意的是在前期采访以及整个拍摄过程中都要仔细寻找和挖掘有情趣的能形成故事元素的动人情节和事件,并以此构成全片的主要叙事段落和“闪光点”、观众的“记忆点”。

前期采访中往往会有意外的发现。纪录片《无声的呐喊》制作者最初想要拍摄五个聋人,他们的经历将涵盖人们对聋人的一些态度和观点。但她在调查中发现了这家有两个聋人兄弟,又各自有一个耳聋的孩子。这给导演创造了一个机会来探求这个大家庭在教育聋哑孩子上的冲突。又如在纪录片《无声世界的爱》中开始想选择刘鑫为拍摄对象,在采访过程中发现了这些舞者背后的特教老师。

四、追求故事化、戏剧化,制造兴奋点

(一) 重视故事化建构

纪录片的故事化,其实就是指在纪录片的创作内容上和表达形式上,强调情节因素。不仅以讲故事的方式代替过去一味地对社会生活的自然主义的刻板记录,通过人的活动来见证重要事件,而且在题材选择和表现内容上偏向于人文世

界的深度挖掘。

在前期采访和资料收集、研究的基础上，应开始纪录片拍摄脚本的创作工作。在拍摄剧本的创作中一定要根据所拍题材的特殊性和内容表达的叙事需要，寻找到合适该片的“讲好故事”的手法。在保证内容真实的前提下，导演应有“设计理念”。对自己的脚本的开篇、中间各个叙事段落及结尾等全篇故事结构进行构思、编排：叙事主线与副线的关系；人物、事件等被拍摄主角与配角的关系；主要人物、事件与周边环境的生存互动关系；具体事件与大背景的关系；主要叙事段落与过渡段落的关系。尽量使自己的故事有个精彩的开篇，然后在故事发展的进程中营造起伏跌宕，故事结果与开篇首尾呼应。

关键要素在于导演对于故事化叙事方式表达的掌控能力，这也决定了纪录片的成败。纪录片应该秉承尊重事实、呈现事实的准则，而故事化只是纪录片拍摄的辅助方法，而不应喧宾夺主地刻意强调和呈现。故事化的表现手法进入到纪录片中首先要尊重纪录片原有的纪实性，在不改变原事物发展顺序的前提下，运用故事化给原有的事情发展构建一个框架，使观众看起来更具连贯性、逻辑性。导演应将自己摆在一个旁观者的角度去观察，不能加入自己的主观情绪去安排操控情节的发展。

不同题材的纪录片中都可以运用故事化的手法。在社会类纪录片中，常常可以看到创作者将人们生活中的故事用影视艺术的手法真实再现，使故事更生动、更打动人心；在历史人文类纪录片中，由于使用了“故事化”表述手法，使原本过去了的历史故事、历史知识、不再乏味而生动有趣，如《故宫》、《圆明园》；使自然类纪录片所反映的各种动植物生灵的神秘面纱得以揭开，如《帝企鹅日记》、《微观世界》等。

（二）设计追求戏剧化

纪录片必须取材于真实的生活，但不等于纪录片中不能有戏剧化的因素。因为生活本身就有许多矛盾和冲突，矛盾就是重要的戏剧元素，只是要看创作者如何在纪录片中展现这些矛盾。纪录片往往取材于主人公对现实生活平衡的一种打破与重建，通过真实纪录存在于主人公生活之中的，为实现其理想目标而遭遇的一系列障碍和油然而生的反抗，来建构一段内蕴冲突、情节与故事的生活本身的戏剧、寻找现实生活的戏剧。当我们把这种冲突和矛盾加以提炼和概括时，叙事就变成了有起因、发展、高潮、结束的叙述过程。

在故事化纪录片中，事件的核心问题常常表现为冲突的形式。创作者总是从纷繁复杂的事态中找到两个或两个以上的对立方作为冲突的主要执行者。它可能是人、机构、法律、制度、舆论、甚至是人物本身的意志冲突。

获十九届金鹰奖的纪录片《孤岛护鸟人》中的主人公周青山，从2000年就一个人到名为形人沱的孤岛上去保护世界濒危的鸟类——黑脸琵鹭，可他家中还有妻子和两个儿子需要他挣钱养活，片中展现了人与生活之间的矛盾冲突。护鸟两年来，周青山从最初的为了奖金护鸟，到奖金落空后在期待中坚守三年陷入进退两难的困境，再到与鸟产生感情，相厮相守，展现了人与自我的矛盾冲突。周青山在护鸟过程中，挽救了一只受伤的小琵鹭，可他却无法让小琵鹭回归自然，展现了人与自然的矛盾冲突。

冲突又分为两种完全不同性质的对抗，一种是表面冲突，一种则涉及到本质意义上的冲突，前者如甲乙两个人发生了矛盾纠纷，然后甲打了乙。这种冲突是很浅层次的冲突，价值远远不如本质上冲突。本质意义上的冲突有可能是来自不同立场、观念、信仰的人形成碰撞导致的交锋，有可能是人与生存环境的对抗，还有可能来自人物内心的挣扎与冲突。我们在纪录片中应尽可能去寻找本质意义上的冲突，挖掘到事物的内在，彰显选题的社会意义。更多去关注人与人之间、人与环境（包括自然与社会）之间、人与自我之间的观念、价值冲突。

例如，纪事作品《身体的战争》表面上讲述了一个从东北到上海的女孩因为隆胸而注射奥美定材料，后来身体出现种种问题，男朋友不理解与其分手了的故事。其实这只是表面上的冲突，以此为切入。其后所蕴涵的却是诸如现代社会当中人们的审美定位、两性关系、自我的重新认识、新的道德准则、价值观念等，这才是该选题的价值和意义所在。作品挖掘到了人物的内心，从观念、思想上去寻找它的根源。

纪录片中需要主人公有一些困难与障碍，通常是很难实施或者实现的。如果目标很容易解决，就不会让观众感觉紧张，也就没有张力了，从而很难让观众保持一直看下去的兴趣。哪里能找到这里所说的张力呢？一种解决的办法是：通过冲突表明敌对势力之间的争斗。换句话说，让你的主角极力反对某人或某事。天气、疾病、战争、自我怀疑、缺乏经验这些可能都是你的主角在努力实现他的目标道路上的障碍。

可以说，纪录片的戏剧化叙事已经成为当今纪录片的一个重要特性。因为它抛弃了过去那种平铺直叙的创作方式，在一定的时间和空间内表现一个相对

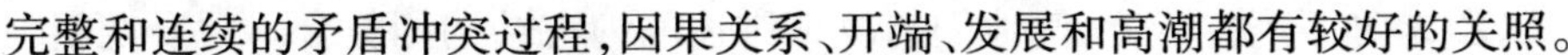

完整和连续的矛盾冲突过程,因果关系、开端、发展和高潮都有较好的关照。

(三)悬念制造兴奋点

悬念是指受众对某事、某物、某人的未来发展、存在状况的一种期待、探究的心理,这种心理一旦被激发,就可以吸引和集中观众的注意力。因此,悬念的营造实质上就是激发受众的这种心理状态。通过悬念的营造,使人们在收看纪录片时,自然而然地产生一种期待的心理,被牵引着想要去了解未知的发展,直到事情的结局为止。通过讲述一个故事,对观众造成巨大的情感冲击,并激发他们的参与热情。在提供信息的同时,要让观众亲身经历其间,让他们期待事件的曲折变化,以一种积极而不是消极的方式追随故事线。这种悬念可以是对故事本身结构的设置。

例如,纪录片《我们的留学生活》中有一集讲述了一个年逾40的中国留学生携全家在日本拚搏奋斗的故事。全家人的命运就系于“他的博士论文能否通过答辩”这一悬念之上。围绕着这一悬念,从论文的开题准备、撰写的艰难、卷入经济事件、与妻子分居、生活的拮据直至最后结果的出人意料——未能通过答辩,悬念套悬念,一环扣一环,观众随着人物的命运或悲或喜。正是这种悬念的营造,使得本片的情节化叙事跌宕起伏,动人心弦,充分调动了观众的情感参与及体验,使片子具有了极大的艺术感染力。

另外,还可以通过镜头的设计来营造悬念。

如张以庆作品《幼儿园》中有一场戏——小班小朋友午餐时间在一起吃饭,这里各种形象化的细节极富感染力,有边吃边东张西望的,有嘴角挂着米粒吃得津津有味的,有慷慨大方往别的小朋友碗里拨肉丸子的。这时一个小朋友表情有些惶恐有些紧张有些尴尬的脸吸引了我们,观众不禁奇怪,这个小女孩是怎么了?这时摄影师的镜头从小孩那张生动的脸上缓缓下摇——被泼洒出来的汤汁菜饭弄在了小女孩的腿上,一动都不敢动。一种忍俊不禁的感觉油然而生,观众的疑惑也得到了释然。

追求故事的情感冲击力,意味着导演将尽可能地架构好故事的冲突、高潮、

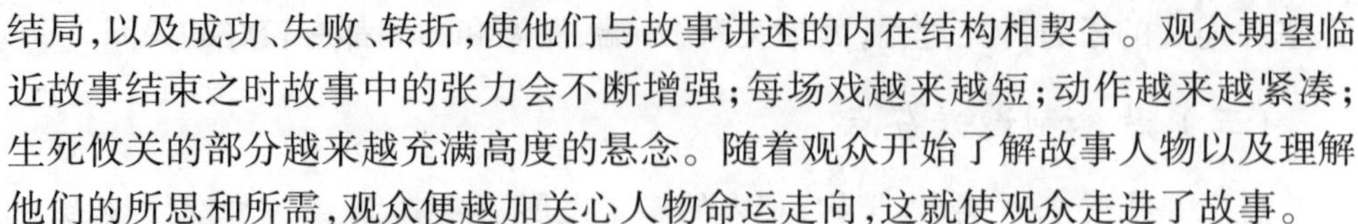

结局，以及成功、失败、转折，使他们与故事讲述的内在结构相契合。观众期望临近故事结束之时故事中的张力会不断增强；每场戏越来越短；动作越来越紧凑；生死攸关的部分越来越充满高度的悬念。随着观众开始了解故事人物以及理解他们的所思和所需，观众便越加关心人物命运走向，这就使观众走进了故事。

五、掌控好叙事的节奏变化

（一）精心把握叙事情节的内在节奏

纪录片各叙事段落内容多少的“取舍”称为“内在节奏”。这种内在节奏将直接影响观众的收视心理和情绪。内容过于单调乏味、信息量小、情节并不精彩等诸多叙事手法的毛病都会造成纪录片“内在节奏”出现拖沓冗长。成功的导演都是根据各个叙事段落或情节内容在全片所占的主次地位来决定各段落的叙事长短比例。具体来说，电视纪录片的内在节奏主要通过以下几个方面来实现。

1. 核心事件和卫星事件的处理方面

一般来说，我们将事件分为核心事件和卫星事件。核心事件是对叙事发展起积极推动作用或者导致不同悬念发生的事件，对整个纪录片成功与否起到决定性的作用。卫星事件则是指那些比较琐碎却又是叙事不可或缺的事件，它对于整个叙事具有丰富、催化的功效。

在实际电视纪录片中发生的事件总是按照与叙事话题紧密程度的不同而得到不同程度的突显。那些与核心事实最相关的事件总是得到最好地呈现，而卫星事件的叙述总是很概略甚或是省略。例如电视纪录片《远在北京的家》，讲述的是安徽农村的一些姑娘进城打工谋生的故事。刘春花、张菊芳、谢素萍的打工故事由一个核心事件和若干附属事件构成，共同构成了她们各自不同的经历，真实地记录了人的生活的困苦及其奋争过程。

2. 故事悬念和戏剧冲突的处理方面

在电视纪录片的叙事节奏中，故事悬念的设置和戏剧冲突的运用，同样可以建构电视纪录片的内部节奏。

例如电视纪录片《寻找楼兰王国》、《回家》等，创作者以现在进行时态纪录一个动态的过程，一切都处于未知的状态，谁也不知道下一步会发生什么。因此，电视纪录片所具有的模糊性与流动性的特点，能使观影者随着对拍摄记录对象认识过程的逐步深入而产生好奇感，并形成波折的叙事节奏，不断发掘出观众的兴趣点所在。同样的，戏剧冲突也存在于事件转变的过程中。冲突的产生、激发以及解决都能促使观众心理发生激烈的变化，进而形成起伏跌宕的叙事节奏。

很多导演在开拍前已经设计好开篇、结尾、中间的主要段落及过渡段落的内容讲述的时间长度，努力做到全篇故事叙述详略得当，主次清晰，重点突出，整体风格统一协调。

（二）精心控制叙事过程的"外在节奏"

纪录片叙事过程的"外在节奏"是由各个段落中的画面剪辑长度的不同而组合形成的。纪录片中的每个画面都包含着不同的信息含量，每个精彩的情节段落都是由数量不等、长度不等的若干精彩画面所组成，每个画面剪辑时的使用长度将构成故事的信息含量和内容表达的程度深浅。因此在后期画面剪辑过程中形成的"外在节奏"成功与否将直接造成观众对故事内容的收视兴趣及心理的变化和收视决定。所以，我们应在后期剪辑中精心挑选每个画面，剪出变幻的节奏，对画面的拍摄素材的取舍一定要冷静、客观，抛弃拍摄者的"自恋情结"。换位思维，站在观众的立场上、视角上来审视和选用每个画面。具体来说，电视纪录片的外部节奏需要通过以下几个方面进行构建与实现。

1. 镜头运动的处理

运动是时间存在的体现方式，时间则是节奏呈现的表现。镜头运动中涉及到的各种推、拉、摇、移、甩、跟、升、降等形式，必然会带动景别、角度等诸多叙述手段的运用。

2. 镜头剪辑处理

一般来说，电视纪录片在进行镜头剪辑时，不仅需要注意画面形象的逻辑性，还要使时间、空间和运动的更替、衔接流畅显得自然。单位时间内镜头切换速度的快慢将直接影响到电视纪录片的节奏。因此，对长镜头和短镜头、快切和慢切的综合应用是营造电视纪录片外部节奏的又一重要手段。

（三）精心营造叙事过程的"情绪节奏"

纪录片中不同的故事情节和叙事段落将造成观众不同的心理及情绪的变化。后期剪辑中每个画面使用的长度和画面使用的数量构成了不同的快慢节奏和频率，这种节奏的变化所形成的不同情绪的变化，也直接造成观众的收视情绪的变化。"情绪节奏"剪辑营造的成功有利于强化纪录片的"故事化"效果。

第三节 地域特色纪录片的发展

地域特色是一个特定的历史文化的概念。人们的生存状态与他们所处的地理环境密不可分，人在与环境的相互制约和作用中寻求生存和发展，由此产生和

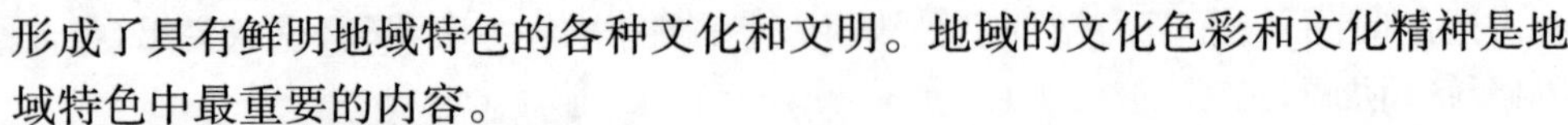

形成了具有鲜明地域特色的各种文化和文明。地域的文化色彩和文化精神是地域特色中最重要的内容。

一、地域特色纪录片的内涵

地域文化指特定区域源远流长、独具特色、传承至今仍发挥作用的文化传统,是在人类的聚落中产生和发展的,以世代积淀的集体意识为内核形成的一种网络状文化形态,风俗、民情、宗教、神话、方言,包括自然生态和种族沿革等,组成一个相互关联的有机系统。它在一定的地域范围内与环境相融合,因而打上了地域烙印,具有其独特性。纪录片如果能够成功地表现地域特色,凸显地域文化,不仅可以凸显其鲜明风格及其艺术水准,还可以成为吸引观众的一种重要的创作表现方法。一般来说观众对自己所熟悉的地域特色,会激发兴趣,对于他不熟悉的地域特色,也会产生好奇。地域特色纪录片正是从一个特殊的角度去引导观众的思维和欣赏,把观众引入对作品及其形象的接受和认同。

一个特定区域的民俗风情、生活方式以及人文景观、历史文化、风俗习惯、语言特色、宗教信仰等都可以包括在地域特色纪录片中。

二、国内地域特色纪录片代表派别

中国纪录片以地域风格差异作为流派划分的主要标准。从上世纪 90 年代开始,随着我国纪录片的不断发展,纪录片的“京”“海”“西”的流派开始逐渐形成。即以北京为代表的“京派”纪录片,以上海为代表的“海派”纪录片和以中国西部地区为代表的“西部”纪录片。

(一) 纪录片的“三足鼎立”格局

我国纪录片发展的过程中,纪录片的创作与地域文化、经济和社会有着紧密的联系。现阶段中国纪录片的流派主要是基于媒介地理学上的划分。因为特定的地域生态产生特定的媒介形态,纪录片创作所在地的地理形势、经济状况、政治结构、文化积淀会对最终的纪录片形态产生重要影响。

在一定的区域,纪录片创作呈现出比较鲜明的地域特色和共同的倾向。从整体创作风格来划分,我国纪录片的派别大致可分为“京派”纪录片、“海派”纪录片、与“西部纪录片”三个派别。

1. “京派”纪录片

“京派”纪录片强烈地受到国家文化、制度文化的影响,但同时又深受京城特有的胡同文化的浸润。所以在纪录片创作上向两个方向发散：一方面特征表现为对史诗类的历史题材、重大的现实题材记录；另一方面凸显出了“胡同文化”特质，具体表现为对普通人群、体现老百姓市井生活的关注。京派纪录片创作群体主要源于中央电视台军事部和社教中心、评论部、对外部（国际部）及原新闻电影制片厂。中央电视台为主要创作力量，这些体现主流意识形态的纪录片如《毛泽东》《邓小平》《让历史告诉未来》《望长城》《故宫》《大国崛起》等，展现“胡同文化”魅力，“讲述老百姓自己的故事”的《生活空间》栏目，以及30集《古都深巷》和23集《京城百姓家》等一起构成了京派纪录片的主体。从整体上看，京派纪录片注重宏观取材、宏大叙事以及主流意识形态的表达，同时也可“小中见真”。

2. “海派”纪录片

上海以商业为主导，文化与商业相互交织的富有地域色彩的海派文化注重古今通汇，中西合璧，同时特别强调市民文化情趣，这为“海派”纪录片提供了极具特色的题材。“海派”纪录片注重现实题材、平民视角以及平民意识形态的表达，注重从百姓的生活琐事中反映重大问题，具有强烈的社会责任感。

深受“海派文化”影响的海派纪录片的主要代表是上海电视台创作群体的作品。它们崛起于20世纪80年代末90年代初，从最初“聚焦时代大变革，记录人生小故事”的《纪录片编辑室》栏目，到2012年上海东方传媒集团有限公司的纪实频道，海派纪录片一直将镜头对准弄堂里巷或繁华都市里的上海普通人与事，记录他们的市井生活和真情实感，并适时关注上海社会现实中大大小小的变动。其中《Bobby教师，您好》《德兴坊》《毛毛告状》《重逢的日子》《我想有个家》等都是讲述凡人小事的故事，表现的是上海市民在改革开放过程中细微的心理变化和“敏感都市人”的审美特点。

3. “西部”纪录片

西部纪录片的发展同中国纪录片的发展是同步的。从80年代末到90年代初，西部就涌现了许多纪录片的探索实践者。同时，形成了一批领军人物和风格独特的作品，在中国甚至国际上都影响深远。

中国西部幅员辽阔，自然风光及动植物生态资源丰富，作为世界文明与文化的发祥地之一，它还是我国少数民族最多的地区，拥有51个少数民族。西部风格迥异的地理风貌、深厚的人文传承和绚丽多彩的民族风情孕育了众多优秀的纪录片作品，如《最后的马帮》《藏北人家》《深山船家》《平衡》《空山》《蛾眉藏猕猴》等。西部纪录片注重特殊题材的创作，如少数民族的独特风俗等题材，作品注重品质和内涵，且善于通过哲理思辨来提升主题。

西部纪录片不同于京派的宏大叙述,也不同于海派的细腻感人,它具有浓郁特色的西部民族风情与自然风光,也真实地展现了传统与现代的冲撞。西部纪录片作为一个大的创造流派,带动了整个西部电视台的纪录片创造热潮,同时也使各个电视台在多样化的发展中形成了自己的风格和独立创造群体。近年来,西部各地的人类学纪录片创作已更趋成熟,涌现出了一大批优秀作品和优秀编导,成为中国人类学纪录片的一支重要力量。

四川电视台国际部创作的纪录片，仅2001年至2002年8月获各种国际奖项就达26次之多，居全国同行之首。宁夏电视台的《沙与海》是康建宁在宁夏电视台的成名之作,之后康建宁的《阴阳》更被奉为中国纪录片的经典之作。内蒙古电视台于2005年参与主办“2005中国影视人类学第四届国际研讨会”，此次会议提出，他们的品牌栏目《经典纪实》将作为中国影视人类学纪录片面向全国观众的一个窗口，集中展示国内国外的优秀人类学纪录片。以《驼殇》为代表的一大批纪录片更是在国际上屡获大奖。在2000年到2005年之间,新疆电视台《家住沙漠中》《亚新与牧羊人》《回家的路有多长》《冬天》《爱儿失途之迷》等纪录片在国内外获得了各类大奖80多项，引起了全国电视界的关注。1994年，云南大学成立了东亚影视人类学研究所，这也是亚洲第一个影视人类学研究所。1995年，由马长书编导拍摄的《苗族》《侗族》在爱沙尼亚第九届国际影视人类学电影节上获终身成就奖。1996年1月，在法国举行的第九届国际影像节上，由云南省社科院影视人类学研制中心郝跃骏拍摄的《山洞里的村庄》获“长篇社会报道”的“评委会特别提名奖”。这是中国纪录片在该影像节上的首次获奖。1996年7月，由柯惠文、马长书编导摄制的大型历史文化纪录片《中国瑶族》再次轰动帕尔努，荣获第十届国际影视人类学电影节“最佳纪录片奖”。

这三个派别纪录片的美学风格、题材选择、叙事话语以及文化精神有着迥然不同的特色,但是都共同推动着中国纪录片的发展。

（二）纪录片的其它地域派别

1. 岭南派纪录片

岭南派纪录片以广东省为代表。岭南文化是建立在土著文化的基础上,它较早地接受了中原及各地优秀文化,并受到海洋文化的熏陶,从而形成富有活力的地域文化。岭南文化包括有广府文化、潮汕文化、客家文化、雷州文化、海南文化、桂东文化和少数民族文化。岭南文化具有兼收并蓄的开放性、勇于创新的开拓性,以及受到商品经济影响的实用性。岭南派纪录片讲求细腻描述、贴近生活的叙事风格。代表作品有《土缘》《龙船日记》《海风吹来我的歌》《我们走在大路上》《厚街》《古劳水乡奥运梦》《百年留学》《巨变》等。广东是纪录片栏目化较早的地区之一,2003 年广州台举全台之力,办起了全新的纪录片节,开始叫“国际学术研讨会”。如今已经连续举办八届的“广东·国际纪录片大会”已经成为全球纪录片人学习交流的盛会。

2. 渝派纪录片

重庆地貌复杂,地域文化丰富多样,融合了巴文化、三峡文化、移民文化、抗战文化、红岩文化等多种文化形式。重庆纪录片产业就是在这种多元的地域文化孕育下产生的。渝派纪录片关注个体的个性化生存,关注生活中人的生命强劲的潜能,关注当下美学中几乎已经缺失的血性和悲壮,展现人性中的强韧和大无畏的勇气。伴随着《巴人之谜》《远祖之谜》《陈小梅进城》《江上风清》《千秋红岩》等优秀纪录片在国内、国际纪录片影展上不断斩获各类大奖,渝派纪录片渐渐脱颖而出,自成一派。

渝派纪录片以其题材选择注重为生存而生活的人、与命运抗争的个性、悲壮的美学追求。近年来,通过《巴渝人家》《纪录重庆》和《真实》三档纪录片栏目,题材注重挖掘都市与乡村生活的锋面,关注社会底层人群的喜怒哀乐。已经涌现出《川江号子》《黑眼睛》《刘小强的新生活》《农民老板孙昌武》《背篓邮局》和《最后的麻风村》等优秀的纪录片作品。

地域特色的差异赋予文化的多样性,从而使地域特色纪录片充满生命和色彩。在纪录片中,地域特色既是内容又是形式,它是一种客观存在,具有其独特的审美和人文价值。地域不同,人们的生存状态呈现出不同的风貌。地域的风土人情,地域的文化精神是构成当今纪录片地域特色的重要内涵。因此,地域特色的开掘对纪录片的大众传播效果具有重要价值。纪录片中的地域特色可以作为有效大众传播的出发点,来满足受众对信息的需求,从而获得受众对纪录片的认同。

案例分析:甘肃地域特色纪录片

一、甘肃地域特色纪录片的界定

甘肃地域特色纪录片主要以甘肃风土人情、自然风貌、宗教信仰等为主要拍摄对象的纪录片。甘肃历史文化悠久,是华夏民族的古文化发祥地之一。甘肃拥有的丰富多样的地理形态、数不胜数的原生态文化、星罗棋布的历史文化遗存都蕴含着无限多样的纪录价值。这些纪录片题材,展示了甘肃特有的地域文化特征。

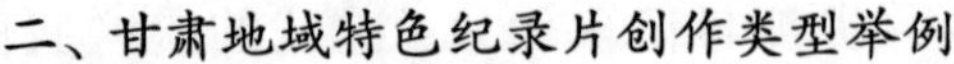

二、甘肃地域特色纪录片创作类型举例

类型	代表作品
甘肃本地导演创作的，中央电视台播放的甘肃地域题材纪录片	《大河西流》《黑戈壁·黑喇嘛》《祁连夜光》《敦煌书法》《甘肃古事》《发现彩陶》等
其他地区创作的有关甘肃地域题材的纪录片	北京科教电影制片厂拍摄的《黄河古象》；重庆电视台拍摄的《文明的曙光——秦安大地湾遗址》；中央电视台拍摄的《大地湾之谜》《神秘大地湾》《火灾背后的历史》《史前动物园》《神秘的中国彩陶》《西极崆峒》《敦煌》；美国国家地理频道拍摄《侏罗纪调查现场》等
甘肃及地方电视台拍摄播出的甘肃地域题材纪录片	甘肃卫视拍摄的《七里墩文化》《西王母祖庙》《梦萦西王母》《西王母传奇》《陇西李氏：三千分之一》；天水电视台拍摄播出的《武山人头骨化石》《付家门文化》《师赵村文化》《西山坪文化》《柴家坪文化》《永清堡文化》《礼辛镇遗址》《伏羲卦台》《天水伏羲庙》《大象山》《放马滩的故事》《秦亭》《秦公簋》《马家塬战国墓葬之谜》等；庆阳电视台摄制的纪录片《黄土风情纵览》之《周祖陵》《30年：故事庆阳》《黄土风情纵览》；白银电视台拍摄的《黄河258》；张掖电视台拍摄的《天边彩虹》《耶什格岔的春天》；甘肃省会宁县电视台拍摄的《黄土魂》等
中央电视台、甘肃省电视台和地方电视台共同拍摄的甘肃地域题材纪录片	《伏羲卦台》《重修回山王母宫颂碑》《甘肃地域文化大系之周祖陵》
以上表格整理参考 巩杰.甘肃地域文化纪录片对黄河黄土文化的纪录与彰显[J].电影评介，2011(18).	

三、甘肃地域特色纪录片的地域文化

所谓地域文化，是指人类活动与地形、气候、水文、土壤等自然环境的关系，以及在这种关系影响下人类行为的表现方式。包括特定地理环境中人民的生活方式、居室、服饰、食物、生活习俗、性格、信仰、观念、价值等。

甘肃省丰富多彩的地域文化资源，主要体现在历史文化、原生态文化、人类文化遗存以及少数民族特色等方面，这些地域文化具有较高的文化价值。甘肃特殊的自然环境和人文环境，给纪录片创作者提供了独具特色的创作内容。酒泉电视台编导秦川创作的《黑戈壁·黑喇嘛》以及周兵执导的大型系列片《敦煌》等，可以看作是甘肃地域特色纪录片的典型例子。这里主要以他们的纪录片作品为案例进行分析。

（一）独特的地理位置与甘肃纪录片题材

甘肃地处西部，黄河上游，位于青藏高原、黄土高原和内蒙古高原的交汇地。海拔大都在1000米以上，有沙漠、戈壁、草原等独特的自然地貌。在古代它是东西方文化交流的重要通道。在这里汇聚的敦煌文化、丝绸文化等都为纪录片增添了独特的地域色彩。

（二）丰富的文化遗存在纪录片中的彰显

甘肃独特的地理位置和气候，让其拥有了得天独厚的历史文化遗存。这些丰富的物质文化遗存给纪录片提供了独特的题材，使观众通过这种形式了解甘肃特有的地域文化。

甘肃特色鲜明的物质文化遗产，如大地湾文化以及马家窑文化，是新石器时代的文化遗存典型代表。其中关于大地湾文化的纪录片《火灾背后的故事》由中央电视台拍摄，主要讲述了大地湾人民的防火知识。重庆电视台拍摄的《文明的曙光——秦安大地湾遗址》和中央电视台拍摄的《大地湾之谜》都从不同方面描述了大地湾原始人民的生活方式和生存状态。敦煌莫高窟堪称中国文化艺术的宝库，纪录片《大河西流》展示的石窟、城堡与长城，都是甘肃独有的文化遗存。

（三）民俗文化在甘肃纪录片中的再现

甘肃辽阔的地域环境和多民族的生活，孕育出了多姿多彩的民俗文化。他们的饮食习惯、节日习俗、婚嫁习俗等都形成了非物质文化遗产的重要组成部分。如纪录片《长河星辰·中国西部少数民族》中讲述了少数民族的民间习俗：吃羊肉、喝炒面茶的饮食习惯，定期的祭祀活动等，都再现了甘肃丰富的民间文化；纪录片《皮影故事——甘肃道情皮影戏》、《庆阳民间刺绣》展示的庆阳的民间文化以及黄土高原独具特色的民俗风情；纪录片《舞梦敦煌》中讲述的莫高窟燃灯节习俗，婚嫁习俗，民间马球赛等介绍的敦煌人们的生活习俗。这些纪录片中展示的民俗，具有鲜明的地域特征，为纪录片创作者提供了独一无二的创作题材。

（四）少数民族特色在纪录片中的真实体现

甘肃省是一个多民族聚居的省份，丰富的少数民族文化资源为纪录片创作与拍摄提供了与众不同的题材与视角。使得外界可以通过纪录片的渠道来了解和认识甘肃的民族风俗与民族文化。

例如，由甘肃卫视出品的大型人文电视纪录片《长河星辰·中国西部少数民族》，这是首部系统介绍甘肃少数民族的电视纪录片。它深层次解读了甘肃的裕固族、东乡族、保安族、回族、藏族等10个少数民族的形成发展、文化演变、生活方式等，特别是对裕固族、东乡族和保安族这三个甘肃特有的少数民族做了全方位的记录。

以其中的裕固族篇——《我们来自西至哈至》为例，主要讲述了裕固族的历史演变，是回纥在四处迁徙的过程中，与部分河西走廊的回纥而形成的裕固族。片子以白忠诚一家为叙事线索，介绍了裕固族的语言、人口构成和饮食文化的演变。如裕固族传统食品炒面茶，是当年讲蒙古语的裕固族先民，他们在东迁的时候发明的，由于生活困难，他们把牛皮口袋上残留的青稞粉与河水调制充饥，久而久之，裕固族便养成了喝炒面茶的习惯。裕固族的这种饮食文化是由他们所处的时代背景和地域环境来决定的，可以说炒面茶这种饮食特色赋予了鲜明的民族特色。

《长河星辰·中国西部少数民族》这部纪录片对保护、继承和弘扬少数民族传统文化，展现中国西部少数民族的文明发展成果有着重大作用。同时对中国各民族相互依存、和睦共处、团结发展的历史与现实，加深各民族相互了解，有着重要意义和价值。

由纪录片中体现的地域文化与民族特色，我们可知不同地区，历史传统、社会状况、生活方式各不相同。甘肃独特的文化为甘肃成为纪录片大省提供了取之不尽、用之不竭的题材。

四、甘肃地域特色纪录片的艺术价值

（一）叙事策略简析

1.“情景再现”的表现手法

“情景再现”简单的来讲，是指纪录片以演员表演的方式，来呈现历史人物的相关行动。这种表现手法生动、形象地将历史重现观众面前，让观众带着思考去了解历史、了解文化，而不是枯燥的听解说词来了解纪录片的内容。

由周兵执导的《敦煌》是一部全方位反映敦煌历史与文化的文献纪录片，全面记录敦煌地区1600年波澜壮阔的历史和散落其中的故事。为拨开历史的层层迷雾，将那些被遗忘的文明一一呈现在观众的视野中，纪录片大量使用了“情景再现”镜头来描述敦煌这块土地上曾经生活过的人们的故事。如《敦煌》第一集《探险者来了》中讲述的斯因坦、伯希和以演员扮演的形式再现历史，即使道士王圆禄没有以演员出现，但是导演也通过图片的形式呈现，来增加纪录片的视觉记忆感。

在第六集《家住敦煌》中，寡妇阿龙与吐谷浑人打官司的经典片段，同时运用到了“情景再现”、同期声、解说词等，这些视听元素的完美结合,将阿龙迫切取回土地的心情展现在观众面前,故事情节的进展与观众的心情从而紧密相联。

第八集《舞梦敦煌》主人公舞女在教坊跳舞以及远离长安回敦煌的整个过程,都通过真人扮演的方式,展现了她以及当时背景下同龄人的命运。剧中的人物不是一个"摆设",她们有自己的语言、面部表情、肢体动作等,让观众的心与程佛儿以及教坊的女子的命运紧紧结合在一起。这种叙事策略提升了观众的欣赏兴趣和思考能力。同时穿插现代学者与研究人员认识与解读,再现了长安动荡不安的社会生活给人民带来的苦难。

在纪录片《黑戈壁·黑喇嘛》中也采用同样的表现手法,对黑喇嘛丹毕加参、黑喇嘛队伍以及当时背景下发生的历史事件,都是通过特型演员扮演的形式。场景再现了黑喇嘛部队打劫商旅,黑喇嘛斩首,蒙古军队围剿碉堡山,杨增新要塞对峙,奥其尔出逃等惊心动魄的情节。

2. 叙事结构的安排

叙事结构是创作者根据纪录片的主题思想而确立的叙事手法。主要包括线性结构和板块结构。

纪录片《黑戈壁·黑喇嘛》的情节安排,采用的是一种复线结构,片子主要以三条线索展开。第一条线索是关于黑喇嘛的历史事迹,通过黑白历史照片和特型演员扮演的黑喇嘛的合理安排,来展开故事情节,挖掘黑喇嘛的传奇故事。第二条线索就是杨镰教授的考察过程,他是整个片子的核心人物,整个片子以他考察黑戈壁以及黑喇嘛事迹而展开。第三条线索是被采访的对象,如当地牧民、学者以及知道黑喇嘛传说的人等,将他们的叙述作为线索来穿插历史资料。这三条线索平行发展,交错进行,让纪录片摆脱了以平铺直叙的方式表达思想。

从该纪录片的人物安排来看,《黑戈壁·黑喇嘛》的第一个画面就是主人公丹毕加参带领的黑喇嘛队伍,以夕阳为背景来烘托气氛。第二个出场的人物是采访对象,如当地牧民,民间故事搜集者,研究学者等等。第三个便是我们寻访者自己,主角是学者杨镰教授,他在历史考证和现场考察中自由出入,在各种观点和场景之间相互穿插,成了结构片子中穿针引线的人。

而纪录片《敦煌》采用的是板块结构,每集都有一位核心人物。如探险者斯因坦、舞女程佛儿、寡妇阿龙、花江史小玉等,共同组成了讲述敦煌的人物线索。以他们串联起真实的历史事件、历史资料、人物故事等,每集形成一个独立的板块,将敦煌文化以生动、鲜活的方式重现在观众面前。

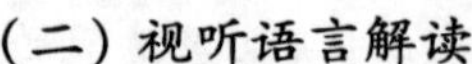

（二）视听语言解读

1. 画面的独特设计

纪录片《黑戈壁·黑喇嘛》，由于题材内容的特殊性，主要讲述了主人公黑喇嘛丹毕加参的传奇事迹，所以画面主色调以黑白为主，以历史资料、图片以及他们的活动来填充画面的空白，让画面显得不是那么空荡荡的。这些特殊的因素就决定了受众不仅会注意画面中的风景，而且会更关心画面的质感以及画面中的人物活动。

从画面质感来讲，《黑戈壁·黑喇嘛》给人的第一印象是精致与华丽。它并没有追求时下新锐创作者的风格，故意把画面处理得模糊与粗糙，显得黑乎乎的，晃悠悠的。《黑戈壁·黑喇嘛》中“情景再现”部分大量采用固定机位逆光拍摄，在第一集《黑喇嘛的城堡》开场画面便是夕阳下，丹毕加参带领的黑喇嘛队伍整齐的站在黑戈壁上，采用的是固定机位的逆光拍摄，影像华丽，充满凝重的质感。

从画面角度来讲，通过画面角度的变化来对人物形象进行塑造。在对黑喇嘛进行介绍时，大多采用仰拍方式，来展现黑喇嘛的残忍凶恶；在黑喇嘛部队与蒙古军队交战时，采用俯视的拍摄角度，来凸显战争场面的激烈宏大；在对以图文为形式的人物与事件介绍时，镜头以拉的形式让拍摄对象填充画面，从而强化主题，增加观众的关注度。

对历史照片的拍摄，采用了运动镜头的方法拍摄，《黑戈壁·黑喇嘛》中有个片段是介绍黑喇嘛丹毕加参，画面以黑戈壁为背景，同时将黑喇嘛图片缓缓拉入观众视野，这个镜头持续了32秒。这些固定镜头的运用让画面处于突出地位，起到了强化主题的作用。对考察员杨镰的跟踪拍摄，则采用了长镜头，以22秒拍摄了主人公杨镰教授从敦煌机场下机赶赴戈壁考察的片段，这个长镜头保证了故事情节的完整性以及时空的真实性；同时，在杨镰教授考察的过程中，则采用蒙太奇的表现手法，将一个个考察的片段，如当地教授、牧民等谈话内容组合起来，从而形成连贯的画面。

另外，在《敦煌》第八集《舞梦敦煌》中，在讲述了长安整个宫廷女子的生活情节时，采用了一个20秒的固定镜头来定格画面，片中展示的是主人公程佛儿跳舞的画面，这个固定镜头与解说词结合，以一种安静的环境氛围将当时教坊女子的命运刻画出来，从而揭示当时的社会背景。

2. 声音语言的合理运用

纪录片中的声音主要包括人声，音乐，音响。其中人声包括有解说词与同期声。声音相互配合、相互作用，从而达到声画结合的艺术效

果。下面从解说词、同期声、音乐三个方面来分析甘肃典型纪录片的声音语言运用。

1）解说词与画面的配合

解说词对纪录片来说，以画面为基础，通过听觉向受众传递着创作者要表达的信息，它对纪录片主要起着叙事、补充与强化以及抒情表意等作用。

纪录片《黑戈壁·黑喇嘛》是一部历史传奇人物纪录片，对主人公丹毕加参以及他的历史事迹的介绍与考证过程，以及“情景再现”的故事情，历史文献、当地居民的所见所闻，都需要通过解说词来叙述，观众才能了解纪录片表达的信息。

① 叙事的作用

画面	解说词
戈壁上黑云密布的全景以及俘虏在戈壁行走的全景	1924 年那个异常寒冷的冬天，黑喇嘛突然被斩首，他的随从大部分被俘，在押送他们回外蒙古途中的一个山谷里，试图反抗的俘虏们，被全部枪杀，血染山谷，于是这座小山就叫红石山

这段解说词描述的是黑喇嘛及他的部下被斩首的历史事件，事件发生的五大要素即时间、地点、人物、事件、原因都具体地展示了出来。同时还烘托了事件发生的气氛，支撑了单调的画面。

② 补充与强化的作用

画面	解说词
以黑戈壁为背景，黑喇嘛的黑白图片由全景到近景	黑喇嘛的名字本身就是个谜，他本名叫丹毕加参，也有人译作丹宾加赞，坚赞是对宗教上层人物的敬称，还有叫他坚毕诺颜……

这段解说词运用了一个 32 秒的固定镜头，来介绍丹毕加参，画面仅用了一张黑白图片，可见如果没有这段解说词补充，观众是无法了解这些信息的。

在《黑戈壁·黑喇嘛》整个片子中，解说词不仅起到了叙述故事情节、补充强化主题的作用，而且解说员张弛有度的语气节奏以及颇具历史感的感情基调都增加了画面的观赏性。另外，片中穿插的研究院杨镰、当地教授和牧民的介绍也为这部传奇人物纪录片增加了真实度。

③ 抒情表意和提炼升华功能

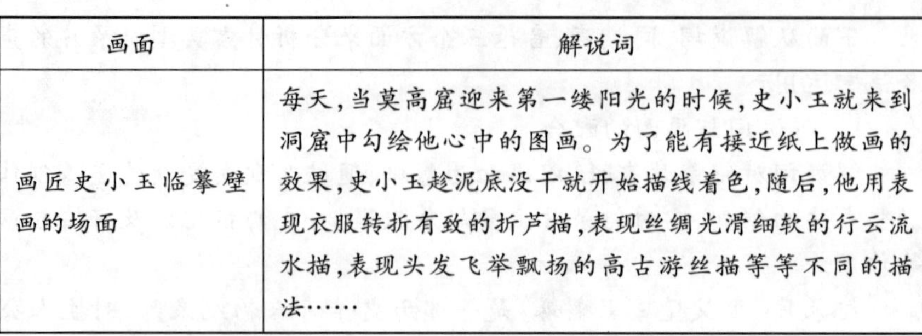

画面	解说词
画匠史小玉临摹壁画的场面	每天，当莫高窟迎来第一缕阳光的时候，史小玉就来到洞窟中勾绘他心中的图画。为了能有接近纸上做画的效果，史小玉趁泥底没干就开始描线着色，随后，他用表现衣服转折有致的折芦描，表现丝绸光滑细软的行云流水描，表现头发飞举飘扬的高古游丝描等等不同的描法……

这是《敦煌》第四集中的讲述，通过这样一段细腻的情节与细节刻画，我们能够强烈地感受到片子对解说词的娴熟运用，史小玉在观众眼中不再是一个虚幻地、不可触摸的人物，而是一位真真切切，给人以强烈震撼的画家，对敦煌无比崇拜的信徒。同时这段解说词充满了“人情味”，淋漓尽致地表现了作者对对于史小玉的赞美与惊叹。

(2) 同期声的真实展现

纪录片中的同期声主要指人物同期声，即画面上出现的人物的同步语言，这是一种直接的真实声音。

例如，在《敦煌》第八集《家住敦煌》描述了一个失去儿子和丈夫的少妇阿龙，由于被一个吐谷浑人强占了土地和水源，从此生活便和这场土地官司纠缠在了一起。在这个片段中主要表现了节度使曹元忠审理案件的场面，阿龙和吐谷浑人索佛奴为土地争吵的台词并不多，但是以她的故事作为线索，讲述了敦煌壁画上唐代女子的化妆以及婚嫁生活现象，直到最后二人继续争辩，声音慢慢弱化。

可见，同期声所体现的客观与真实，可以让观众身临其境，观众的心情会跟随故事情节的展开而跌宕起伏，从而传达纪录片所要表达的的信息。

(3) 音乐的合理选择

音乐在纪录片中可以表达出解说词和画面无法表述的情感，其表达的意境及旋律与画面的完美和谐，它的作用不仅在于渲染气氛，而且可以增添画面的美感，让观众通过听觉获得心灵上的感悟和心理上的满足。同时，音乐与纪录片整体感情基调的吻合也是至关重要的。

《敦煌》的片头曲采用的是许巍的《悠远的天空》。歌词“我的心曾乘着风啊，自由穿行梦想里啊，我沉默的祈祷呀......”，整个歌词表达了一种世人对神秘敦煌文化的崇敬情感。《悠远的天空》就其音律来讲，幽远空旷、深邃深沉，起到了渲染气氛、升华主题的作用。符合了

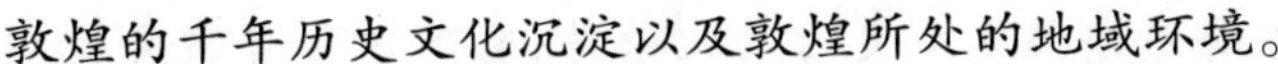

敦煌的千年历史文化沉淀以及敦煌所处的地域环境。

总之,纪录片的创作绝不是依靠单一的语言形态,它是多种构成因素的复合体,故而形成一整套相互交织、组织严密的声画系统。特别是画面与有声语言系统的运用,从而给观众以浓厚的审美享受和审美情趣。

五、甘肃特色纪录片的发展动力与前景思考

从纪录片进入多元化发展时期,“京派”纪录片、“海派”纪录片以及“西部”纪录片共同繁荣。与此同时,区域纪录片衍生发展,它在满足受众需求的同时也加快了纪录片产业化进程。其中甘肃地域特色纪录片也起到了不容忽视的作用,其发展前景也是可观的。

甘肃是历史文化资源大省,独特的资源与环境为纪录片创作提供了丰富的素材,同时甘肃政府“无形的支持”也为甘肃纪录片的发展营造了良好的氛围。

(一) 甘肃建设纪录片大省的战略

2010 年《甘肃纪录片大省建设实施意见》明确指出打造纪录片大省的战略,充分利用历史文化资源,加快培养纪录片的市场主体,不断加强甘肃纪录片的吸引力、影响力和竞争力。努力实现一个目标,即建成纪录片大省。这一《实施意见》的提出为纪录片的创作搭建了无形的平台。

(二) 华夏文明传承创新区的建设

根据甘肃建设文化大省的要求,华夏文明传承创新区也随之建设,它是我国第一个国家级发展战略平台。华夏文明传承创新区将甘肃地域文化进行了科学详细的划分,以丝绸文化、敦煌文化、始祖文化为核心的文化历史区为类似于《敦煌》《大河西流》等大型系列片提供了丰富的选题内容,促进了甘肃地域特色纪录片的发展。

(三) 甘肃地域特色纪录片发展的前景思考

纪录片真实纪录着民俗民情和社会现象,甘肃深厚的历史积淀、大量的历史古迹、丰富的文化习俗等,这些都是纪录片的绝佳素材。对甘肃来讲,纪录片产业已经成为了甘肃文化产业的增长点。虽然到目前为止在甘肃本地电视台播出的纪录片不多,但如《黑戈壁·黑喇嘛》《敦煌》《大河西流》等大型系列纪录片在中央电视台《探索·发现》栏目播放之后,收到了观众的好评,也成功地获得了国内外纪录片大奖。这些大型系列纪录片向世人展示着甘肃的悠久历史,璀璨文化,以及日新月异的建设成果。为甘肃地域文化“走出去”提供了有效渠道。

我们期待着甘肃创作出更多更好的纪录片,它不仅是甘肃文化宣传的重要手段,更是中国优秀文化的组成部分。同时,它面向全球打开视野更为宽广的窗口,向世界展示甘肃文化独有的魅力。我们也相信,丰富多彩的纪录片一定会为华夏文明的传承创新和文化大省的建设增添浓墨重彩的一笔。

第四节　少数民族题材纪录片概述

记录片的功能包括社会认知功能、文化传承功能、审美功能、娱乐功能等。纪录片对于民族文化的传播和保存具有重要的作用,研究少数民族纪录片的文化传播功能对于纪录片的发展显得尤为重要。近年来随着纪录片的不断发展,少数民族类题材纪录片也取得了长足的进步。但在发展的过程中,也存在着很多困难。它在文化传播方面的功能是如何体现的,同时又如何突破它在发展中遇到的瓶颈,让少数民族题材纪录片发挥更大的功能,是我们值得去探讨的。

一、少数民族题材纪录片的界定

中国纪录片的发展过程中,一些以关注少数民族的生存现状,以及传播少数民族文化为主要内容的影片,受到了大众的关注。这类影片通常被称为少数民族题材纪录片,对少数民族题材纪录片的界定,学术界一直有着不同的观点。

我们目前认为记录少数民族聚居区的社会变化、人文景观和少数民族人民日常生产与生活状况的纪录片都可以被称为少数民族题材纪录片。它以中国少数民族地区和少数民族民众为主要记录对象,具体内容可以涉及山川风物、政治、经济与文化等。

著名纪录片导演顾兹曼曾说过:“一个国家没有纪录片,就像一个家庭没有相册。”少数民族题材纪录片就像是少数民族的相册一样,用影像表现少数民族文化、政治和经济发展状况,这是符合中国各民族聚居、杂居的现实状况和促进少数民族发展需要。少数民族题材纪录片的研究,涉及到少数民族各方面的发展,已经成为民族形象和国家形象建设的重要内容。

二、少数民族题材纪录片的基本特征

少数民族作为一个特殊的群体,在自然环境、文化习俗、宗教信仰等各方面都有自己的特点。少数民族题材纪录片除了具备广义上纪录片的基本特征以

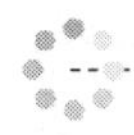

外，还有着自身的独特性。

(一) 鲜明的民族性

中国是一个多民族的国家，不同的民族文化成为了区分各个民族的重要特征。每个民族都有区别于其它民族的特质，这也是一个民族之所以存在的前提。这些特质包括千百年来流传下来的语言文字、神话故事、舞蹈歌曲、服饰饮食、宗教信仰、生存理念、生活方式等等。少数民族题材纪录片，用镜头对准这些千百年来民族文化积累的产物，使一个个充满着民族文化的镜头呈现在人们的眼前。

伴随着社会的发展和大众传播的兴起，少数民族文化正处于多元文化的背景下，经受现代和传统的冲击。少数民族题材纪录片在创作中探究民族文化的内核和精华，记录民族文化的变迁，探究一个民族与社会的融合之路，具有重要的意义。

(二) 双重的对比性

少数民族题材纪录片传播的内容经过媒介的加工制作，虽然保持了纪录片的真实性特征，但避免不了会受到制作者思维的影响，呈现在观众面前的可能不再是“镜子”式的再现。这类纪录片的受众分为本民族的受众和其他民族的受众，当本民族的观众观看这类题材的纪录片可能在脑中形成思考，看纪录片中的形象和描述的场景是不是和自己实际的生活相一致。而当非本民族的人观看纪录片时，则会与自我生活相对比较，思考其中的异同。

(三) 独特的地域性

地域是指一个面积较大的区域，不同的区域有不同的、人文与自然环境，居住在这个区域的人们传承着共同的历史文化。由于共同的生活环境具有约定俗成的民风民俗、习惯心理，乡音俚语，形成地域文化。地域文化是居住在这个地区的各民族所有文化的集合体。以纪录片《丝绸之路》为例，这部纪录片以丝绸之路的沿途壮丽景观、历险故事、文化艺术及沿途人民生活状况为内容，展现的是这一区域的独特的风情文化。

(四) 文化的多元性

在这个传媒发达的社会，各种文化相互接触相互影响，外来文化和民族本土文化碰撞冲击融合，民族文化在历史前进的步伐中维系自己的本色，同时也吸纳和兼容异质文化。这种不同文化之间的冲突对比在少数民族题材纪录片中多有体现。这促进了社会对少数民族的关注，对少数民族文化做出积极的保护。少数民族纪录片不仅可以致力于表现不同文化,还着力表现同种文化在不断的传承中细微的或者显著的变迁。在这种情况下,少数民族题材纪录片呈现出多元化的发展趋势。

三、我国少数民族题材纪录片的发展概况

少数民族题材纪录片在中国的发展大概经过了四个阶段,每一个发展阶段都与时代特征紧密相连,并且每一发展阶段都有其各自的发展特点。

(一)少数民族题材纪录片创作起步期(1949—1966)

建国初期,党和国家十分重视扶持和促进少数民族地区教育和文化发展,而且把少数民族歌舞、服饰等文化传统作为整个国家文化的一个重要发展部分来向全国各地推广。真实的影像更具有说服力,这期间涌现出了围绕"团结"和"建设发展"等为主题的少数民族题材纪录片。这时期的少数民族纪录片在内容上可以分为三类:一是反映建国初期,人民解放军帮助少数民族地区获得独立解放史实。二是记录少数民族地区在解放后,经济、政治和文化上发生的变化以及国家对这些地区的支持和帮助。三是由民族研究机构拍摄的,反映少数民族地区原始社会和农奴社会的原生态生活状况。

从1949年开始,少数民族题材纪录片开始被大量生产,代表作有《中国民族大团结》、《通向拉萨的幸福道路》、《欢腾的西藏》等。20世纪50年代后期至60年代中期摄制的21部少数民族科学教育纪录影片,丰富记录了16个少数民族的生活状态,被国内外学者奉为人类学影像经典之作。民族学学者通过先期研究和大量田野工作,再与电影工作者、中央新闻纪录片厂、北京科学电影制片厂一起合作,摄制成功了这一批少数民族科学纪录片。

这些弥足珍贵的纪录影片包括:《佤族》(1958)、《凉山彝族》(1958)、《黎族》(1958)、《额尔古纳河畔的鄂温克人》(1959)、《新疆夏合勒克乡农奴制》(1960)、《西藏的农奴制》(1960)、《苦聪人》(1960)、《独龙族》(1960)、《西双版纳傣族农奴社会》(1962)、《大瑶山瑶族》(1963)、《鄂伦春族》(1963)、《永宁纳西族的阿注婚姻》(1965)、《赫哲族的渔猎生活》(1964)、《丽江纳西族的文化艺术》(1966)等影片。这些作品以影视的艺术手段,系统地记录和复现了我国各少数民族民主改革前的历史和不同类型的社会形态,直接为民族学、人类学、社会学、历史学、考古学等学科的研究,为普及社会科学知识,进行爱国主义和民族团结教育,提供了影像化资料。同时,这些影片成为研究少数民族文化的珍贵的历史资料,也是宣传少数民族文化的一种重要手段。遗憾的是,原定计划拍摄55个少数民族现状的计划因为"文化大革命"的到来被迫搁浅,也使得失去了拍

摄记录各少数民族风俗人情的最好时机。

(二) 少数民族题材纪录片的被动发展期(1966—1977)

文化大革命期间,由于一切为政治服务,影视艺术完全成为政治宣传的工具,纪录片也不例外。这个时期拍摄的少数民族纪录片有《壮志压倒万重山》和《戈壁花红》,这两部影片反映了少数民族地区的人民群众开展山区建设的艰苦卓绝的事迹。还有荷兰纪录片大师尤里斯·伊文斯和法国电影工作者在新疆地区拍摄的两部纪录片《新疆的少数民族哈萨克族》和《新疆和维吾尔族》。

这时候的一切文化活动,都以国家的政权巩固和发展为焦点。这个时期的纪录片全面为政治服务,有着极强的意识形态属性。这个时期的少数民族纪录片处于"政治无意识"状态,与其他文艺形式一起,被国家文化建设高潮推动着向前。中国少数民族纪录片在这一时期,处于被动发展时期,还是国家叙事时期,少数民族纪录片丧失了话语权。政治促进了少数民族题材纪录片的创作,同时也阻碍了少数民族题材纪录片的多元化的发展。

(三) 少数民族题材纪录片快速发展期(1978—1999)

改革开放以后,人们的思想的进步、对新事物的接触、拍摄技术和设备的大量引进,都对少数民族题材纪录片的蓬勃发展创造了条件。这一时期国家对民族文化事业十分关注,各地的民族文化事业,经济的发展,成为少数民族题材纪录片发展的重要保证。这个时期中国少数民族纪录片也迎来了快发展时期,纪录片的创作队伍迅速壮大,越来越多的人开始投入纪录片创作。纪录片带着新时期新气象的特点,创作的自主性提高,政治导向性淡化,开始注重受众的需求和大众审美的特点。

20 世纪 90 年代,中国纪录片界发起了一场新纪录片运动。新纪录运动建立了一种自下而上透视不同阶层人民生存诉求及情感方式的管道;它允诺每个人都进入历史的可能性;它是对主流意识形态的补充和校正,是创造历史。在这种记录思潮中,出现了不少优秀的少数民族题材纪录片。《喇嘛藏戏团》、《青朴》、《八廓南街 16 号》等代表作品,让少数民族题材纪录片成为运动中的一个主要组成部分。

这一阶段,中国少数民族纪录片开始把镜头更多地投向少数民族地区的民族风情,投向少数民族人民的日常生活,开始探寻少数民族人民的内在生活。纪录片创作者把少数民族的发展演变为放在文明冲突和融合的背景下,放在人与自然、人与社会的冲突中,通过对个体生活细节的展示,通过对一个民族生存现状的记录,抵达少数民族人民的精神空间。代表作品包括孙增田的《最后的山

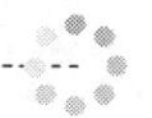

神》(1992)和《神鹿啊,我们的神鹿》(1997)、王海兵的《藏北人家》(1990)、苏敏的《寻找都仁扎那》(1997)等等。一些纪录片在国际上获得了认可,其中孙增田的《最后的山神》获得亚洲广播电视联盟年度大奖,范志平和郝跃骏拍摄的《普吉和他的情人们》入选欧洲各人类学电影节、国际影展,郝跃骏的《山洞里的村庄》于1996年获法国FIPA评审会等机构的特别提名。

少数民族纪录片创作者开始积极追求纪录片的思想性,注重纪录片的情感力量,用纪实的拍摄手法把真切的生活场景、细腻的人物情感展现给观众。

(四)少数民族题材纪录片多元化发展时期(2000年至今)

当历史迈入21世纪时,全球化、商业化与大众化早已成了中国影像生产、发行与放映的重要语境。这一语境使得影片不得不面对市场,努力提高自身竞争力。进入繁荣发展时期的中国少数民族纪录片,无论在数量上、质量上,还是在市场的发行规模上,都有跨越式发展。中国少数民族纪录片频繁地参与国际纪录片的交流与对话,在各类电影节上,获得的各种奖项越来越多。对于中国纪录片的发展,乃至世界纪录片的发展发挥着越发重要的作用。

少数民族纪录片的发展环境在这一时期越发复杂多变,表现在:传统的创作手法和现代的创作手法并存,电影纪录片和电视纪录片融合的深化(一系列的制片厂和电视台的合并:中央新闻纪录电影制片厂整体并入中央电视台,北京科教电影制片厂归并入中央电视台,上海科教电影制片厂并入上海东方电视台),纪录片的国内交流和国外交流的共进。

在现代社会的经济浪潮的影响下,也形成了纪录片的新的发展契机。大型电影纪录片《布达拉宫》以一位在布达拉宫生活了60多年的喇嘛的丰富经历为主线,巧妙地展现了布达拉宫的建筑历史、高原的独特魅力和西藏社会的变迁。这种人性化的处理方式既反映了历史与现实的双重真实,也把藏族文化柔和地呈现了出来。该片还夺得第10届中国电影华表奖优秀纪录片大奖。田壮壮导演的《德拉姆》拍摄了茶马古道怒江流域段的马帮及在此区域内长期居住的人们的生活。该片艺术质量是显著的,它击败了众多故事片而获得了2004年度中国导演协会颁发的最佳导演奖,还获得了第10届中国电影华表奖优秀数字电影奖。与此同时,《布达拉宫》和《德拉姆》两部纪录片出乎意料之外的高票房,也点燃了业界对观众到影院看纪录片的无限遐想。

此外,一批民间DV创作队伍拍摄的少数民族题材纪录片,从2003年开始在"云之南"人类学影像展上闪耀光彩。代表作品有《黑陶人家》、《茨中圣诞夜》、《风经》、《老马》等。"云之南"人类学影像展以"社区单元"名义,参照西方社区影像理念,吸引了一批反映少数民族生活纪录片的参与,也在无意间逐步地促进了少数民族题材纪录片的拍摄和创新。因此这一阶段的少数民族纪录片自主化的创作方式更加明显,题材、内容、风格和表现手法都更加多元化。

四、少数民族题材纪录片发展的困境

(一) 受众范围局限

相对电视剧、电视综艺节目等,纪录片的受众较少。由于题材的限定,少数民族题材类纪录片的受众相对更少。所以少数民族题材记录片的发展阻碍中第一个就是它的窄众化。

(二) 泛娱乐化的影响

在市场化的大环境下,纪录片的真实性可能会受到影响。在商业化模式趋势下,纪录片的创作为一味追求经济利益,为吸引受众眼球,摆拍、编造故事情节等情况,使得纪录片失真情况严重。这极大地阻碍了纪录片的发展,阻碍了民族文化的传播。

(三) 传播渠道缺乏

从传播方式和传播渠道考察,纪录片的发展缺少良好的空间。据调查,2002年中国人均收看电视时间为三个小时,这三个小时大部分在收看电视剧或者综艺节目,很少收看纪录片。并且现在能够通过电视媒介收看到的纪录片很少,而且播放时间段大多在午夜时间。根据中央电视台 - 索福瑞 31 个城市收视显示,2010 年在中央电视台播出的重要纪录片的收视成绩均在 0.2% ,相对电视剧、综艺节目等收视率相差很多。而且众多电视频道中仅有中央电视台有一个专业的纪录片频道,其他卫视和省级频道对纪录片的涉及很少。除了电视媒介传播之外,纪录片通过其他途径传播也很受限制。

五、少数民族题材纪录片的价值

(一) 社会传承功能

传播学者拉斯韦尔将传播的基本社会功能概括为三个方面:环境监视功能、社会协调功能、社会遗产传承功能。人类社会的发展是建立在前人的经验基础之上的,把前辈的经验和生活阅历进行记录、保存并且传递给后人,才能使得社会进步。少数民族题材类纪录片就是在记录着少数民族的文化,传承着伟大的社会遗产。

少数民族题材纪录片拍摄内容往往是记录在现代文化中一些正在丢失的文化,纪录片被用于保存少数民族残存的文化记忆。少数民族题材纪录片很大一部分是处于对民族文化、传统习俗、生存环境的保护目的拍摄的,让一些因为现代文化的影响而面临失传的传统技艺保存下来。用影片记录难以重复的场面,使纪录片成为保存少数民族原生态文化的最佳手段。如影片《哈萨克族的游牧经济》,描述了哈萨克族的生活习惯和游牧转场时的情形,是一部具有重要研究价值的人类学影片。在现代社会的复杂情况下,草场的保护和国家政策影响下,哈萨克族人中很多已经定居下来,这部影片真实地还原了当时哈萨克族的游牧生活历史,保护了少数民族因时代的发展,而流逝的民族记忆。再如拍摄于1960年的《新疆夏合勒克乡农奴制》,影片中的墨玉县还处在民族改革前夕,社会制度仍旧是封建制度中的庄园制度,观众看到了维吾尔族封建农奴主的封建庄园的概貌。所以少数民族题材纪录片的一个重要意义就在于记录即将消逝的文化并且让后人了解和接触那个时代的文化。

(二)解释和规定功能

美国学者赖特在《大众传播:功能的探讨》一书中,提出大众传播具有解释和规定的功能。解释与规定的目的是为了向特定的方向引导和协调社会成员的行为。

我国作为一个多民族的国家,每个民族和地域的文化都各不相同。纪录片作为大众传播媒介,能够跨越时间和空间为人们展示一个民族的历史文化。少数民族题材的纪录片呈现出的是少数民族真实的生活,可以让外界对少数民族有一个正确的认识,避免曲解;让对这个少数民族不太了解的人们明白一个民族的成长史和它背后的文化,使得人们对少数民族文化有种系统的认识和理解。

藏传佛教的文化影响渗透在藏族同胞生活的方方面面,藏族人相信生命轮回,认为任何生命都应该受到尊重和爱护。如纪录片《天葬》中就把藏族人的葬礼用纪录片方式呈现出来,让观众认识藏族的丧葬文化,理解藏族人们的生死轮回,体会背后与藏族文化的差别。纪录片《藏北人家》,通过描写藏北的牧民人与自然和谐相处的生活状态,记录下藏北牧民们的生存环境以及宁静的内心状态。它传递了关于藏北牧民与自然之间的关系,引发观众的思考。

(三)沟通和桥梁的功能

少数民族题材纪录片是民族与民族之间沟通的桥梁。在中国这个多民族的国家,政府一向实行民族平等民族团结的政策。纪录片的一个重要的社会功能就是帮助不同文化背景的人之间增进了解，避免误会，进而相互理解，彼此尊重。任何一种文化都是在漫长的历史中逐步形成的，不同文化背景的人们有不同的生活方式和价值观，对事物有不同的理解和诠释。不同民族的人只有相互包容，对不同的文化采取赞赏宽容的态度，才能有一个和谐的社会环境。少数民族纪录片的传播实际是一种文化的传播与交流，用真实的影像拉近不同民族人们之间的距离，促进人们之间的融合。

纪录片给人们带来的感受从心理层面上看，可以分为认同式的和补偿式的。认同式的纪录片能够让人们从接近性的角度得到满足，而补偿式的纪录片可以让观众从新奇的角度得到满足。少数民族题材纪录片让人们通过接近式或者补偿式的心理方式，对自己的民族有了更强的认同感和自豪感，也让更多人探知到了一个充满巨大价值的领域。少数民族题材纪录片向世界展示了其自身的文化和民族意识。

这种沟通和交流还表现在少数民族题材纪录片创作者的一些思考：如民族文化在现代环境中如何发扬光大；民族地区在现代环境中，在现代文化冲击下如何发展等。如在纪录片《哭泣的骆驼》中，讲述了蒙古草原上一家人和骆驼之间的故事，也夹杂着现代生活的发展对原始生活的影响。孩子们在去县城的时候接触到了游戏机、摩托车、电视机等等，对他们来说这些都是很新奇的东西，并且非常渴望拥有，而家里的老人却非常反对。影片中给人们带来一些新的思考，面对社会发展是安然的接受，还是去和很多现代化抗衡。

此外，纪录片中对少数民族文化、自然环境的彰显，给少数民族地区经济的发展提供了契机。通过少数民族题材纪录片的有效传播，也促进了少数民族地区旅游业的兴起、民族工艺品的走俏等。少数民族题材纪录片有效地发掘了少数民族民族文化经济价值。

少数民族文化是我们中华文化灿烂的一部分。少数民族题材纪录片在未来的发展道路上还需要获得更大的关注与支持。如争取开办少数民族题材的电视纪录片栏目、开创专业的民族纪录片频道、进行跨媒体的合作、加大少数民族纪录片在影院的上映等等，都可能会成为促进它的发展途径。

附录　中国少数民族纪录片年表[①]（1949—2011）

序号	年份	纪录片片名
1	1949	《新中国的诞生》
2	1950	《大西南凯歌》《大战海南岛》《红旗漫卷西风》《内蒙翁牛特旗人民欢庆七一》《中国民族大团结》《中央访问团在西北》《贵州风情》《大战海南岛》

（续）

序号	年份	纪录片片名
3	1951	《边疆战士》《草原人民的新生活》《欢乐的新疆》《解放西藏大军行》《青海游牧区的贸易》《苏联文艺工作者代表团在新疆》《西康省藏族自治区域第一届各界人民代表会议》《一九五一年五一节》《中央民族访问团在大瑶山》《中央民族访问团在西南》
4	1952	《东北西部开始营造防护林带》《光明照耀着西藏》《海南岛》《凯里的苗家》《天兰铁路通车》《一九五二年五一节》《成渝铁路》《戈壁滩上的石油》
5	1953	《东北森林的采伐和运输》《民间歌舞》《为了人民健康》《西藏致敬团》
6	1954	《西南高原的春天》《前进中的内蒙古》《民间美术工艺》《民间体育表演》《战胜怒江天险》
7	1955	《北京穆斯林生活》《欢乐的歌舞》《快乐的古尔邦节》《民间舞蹈》《青藏公路全线通车》《深山探宝》《通过巴山蜀水》《新疆人民的大喜事》
8	1956	《宝岛游记》《春到边寨》《春到西藏》《长白山上巡逻队》《佛牙护侍团在云南》《飞行在世界屋脊上》《天山脚下新农庄》《通向拉萨的幸福道路》《西藏高原的新动脉》《中央代表团访问西藏》《在柴达木盆地》
9	1957	《欢庆傣历年》《黑色的喷泉》《内蒙古十年》《酥油花》《千里迢迢探亲人》《十年大庆》
10	1958	《草原从此变成天堂》《飞腾的广西》《欢乐的勋朗坝》《克拉玛依》《南方之舞》《宁夏人民的大喜事》《森林之歌》《山上开运河》《憧族人民迎新春》《低族》《乌库公路》《彝族人民之歌》《珠穆朗玛之歌》《朱副主席在新疆》《佤族》（1957—1958）《黎族》（1957—1958）《凉山彝族》（1957—1958）
11	1959	《苦聪人》《班禅在北京》《百万农奴站起来》《草原钢城》《大理行》《第十个春天》《东风掀起长江浪》《额尔古纳河畔的鄂温克人》《鄂伦春人》《甘孜藏族人民的春天》《红旗插遍内蒙古》《康巴的新生》《拉萨河畔》《绿色的原野》《牧区公社好》《民族文化宫》《南山牧歌》《平息西藏叛乱》《深山密林一条路》《踏雪穿云上冰山》《新疆好》《乌江苗岭处处春》《远征沙漠》《阳光照耀着山南》《欢乐的西藏》
12	1960	《独龙族》《边疆医疗队》《草原人》《瓜果之乡》《凤鸣公社阳春好》《欢腾的西藏》《欢庆大庆》《景颇族》《拉萨河上建电站》《祁连山下一大学》《瑞丽江边》《新疆夏合勒克乡的农奴制》《西北高原探亲人》《西藏的农奴制度》《一条小渠》《一个边疆放映队》《在西双版纳密林中》《阳光照耀着》《征服世界最高峰》《周总理和贵州各族人民庆“五一”》《景颇族》
13	1961	《高原新貌》《林海深处》《帕米尔散记》《山高水长》《望果节》《迎“胞波”度佳节》《征服塔里木》
14	1962	《达旺见闻》《高原上的花朵》《南海明珠》《西双版纳傣族农奴社会》《在喀喇昆仑山》《瑶山即景》《鄂伦春族》

（续）

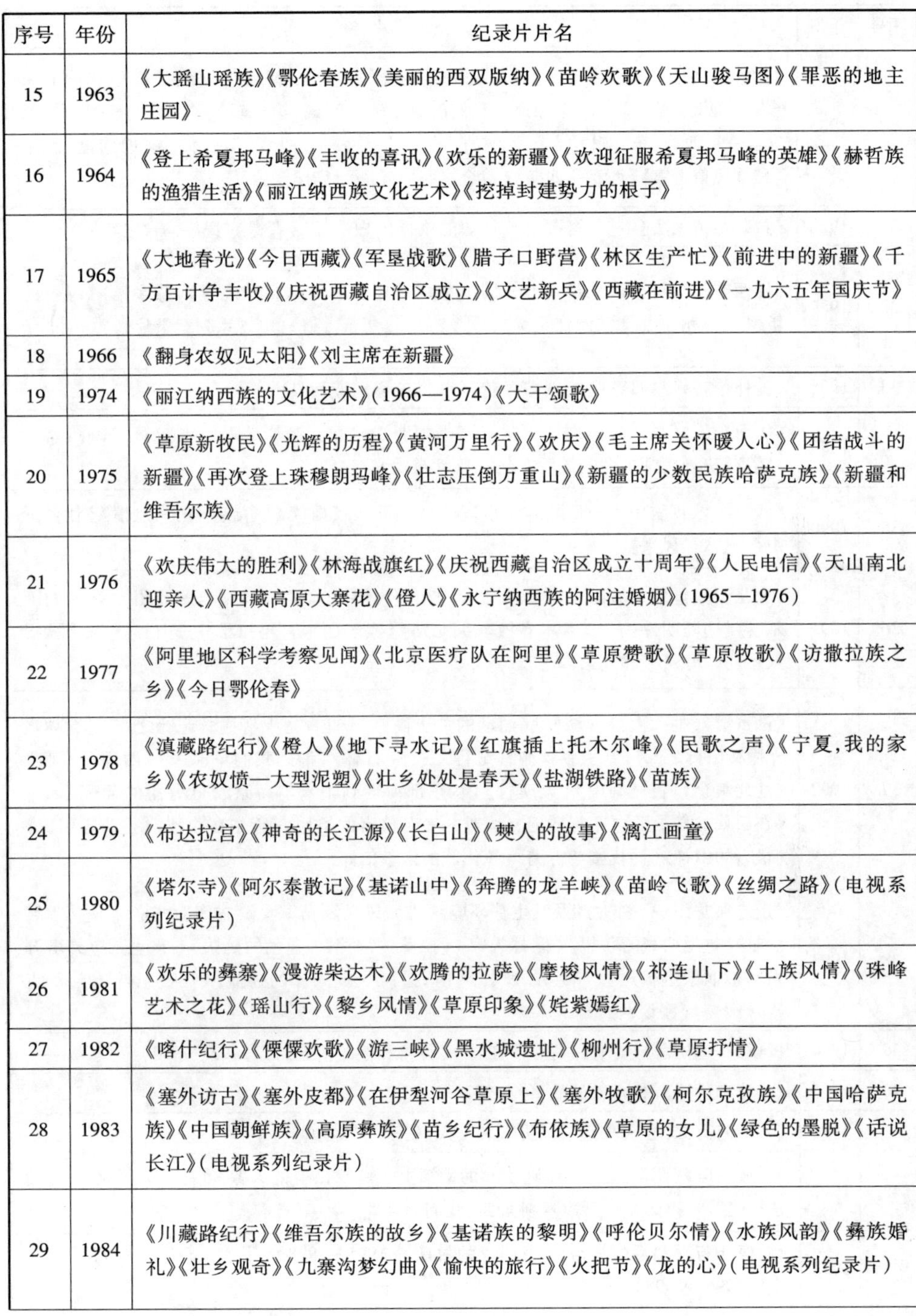

序号	年份	纪录片片名
15	1963	《大瑶山瑶族》《鄂伦春族》《美丽的西双版纳》《苗岭欢歌》《天山骏马图》《罪恶的地主庄园》
16	1964	《登上希夏邦马峰》《丰收的喜讯》《欢乐的新疆》《欢迎征服希夏邦马峰的英雄》《赫哲族的渔猎生活》《丽江纳西族文化艺术》《挖掉封建势力的根子》
17	1965	《大地春光》《今日西藏》《军垦战歌》《腊子口野营》《林区生产忙》《前进中的新疆》《千方百计争丰收》《庆祝西藏自治区成立》《文艺新兵》《西藏在前进》《一九六五年国庆节》
18	1966	《翻身农奴见太阳》《刘主席在新疆》
19	1974	《丽江纳西族的文化艺术》(1966—1974)《大干颂歌》
20	1975	《草原新牧民》《光辉的历程》《黄河万里行》《欢庆》《毛主席关怀暖人心》《团结战斗的新疆》《再次登上珠穆朗玛峰》《壮志压倒万重山》《新疆的少数民族哈萨克族》《新疆和维吾尔族》
21	1976	《欢庆伟大的胜利》《林海战旗红》《庆祝西藏自治区成立十周年》《人民电信》《天山南北迎亲人》《西藏高原大寨花》《僜人》《永宁纳西族的阿注婚姻》(1965—1976)
22	1977	《阿里地区科学考察见闻》《北京医疗队在阿里》《草原赞歌》《草原牧歌》《访撒拉族之乡》《今日鄂伦春》
23	1978	《滇藏路纪行》《橙人》《地下寻水记》《红旗插上托木尔峰》《民歌之声》《宁夏，我的家乡》《农奴愤—大型泥塑》《壮乡处处是春天》《盐湖铁路》《苗族》
24	1979	《布达拉宫》《神奇的长江源》《长白山》《僰人的故事》《漓江画童》
25	1980	《塔尔寺》《阿尔泰散记》《基诺山中》《奔腾的龙羊峡》《苗岭飞歌》《丝绸之路》(电视系列纪录片)
26	1981	《欢乐的彝寨》《漫游柴达木》《欢腾的拉萨》《摩梭风情》《祁连山下》《土族风情》《珠峰艺术之花》《瑶山行》《黎乡风情》《草原印象》《姹紫嫣红》
27	1982	《喀什纪行》《傈僳欢歌》《游三峡》《黑水城遗址》《柳州行》《草原抒情》
28	1983	《塞外访古》《塞外皮都》《在伊犁河谷草原上》《塞外牧歌》《柯尔克孜族》《中国哈萨克族》《中国朝鲜族》《高原彝族》《苗乡纪行》《布依族》《草原的女儿》《绿色的墨脱》《话说长江》(电视系列纪录片)
29	1984	《川藏路纪行》《维吾尔族的故乡》《基诺族的黎明》《呼伦贝尔情》《水族风韵》《彝族婚礼》《壮乡观奇》《九寨沟梦幻曲》《愉快的旅行》《火把节》《龙的心》(电视系列纪录片)

（续）

序号	年份	纪录片片名
30	1985	《拉鲁·次旺多吉》《拉萨一家人》《世界屋脊的传说》《新疆美》《雪域高原我们的家乡——西藏（第一辑）》《草原巡礼我们的家乡——西藏（第二辑）》《农民的喜悦我们的家乡——西藏（第三辑）》《今天的拉萨我们的家乡——西藏（第四辑）》《瑶族盘王节》《黎族民俗考察》《西藏—西藏》《黄金之路》（电视系列纪录片）
31	1986	《拉萨祈祷大法会》《羌寨散记》《愉快的旅行》《白裤瑶》《青稞》《民族体育之花》
32	1987	《湘西苗家》《湘西风采录》《欢乐的苗家》《草原的节日》《伊犁之春》《傣乡情》《绿色的伊犁》《柳州印象录》《漓江琴童》《歌乡三月》《唐蕃古道》（电视系列纪录片）
33	1988	《扎什伦布寺》《日喀则》《西藏今昔》《赫哲冬趣》《蓝面具供养》
34	1989	《黄河奔流》《梧州游》《藏历土龙年》《烟雨漓江》《黄土高原的渴望》《拉萨雪顿》《奇风异俗》《班禅大师生命的最后时刻》《临潼奇观》
35	1990	《沙与海》《锦绣中华一日游》《十世班禅》《澜沧江》《白族》《畲族》《白马风情》《壮乡画中行》《八桂风采》
36	1991	《女儿国》《丝绸之城南充》《金峡胜境》《南疆风情》《盆窑村》《喇嘛藏戏团》《迷人的阿尔泰》《边陲明珠——乌鲁木齐》《丝绸北路》《漫步丽水喜玛拉雅——山谷》《藏族歌唱家才旦卓玛》《藏北人家》
37	1992	《蔗乡情》《播火人》《春城好》《涌动的黄土高原》《青青塞上柳榆林纪行之一》《榆林之光榆林纪行之二》《塞上春秋榆林纪行之三》《石林》《请到我们草原来》《西部在召唤》《辽北粮仓》《古城阆中》《大漠行》《从东部海港到帕米尔高原》《吐鲁番的葡萄熟了》《在西藏的日子里》《西行散记》《青朴——苦修者的圣地》《天主在西藏》《拉萨雪居民》《最后的山神》《寻找楼兰古国》《拉佑族的宗教信仰》
38	1993	《走进独龙江——独龙族及其生存环境》《古城凤凰》《苗家女》《古海新城格尔木》《雪域秋曲》《重返西藏的联想》《椰林人家》《拉萨的韵律》《金色的延边》《十世班禅灵塔开光》《溜溜康定城》《椰岛随访录》《今日新疆》《民族人才的摇篮》《江孜纪行》《哈萨克族》《喇嘛》《漫谈西藏》
39	1994	《维修布达拉宫》《龙脊》《茅岩河船夫》《普吉和他的情人们》（1992—1994）
40	1995	《维修布达拉》《拉木鼓的故事》（1992—1995）
41	1996	《八廓南街 16 号》《加达村的男人和女人》《三峡的故事》
42	1997	《雪域明珠》《阴阳》《楚布寺》《贡布的幸福生活》《梯田上的人家》《三节草》《回家》《加达村的男人和女人》《天边》《神鹿呀，我们的神鹿》
43	1998	《壮医壮药》《最后的马帮》《山洞里的村庄》（1995—1998）《甲次卓玛和她的母系大家庭》（1996—1998）

（续）

序号	年份	纪录片片名
44	2001	《雪落伊犁》《山玉》
45	2003	《回家的路有多长》《雪落伊犁》《西行溯源》《桃坪古堡》
46	2004	《德拉姆》
47	2005	《水羊年·纳木措》《虎日》
48	2006	《蜕变》《毕摩纪》
49	2007	《佛陀巘》《敖鲁古雅》《中国民族风情 <搜寻天下>》系列纪录片《时间的重量·中国民间生存实录》系列纪录片《苗族舞蹈》《香格里拉女人》
50	2008	《毡匠老马一家》《丽哉勐僚》
51	2009	《盐井纳西人》《西藏今昔》
52	2010	《草庵之村》《克拉玛依》《永生羊》
53	2011	《飞地上的草房》《百集文献纪录片·中国少数民族》

① 本表格引自 胡钉.中国少数民族纪录片研究[D].南宁:广西民族大学,2012.
本统计为不完全统计数据,数据主要来源为:中央新闻纪录电影制片厂纪录片目录大全(1947—2006),《中国纪录片年鉴(2006—2008)》,《中国电影年鉴》(1981—2005 暨百年特刊)、新影网、中国纪录片网、中国电视纪录片网、中国网络电视台纪实台、《大众电影》、《当代电影》、《人民日报》,中央及各少数民族电视台网站,西藏、新疆、贵州、四川、内蒙古、广西、吉林、宁夏等少数民族地方志

参考文献

[1] 孙剑英. 谈纪录片如何成功运用"故事化"创作手法[J]. 西部广播电视,2007,(1).

[2] 蔡之国. 电视纪录片的结构分析[J]. 当代传播,2009,(3).

[3] 王文东. 纪录片创作中戏剧元素的运用[J]. 新闻爱好者,2010,(3).

[4] 陈琳娜. 论电视纪录片的故事化叙事策略[J]. 东京文学,2011,(3).

[5] (美)希拉・柯伦・伯纳德,孙红云译. 纪录片也要讲故事[M]. 北京:世界图书出版公司,2009.

[6] 高庆.《舌尖上的中国》何以走红——超越美食的人文情怀与文化关照[J]. 文学界(理论版),2012,(7).

[7] 王志勇. 从个性表现出发到传播共性回归——地域特色纪录片的传播学解读[J]. 中国广播电视学刊,2014,(6).

[8] 贾佳. 百川派别,归海而会——中国纪录片流派探析[J]. 中国电视,2011,(3).

[9] 任志明,赵国鹏. 论地域文化资源优势与摄制人类学纪录片的潜在价值——以甘肃为例[J]. 科学经济社会,2008,(12).

[10] 闫伟娜. 纪录片影像中的地域文化探究[J]. 民族艺术研究,2013,(4).

[11] 步长磊. 浅谈纪录片 <敦煌> 的故事化叙事策略[J]. 电影评介,2010,(15).

[12] 攻杰. 甘肃地域文化纪录片对陇石文化的影视传播[J]. 东南传播,2011,(7).

[13] 王华. 中国少数民族题材纪录片概念建构与考察价值[J]. 西南交通大学学报,2012,(2).

[14] 李江哲. 我国少数民族题材纪录片的价值及发展[OL]. http://media.people.com.cn/GB/22114/44110/142321/10468056.html.

[15] 胡钉. 中国少数民族纪录片研究[D]. 南宁:广西民族大学. 2012.